中國學術思想 研究輯刊

二八編

林慶彰 主編

第 4 冊

兩漢祀權思想研究——
以《春秋》與《禮記》中郊廟二祭之經典詮釋為例（上）

陳惠玲 著

花木蘭文化事業有限公司

國家圖書館出版品預行編目資料

兩漢祀權思想研究——以《春秋》與《禮記》中郊廟二祭之經典
詮釋為例（上）／陳惠玲 著 — 初版 — 新北市：花木蘭文化
事業有限公司，2018〔民107〕
目 8+258 面：19×26 公分
（中國學術思想研究輯刊 二八編；第 4 冊）
ISBN 978-986-485-474-5（精裝）
1. 春秋（經書）2. 禮記 3. 研究考訂
030.8   107011405

ISBN-978-986-485-474-5

中國學術思想研究輯刊
二八編　第四冊   ISBN：978-986-485-474-5

兩漢祀權思想研究——
以《春秋》與《禮記》中郊廟二祭之經典詮釋為例（上）

作　　者　陳惠玲
主　　編　林慶彰
總 編 輯　杜潔祥
副總編輯　楊嘉樂
編　　輯　許郁翎、王 筑　美術編輯　陳逸婷
出　　版　花木蘭文化事業有限公司
發 行 人　高小娟
聯絡地址　235 新北市中和區中安街七二號十三樓
　　　　　電話：02-2923-1455 ／傳真：02-2923-1452
網　　址　http://www.huamulan.tw 信箱 hml810518@gmail.com
印　　刷　普羅文化出版廣告事業
封面設計　劉開工作室
初　　版　2018 年 9 月
全書字數　542086 字
定　　價　二八編 12 冊（精裝）新台幣 22,000 元

兩漢祀權思想研究——
以《春秋》與《禮記》中郊廟二祭之經典詮釋為例（上）

陳惠玲　著

作者簡介

陳惠玲，現任於黎明技術學院時尚設計系。

成大與清大，古城與風城，青澀而純眞，多少回憶與紀念，一晃眼已見華髮。回想，當年誌謝詞是這樣寫的：「以春光詩篇，佐茶。這是廣告詞。以月色孤寂，泅一壺兩漢青澀。這是九年歲月。浮沉，知識地學海，俯拾，過去地腐朽。看不盡，二千年來光陰。微風細雨，樓起樓塌，殘垣，枯骨，青青，草木埋藏盛世榮輝。我在歷史那頭，問鬼求神，飲酹，兩漢月色。」詩心一般埋藏於瑣碎，細數日子，師恩永誌，我在這頭念著，祝願建俊老師、聰舜老師、旭昇老師，闔家康泰，永保九如。

提　要

如果我們仔細研讀《春秋》，不難發現孔子以片言之史錄述其主張，其一主張誠乃藉由「喪之終始」以申其「祀權思想」。喪有始終，喪之始也，踰年行郊，郊權以正其位，《公羊》家「董仲舒」主之，《禮記・王制》條例是其證也，《春秋》是其驗也；喪之終也，三年吉禘，禘權以令天下，《左傳》家「劉歆」主之，《禮記・大傳》條例是其證也，《春秋》是其驗也。

《春秋》言祭，重在郊、禘二祭；《禮記》言魯公受賜，內祭則大嘗禘，外祭則郊社，亦以郊、禘二祭爲重。《春秋》乃魯之實錄，不論郊禘是成王特賜，抑或魯公僭祀，都無礙於我們對兩漢祀權思想的觀察。郊、禘二祭乃周王以來天子的專屬祀權，《禮記》〈王制〉、〈大傳〉揭之甚明，誠乃透過祭祀禮儀以建尊卑秩序，實踐以尊統親之宗法體制。這一「寓政於祀」的思維，在漢朝時期則成爲伸張君權之兩大不可旁落的祀權。「郊天權」乃由「董仲舒」掘其微言大義，以「越喪行郊」，踰年即位郊天，以正天子之名位，成爲《公羊》尊王之基本教義；「禘祖權」則由「劉歆」張其宗廟之本，以三年喪畢，「吉禘告終」，五服來朝，新主易世，即位稱王，此乃《左傳》及《國語》之權力主張。

要之，不論董仲舒或劉歆，都亟以祀權掘發君權之大義，因此，「祭主權」，乃帝王政教之寶器，這就是孔子以史鑒誠之主張——「器以藏禮」——禮以建紀，班爵秩序，一寓於名與器中，故不可妄賜，賜之假人，則王政亡矣，乃孔子作《春秋》之眞諦也。所以《禮記・王制》中這十七字箴言：「喪三年不祭，唯祭天地社稷，爲越紼而行事」正道出祀權之於王者的唯一性與不可替性。事實上，此乃襲取上古帝王顓頊「絕地天通」一統天下祀權的歷史效用，而此一效用正爲兩漢經學家所發揚光大。

目次

第一章 緒 論

一、研究動機——顓頊「絕地天通」之「祀權」啓示

「祀權」之於「王權」的重要性，中國之案例可由顓頊（或稱堯命）「絕地天通」——阻斷九黎（三苗）與天地祖靈交通往來之祀權得到印證。《國語‧楚語》載昭王問於觀射父曰：「《周書》所謂重、黎寔使天地不通者，何也？若無然，民將能登天乎？」觀射父答曰：

> 及少皞之衰也，九黎亂德，民神雜糅，不可方物。夫人作享，家爲
> 巫史，無有要質。民匱於祀，而不知其福。烝享無度，民神同位。
> 民瀆齊盟，無有嚴威。神狎民則，不蠲其爲。嘉生不降，無物以享。
> 禍災薦臻，莫盡其氣。顓頊受之，乃命南正重司天以屬神，命火正
> 黎司地以屬民，使復舊常，無相侵瀆，是謂絕地天通。〔註1〕

顓頊之世，九黎之君不臣以致壞亂天下秩序，其祖蚩尤乃爲黃帝所滅（三苗又繼其後作亂，爲帝堯所誅），〔註2〕因是黃帝之孫顓頊以絕地天通的作法阻

〔註1〕《國語》，見鮑思陶點校：《國語》（山東：齊魯書社，2005），卷十八〈楚語〉，頁274～275。《尚書》，見李學勤主編：《十三經注疏‧尚書正義》（台北：台灣古籍，2001），卷十九〈周書‧呂刑〉，孔穎達正義引《楚語》云：「昭王問觀射父曰：『《周書》所謂重黎，實使天地不通者，何也？若無然，民將能登天乎？』對曰：『非此之謂也。古者民神不雜。少昊氏之衰也，九黎亂德，家爲巫史，民神同位，禍災薦臻。顓頊受之，乃命南正重司天以屬神，命火正黎司地以屬民，使復舊常，無相侵瀆，是謂絕地天通。』」頁635。按：二文稍有差略，引爲參考。

〔註2〕《尚書》，卷十九〈周書‧呂刑〉，孔穎達正義曰：「滅苗民在堯之初興，使無世位在於下國，而堯之末年，又有竄三苗者，禮天子不滅國，擇立其次賢者。

斷九黎之君與天地祖靈上下往來的交通，並使重、黎二官分執掌管其祭祀之權，不使往來。這也就是說：九黎之君因戰敗被顓頊剝奪了其祭祀祖靈的大權，失去祖靈的保佑等同是剝奪了其君主權與國土權。再看《尚書·周書·呂刑》的記載：

> 王曰：「若古有訓，蚩尤惟始作亂，延及于平民，罔不寇賊，鴟義姦宄，奪攘矯虔。苗民弗用靈，制以刑，惟作五虐之刑曰法。……
> 皇帝哀矜庶戮之不辜，報虐以威，遏絕苗民，無世在下。乃命重、黎，絕地天通，罔有降格。群后之逮在下，明明棐常，鰥寡無蓋。
> 皇帝清問下民，鰥寡有辭于苗。德威惟畏，德明惟明。」〔註3〕

從《尚書·呂刑》文本的陳述來看，帝堯初興，有三苗之亂，亦爲蚩尤之苗裔，繼九黎之君而起，酷虐其民，四處作亂不臣帝堯統治，帝堯以「順從民意，奉天行道」的使命誅其三苗之主，雖不滅其國，卻斷絕其與天地祖靈之交通，使其無所庇蔭，迫使苗民屈首臣服於帝堯之治。〔註4〕這個作法顯然與顓頊如出一轍，在九黎與三苗之始祖蚩尤戰敗死後仍具強大的神威下，中原帝主無不備受侵擾，而這場南北戰爭之帝權交戰，持續數世，始終沒能瓦解苗族勢力，最終作法只有透過巫詛儀式將其「祀權」——絕地天通——徹底

此爲五虐之君，自無世位在下，其改立者復得在朝。但此族數生凶德，故歷代每被誅耳。」頁634。

〔註3〕《尚書》，卷十九〈周書·呂刑〉，孔安國傳曰：「重即羲，黎即和。堯命羲和世掌天地四時之官，使人神不擾，各得其序，是謂絕地天通。言天神無有降地，地民不至於天，明不相干。」孔穎達正義曰：「三苗亂德，民神雜擾。帝堯既誅苗民，乃命重黎二氏，使絕天地相通，令民神不雜。於是天神無有下至地，地民無有上至天，言天神地民不相雜也。群后諸侯相與在下國，群臣皆以明明大道輔行常法，鰥寡皆得其所，無有掩蓋之者。君帝帝堯清審詳問下民所患，鰥寡皆有辭怨於苗民。言誅之合民意。堯視苗民見怨，則又增修其德。以德行威，則民畏之，不敢爲非。」頁630～635。

〔註4〕《史記》，見瀧川龜太郎：《史記會注考證》（台北：宏業書局，1990），卷二十六〈曆書〉：「黃帝考定星歷，建立五行，起消息，正閏餘，於是有天地神祇物類之官，是謂五官，各司其序，不相亂也。……少暤氏之衰也，九黎亂德，民神雜擾，不可放物，禍菑薦至，莫盡其氣。顓頊受之，乃命南正重，司天以屬神，命火正黎，司地以屬民，使復舊常，無相侵瀆。其後三苗服九黎之德，故二官咸廢所職，而閏餘乖次，孟陬殄滅，攝提無紀，曆數失序。堯遂復重黎之後，不忘舊者，使復典之，而立羲和之官。明持正度，則陰陽調，風雨節，茂氣至，民無夭疫。年耆禪舜，申戒文祖，云：『天之曆數在爾躬』。舜亦以命禹。由是觀之，王者所重也。」頁444～445。

阻斷並且監管（重、黎司之）；這與殷周建立「亡國之社」（商湯建夏社、周武建亳社），並使「社稷無樹」的巫術咒詛作法顯然是一致的，這個問題將放在第七章祀權困境中一併討論。

回過頭看看觀射父對楚昭王的回答，觀射父以民神之關係與秩序的回復曾歷經三階段：古者：民神不雜，各司其位──→少昊氏：民神同位，民匱於祀，烝享無度──→顓頊（或稱堯）：民神分離，官司執事，各得其序。意即：天有天序，人有人秩，天人之關係必須有其分際始得其序。因此，顓頊以重、黎二官分職掌管民神之事，而將祀權集統於一己之身，徹底阻斷神靈與兆民交往之機會，由巫覡集團（重、黎）進行媒介，王（顓頊）乃其最高首領，透過「介」（巫覡集團）之演繹並向天下傳達神靈旨意，不再任由百姓私自傳播神諭，王藉此祀權的集中掌握了神諭之解釋大權，卜辭文字終究成為官定與統一傳播的政治手段。

誠然，觀射父對「絕地天通」的解讀是從分工與集權的國家主義思想來論，以政治體制的意識型態置入一宗教神學的和熹之境，「神人同位」正是神學所謂的黃金時代；惟當神人分野各治，有司執事以使神，就是宣告獨權主義時代的來臨──「絕地天通，罔有降格」──今神之所以為神乃官定之神祠與授予之祀位，乃皇家列名在冊的神譜世系，因此神之降格於何處，乃王之權也。這個問題在漢成帝遷建天地南北二郊中看得極其清楚，待第五章祀權更張作一討論。

簡而言之，王權的產生與祀權有其絕對不可分之關係，〔註5〕憑藉對神靈溝通的媒介之專權與能力，因此在權力意志產生後，受命始祖的神聖化便是

〔註5〕李宗侗：《中國古代社會史》（台北：華崗，1977），第五章〈政權的逐漸集中〉：「以文字而論，『（R.W.Willamson）我應當指出玻里尼西亞的 Pure 字的通義是禱祝，而在薩摩亞群島據普拉脫（Pratt）字典，Pule 意謂指揮、權力，而在通加群島（Tonga）據貝克（Baker）字典，Pule 意謂執政、管理。我不以為同一個字的雙重意義只是偶然的。』比如在塔西第群島（Tahiti）政權與祭權的高級職位皆集中於一人之身，主通常是邦廟的大主教，在許多崇拜的典禮中，他是神的代表，他與神共有對人民的威權，他有時代表神，且接受人民對於神的敬禮及祈求，他亦代表人民向神報告。在曼加亞（Ma gaia）島，王就是邦神大主教他並且兼侍奉各神的大主教。在尼幼群島（Niu），王亦是天主教且有使食物生長的能力。在社會群島，王常是邦的教士，而父是宗族的教士。在區域或村中，教士的家族是神聖的，其職位由一位首領兼領，教士職位是世襲的。在美拉尼西亞亦有同樣的情形，比如在立帕斯群島（Le Pers），島民相信首領能與神往來，因此他們有威權。」頁 118。

透過祀權與儀式而使之不凡並有神性，成爲神譜帝系之一員，這就是巫術對歷史所產生的不朽作用，只不過巫覡集團成了官僚集團，王巫變成了帝王罷了。因此，我們可以說：王權若要獨大樹立威信，其對祀權之掌握與專斷誠屬必然（不論其自家祀權或賓國之祀權俱是），此乃王者一統天下之一大宗教秘器。這也就是本文何以要以「祀權」作爲主軸來討論儒家經典中的權力思想，尤以《禮記》與《春秋》更具有其微言大義與隱喻之思維在其中，值得深究與瞭解。

二、經典文獻中之祀權觀與歷史意識

（一）歷史的借鏡與回歸

中國哲人的歷史觀是極爲鮮明的，在經典文獻與諸子學說中都可以找到「借古勸今」或「復古思想」的借鏡與回歸。張端穗先生認爲《春秋》之所以成爲兩漢論經之首，其原因在於：「國人自先秦以來所培養的歷史意識。在此期國人的歷史意識中，歷史具有無與倫比的學術權威甚至宗教性權威。在此歷史意識的影響下，孔子所著的史書《春秋經》才能躍升爲五經之首，成爲漢帝國的立國大法。」張先生同時引述了英國漢學家蒲立本：〈史學傳統〉（E.G, Pulley-blank, *The Historiogaphical Traditional*）中的一段話：「太史所保存的紀錄被視爲具有特殊的重要性，甚至神聖性。……太史的『實錄』具有類似宗教上的重要性。由此我們可以了解魯國編年史《春秋》何以能成爲儒家經典之一。」〔註6〕由於歷史是一個實證的經驗法則，因此在中國哲人的思維中透過歷史以知王朝興替，借鏡其惡，崇尚其善，擷取先王之治國智慧與德政，警惕三代亡國之禍因與肇端，對於後王來說確實是可以達到「他山之石，可以攻錯」的歷史借鏡與回歸。而一部《春秋經》在《公羊》學大師董仲舒與史學大師司馬遷的思維裡，絕對是一部治國之聖典，董子認爲：凡有國家者不可以不學《春秋》，不學《春秋》而至於殺君亡國，奔走不得保社稷；司馬遷則以《春秋》乃「禮義之大宗」，凡禮義之事皆藏諸《春秋》亦斷於《春秋》。〔註7〕故以《春秋》決獄、《春秋》制禮都是兩漢寓政於《春秋》之綱本

〔註6〕 張端穗：〈西漢《春秋經》成爲五經之首之原由〉，《東海大學文學院學報》，第41卷（2000.07），頁3。

〔註7〕 《春秋繁露》，見清‧蘇輿撰、鍾哲點校：《春秋繁露義證》（北京：中華書局，2002）卷第十七〈俞序〉：「故子貢、閔子、公肩子，言其切而爲國家資也。其爲切而至於殺君亡國，奔走不得保社稷，其所以然，是皆不明於道，不覽

所在，迄至東漢章帝白虎觀會議的最終決策都是依循春秋制義而來。顯見歷史意識對兩漢帝王發揮著極大之作用，其中對於「祀權」之歷史意識透過董仲舒與后倉等齊魯學士的發揚則更見其歷史借鏡與回歸。

當然，禮之所以爲禮，其原始意義乃起於「事神」，《說文解字》以：「禮，履也，所以事神致福，从示从豐」釋之。〔註8〕又「豐」乃「盛玉以奉神人之器」，故在先民的心中玉器乃神物，具有溝通天地神明的法力。〔註9〕今儒家之「禮」，已從奉玉事神的原始意義而到維護社會秩序等級的引伸義，儒教思想中實乃二者兼具，儒之所以爲儒，乃因接神事神之職司而稱之，亦是爲了維護王朝秩序而崛起的官僚集團。孔子認爲：「器以藏禮」，因此「唯名與器，不可假人，君之所司也。……若以假人，與人政也。政亡，則國家從之，弗可止也已。」〔註10〕如此長喟何嘗不是源自於春秋衛公以「名、器」作爲政治酬庸慨允大夫于奚以「曲縣」（諸侯軒懸之樂）、「繁纓」（諸侯車服之飾）之請，以答其救命之危，然而勤王救君何嘗不是爲臣者委質之義也。今其特賜之不當，以名器假人，于奚僭越諸侯之禮制是賜而非僭，成了合理與合法的「僭越」。故孔子言「器以藏禮」：透過禮樂之器、車服之器，它寄寓著社

於《春秋》也。故衛子夏言，有國家者不可不學《春秋》，不學《春秋》，則無以見前後旁側之危，則不知國之大柄，君之重任也。」頁160、《史記》，卷一百三十〈太史公自序〉：「故有國者，不可以不知《春秋》，前有讒而弗見，後有賊而不知。爲人臣者，不可以不知《春秋》，守經事而不知其宜，遭變事而不知其權，爲人君父而不通於《春秋》之義者，必蒙首惡之名。爲人臣子而不通於《春秋》之義者，必陷篡弒之誅，死罪之名。……故《春秋》者，禮義之大宗也。」頁1337～1338。

〔註8〕《說文解字》，見清・段玉裁：《說文解字注》（台北：黎明文化事業，1991），禮字，頁2。

〔註9〕荊云波：《文化記憶與儀式敘事──《儀禮》的文化闡釋》（廣州，南方日報，2010）曰：「良渚文化墓葬中就出土有玉鉞，在有了金屬利器之後，玉鉞、玉戈、玉斧、玉圭等更是在象徵意義上成爲君王在儀式上彰顯權威，擁有生殺予奪權力的器具。《尚書・牧誓》中有『武王左杖黃鉞』的記載。良渚文化反山、瑤山大墓中出土的玉鉞均在死者左手邊，與史書記載正相吻合。」頁126。

〔註10〕《左傳》，見李學勤主編：《十三經注疏・春秋左傳正義》（北京：北京大學，1999）卷二十五，成公二年：「新筑人仲叔于奚救孫桓子，桓子是以免。既，衛人賞之以邑，辭，請曲縣、繁纓以朝，許之。仲尼聞之曰：『惜也！不如多與之邑。唯器與名，不可以假人，君之所司也。名以出信，信以守器，器以藏禮，禮以行義，義以生利，利以平民，政之大節也。若以假人，與人政也。政亡，則國家從之，弗可止也已。』」頁690～691。按：孔子生於襄公二十二年（BC.551），此乃後聞之言也。

會的等級秩序；而這一等級秩序先行敗壞者卻是國君自己，原因出在國君自身對於「名、「器」的認知與意義──名、器乃君王權位與權力之象徵與彰顯──一旦下衍，其顯示的意義就是：與人政也，政既與人，則政亡，政亡則國家易主也。孔子的擔心絕對是有道理的，因爲周公之受祀（天子禮樂以享之）與受賜（天子之郊、禘重祭），都是將「名」、「器」一同賞賜了魯國，因此代周而起的新王在魯，這是《公羊》學家對《春秋》微言大義的經典闡釋；但《禮記》卻深以爲誡，誠如《禮記・禮運》所慨嘆「魯之郊、禘，非禮也，周公其衰矣！」〔註11〕風氣一開的結果，諸侯各國紛紛僭越祀權或名器之物也。此一僭祀風氣，待第二章作一討論。

要之，《春秋》雖爲一部魯史，但透過歷史的紀錄、實證和回顧，它闡明了亂臣賊子的野心與亟欲重整的天下秩序；而《禮記》何嘗不是一部「以禮爲紀」的政治教本，故孔子曰：「安上治民，莫善於禮」。〔註12〕秦火之後，始於漢武帝出土，元帝之世則有大小戴刪節本的問世，小戴並且參與了石渠的官定會議（東漢光武帝始立於學官），〔註13〕於元、成宗教改制運動上更成爲一大經典憑據，以記爲經的態勢已經非常清楚了。我們只能說：社會階級秩序的維護與皇朝威權的樹立需要一官方學術作爲後盾，並使之成爲道德與教化的範本，才有可能深入民心而成爲理所當然天經地義的思維。而非基於酬庸心態討功勞受賜作享，或任意爲之僭越體制以藐視王法。這就是孔子對新王朝重建天下秩序與威權的深切寄託，而這個寄託乃在於「器以藏禮」的權力思想中。

（二）《春秋》、《禮記》中建構的祀權觀

《左傳》成公十三年云：「國之大事，在祀與戎」〔註14〕便意謂著王權包

〔註11〕 《禮記》，見李學勤主編：《十三經注疏・禮記正義》（北京：北京大學，1999）卷二十一〈禮運〉，頁678。

〔註12〕 《禮記》，卷五十〈經解〉，頁1371。同卷〈哀公問〉：「孔子曰：『丘聞之，民之所由生，禮爲大，非禮無以節事天地之神也，非禮無以辨君臣、上下、長幼之位也，非禮無以別男女、父子、兄弟之親，昏姻疏數之交也。』頁1373。

〔註13〕 《後漢書》，卷三〈章帝本紀〉：「（建初四年）十一月壬戌，詔曰：『蓋三代導人，教學爲本。漢承暴秦，褒顯儒術，建立五經，爲置博士。其後學者精進，雖曰承師，亦別名家。孝宣皇帝以爲去勝久遠，學不厭博，故遂立大、小夏侯尚書，後又立京氏易。至（光武帝）建武中，復置顏氏、嚴氏春秋，大、小戴禮學博士。』頁137～138。或參王葆玹：《今古文經學新論》（北京：中國社會科學，1997），頁309～310。

〔註14〕 《左傳》，卷二十七，成公十三年，頁755。

含著二項絕對權力:「祭祀權」(神權、祀權、阼位、東階)、「統帥權」(軍權、政權、君位、南向)。《左傳》僖公二十四年,介之推言:「天未絕晉,必將有主,主晉祀者,非君而誰。」〔註15〕介之推以「主祀者」稱嗣君「晉文公」,「主祀」就是「主權」,「祀主」即是「權主」,我們不能說介之推用主祀者來借代晉文公,這絕對是錯誤的說法,而是當時的人認為誰掌握了祭祀主權,誰就是祖靈保佑與承認的對象,他們是透過祖靈歆享的認證而成為一國之主。誠然,「祭祀權」乃「祭主權」,即「權力主」之象徵。其重要性可由衛獻公的說詞得到印證,《左傳》,襄公二十六年記載:衛獻公被逐,為求返君位,與權臣寧喜則交換條件說:「政由寧氏,祭則寡人」。〔註16〕在政權與祀權之間,獻公獻出了可貴的政權,而以掌握「祭祀權」來滿足自己,縱使「政在家門」,只要祀權在手,他仍是與祖先神明溝通的唯一宗主。因此不論卿權有多大仍只是片面單一的權力;當然,獻公守住了器卻失去了名,依然只有片面之權。春秋有多少像衛獻公一樣想法的人?寧以祀權苟且於君位,做個傀儡之君,也不願放棄祀位,確實不得而知。但這一現象卻為我們證實了:「祀權之於君」,是不可缺少或下流的一大絕對權力,一旦下流則失其倫理秩序;「君權之於祀」,誠乃《春秋》極力建構與維護的一大君權機制,是藉由祭主(君主)與神靈祖宗溝通的獨斷權力而產生的權位機制。

《禮記・王制》:「喪三年不祭,唯祭天地社稷,為越紼而行事」〔註17〕則以隱喻的方式從「祭祀權」來落實王政之威,並且是藉以「端正名實」的一大權力象徵,這是儒教思想中最難權衡的「喪、祭」問題之所在。在「三年大喪」與「天地社稷」的吉凶衝突上,儒家選擇了維護君權體系的「正名思想」,這並不是說:對於國喪與親喪,儒家以先天事而後進人事的態度來教育弟子或垂訓後世,而是基於對君權的維護,三年長喪,確實不利嗣君,易於旁落家宰權臣之手,這是「春秋譏世卿」的主因。故孟子稱:「《春秋》,天子之事也。……孔子成《春秋》而亂臣賊子懼。」〔註18〕雖不免過譽了《春

〔註15〕《左傳》,卷十五,僖公二十四年,頁417。
〔註16〕《左傳》,卷三十七,襄公二十六:「以公命與寧喜言曰,『苟(得)反(國),政由寧氏,祭則寡人。』」頁1032。
〔註17〕《禮記》,卷十二〈王制〉,頁376~377。
〔註18〕《孟子》,見李學勤主編:《十三經注疏・孟子》(北京:北京大學,1999)卷六下〈滕文公下〉:「世衰道微,邪說暴行有作,臣弒其君者有之,子弒其父者有之,孔子懼,作《春秋》。《春秋》,天子之事也。是故孔子曰:『知我者其惟《春秋》乎!罪我者其惟《春秋》乎!』……孔子成《春秋》而亂臣賊

秋》的影響力；但《春秋》「重郊」、「重禘」的思想是不言而喻的。「郊天」、「禘祖」乃「天子」內外之二大祀權，魯因周公而受此王朝大禮。因此，魯公踰年即位則舉郊，不因君喪葬或未葬而廢事；而先君三年喪畢即行吉禘，與天子禘祖之禮同。孔子何以要將此微言大義隱喻其中，必然有其對新世後王的深切期待，透過歷史教訓的反省勿使重蹈春秋覆轍——禮樂崩壞，君不君、臣不臣的王朝亂象。凡此論述擬於第四章作一深入討論。

　　無獨有偶，《禮記·明堂位》更記載了周公朝諸侯時的權力與阼位之關係：「昔者周公朝諸侯於明堂之位，天子負斧依，南鄉而立，……此周公明堂之位也。」〔註19〕此一「設儀辨位，以等邦國」的設位儀式何嘗不是刻意爲之的一種政治展演與權力圖像，藉此方位、阼階以明尊卑遠近，誠乃萬邦朝宗的歸順儀式與中國王化的權力宣示。明堂在武帝和王莽之世都進行了重建，這其中的權力宣示是極其明顯的，尤其王莽在明堂舉行了「禘祭」（祫祭），爲其即眞皇帝位作了一場權力的試探與輸誠。〔註20〕《禮記·大傳》言：「禮，不王不禘。王者禘其祖之所自出，以其祖配之。諸侯及其大祖。大夫、士有事，省於其君，干祫及其高祖。」〔註21〕唯帝王可以追溯其本宗始祖，以其德盛功偉而可以爲之，因此唯天子禘祭，諸侯則祫祭。〔註22〕這種一反「五世親盡」而毀的宗廟禮儀，則出現在「郊」、「禘」二祭的尊崇制度上，〔註23〕因此，非帝王不得郊、禘，但春秋魯公卻享有郊、禘大祭，一同天子之禮樂。

　　　子懼。」頁178。

〔註19〕　《禮記》，卷三十一〈明堂位〉，頁931～932。

〔註20〕　《漢書》，見中華書局版（北京：中華書局，1997）卷九十九上，〈王莽傳〉：「諸侯王二十八人、列侯百二十人，宗室子九百餘人，徵助祭」，頁4070。《後漢書》，卷三十五，〈張純傳〉：「元始五年，諸王公列侯廟會，始爲禘祭。」頁1195。

〔註21〕　《禮記》，卷三十四〈大傳〉，頁997。

〔註22〕　秦蕙田：《五禮通考》，卷九十七〈吉禮九十七·禘祫〉引宋儒程頤曰：「天子曰禘，諸侯曰祫，其禮皆合祭也。禘者，禘其所自出之帝，爲東向之尊，其餘皆合食於前，此之謂禘。諸侯無所出之帝，則止於大祖之廟，合群廟之主以食，此之謂祫。大夫享，庶人薦，上下之殺也。」又秦蕙田案曰：「〈大傳〉不王不禘，明諸侯不得通禘耳。」頁137（冊），325～326。又《儀禮》，見李學勤主編：《十三經注疏·儀禮注疏》（台北：台灣古籍，2001），卷三十〈喪服傳〉曰：「都邑之士，則知尊禰矣。大夫及學士，則知尊祖矣。諸侯及其大祖，天子及其始祖之所自出。」頁668。

〔註23〕　秦蕙田：《五禮通考》，卷九十七〈吉禮九十七·禘祫〉引唐儒趙匡曰：「〈祭法〉所論禘郊祖宗者，謂六廟之外，永世不絕者有四種，非關祭祀也。禘之所及最遠，故先言之耳。」頁137（冊）～323。

　　魯之有郊、禘二大天子祭禮，是僭？是賜？學者紛執不一。其紛執原因就出在《禮記》乃兩種說法並俱：一是〈禮運〉的「僭祭」之說：「孔子曰：『於呼哀哉！我觀周道，幽、厲傷之，吾舍魯，何適矣！魯之郊、禘，非禮也，周公其衰矣！」〔註 24〕孔子以魯之郊禘二祭非諸侯之禮，故非之也；但後世學者俱持此以爲僭祭之論據，但孔子以「周公其衰矣」，顯然是批評魯公不當受賜，以致損及周公之德業。一是〈明堂位〉、〈祭統〉的「賜祭」之說，〈明堂位〉曰：「成王以周公爲有勛勞於天下，……命魯公世世祀周公，以天子之禮樂。是以魯君孟春乘大路，載弧韣，旂十有二旒，日月之章，祀帝於郊，配以后稷，天子之禮也。季夏六月，以禘禮祀周公於大廟……。」、〈祭統〉亦曰：「昔者周公旦有勛勞於天下，周公既沒，成王、康王追念周公之所以勛勞者，而欲尊魯，故賜之以重祭。外祭則郊、社是也，內祭則大嘗禘是也。夫大嘗禘，升歌〈清廟〉，下而管〈象〉，朱干玉戚以舞〈大武〉，八佾以舞〈大夏〉，此天子之樂也。康周公，故以賜魯也。子孫纂之，至於今不廢，所以明周公之德，而又以重其國也。」〔註 25〕成王、康王以天子重祭之「祀權」作爲對周公勛勞之酬庸（如前引衛公、獻公以名器作賜），故有不當賜的批評，但這個決策已嚴重的引發祀權下衍的現象，最終形成無可挽回的失序無秩狀態，東遷後諸公紛紛僭越以彰顯其德業，禮樂崩壞，君不君、臣不臣，以下犯上，干亂禮紀，誠乃肇因於成王「不當賜祭」的錯誤政策，待第三章祀權下衍作一討論。

　　顯然，孔子是有意地透過文獻以建構一種權力機制，而這一機制誠然是藉由「祭祀權」來呈現的，有鑑於春秋諸公干犯禮紀，僭越祀權，恣意飧享祭樂以爲宴樂，藉諸史筆譏刺以彰顯其非，意在正其名端其實，這是《春秋》寫作成書之政治目的與期待，孟子以「亂臣賊子懼」稱之，正是爲孔教之「正名思想」作了最有力的陳述。當然，孔子藉由祀權建構的這一套權力機制在兩漢時代的詮釋學中看得極其清楚，尤以關乎國家體制與社會秩序的《春秋》三傳與《禮記》傳注中，更是了然可見。一代王朝的興起，都有其一套維護君王尊尊體制與社會倫理秩序的學說作爲國體憲章，並透過教化與利祿之途使之深入士民之心，因此藉由儒教正名思想以維護政治綱紀是再適合不過了。

〔註 24〕《禮記》，卷二十一〈禮運〉，頁 678。
〔註 25〕《禮記》，卷三十一〈明堂位〉，頁 934～937、卷四十九〈祭統〉，頁 1366～1367。

　　緣於此，儒家經典在兩漢的郊、廟建置與改革史上，占盡其詮釋之便。這從劉邦的平民身份與素養而得天下的神奇事蹟，逐次開啓了儒家經典之成爲國教與憲章的契機。一個新王的誕生必然伴隨著一場國家造神運動，在造神運動成立之後，如何使之成爲信仰並且內化爲道德思想以穩定國家秩序，則是儒士集團晉身權力階層並參與國家決策的最佳機會。〔註26〕從武帝始立儒經學官開始，我們看到躍諸舞台的有兩大學派，一以《春秋公羊》爲主的胡毋生、董仲舒學派；一以《禮經》（儀禮、禮記）爲主的孟卿、后倉學派，這兩大學派俱出於齊魯學士，〔註27〕最終形成主導兩漢吏治與憲章的一大儒學官僚集團，藉由宣帝時期的石渠會議與章帝時期的白虎會議的觀察，我們確實看到這兩大學派對國家宗教制度改革與憲章的制訂，都起了決定性的影響。

　　因此，本論文主要以兩漢《春秋》與《禮記》二大儒教經典之文本與傳注作一詮釋解讀，從中勾勒王權之另一權力機制——祀權。祀權是一種象徵機制，是從古代部落巫俗的「王巫」觀念所產生並遺留至國家政體當中，這一思維並未因王朝的建立而消失，反而成爲另一種權力機制，內化於儒士心中，成爲大一統主義思想之一端——這是在政治集權之外的一大集權思想——宗教集權。這一宗教集權的思維乃源自「董仲舒」重申春秋以來「郊祀」之天子大權，迄至哀帝時期，古文大家「劉歆」重申了今文家向來莫視闕論的「禘祖」之天子大權。至此，中國王權之內外兩大祀權始得兼備。這兩項宗教大權，事實上表現了今、古文家對「嗣君權力」的論述。董仲舒以變禮適權說，主張嗣子柩前即位稱王，踰年正月上辛郊天以改元起新；然劉歆則以經禮復周說，主張嗣子柩前即位受顧命之策，踰年郊天受命改元，率由舊章，待三年喪終，五服來朝，吉禘太廟，易世稱王。這兩大主張則具體反應在元、成二世的郊、廟禮制廷議與改革上，完成於復古從周的王莽之世，使之成爲東漢國憲之章帝之世的白虎官定會議。可見諸第四、五章之討論。

〔註26〕詳林師聰舜：〈帝國意識型態的建立——董仲舒的儒學〉《大陸雜誌》，91：2（民84.08））頁13～29。〈叔孫通「起朝儀」的意義——劉邦卡理斯瑪支配的轉變〉《哲學與文化》二十卷第十二期（1993.12），頁1154～1162。〈傳統士大夫與經學——經學權威是如何形成的〉，《中華文化復興月刊》，第二十卷第十二期（民76.12），頁41～46。
〔註27〕詳王葆玹：《今古文經學新論》，第二章〈今文經學的流派〉，頁102～103、245。

三、研究現況與論述啓蒙

　　研究過程中，有些篇章有些書籍，前前後後，逐次到位。有些我看得早，有些卻看得晚。看得早的，對我產生了極大的影響，並且提供我很好的思考途徑；看得晚的，則心生戒惕，雖怕拾人牙慧之譏，卻可補苴罅漏而見己短。

　　若單純的以研究各朝禮制或歷代禮制史來看，這類的論文及論著，是相當的多，針對漢晉禮制之建構與沿革，寫得較爲周全而確實者，大陸方面如：王柏中：《神靈的世界：秩序的建構與儀式的象徵——兩漢國家祭祀制度研究》、梁滿倉：《魏晉南北朝五禮制度考論》、陳戌國：《中國禮制史》（秦漢卷）、郭善兵：《中國古代帝王宗廟禮制研究》。四位先生由於是史學專家，因此對於禮制的研究純就其制度的建構過程、因襲變革、祭祀儀式與教育功能上進行分門別類的討論，對於一朝禮制建構背後的國家主張與權力論述，僅見片言之說，並未針對祀權之象徵性與實質性作一深入論述。

　　目前台灣學界以祀權這一角度來論述君權者，並以祀權作爲君權之一大政之寶器與權力之象徵者，也未多見；最見眞章與影響者乃林師聰舜：〈叔孫通「起朝儀」的意義——劉邦卡理斯瑪支配的轉變〉、〈「禮」世界的建立——賈誼對禮法秩序的追求〉、〈帝國意識型態的建立——董仲舒的儒學〉、〈西漢郡國廟之興廢——禮制興革與統治秩序維護之關係之一例〉、〈帝國意識型態的重建——扮演「國憲」基礎的《白虎通》思想〉；甘懷眞：〈「舊君」的經典詮釋——漢唐間的喪服禮與政治秩序〉、〈秦漢的「天下」政體——以郊祀禮改革爲中心〉、《皇權、禮儀與經典詮釋：中國古代政治史研究》；林素英：《古代祭禮中的政教觀——以《禮記》成書前爲論》；康樂：《從西郊到南郊——國家祭典與北魏政治》等。當然，本文於此之外，更以祀權作爲觀察君權之名實，透過此一名實的檢視，甚可知其君威之所向、政權之所張，其張其流，乃一朝所興與一朝之所廢也。

　　首先，就林師聰舜：〈叔孫通「起朝儀」的意義——劉邦卡理斯瑪支配的轉變〉、〈「禮」世界的建立——賈誼對禮法秩序的追求〉、〈帝國意識型態的建立——董仲舒的儒學〉、〈西漢郡國廟之興廢——禮制興革與統治秩序維護之關係之一例〉、〈帝國意識型態的重建——扮演「國憲」基礎的《白虎通》思想〉等文，這是一系列針對兩漢君權思想之建構與以禮建紀之國體憲章的相關研究，林師精闢入裏的論述，對我有重大之啓發，影響有三：

　　建威銷萌，在於統一祀權，以祀爲政，乃董仲舒君權主義之中心思想。禮儀制定與君權統治之關係，固然是學者們嫻熟的論述，但能夠在國家主義思想上建構一套國家祭祀制度，並以此制度作爲至高無上的聖權象徵。也就是說：帝王以祭祀作爲一種統治手段，利用這一所謂的「文化霸權」（hegemony）——「禁淫祀，立官祠」，一統宗教祀主的方式，來約束與強制百姓之宗教信仰，並以官祠作爲地方政教之中心，以銷民萌，建王宣威，此其一也。此外，宗教集權思想的形成，不論是宗主權（宗廟權）或君主權（郊天權），都是天子之至權，這是帝國思想的主義綱領，「董仲舒」乃掘此大義於天下者，牽引著元成二世一統祀權（廢郡國廟）與重塑神聖空間（建南北二郊，以聖王爲宇宙之中軸）進行一系列的宗教改制運動，此其二也。林師聰舜：〈西漢郡國廟之興廢——禮制興革與統治秩序維護之關係之一例〉曰：「在西漢郡國廟興廢的過程中，不管論述的角度如何改變，卻總脫不了維護統治秩序的考慮。由此可以看到西漢時期禮制的興革與維護統治秩序間之關係之一極佳範例。……在此儀式中（八月飲酎），皇帝是主祭者，諸侯是助祭者，且必須獻金給中央（文帝頒布酎金律），這就已經宣示京師才是宗廟祭祀的正統所在，天子才是承續祖宗的劉氏代表，具有壓縮諸侯王由郡國廟而來的祭祀上的宗法特權，剝奪他們覬覦大統的正當性的作用了。」〔註 28〕迄至東漢章帝白虎觀會議透過儒教經典的詮釋，帝國體制已然備至——「三綱六紀」乃維繫大一統於天下的教令，更是一部國家神話的最佳寫本，此其三也。林師聰舜：〈帝國意識型態的重建——扮演「國憲」基礎的《白虎通》思想〉曰：「白虎觀會議透過『講議五經同異』的方式，最後由章帝『親稱制臨決』，『永爲後世則』。可見《白虎通》是統治階級透過統一經義的方式來統一思想，是皇權透過控制經學解釋權的方式達到意識形態控制的目的，由此企求《白虎通》中的價值觀成爲全民的價值觀，《白虎通》中的規範成爲帝國的規範。皇權整理、認可的經學遂成爲帝國意識形態的核心，扮演爲體制服務的工作。」〔註 29〕

　　其次，就甘懷眞：〈秦漢的「天下」政體——以郊祀禮改革爲中心〉一文來說，本文對我而言，有三大重要論述與影響：

〔註 28〕　林師聰舜：〈西漢郡國廟之興廢——禮制興革與統治秩序維護之關係之一例〉，《先秦‧秦漢史》雙月刊，第五期（北京：中國人民大學，2007），頁 76、85。

〔註 29〕　林師聰舜：〈帝國意識型態的重建——扮演「國憲」基礎的《白虎通》思想〉，國科會八十二～八十五年度哲學學門專題計畫研究成果發表會編輯委員會主編：《哲學論文集》，1998.12，頁 199。

一，祭祀之於王權建構的重要性。甘先生說到：「我們忽略了宗教在皇帝制度被整合爲一個政治系統時所扮演的角色。……秦以來的皇帝制度成立後，君民關係的建構是皇帝制度的重要內容，以及當時最重要的政治運動。而且這個關係的建構是通過宗教性的論述與行動所締構的。……秦始皇一方面建構己身作爲皇帝的某種神性，另一方面藉由神祠制度，及皇帝與各地神祠關係的建立，創造一個以皇帝爲首的『天下』。議帝號結合祠官制度，秦始皇得以藉由己身是上帝，而能君臨當時統治領域內的眾神祠。並藉由皇帝與諸神祠的宗教性聯結（皇帝定期贈送神祠禮物），皇權得以介入基層社會的人民。在此同時，也藉由皇帝與各地神祠及其諸神的聯繫，確認並聯結了一個空間的領域，此領域即『天下』。」〔註30〕也就是說：宗教集權之於王權的建立與一統天下江山是絕對必要的，這從秦始皇統一先秦以來各地神祠的政策可見一斑，當然此一作法我認爲依舊是因襲於顓頊「絕地天通」的主張。

二，王權之二大絕對權力：「祀」與「戎」。甘先生文中說到：「周王的『天子治天下』地位是建立在『祭祀王』與『戰爭王』過程中。即一方面，所謂『天下』是一個祭祀圈，周王是主祭者，其他國君以諸侯的身分成爲陪祭者。『天下』內的諸國與周天子的關係即建立在以祭祀爲媒介的禮物交換的制度上。這種祭祀制度也進而發展出其他形式的聯結體制，如春秋戰國時的會、盟等。另一方面，周王的權威也建立在周初以來的所謂『武裝殖民』或『封建』的過程中，即周王在戰爭過程中建構己身爲最高軍事首長，並藉由軍隊組織的媒介，周王與諸侯間建立君臣關係一類的政治隸屬關係。」〔註31〕甘先生所謂「祭祀王」與「戰爭王」，我想應該是指《左傳》成公十三年：「國之大事，在祀與戎」，此乃意味著王者的政權包含著二項絕對之權力：「祭祀權」（神權、祀權）、「統帥權」（軍權、君權），換言之，王權的形成乃起源於「祀」與「戎」，甘先生謂之「祭祀王」與「戰爭王」。

三，以祭教孝，郊天以正天子之名位。甘先生說：「儒教運動是要建立『一君』與『萬民』間的倫理關係，且將這個倫理關係訴諸一個更高的事實與理據，即『天』或『天命』。而這種國家體制與倫理秩序則由皇帝制度的國家祭祀制度獲得保證。這個國家祭祀制度中，最主要的即郊祀。……通過這些事

〔註30〕甘懷眞：〈秦漢的「天下」政體——以郊祀禮改革爲中心〉，《新史學》，十六卷四期（2005.12），頁17、19、27。
〔註31〕同上注，頁30。

實與機制，天子與民之間存有一種倫理的關係，尤其是被稱爲孝。《禮記》（尤其是〈祭義〉、〈祭統〉、〈祭法〉、〈郊特牲〉諸篇）所敘述的祭祀概念是『報本反始』，而『報本反始』的倫理與精神狀態是『孝』。通過『報本反始』與『孝』，現狀與過去的事實（宇宙的發生與演變）不斷重覆連結，並不斷展示一個合理的狀態（如合理的君民關係）。天子的職責是代表萬民與天地應酬，而萬民則必須『孝』於天子，才能使天子作爲萬民之『始』與『本』。因此，郊祀禮得以展開是因爲天子與民之間有『孝』的關係，也藉由祭祀的宗教機制確認了這種關係的存在。」〔註 32〕政治體制的建構，即「天——天子——民」之倫理關係的建構誠乃透過祭祀之郊天禮儀以實踐天下體制，並且以祭教孝，透過孝這一親子關係以聯結「天——天子——民」之關係，這就是《禮記》中所建構的祭祀理論，爲漢儒所極力闡揚，故孝子必須親祀，而這就是天子祀權之主張。

　　日本研究方面，漢學家西嶋定生研究中國王權制度有一卓越的見解，西嶋氏認爲中國帝王權位具有二重性：「天子」、「皇帝」，此由中國皇帝「六璽」制度與應用的角度進行研究，發現天子三璽乃用於蠻夷與祭祀，皇帝三璽則用於國內政治，從而主張漢代的即位禮是由「天子即位」——「皇帝即位」兩階段所組成。〔註 33〕這個主張，引起金子修一、尾形勇、小島毅等學者熱烈的迴響。所謂前修未密，後出轉精，尤以金子氏更以專書專論，於 2002 年與 2006 年，四年間相繼出版大作：《古代中國と皇帝祭祀》、《中國古代皇帝祭祀の研究》深入討論漢唐以來之郊廟制度之沿革與郊廟明堂等祭祀禮儀之於王權的關係，成就斐然。然就即位禮儀來說，仍不出西嶋氏論述的主軸。這一主張，影響我很深，也引發了我研究的興趣。就祀權作爲王權之象徵來說，研究者多以「郊天權」進行論述，卻很少關注「三年吉禘」這件事，中國嗣君登基爲何待三年而後稱王，這並非爲了子道守孝而等待三年，而是作爲一種君權認證的儀式，並且是透過祭祀這一宗教的神聖儀式進行認證的，因此主祀三年吉禘者乃當權的新世主，這不僅意味著新舊權力的交接，更意味著新世紀的宇宙更始，聖主降臨，重啓宇宙秩序，因此五服俱至，入祭朝覲，稱臣效忠，這在《國語·周語上》說得極其詳細：「夫先王之制，邦內甸

〔註 32〕同上注，頁 34、48。
〔註 33〕日·渡邊信一郎：《中國古代的王權與天下秩序——從日中比較史的視角出發》（徐沖譯，北京：中華書局，2008），第五章〈古代中國的王權與祭祀〉，頁 128。

服，邦外侯服，侯衛賓服，夷蠻要服，戎狄荒服。甸服者祭，侯服者祀，賓服者享，要服者貢，荒服者王。日祭、月祀、時享、歲貢、終王，先王之訓也。……於是乎有刑不祭，伐不祀，征不享，讓不貢，告不王。」〔註34〕所以我的研究發現，周制天子的即位禮，確實存在著二重性，嗣君「踰年郊天」即「天子位」，改元；「三年吉禘」以即「宗主位」，稱王。西嶋氏所言的二次即位禮（皇帝位、天子位）誠乃漢家作法，並且由文帝短喪護權這封遺詔的影響而來，因此，漢帝以柩前受顧命，謁廟以即皇帝位（宗主位）；踰年郊天而即天子位，改元稱王，不待三年。這是本文的主軸思想，也正好可以補充西嶋氏等人的說法，亦可就證於季師旭昇：〈《上博上·昔者君老》簡文探究及其與《尚書·顧命》的相關問題〉。

最後，若以專題來談論春秋郊禘二禮者，台灣方面乃首推周何先生：《春秋吉禮考辨》這部書，周先生從考據與辨證的方法進行論述，全書分作五大專題：「郊禮」、「望禮」、「雩禮」、「禘禮」、「宗廟時享禮」，以春秋事例爲主，分析三傳之異同，並檢視群經，廣涉諸子，博參後世眾議，觀其流變，以斷疑義，精闢入裏，翔實精深，後學難出其右。林素英先生：〈論特殊祭祖之內蘊──禘郊祖宗〉一文則從祭禮的政教觀上討論禘郊祖宗之祭祀意義從而定其祀序，以見蘊含其中的人文自覺觀念，林先生認爲：禘郊一系，乃溝通天人互動關係；尊崇祖宗，乃基於英雄崇拜心理所致，在國家政治制度形成後，祭祀禮儀則逐漸融入政治制度之中，成爲帝王建國君民之統治利器，所以在祭祖的一般祭禮之外，附以禘郊祖宗這四種特殊的祭祖方式，強化對於特殊對象之尊崇，進而達到對政治領袖之推崇仰慕之意，此乃以禮建紀，以祭爲教之政治效用。駱文琦：〈吉禘于莊公解〉、〈春秋魯郊考〉二文則專述春秋書吉禘莊公之微言大義，以及針引三傳注疏之同異，兼采群儒之言以考辨魯郊之郊祀原義與儀式程序。在主題思想上，駱先生認爲魯禘亦同周禘有二（大禘、吉禘），魯郊僅以啟蟄而郊（周郊有二：冬至圜丘、啟蟄之郊），俱爲成王特賜，力駁唐宋以來眾儒僭祀之非。文中駁正劉歆所主：「大禘則終王」、許愼所云：「終禘」之說，以劉歆、許愼錯混大禘與吉禘爲一祭而不知有別（這點上，我有不同意見，討論劉歆此說必須從漢代這一時空環境來看，不能遽斷其非，詳第四章第三節）。在魯郊的考證上，駱先生以魯郊唯一郊，啟蟄以祈穀，不同於周郊正月報本反始之義，又郊時以節氣爲準，不以月爲準，且

〔註34〕《國語》，卷一〈周語上〉，頁2。

以啓蟄（寅月中氣，周三月下旬）後之上辛為時舉祀，此說大抵不出周先生之主張。黃彰健：〈釋《春秋》左氏經傳所記魯國禘禮並釋《公羊傳》「五年而再殷祭」〉一文乃藉由卜辭、金文等銅器銘文考據「禘」字之原始意義，黃先生認為：《春秋經》「吉禘」之禘字從示、從帝字仍應釋為上帝，前人釋禘字為審諦昭穆次第，這是錯誤的。又《春秋經》所釋之「吉禘」，需合祀存廟主及祧廟主，天子諸侯於三年喪畢所行之禘禮皆稱「吉禘」（周、駱二先生亦有此說，以吉禘乃天子諸侯之通制，士大夫則曰吉祭，故駁三傳與注疏之非），故以《禮記》：「禮，不王不禘，王者禘其祖之所自出，而以其祖配之」之說，乃不合於殷代及西周制度。

基於以上黃先生對「吉禘」的說法，我認為孔子藉春秋之筆以正名號，顯然「吉禘」一詞乃其褒貶所在，《今本竹書紀年》：「康王三年，定樂歌，吉禘於先王」是其證也，「吉禘」乃一祭祀專名，並非在「吉」字的譏刺，而是僭越天子「吉禘終王」之大禮（這在劉歆重禘的主張下，始得深切著明），是以《春秋》書之垂訓後世。這就是兩漢《公羊》學家何以於《春秋》所書之大事不言禘而言袷，《公羊》教義雖託王於魯以待新王出，仍不敢顛覆歷史事實之是非黑白，因此，對魯之僭禘於群公廟、三年喪畢而行吉禘之王禮則提出批評，冀以端正名實，重建天下禮紀秩序，今人若掩書廢言《禮記》，似乎亦有所未見也。

四、研究方法與材料應用

本文採取的研究方法，將依循王國維先生所謂的二重證據法之第一重證據法（第一重證據為傳世文獻、第二重證據為考古發掘的地下文獻），並且納入葉舒憲先生所提出的第三重證據法：跨文化的資料證據或依然活在民間的民俗或口頭證據及第四重證據法：考古或現存實物及圖像資料。〔註35〕

在第一重證據法上，主要以儒家經典文獻作一主軸，尤以《春秋經》與《公羊傳》、《穀梁傳》、《左傳》與《禮記》的解讀為本文軸心，而解讀的方法則透過漢唐以來之傳注與經解的詮釋文本為核心材料，並對於詮釋者的解讀進行分析、歸納與比較，如「春秋譏世卿」這一漢儒的學術議題，當然也是敏感的政治議題，透過三傳與注疏家之經文詮釋，誠然可見三傳之學派分野、主張與經解之時代色彩，而這一色彩正是一代王朝君權的觀察指標。

〔註35〕荊雲波：《文化記憶與儀式敘事——《儀禮》的文化闡釋》（廣州：南方日報，2010），頁114 注①。

　　在次要的傳世文獻上，經典如：《儀禮》、《周禮》、《尚書》、《論語》、《孝經》等乃觸類旁通與互證旁證之重要材料，也是漢儒政論中慣以引證的重要經典文獻。研究歷代禮制與沿革，在材料的蒐羅上，莫過於兩大政書，唐儒杜佑：《通典》、元儒馬端臨：《文獻通考》；所謂後出轉精，清儒秦蕙田：《五禮通考》則更勝之，除了歷代禮制與沿革的記載之外，更旁及經傳，並援引了自漢迄清諸儒的不同說法與主張，對於研究禮制者來說，無疑是一大文獻資料庫，誠乃本文倚賴之重的一大傳世文獻。討論兩漢學術思想，許慎《五經異義》與鄭玄《駁五經異義》（見清儒陳壽祺：《五經異義疏證》、皮錫瑞：《駁五經異義疏證》），是輔助我在分析與比較三傳之主張與學術分野時的必要參考資料，以及元成二世宗教改革之諸議題，其中涉及諸多政治體制與祀權主張及改制之議題，如：「春秋譏世卿」（第三章祀權下衍）、「終王吉禘」（第四章祀權伸張）、「郊天議」（第四章祀權伸張、第五章祀權更張）「毀廟議」（第五章祀權更張）、「君親二喪先後」、「公除議」（第六章祀權衝突）等議題。

　　在第三、四重證據上則採用李宗侗：《中國古代社會》、卡西爾：《國家的神話》（Ernst Cassirer, *The Myth of the State*）、弗雷澤：《金枝：巫術與宗教之研究》（J.G. Frazer, *The Golden Bough: A Study in Magic and Religion*）、伊利亞德（耶律亞德）：《聖與俗——宗教的本質》（Mircea Eliade, *The Sacred & The Profane：The Nature of Religion*）、耶律亞德：《宇宙與歷史——永恆回歸的神話》（Mircea Eliade, *Le Mythe de l'éternel retour: archétypes et répétition*）、巫鴻：《禮儀中的美術——巫鴻中國古代美術史文編》（Wu Hung, *ART IN ITS RITUAL CON TEXT——Essays on Ancient Chinese Art by Wu Hung*）、亨利‧富蘭克弗特：《王權與神祇》（*KINGSHIP AND GODS*）、馬麗加‧金芭塔絲：《活著的女神》（Marija Gimbutas, T*he Living Goddesses: Religion in Pre-Patriarchal Europe*）、E. Washburn Hopkins, *Origin and Evolution of Religion*、張光直：《美術‧神話與祭祀》等中有關人類學與他民族古俗文化的調查資料作爲參證，基於集體無意識的原始思維，中國人並非與世隔絕自成體系，而是與世界接軌交融而形成的文化思想，固有其雷同互印之處，例如對祀權的掌握，乃來自於原始巫教，這是所有原始部落與初民的共同記憶與權力模式，例如：求雨巫術與王權的形成與建立乃息息相關，這可由商湯禱旱於桑林的巫詛儀式得到印證，這一巫術原則更內化爲儒家內省政治之思維模式，成爲中國史鑑官箴——湯說殉己→六事責過→下詔罪己。

第二章　祀權主張——天子內外兩大祀權：郊天權與禘祖權

　　《禮記・中庸》曰：「郊社之禮，所以事上帝也。宗廟之禮，所以祀乎其先也。明乎郊社之禮、禘嘗之義，治國其如示諸掌乎！」〔註1〕顯而易見地，這是將「祭祀」與「治國」二事作了一絕對性的連接，認為外神以郊、社二神為大，內神則以宗廟之禘、嘗二事為重，君王若能祗敬天下以示郊社、宗廟內外二禮，就能知祭祀之於教化的意義，如此治國便在指掌之間。因此，〈經解〉篇中孔子以：「安上治民，莫善於禮」以示為政者；〔註2〕〈祭統〉篇更主張「以禮為教」、「以祭為（教）本」。〔註3〕這都說明了：「祀權」的二重性在於「郊社」、「宗廟」二權，其中又以「南郊祭天」之權與「宗廟禘祭」之權是王者不可旁落，並且為王者之所專的二大獨權。因此治國者必須從祭祀之教化做起，始能長治久安，以建天下秩序，正如《詩經・豳風・伐柯》孔穎達所言：「觀其（周公）以禮治國，則籩豆禮器有踐然行列而次序矣。」〔註4〕禮之所以為重為大，乃因祭祀之籩豆禮器井然有序，不紊其列，彷若人間亟需建立之雁行行列，尊卑有體之班爵秩序，以定王朝之治也；這就是《左

〔註1〕《禮記》，卷五十二〈中庸〉，頁1439。
〔註2〕《禮記》，卷五十〈經解〉，頁1371。同卷〈哀公問〉：「孔子曰：『丘聞之，民之所由生，禮為大，非禮無以節事天地之神也，非禮無以辨君臣、上下、長幼之位也，非禮無以別男女、父子、兄弟之親，昏姻疏數之交也。』」頁1373。
〔註3〕《禮記》，卷四十九〈祭統〉，頁1354。
〔註4〕《詩經》，見李學勤主編：《十三經注疏・毛詩正義》（北京：北京大學，1999）卷八〈豳風・伐柯〉，頁531。

傳》成公二年中孔子所謂:「器以藏禮」——「寓政於祭」之君權觀與秩序觀。
〔註5〕

　　因此,本章擬由二大方向進行討論:

　　一,《禮記‧王制》「喪三年不祭,唯祭天地社稷,為越紼而行事」之權力論述。這十七個字何以隱喻著君權觀?先秦儒家的政論觀乃奠基於「以禮為教,以祭為本」之思維,政之本在祭,掌握神權祭器乃是「宗教主」亦是「天下主」,故孔子以「器以藏禮」說之。新王踐祚,因禮建紀,需要透過神權以主張之聖化之,因此新主在諒闇三年,冢宰攝事,率由舊章之子道制約下,君權旁落是事實。如何兩全,以申君威,協和天下秩序,儒家則提出「祀權」之名教觀以正「君統」之實。這是儒教喪禮學中變禮行權之主張,唯天子諸侯行三年大喪時,先進天事而後人事,除服從吉以祭天地社稷,目的在於承天垂統,明正其位。故由三點進行論述:一,傳注之經典詮釋與觀點。二,(三年)喪、(天地)祭之衝突與政治權衡。三,三年喪——君權與相權之角力和歷史省思。

　　二,《禮記‧明堂位》:「周公朝諸侯於明堂之位」祀權發微。周公攝政天下,於明堂設位以朝天下諸侯,這一舉動誠乃權力主對其權力的宣威與展演,是傳世文獻中一篇極其重要的政治檔案。〈明堂位〉涉及了三大層面之思維:(一)明堂建築形制與權力象徵之關係。這是一種微觀的宇宙圖式的建築,透過我們對宇宙的認知所建構出來的權位關係,天人合一之思想體系事實上乃藉由祭祀來聖化國家之意義以藩邦國與外夷。此由漢武與新莽二次興建明堂的動作中可見其政治意義。(二)阼(祚、胙)位與祀權之關係。中國歷史亦由巫史傳說進入信史文明,巫史時代以掌握溝通神明之祀權為部族之長,對於獻祭先祖或神靈之胙肉由於神靈受祭歆享,所獻食物已然聖化與神化,具有福壽驅邪之神力,因此周王以「致胙」(飲福)作為對同姓諸侯或異姓大國之友好與尊崇,成為一種權力的投射,無須任何語言的一種隱喻性的政治動作。又揚雄《法言‧重黎》言:「僭莫重於祭,祭莫重於地,地莫重於天。」

〔註5〕《左傳》,卷二十五,成公二年:「新筑人仲叔于奚救孫桓子,桓子是以免。既,衛人賞之以邑,辭,請曲縣、繁纓以朝,許之。仲尼聞之曰:『惜也!不如多與之邑。唯器與名,不可以假人,君之所司也。名以出信,信以守器,器以藏禮,禮以行義,義以生利,利以平民,政之大節也。若以假人,與人政也。政亡,則國家從之,弗可止也已。』」頁690~691。

〔註6〕春秋諸公俱以「踐胙祀權」作為「踐祚（阼）王權」之宣示。因此從「阼、祚、胙」之文字解讀與「致胙」、「歸胙」之禮儀意涵便可清楚在此所投射的政治意義。（三）王權圖像──天下之中思維的具象化。周公朝諸侯於明堂位，這是中國行使王權意志的開始，天子南向居中的思維在明堂設儀辨位中是一覽無遺的。又〈明堂位〉這段敘述周公朝諸侯四夷的文字更創造了一中國王權的圖式與圖像，這在《禮記》當中是極其少見的，此一敘述法與《儀禮》以文字展演枯燥繁瑣的儀式程序步驟是如出一轍的，唯不同的是，〈明堂位〉以文說圖，以一具象性的高妙手法圖示王者之位，透過「位」的這一座標式的圖像說明了中國王權之至尊性與神聖性，如眾星拱月，軸衡天下。

第一節　《禮記‧王制》「越紼行郊」之權力論述

　　古人論議，慣以引經據典，因此熟見於兩漢士人禮議中的例證，我分作「條例」與「事例」兩類來看。所謂「條例」乃「理論」的引證；「事例」乃「歷史」的例證（詳第四章），是典籍當中有例可循並產生一種典型的「成規」，往後若再發生諸此情況，則依例成事。本節則由影響後世深鉅的《禮記‧王制》條例看起。

　　《左傳》成公十三年云：「國之大事，在祀與戎。」〔註7〕便意謂著王者的政權包含著二項絕對權力：「祭祀權」（神權、祀權）、「統帥權」（軍權、君權），而〈王制〉條例便是從祭祀權來落實王政之威：

　　　　喪三年不祭，唯祭天地社稷，為越紼而行事。〔註8〕

這段話，恐怕是《禮記》中最具「權力意志」的十七個字了。在這短短地十七個字中，兩漢人著重的不是名物訓詁上的傳統問題，而是在這段箴言中所象徵的「權力意志」是什麼？其背後的歷史意義是深遠的，也是始自堯舜以來，中國王權上的隱憂沈疾。因此，本節擬由三方面作一討論：一，傳注之經典詮釋與觀點。二，（三年）喪、（天地）祭之衝突與政治權衡。三，三年喪──君權與相權之角力和歷史省思。

〔註6〕《法言》，卷十四〈重黎〉，李軌注曰：「既盜土地，又盜祭天。」頁346。
〔註7〕《左傳》，卷二十七，成公十三年，頁755。
〔註8〕《禮記》，卷十二〈王制〉，頁376～377。

一、傳注之經典詮釋與觀點

〈王制〉曰：「喪三年不祭，唯祭天地社稷，爲越紼而行事」，本條例是以「天子」之角度進行論述，因此前提是：天子爲喪主的情況下，若遇到「天地」、「社稷」二大祭典之行祭時節，喪主該如何因應？先秦儒家的觀點是：凡遇三年大喪則喪主不與祭（而非廢祭之謂也），〔註9〕居喪其間唯「天地」、「社稷」二典喪主可以「越紼」與祭，此二典乃國之大祭不可因喪權廢。漢唐注疏家：鄭玄、杜預、孔穎達諸家的看法顯然略有其時代背景上的歧異，列述於下，以茲參較。

（一）「不祭」、「越紼」釋義

「不祭」如何解釋？注疏未有明言，但從「越紼」的解釋中便可知其意。鄭玄的說法是：

> 不敢以卑廢尊。越，猶躐也。紼，輴車索。〔註10〕

鄭注言簡，孔穎達正義則有詳說：

> 越是踐躐之義。故云「越猶躐也」。但未葬之前，屬紼於輴，以備火災。今既祭天地社稷，須越躐此紼而往祭之，故云越紼。云「紼，輴車索」者，以停住之時，指其繩體，則謂之紼。若在塗，人挽而行之，則謂之引。故鄭注〈雜記〉云：「廟中曰紼，在塗曰引」。〔註11〕

這話說得十分明白，「輴」是載棺柩的車子，天子以龍輴載柩，「紼」則是挽柩的大繩，死者入殮在棺始設紼於廟。依古人用詞的習慣，停殯在廟稱「紼」，啓殯在塗稱「引」。

顯然「不祭」之意不言自明，「越紼者」乃「天子」（嗣君）也，故孔氏曰：「今既祭天地社稷，須越躐此紼而往祭之，故云越紼」，越紼何以爲之？親祭也。故鄭玄言：「在殯得祭也」，注疏二家的解釋是符合經典原意的。所以《左傳》宣三年，孔穎達正義更說：

> 鄭玄云：『不敢以卑廢尊』紼輴車索，禮天子殯於西序，欑輴車於涂之繫紼，以備火災。言越紼行事，是在殯得祭也。〔註12〕

〔註 9〕孫希旦：《禮記集解》（台北：文史哲，1990）卷十三〈王制〉：「愚謂喪三年不祭，不親祭也。」頁338。

〔註10〕《禮記》，卷十二，〈王制〉，頁377。

〔註11〕同上注，頁378。

〔註12〕《左傳》，卷二十一，宣公三年，孔穎達正義，頁601～602。

周制死者殯於西序，客道待之，[註13]紼輴就是車索，同義互訓。鄭玄認爲越紼以祭天地社稷，是不敢以卑廢尊，因宗廟人鬼之祀位乃卑於天地社稷之大神，雖說人死爲大，但「入殮已殯」，天子七日、諸侯五日，第八日、第六日起至啓殯下葬，天子七月、諸侯五月，相去之日甚遠，此間停殯的日子，便是鄭玄所謂的「無事」，[註14]在這期間當越紼行事，嗣君應親祭天地社稷爲蒼生祈福，不得有廢。[註15]

要之，注疏大意有四：一，「不祭」乃謂「不親祭」也。今天地社稷之祭，雖遭三年大喪，「既殯之後」嗣君必須釋服從吉越紼而親祭之。二，設紼乃於屍體入殮在棺之後，故曰「既殯設紼」。「停屍未殯」，輴紼未設，死者爲大，鄭玄謂之「有事」，凡所有祭事皆權廢不舉，郊、社亦然。三，停殯於廟中，天子七日殯，七月而葬，此中近七個月的居喪期間，郊天祭社，嗣子應越紼主祭，故鄭玄以「無事」而祭之。四，啓殯下葬，執紼在塗，死者爲大，出發至葬地或有些路途需耗時日（今人一日便妥，古人交通不便，來往下葬安神，非一日可及），[註16]因此這段時間，嗣君在喪不祭，鄭玄謂之「有事」，[註17]故郊、社亦權廢不舉；然葬日用卜，實可避開郊社祭日，不使相妨也。

[註13]《禮記》，卷七〈檀弓上〉：「夏后氏殯於東階之上，則猶在阼也。殷人殯於兩楹之間，則與賓主夾之也。周人殯於西階之上，則猶賓之也。而丘也，殷人也。予疇昔之夜，夢坐奠於兩楹之間。」頁207。

[註14]《禮記》，卷十九〈曾子問〉，孔穎達正義：「按〈王制〉云『唯祭天地社稷，爲越紼而行事』何？趙商之意，葬時郊社之祭不行，何得有越紼而行事？鄭（玄）答：『越紼行事，喪無事時，天地郊社有常日，自啓及至於反哭，自當辟之。』鄭言無事者，謂未殯以前是有事；既殯以後，未啓以前是無事，得行祭禮，故有越紼行事。」頁596。按：鄭玄以有事、無事來談喪與祭的輕重關係，並且「天地社稷」之祭，若於天子未殯之前，則因有（大喪）事而廢祭；若於已殯之後未啓之前（第八日至第七月）無事時期，則越紼而祭。

[註15]孫希旦：《禮記集解》，卷十九〈曾子問〉：「愚謂未殯之前，諸祭皆廢，既殯則外神皆祭。〈王制〉言『天地社稷，越紼行事』此言「五祀既殯而祭」，各舉尊卑一偏言之，其實外神無不祭也。在喪而祭者，皆使人攝之。」頁530。按：孫氏認爲「喪不廢外神之祭」，唯「皆使人攝之」，因此天子諸侯有三年喪則不親自主祭；但筆者認爲孔子明言「天地社稷，越紼行事」，因此天子諸侯在喪無事仍主祭之，不使有司攝事。

[註16]孫希旦：《禮記集解》，卷十九〈曾子問〉：「舊說謂『諸侯之葬，朝廟六日而徧，天子朝廟八日而徧。』」頁534。

[註17]《禮記》，卷十九〈曾子問〉，孔穎達正義引：「鄭答（趙商之問）：『越紼行事，喪無事時，天地郊社有常日，自啓及至反哭，自當避之。』鄭云無事者，謂未殯以前是有事，既殯以後未啓以前是無事，得行祭禮，故有越紼行事。」頁596。

（詳後〈曾子問〉：「天子崩，未殯，五祀之祭不行」云云）

（二）「三年喪」釋義

鄭玄的觀點是：「不敢以卑廢尊也」；順其意解讀「三年喪」有二：一，「天子喪」（詳上文）。二，「父母喪」：諸侯大夫士者，凡天子行「天地社稷」大祭時，諸侯大夫理當陪位助祭，一爲私事一爲國事，國事乃重於私事，縱使父母未葬，亦當越紼權且從吉與祭。這個說法之所以成立，可就證於《宋史・禮志・服紀》：

> 慶曆七年，禮官邵必言：「古之臣子，未有居父母喪而輒與國家大祭者。今但不許入宗廟，至於南郊壇、景靈宮，皆許行事。按唐吏部所請慘服既葬公除者，謂周以下也，前後相承，誤以爲三年之喪，得吉服從祭，失之甚也。又據律文：『諸廟享，有緦麻以上喪，不許執事，祭天地、社稷不禁。』此唐之定律者，不詳經典意也。王制曰：『喪三年不祭，惟天地、社稷爲越紼而行事。』注云：『不敢以卑廢尊』也。是指王者不敢以私親之喪，廢天地、社稷之祭，非謂臣下有父母喪，而得從天子祭天地、社稷也。」。〔註18〕

北宋禮官邵必的這席話得反向思考，邵氏屢引「唐律」，有三大要點：一，既葬公除，邵必認爲三年大喪不適用此令。二，祭天地社稷，臣子若遭父母三年大喪，必須釋服從吉陪位助祭，不以私事廢王事，但邵必極烈反對這個作法，〔註19〕並認爲〈王制〉條例僅僅用於「天子」越紼祭之，而非上下一體，君臣皆適。三，「諸廟享，緦麻以上喪，不許執事」此乃「士禮」，在〈曾子問〉中孔子以「士，緦不祭」，顯然唐律以「士禮」定律，天子一於庶民，有同宮緦麻之喪不得親祭祖廟；唯天地社稷之祭不在此限。

要之，在「天事」、「王事」與「私事」三者之間，天子喪、父母喪都不敵天事之尊，因此越紼主祭助祭都是唐律中明定的律令，但這樣的禮律乃承自漢晉禮議而來，非一朝之唐突。當然在「王事」與「私事」之間在每一朝

〔註18〕《宋史》（元・脫脫等撰，北京：中華書局，1997），卷一百二十五，〈禮志・服紀〉，頁2919。按：宋朝邵必之言，點出一個關鍵趨向：自漢唐以來，尊天地社稷之祭，不避私喪，唐律或受董仲舒：「春秋譏喪祭，不譏喪郊，郊不辟喪」之觀念影響，以禮制律。

〔註19〕按：宋儒呂大臨亦反對釋服親祭，氏曰：「人事之重，莫重於哀死，故祭雖至重，亦有所不行。蓋祭而誠至則忘哀，祭而誠不至，則不如不祭之爲愈。」，見孫希旦：《禮記集解》，卷十三〈王制〉，頁338引。

代的「時情」中都有其再議的空間。

（三）郊社與宗廟之輕重

這是一個必須探討的問題，〈王制〉以：「喪三年不祭，唯祭天地社稷，為越紼而行事」，凸顯祭祀之尊位與大神在於「郊」、「社」二祭，因此在祀權不可旁落的權力機制中，天子必須越紼（既殯無事）親祭之，透過郊社之祭以正天子位之名；但維護宗族血緣之宗主大權的「宗廟」祭呢？孔子對此並無提出任何說法，唯〈曾子問〉記載了「五祀」舉祭與不祭的時間，蓋可依此類推：

> 天子崩，未殯①，五祀之祭不行。既殯而祭②；其祭也：尸入，三
> 飯不侑，酳不酢而已矣。自啓至于反哭③，五祀之祭不行。已葬而
> 祭④，祝畢獻而已。〔註20〕

五祀之行祭與廢祭，〈曾子問〉談到治喪四階段（如上所示），並有二類作法：一，權廢不祭：①未殯、③自啓至於反哭；亡者未殯、啓殯將葬卒哭安神，死者為大，故權廢五祀之祭。〔註21〕一，依時舉祭：②既殯、④已葬；亡者已殯入殮、已葬入土，諸此無事、除服之時，不礙五祀之祭故依時行之，唯祭禮殺哀而眚，不盡常時禮數。

看看鄭玄的說法是：

> 既葬彌吉，畢獻祝（祝獻畢）而後止。郊、社亦然，惟嘗禘宗廟俟
> 吉也。〔註22〕

依鄭氏意，顯然上述的治喪四階段與祭之行廢，除了「五祀」之外，亦包含了「郊」、「社」二祭。〔註23〕較之於〈王制〉：第一，〈王制〉僅言「越紼行事」，並未說及郊社亦當眚禮殺哀，此乃鄭玄演繹之詞，未可定論。第二，「未

〔註20〕《禮記》，卷十九〈曾子問〉，頁595。

〔註21〕同上注，孔穎達正義：「以初崩哀戚，未遑祭祀。雖當五祀，祭時不得行。既殯而祭者，但五祀外神，不可以己私喪久廢其祭，故既殯哀情稍殺而後祭也。」頁596。

〔註22〕同上注，頁595。

〔註23〕同上注，孔穎達正義曰：「郊社尊，故避其日，不使相妨。五祀既卑，若與啓反哭日相逢，則五祀避其日也。鄭言天地社稷去殯處遠，祭時逾越此紼而往赴之。五祀去殯處近，暫往則還，故不為越紼也。」頁596。卷十二〈王制〉，孔穎達正義引《鄭志》答田瓊云：「天子郊社至尊，不可廢，故紼祭之。六宗山川之神則否。」又云：「五祀，宮中之神，喪時朝夕出入所祭，不為越紼也。」頁378。

殯不祭」乃通例，喪、祭之衝突不因喪廢祭，但唯「新喪未殯」死者爲大，天子七日而殯，故適逢此七日則不祭也；然祭乃依時用卜，吉凶可相避也。第三，禮經未說及的，鄭玄則任己之見補經之闕曰：「嘗禘宗廟俟吉也」。這是我們想找到的答案，但卻是注本的私見，而非禮記之原始本意。

　　由於是鄭玄之私見，因而杜預以《左傳》力駁此一說法，僖公三十三年曰：「葬僖公，緩。作主，非禮也。凡君薨，卒哭而祔，祔而作主，特祀于主。」杜預注曰：

　　　冬祭曰烝。秋祭曰嘗。新主既立，特祀於寢，則宗廟四時常祀如舊也。三年禮畢，又大禘，乃皆同於吉。〔註24〕

鄭玄以「惟嘗禘宗廟俟吉也」；但杜預以新主卒哭祔主於廟（介紹新鬼給舊鬼）之後，則將其神主權置於寢，故曰「特祀於寢」，其間不再與宗廟合祭，吉凶無妨，因而不與宗廟相干，故曰「宗廟四時常祀如舊」；唯待三年喪畢而後大禘於太祖廟並與毀廟未毀廟祖合食共祭，故曰「皆同於吉」。孔穎達則詳細引述了杜氏之說：

　　　《周禮》、《禮記》諸文皆有之也，新主既特祀於寢，則其餘宗廟四時常祀自如舊，不廢也。……《釋例》曰：「舊說以爲諸侯喪三年之後乃烝嘗。案傳襄公十五年冬十一月，晉侯周卒，十六年春，葬晉悼公，改服、修官、烝於曲沃，會於湨梁。其冬，穆叔如晉，且言齊故，晉人答以『寡君未禘祀』。其後晉人征朝於鄭，鄭公孫僑云：『湨梁明年，公孫夏從寡君以朝於君，見於嘗酎，與執燔焉。』此皆《春秋》明證也。」是言知諸侯卒哭以後，時祭不廢之事也。〔註25〕

正義引《釋例》爲證，此乃杜預所著之《春秋釋例》，在《集解》之外，更將自己異於先儒之見另闢於此。〔註26〕杜氏顯然對於春秋以來諸侯守喪三年的

〔註24〕《左傳》，卷十七，僖公三十三年，頁479。

〔註25〕《左傳》，卷十七，僖公三十三年，頁480。杜預云云詳見《春秋釋例‧作主禘例第三十七》，頁146～79。

〔註26〕清‧紀昀等編：《欽定四庫全書‧春秋類》（景印文淵閣四庫全書，第一四六冊，台北：台灣商務印書館，1983）《春秋釋例‧提要》曰：「臣等謹案：《春秋釋例》，十五卷，晉‧杜預撰。預事跡詳《晉書》本傳。是書以經之條貫出必於傳，傳之義例總歸於『凡』。《左傳》稱『凡』者五十，其別四十有九，皆周公之垂法。史書舊章，仲尼因之，而修之以成一經之通體。諸稱書、不書、先書、故書、不言、不稱書曰之類，皆所以起新舊發大義，謂之『變例』。亦有舊史所不書，適合仲尼之意者，仲尼即以爲義，非互相比較，則褒貶不

制度提出質疑，故而提出四項例證：晉平公烝於曲沃、會盟溴梁、君喪未禘
出兵援魯、接受鄭君之嘗酊，力駁「舊說」之非。杜氏以諸侯「既葬，宗廟
烝嘗如常」，不因三年喪而廢宗廟時祭，故特別強調「新主特祀於寢」之說，
以此證明喪祭不與宗廟時祭吉凶相混，則無礙於宗廟烝嘗也。可見，「舊說」
認爲「大喪」應「廢宗廟時祭」；事實上，這是「禮家之說」，源自《禮記・
王制》條例：「喪三年不祭，唯祭天地社稷，爲越紼而行事」、〈曾子問〉條例：
「天子崩，未殯，五祀之祭不行。既殯而祭。自啓至於反哭，五祀之祭不行。
已葬而祭」云云，鄭玄以「郊社亦然，惟嘗禘宗廟俟吉也」這就是杜預口中
的「（禮家）舊說」。〔註27〕很清楚地，杜預意圖透過《春秋》的經解與釋例，
提高「宗廟祭祀」的地位（如王莽之論），以敬親尊祖乃重於三年喪，不可因
喪廢事，並以此爲天子諸侯之定制，不與士庶同禮也（詳第六章祀權衝突）。

　　杜預以《左傳》事例證鄭玄《禮記注》之非也，確實有其高妙之處，也
爲「宗廟時祭」找到一可與「郊」、「社」、「五祀」並舉的立場；但我們得反
向思考鄭玄以「宗廟俟吉」而祭，是貶抑宗廟祀位抑或以宗廟爲輕？事實並
不然，《周禮・肆師》鄭玄以：「大祀又有宗廟；次祀又有社稷、五祀、五嶽。」
〔註28〕顯然「宗廟」祀位在鄭玄之思維中乃尊於「社稷」、「五祀」，並與「天
地」大祀並列爲首。

　　然而，何以三年喪，宗廟須俟吉始祭？南宋范伯崇給了一個很好的說解：
「鄭氏解『唯天地社稷』云：『不以卑廢尊也。』此說非是。天子諸侯之喪，
惟不祭宗廟爾，郊、社、五祀，皆不廢也。天地可言尊於宗廟，社稷、五祀

　　　　　明，故別集諸例，及地名、譜第、歷數相與爲部，先列經傳數條，以包通其
　　　　　餘，而傳所述之凡繫焉，更以己意申之，名曰『釋例』。」頁146～1。

〔註27〕《禮記》，卷十二，〈王制〉，頁376～377、卷十九，〈曾子問〉，頁595。《文
　　　　　獻通考》（台北：新興書局，1965），卷九十八〈宗廟考八・祭祀時享〉引宋
　　　　　人李謙的疏文曰：「議禮之家各持一說，不致其辯，禮意無自而明。夫嘉禮之
　　　　　與凶禮不可以並行，舉一必廢一，故在經『喪三年不祭，唯祭天地社稷，
　　　　　爲越紼而行事。』蓋不敢以卑廢尊也。夫天地以尊而不廢，宗廟以親，豈獨
　　　　　可廢乎？王制三年不祭之說、諸儒之論亦自不同杜預之說，以爲既祔以後宗
　　　　　廟得四時常祭，蓋杜氏之意不以三年不祭宗廟爲是也。」頁894。

〔註28〕《周禮》，卷十九〈春官・肆師〉：「肆師之職，掌立國祀之禮，以佐大宗伯。
　　　　　立大祀，用玉帛牲牷；立次祀，用牲幣；立小祀，用牲。」鄭司農云：「大祀，
　　　　　天地。次祀，日月星辰。小祀，司命已下。」、鄭玄謂：「大祀又有宗廟；次
　　　　　祀又有社稷、五祀、五嶽。小祀又有司中、風師、雨師、山川、百物。」頁
　　　　　587～588。

不尊於宗廟也。但內事用情，故宗廟雖尊，而有所不行，外事由文，故社稷、五祀，不廢其祭。〈曾子問〉疏謂『外神不可以己私喪，久廢其祭』，其說優於鄭氏矣。」〔註29〕范氏以「內神用情」、「外神用文」區分了上述諸神之性質與祭祀之法，因此宗廟內神不可未吉而祭，這是對亡者最後的情感依偎，育子三年自當報以父母三年之恩，而非「因（宗廟）卑廢祭」之謂也。天子諸侯乃待三年而禘（諸侯稱祫），吉禘以審昭穆，新主、毀廟與未毀廟主俱與太祖合食共祭，五世親盡則毀遷入祧。故未三年不得行嘗禘宗廟之禮，《春秋》亦以未三年而吉禘以非禮譏之，乃其實證也；這或許可以爲鄭玄言簡之處作一補述。

綜上，鄭玄與杜預各自爲說，鄭玄「重禘」，回歸古禮體制必三年喪畢始得吉禘，俟吉四時常祀始得如舊，這是對亡者最後的回報亦是維護宗族秩序之大法，因而不得提前舉祭，未吉而祭以亂宗法秩序，對於講禮尊禮的鄭玄來說是孰可忍孰不可的大事，豈可因春秋魯公之違亂禮紀而顛倒黑白以成規章。以此來看，杜預尊《左傳》故以魯禘來說禘祭與四時常祀，因而得證出「諸侯卒哭以後，時祭不廢之事也」之論點；但鄭玄尊《禮記》乃從「不王不禘」之政治秩序，回歸周天子大禘之舊禮，唯待三年俟吉而祭宗廟，不以《左氏》爲說也。

二、（三年）喪、（天地）祭之衝突與政治權衡

《禮記·祭統》曰：「凡治人之道，莫急于禮。禮有五經，莫重于祭。」〔註30〕孔子以「祭」作爲禮教之本與政治之道，乃因「祭」之於國家秩序與君王名位的維護有其莫大之作用。換言之：君王的威權乃來自於「祭祀」的這一動作，如前引顓頊遂以「絕地天通」的專斷獨佔了祀天祭地之大權，人民從此與信仰憑藉的神靈斷了交通，唯有聽令於王的神示始知天意，從此塑造了王者的大權與神聖；這就是「禮有五經，莫重于祭」的道理所在。當然，若從尊尊體制來看是非得如此的，但親親之恩何能殺哀從吉，此乃人情之所鍾，此一吉凶衝突，〈王制〉條例說之甚詳，「三年大喪」與「郊祀天地」兩者權衡的結果，顯然治道與禮教之原則是：不以卑廢尊、先天事而後人事爲

〔註29〕孫希旦：《禮記集解》，卷十三〈王制〉，頁338引。

〔註30〕《禮記》，卷四十九〈祭統〉，鄭玄注曰：「禮有五經，謂吉禮、凶禮、賓禮、軍禮、嘉禮也。莫重于祭，謂以吉禮爲首也。〈大宗伯職〉曰：『以吉禮事邦國之鬼、神、祇。』」頁1345。

其絕對之道理；誠然，這一道理並非所有儒士都欣然同意。〔註31〕因而我們有必要回歸孔子當初立意的考慮是什麼？有何目的或期待？這是必須先行廓清的一件事。

儒家透過《禮記》諸篇有系統地建構一「以禮爲教」、〔註32〕「以祭爲本」的治道與尊君思想，《禮記‧祭統》如是說：

> 夫祭之爲物大矣，其興物備矣。順以備者也，其教之本與！是故君子之教也，外則教之以尊其君長，內則教之以孝於其親。是故明君在上，則諸臣服從。崇事宗廟社稷，則子孫順孝。盡其道，端其義，而教生焉。……故曰：「祭者，教之本也已。」夫祭有十倫焉：見事鬼神之道焉，見君臣之義焉，見父子之倫焉，見貴賤之等焉，見親疏之殺焉，見爵賞之施焉，見夫婦之別焉，見政事之均焉，見長幼之序焉，見上下之際焉。此之謂十倫。〔註33〕

宗教與政治並非兩條平行線，宗教亦非純然關乎信仰，而是成爲政治體制中的一大寶器，君王因坐擁溝通天地神明之祭主大權而成爲號令者。進入禮樂文明時代，這一原始巫教的思維便爲孔子所採用，經由禮樂之文飾而爲教育之綱本，用以化育社會倫理之道德與序位，故曰「祭有十倫」。從這十倫的矩列中，「道義倫等殺施別均序際」乃其倫義之所在，簡曰之乃「道義殺施均」、「倫等別序際」歸爲兩類，一從政治體系進行文化教育；一從社會家族體系施以宗法序列，如此一來，以孝盡忠，君之於臣民，就像父之於子，將政治體系之上下關係教化成家族血親之父子關係，盡忠即盡孝，因而君乃天下臣民之共同父母，此乃透過「祭祀教化」──祭者，教之本也──而成立之絕對關係。是故「君子之祭也，必身親蒞之。有故則使人可也。雖使人也，君不失其義者，君明其義故也。其德薄者其志輕，疑於其義而求祭，使之必敬也，弗可得已。祭而不敬，何以爲民之父母矣！」〔註34〕爲君者，必志厚德盛，敬神以敏，能知神明之意，縱使有故（因喪之故）不克主祭使有司攝

〔註31〕例如：宋儒呂大臨曰：「人事之重，莫重於哀死，故祭雖至重亦有所不行。蓋祭而誠至則忘哀，祭而誠不至，則不如不祭之爲愈。」見孫希旦：《禮記集解》，卷十三〈王制〉，頁338引。

〔註32〕《禮記》，卷五十〈哀公問〉：「孔子曰：『丘聞之，民之所由生，禮爲大，非禮無以節事天地之神也，非禮無以辨君臣、上下、長幼之位也，非禮無以別男女、父子、兄弟之親，昏姻疏數之交也。』」頁1373。

〔註33〕《禮記》，卷四十九〈祭統〉，頁1353～1354。

〔註34〕同上註，頁1361。

事，仍不奪其爲君之義，正因爲神靈能知誰人才是眞君天子，主祭者之德盛志厚與否乃其至要之關鍵，無可欺之也。因而《禮記・經解》孔子以：

> 天子者，與天地參，故德配天地，兼利萬物，與日月并明，明照四
> 海而不遺微小。其在朝廷則道仁聖禮義之序，燕處則聽雅頌之音，
> 行步則環佩之聲，升車則有鸞和之音。〔註35〕

唯天子眞君能參天地之化育，與天地齊德，故能兼善萬物與日月同輝，而其一舉一動皆能如天地神明之行儀舉止，鸞鳳玲環切切而隨如神靈之降陟，儼然乃天帝之化身於人間也。此將天子之人格聖化、神化，說明了唯天子才能掌握祭祀天地神明之大權，雖使有司攝事，鑑其德志依然能知誰爲眞君也。

這是孔子欲以建構的「祀權觀」，故極力倡導以「祭祀」爲安上治民的政教之本，〔註36〕更爲尊君盡忠的政治霸權作了一教育性的文化深耕，諸此皆爲其「正名思想」——君君、臣臣、父父、子子的禮紀秩序之理想作一文本的建構，《禮記・仲尼燕居》更加重申：

> 言而履之，禮也。行而樂之，樂也。君子力此二者，以南面而立，
> 夫是以天下大平。諸侯朝，萬物服體，而百官莫敢不承事矣。禮之
> 所興，眾之所治也；禮之所廢，眾之所亂也。〔註37〕

天子之禮樂威儀，顯現在「器以藏禮」所象徵之圖文器物上，舉凡祭名、祭器、祭樂、車服、阼階、方位……等都是透過具象的方式展演其威嚴與權力座標。因此禮樂之興廢攸關一代王朝之興衰，這不是一種僅止於表徵的儀文圖式而已，而是一種具象並付諸實踐的國朝威儀與階級秩序的呈現；若能如此，則「諸侯朝，萬物服體，而百官莫敢不承事矣」。緣於此，《禮記・中庸》孔子必須要說：

> 郊社之禮，所以事上帝也。宗廟之禮，所以祀乎其先也。明乎郊社
> 之禮、禘嘗之義，治國其如示諸掌乎！〔註38〕

很清楚地，孔子仍將「祭祀」與「治國」作一絕對性的連結，能事上帝、能祀其先，意即能掌握「郊社天地」、「禘嘗宗廟」二項內外祭祀之大權就能治其國於指掌之間。諸此說來都是透過掌握祀權以掌握政權，藉諸祀權以號令

〔註35〕《禮記》，卷五十〈經解〉，頁1370。
〔註36〕同上注，〈經解〉：「孔子曰：『安上治民，莫善於禮。』」頁1371。
〔註37〕《禮記》，卷五十〈仲尼燕居〉，頁1390。
〔註38〕《禮記》，卷五十二〈中庸〉，頁1439。

天下，因爲信仰之端在乎神靈之交通，無關乎英雄霸權之統治，而是求諸天地祖宗之神明，始能長治久安，穩定天下秩序，這無關巫俗之鄙陋而關乎原始宗教之心靈，故有此之謂與闡述，誠乃孔子藉諸原始宗教以興禮樂之教化也。

　　綜上，廓清了孔子「以禮爲教」、「以祭爲本」之政教思維，便能清楚地掌握其用以建構君權的目的與期待，實乃發端於春秋以來諸侯家門僭越禮樂器物以興作圖謀天下之野心，君王之祀權下流已非一日之寒。西漢揚雄《法言・重黎》則有此洞見：「僭莫重於祭，祭莫重於地，地莫重於天。」、李軌注曰：「既盜土地，又盜祭天。」〔註39〕《禮紀・坊記》載曰：

　　　　子云：「天無二日，土無二王，家無二主，尊無二上，示民有君臣之
　　　　別也。《春秋》不稱楚、越之王喪。禮：君不稱天，大夫不稱君，恐
　　　　民之惑也。」。〔註40〕

這就是春秋戰國以來的政權亂象，僭越王號恣以祀天者不知凡幾，因此《春秋》以史爲法，企圖導正這一名位秩序，不使干犯禮紀（詳第三章祀權下衍）。有鑑於此，在「三年大喪」與「天地社稷」之王朝兩大外神之祭典上，孔子一反人情所鍾之哀喪，藉以祀權重塑君權之名位禮紀，非有天子之名與位者不得祀天祭地（諸侯唯祭一方之地）。是故，先君既殯之後，郊、社遇祭則祭，嗣君必須釋服從吉，越紼行事，不得有廢；其目的在於正君之名位，以示天下有主，神靈所受饗者乃天下臣民之眞君也，非有其他，唯天子乃唯一之祭主也。

三、三年喪——君權與相權之角力和歷史省思

　　「三年喪」是孔子極力提倡的制度，但這一制度並非簡單純粹的喪服制而是有更深刻的權力思維隱藏其中，透露這權力機制的是《論語・憲問》中的這段話：

　　　　子張曰：「書云：『高宗諒陰，三年不言。』何謂也？」子曰：「何必
　　　　高宗。古之人皆然。君薨，百官總己以聽於冢宰三年。」。〔註41〕

〔註39〕《法言》，卷十四〈重黎〉，頁346。
〔註40〕《禮記》，卷五十一〈坊記〉，鄭玄注曰：「楚、越之君僭號稱王，不稱其喪，謂不書『葬』也。《春秋傳》曰：『吳、楚之君不書「葬」，辟其僭號也。』臣者天君，稱天子爲天王，諸侯不言天公，辟王也。大夫有臣者稱之曰主，不言君，辟諸侯也。此者皆爲使民疑惑，不知孰者尊也。」頁1403。
〔註41〕《論語》，見李學勤主編：《十三經注疏・論語注疏》（北京：北京大學，1999）卷十四〈憲問〉，頁202。

關鍵字「亮陰」，或作「諒闇」、「梁闇」、「諒陰」，伏生、鄭玄以「凶廬」；馬融、孔穎達以「信默」；杜預以「心喪」作解（這個解釋的影響是非常重大的，杜氏藉由解經正式將王者權力從三年喪的經典桎梏中跳脫出來，冢宰不再被賦予因喪攝政的機會；當然這是在經典詮釋上的解梏，實際面仍有其各代權臣操作之空間）。〔註42〕「三年不言」，意謂「嗣君」因喪不與政事，純任冢宰，委政執事；換句話說，帝王駕崩之後，新君踰年改元，不忍王父驟逝，率由舊章，無改於父之道，以示不敢自專，故不聽朝政，委由冢宰執事，依制仍以「子」、「孺子」、「小童」稱之，待三年而後稱王親政。〔註43〕

　　如果依據這樣的制度，儲君這三年內是不被賦予實質權力，他的責任就是「服喪守孝」，所以「百官總己以聽冢宰三年」就是權力鬥爭的問題所在了。這擺明了：「冢宰」的權力在國家新舊交替之際，相權被賦予了「三年假王」至高無上的權責。在形式上，雖然是被委任的，攝政當國；但實質上，這是「王權旁落」於國家宰相的手上。若從堯舜禹的禪讓到伊尹放太甲於桐宮的文獻中，便可印證這一幕幕權力鬥爭的事實。我們以伊尹和太甲作一引線，勾勒堯舜禹權力意志的真實。先看《汲冢紀年》（下稱《汲冢》）〔註44〕的記載：

〔註42〕《論衡》，見黃暉：《論衡校釋》（北京：中華書局，2006），卷八〈儒增〉：「高宗諒陰，三年不言。」黃暉注曰：「《尚書·無逸》作『亮陰』，《大傳》作『梁闇』，《禮記·喪服四制》、《白虎通·爵》篇並作『諒闇』。《論語·憲問》篇作『諒陰』，與此文同。然《公羊》文九年注、《呂氏春秋·重言》篇注引《論語》並作『諒闇』。鄭注亦云：『諒闇，謂凶廬也。』」（後漢張禹傳注。）《大傳》、《小戴記》為今文，則高、何、鄭所據《論語》與之合，是魯論也。何晏集解作『諒陰』，與偽孔本無逸合，是古論也。仲任今文家，多從魯論，則此作『諒陰』者，後人妄改也。『亮陰』，馬、孔注以為信默，（左傳隱元年疏、論語憲問集解。）與『諒闇』，伏生、鄭玄以為凶廬，（喪服四制及論語注。）其義不同其字自異。」頁370。《左傳》，卷二，隱公二年，孔穎達正義：「晉書杜預傳云：泰始十年，元皇后崩，依漢魏舊制，既葬帝及羣臣皆除服。疑皇太子亦應除否？詔諸尚書會僕射盧欽論之，唯預以為古者天子諸侯三年之喪，始服齊斬，既葬除喪服，諒闇以居，心喪終制，不與士庶同禮。」頁60。

〔註43〕《白虎通》，見清·陳立：《白虎通疏證》（北京：中華書局，1997），卷一〈爵〉：「父歿稱子某者何？屈於尸柩也。既葬稱小子者，即尊之漸也。」陳立疏證曰：「又左氏之義，但別既葬與未葬，未葬稱子，出會亦稱子，故僖九年，凡在喪，王曰小童，諸侯曰子。既葬，雖未踰年，則稱君。」頁26。

〔註44〕方詩銘、王修齡：《古本竹書紀年輯證》（上海：上海古籍，2005）編者案：《竹書紀年》是戰國魏國的史書（上起三代下迄魏襄王二十年（公元前二九九年）），晉武帝太康二年（公元二八一年）在汲郡的一座古墓出土。因以竹簡書寫編年紀事，故稱《竹書紀年》，或稱《汲冢竹書》或《汲冢紀年》。原簡

　　仲壬崩，伊尹放大甲于桐，**乃自立也**。**伊尹即位**，放大甲七年，大
　　甲潛出自桐，殺伊尹，乃立其子伊陟、伊奮，命復其父之田宅而中
　　分之。〔註45〕

要注意的是：《汲冢》說伊尹將繼位的大甲軟禁於桐宮（湯墓）後，「自立」、
「即位」，這是二個與帝王權力相切的關鍵詞，若非帝王何來「即位」？若非篡
位何來「自立」？《汲冢》又載：「伊尹自篡立後，太甲潛出，親殺伊尹而用其
子」、「伊尹放太甲于桐，尹乃自立，暨即位于太甲七年，太甲潛出自桐」云云。
〔註46〕這二條史錄又說得更明了，以「篡立」如此具象的字眼說明伊尹號令天
下的權力來源是「篡」而非「禪」，而這個「位」子一篡便是「七年」，太甲才
抓住機會潛逃回亳都殺了伊尹。在殺了伊尹之後，卻因「大霧三日」，〔註47〕
惶恐驚懼，乃立尹之二子，並復其一切財產令使二分，藉此削弱伊氏權勢。

　　顯然地，在這本魏國的史書——《汲冢紀年》（下迄魏襄王二十年（B.C.299
年），這是一齣名符其實的「王子復仇記」，但同時代的「孟子」（B.C.372～289
年）對這段歷史卻別有詮釋。《孟子·萬章上》如是說：

　　太甲顛覆湯之典刑，伊尹放之於桐。三年，太甲悔過，自怨自艾，

　　於桐處仁遷義；三年，以聽伊尹之訓己也，復歸於亳。〔註48〕

一，太甲被放、二，放他的人是伊尹、三，放置的地點是桐、四，復歸於亳，
這四點敘述與《汲冢》是相同的；然而整段歷史的「起因」則是完全顛覆了
也可以說是「推翻」了《汲冢》的說法。孟子以太甲被放是因為——顛覆湯
之典刑。孔子以「三年無改於父之道」，〔註49〕率由舊章來說明「子道」。權

　　　　早已散佚，現存的由後人重編的本子稱為「今本」；由後人自南北朝至北宋從
　　　　古書中輯軼編校的本子稱「古本」。

〔註45〕方詩銘、王修齡：《古本竹書紀年輯證》，〈殷紀〉，頁23。

〔註46〕同上注，頁24。

〔註47〕同上注，附錄王國維：《今本竹書紀年疏證》，卷上，頁227。

〔註48〕見宋·朱熹：《四書章句集注》（北京：中華書局，2007）《孟子集注》，卷九
　　　　〈萬章章句上〉，頁309。《史記》，卷三〈殷本紀〉：「帝太甲既立三年，不明、
　　　　暴虐、不遵湯法、亂德，於是伊尹放之于桐宮，三年。伊尹攝行政當國，以
　　　　朝諸侯。帝太甲居桐宮三年，悔過自責反善，於是伊尹迺迎帝太甲，而授之
　　　　政。」頁52。

〔註49〕《論語》，卷一〈學而〉：「子曰：父在觀其志，父沒觀其行，三年無改於父之
　　　　道，可謂孝矣。」邢昺疏曰：「父在，子不得自專，故觀其志而已。父沒可以
　　　　自專，乃觀其行也。孝子在喪三年，哀慕猶若父存，無所改於父之道，可謂
　　　　孝矣。」頁10。

力的繼承，既然是父子相承，父親方死，兒子便自專揚棄父親前朝章法，顯然大甲是犯了「子道」：心目無父，不仁不孝，因此，被放逐到桐宮（湯之王陵）向已故的父王懺悔己過。

在孟子筆下，大甲是知錯能改，懂得自我反省的明主，可貴的是他不忌恨放逐他奪他權力的人，反而能虛己任賢，不計過往。這樣的「明主賢相」絕對是一部好的政治教本，對於自己仁義學說的建立與推行，口說無憑，歷史的憑藉才是最佳的說服。孟子以今範古，型塑歷史的鑿痕是十分清楚地，我們不妨再看看堯舜禹的禪讓過程發生了什麼事？《孟子·萬章上》談道：

> 舜相堯二十有八載，……堯崩，三年之喪畢，舜避堯之子于南河之
> 南。……昔者舜薦禹於天，十有七年，舜崩。三年之喪畢，禹避舜
> 之子于陽城。……禹崩，三年之喪畢，益避禹之子於箕山之陰。〔註50〕

舜、禹都是「相」（冢宰），舜相堯二十八年，禹相舜十七年，並且是受禪繼位的對象，如果這是一個讓賢傳位的體制，何以在前任帝王駕崩之後，三年喪畢（舜禹攝政當國三年），繼位者要「避」前朝之子而無法即位？「避」是一種佯裝作態帶有儀式性的謙讓？還是一種對當權者的畏懼而必須逃亡？先擱置這個問題，看看杜佑對「冢宰」一詞的解釋：

> 冢宰，天官卿，貳王理事者也。三年之喪，使之聽朝。〔註51〕

「貳」有輔佐之意，冢宰乃輔佐帝王處理朝政之官，爲六官之首，故冠以「天」字以高之。此處杜佑以「貳王」稱之，除了前義之外，「貳」亦有「匹敵」、「副手」之義；顯見，「冢宰」（宰相）一職的權位自古便是僅次帝王之右，必有與帝王匹敵的龐大勢力。〔註52〕再看《汲冢》怎麼說的：

> 舜篡堯位，立丹朱城，俄又奪之。
>
> 堯之末年，德衰，爲舜所囚。

〔註50〕 朱熹：《四書章句集注·孟子集注》，卷九〈萬章章句上〉，頁308。《孟子注疏》，
　　　　卷九下〈萬章章句上〉，頁256～258。

〔註51〕 《通典》，卷八〇，〈禮四〇·凶二·總論喪期〉，頁1105。

〔註52〕 李宗侗：《中國古代社會史》，第五章〈政權的逐漸集中〉：「降至春秋，魯之
　　　　三桓、鄭之七穆，最初莫不係公之弟兄。彼時之卿，權力實高過後世之相。
　　　　雖不皆若衛獻公所說「政在寧氏，祭則寡人」，但國之所有大政不能不諮詢
　　　　他，立君亦必須徵其同意。君之與會，聘問等莫不以卿大夫爲相。雖名爲相
　　　　禮，但事實上辦外交，左傳中君之言少而相之言多，想即因此。卿權即分君
　　　　權之一部，卿權重則君權輕，兩者互爲消長。」頁137。

舜既囚堯，偃塞丹朱於此，使不得見。放帝丹朱於丹水。〔註53〕

依《汲冢》的披露，堯舜政權的轉移，顯然和「禪讓」之說是南轅北轍的。舜，在這裡是個十足的野心家，孟子亦不免有此疑問，故曰：「居堯之宮，逼堯之子，是篡也，非天與也」。〔註54〕依《汲冢》的記載，繼堯之位的是「丹朱」，故稱「帝丹朱」、「帝朱」。所以孟子似乎不免懷疑舜曾「居堯宮」、「逼堯子」，他的權力不是受禪來的而是「篡位」來的，不僅囚禁了堯，也流放了丹朱。因是《汲冢瑣語》云：「舜放堯於平陽，而書云某地有城，以『囚堯』為號，識者憑斯異說，頗以禪授為疑」。〔註55〕當然，「禪讓」本是令人置疑的老問題了，不消冗言。然而這段禪讓美政本是疑古派學者高度懷疑的史錄，劉知幾《史通·疑古》就這麼說：「據《山海經》，謂放勳之子為帝丹朱，而列君於帝者，得非舜雖廢堯，仍立堯子，俄又奪其帝者乎？」〔註56〕因此，《汲冢》：「堯禪位後，為舜王之。舜禪位後，為禹王之」學者便疑「王」字乃「放」字之誤。〔註57〕也就是說：堯退位後被舜流放，舜退位後被禹流放。南朝任昉溫和地說：「朝歌有獄基，為禹置虞舜之宮」、劉知幾《史通·疑古》更以《虞書·舜典》：「『（舜）五十載，陟方乃死。』是舜為禹所放，不得其死」之證。〔註58〕在在指明夏禹也是有樣學樣，如法炮製，將舜如堯一般的軟禁起來，並給他一個行宮老死獄基。

如果這都是可信的史錄，那麼前朝的「相」（冢宰）都是以「篡位」奪權開國的，「前朝帝王」都是被軟禁在行宮裡，而「前朝太子」則是慘遭流放監管；「夏啟」則是例外，因為他反將「伯益」一軍，先下手殺了他，《汲冢》說：「益干啟位，啟殺之。……益為啟所殺。后啟殺益」。〔註59〕如是看來，夏禹傳子不傳相，伯益意圖專政奪權，反而被夏啟給殺了，自此徹底改變了

〔註53〕方詩銘、王修齡：《古本竹書紀年輯證》，〔附二〕《存真》《輯校》《訂補》等所引《紀年》存疑，頁168：〔附三〕《路史》所引《紀年》輯證，頁180～181。

〔註54〕《孟子》，卷九下〈萬章章句上〉，頁257。

〔註55〕方詩銘、王修齡：《古本竹書紀年輯證》，〔附二〕《存真》《輯校》《訂補》等所引《紀年》存疑，頁169。

〔註56〕同上注，頁168引。

〔註57〕同上注，方氏案：「《藝海珠塵》本謂《（蘇氏）演義》之『王之』有脫誤。案『王』疑為『放』字之誤，即《（通史）疑古》所云之『舜放堯於平陽』。《疑古》又以《虞書·舜典》：『（舜）五十載，陟方乃死。』是舜為禹所放，不得其死，亦即《演義》所云：『舜禪位後，為禹王之。』」頁169。

〔註58〕同上注，頁168、169引。

〔註59〕同上注，頁2。

中國傳位制度，也結束了一朝一王「公天下」的短祚，開啓了「家天下」的世襲大業。

歷史是不斷地往復上演，三代政權遞嬗，湯、武都在三分天下有其二的狀況下奪權，孟子雖美其名以「革命」稱道文飾；但事實上，都是「弒君篡位」來的，比起往代則是更加暴戾，末代帝王都沒能有好下場。王權移鼎，改朝換代，功成作樂，樂其德也，因此，湯樂以〈大濩〉、周樂以〈大武〉，都無法掩飾湯武政權是「窮兵黷武」打下來的事實。〔註60〕

現在我們應該有足夠的證據可以回答：何以舜、禹、益要「避」前朝帝子？筆者以爲：孟子透過受禪者的迴避，型塑一個謙讓的聖主，藉以發揚「仁者無敵」的君權觀。不是舜、禹、益對王權的戀棧覬覦，而是他們想要拋棄繼承所以逃跑，但百官民氓都因被其大德恩澤，如水之就下百川入海，是天下人要他當天下主，而不是前朝天子有權力要讓他當天下主就能爲天下主，王者是必須歷經淬煉，如果天下人不答應，天就不會答應，天永遠順著民意，所以「仁者無敵於天下」——這就是孟子的「君權觀」。〔註61〕

簡單地說：孟子是個思想家而不是個史學家，他並不需要在他的「政治學說」中陳述歷史的真實，他無意竄改歷史，只是型塑了他所需要的人物形象。思想家是一個理想主義者，意圖淨化一個醜陋墮落的世界，因此他的學說就像一座夢工廠，好人必須當道，聖賢出則天下治也。

回過頭看伊尹攝政或篡政七年的真實，卜辭以「丁日」祭祀他，地位擬於商王。張光直先生〈談王亥與伊尹的祭日並再論殷商王制〉一文中說道：

> 商代的政權爲一個子姓的王族所掌握。王族裏與王位有關的成員，
> 在儀式上分爲甲、乙、丙、丁、戊、己、庚、辛、壬、癸十群，我
> 們姑且稱之爲天干群。天干群是祭儀群，但也是政治單位。……甲、
> 乙、丁三群便是政治地位最崇的三群。……大臣中的首相，或者叫

〔註60〕漢・《春秋繁露》，見清・蘇輿撰、鍾哲點校：《春秋繁露義證》（北京：中華書局，2002）卷一〈楚莊王〉：「湯之時，民樂救之於患害也，故濩。『濩』者，救也。文王之時，民樂其興師征伐也，故武。『武』者，伐也。」蘇輿義證：「春秋今文家以文王爲受命王，故以征伐作樂並歸之。……周頌序：『維清，奏象舞也。』箋云：『象用兵時刺伐之舞武王制焉。』……白虎通禮樂篇又云：『周公曰酌，武王曰象，合曰大武，天下始樂周之征伐行武。』」頁21～22。

〔註61〕《孟子》，卷九下〈萬章章句上〉，頁256～259。董仲舒：《春秋繁露》，卷五〈滅國上〉：「王者，民之所往。君者，不失其群者也。故能使萬民往之，而得天下之群者，無敵於天下。」頁133。

　　次級領袖，常由王的異組（王Ａ則Ｂ，王Ｂ則Ａ）的長老或首相擔

　　任。……商朝建國，湯為王，是以Ａ組的首領執政。伊尹大概便是

　　Ｂ組的首領，作湯的副手。……伊尹之放逐大甲，以及大甲殺伊尹

　　的傳說（《紀年》），可能便代表這中間Ａ、Ｂ兩組以伊尹為中心的爭

　　權故事。伊尹是Ｂ組的英雄，卻不見得也是Ａ組的英雄，戰國時代

　　對伊尹出身貴賤兩說可能即本於此。伊尹死後，葬他的又是沃丁，

　　祭他的又是武丁、文武丁。……伊尹祭日為丁日這一發現，可以說

　　是把這個新的解釋從可能性提高到史實的關鍵。〔註62〕

伊尹是否真的即位稱王？太甲復仇殺尹，招來三日大霧，天變異象，唯恐有

罪，因而旋即恢復伊尹二子的家產權位，可見伊氏家族並非小族，更非小臣；

事實上，伊尹是「伊水部族」的首領家族，與代表東夷部族的商湯同盟亡桀。

〔註63〕太甲縱使奪回政權亦必須妥協在強宗部族首領的權勢之下，以求和諧

共處。因此，張先生的研究可為「伊尹政權」的真實作一註腳，同時也為「周

公攝政」一事提供了參考。

　　《史記》以強烈用詞如：「周公旦專王室」、「周公踐阼」、「周公乃攝行政

當國」〔註64〕大抵可知周公是繼武王後真正掌握朝政的人，〔註65〕因其位不

〔註62〕 張光直：《中國青銅時代》（台北：聯經，2002）〈談王亥與伊尹的祭日並再論
　　　　殷商王制〉，頁215～216、220。于省吾：《甲骨文字詁林》，字第2555「伊」
　　　　字，姚孝遂先生亦謂：「伊尹不是先王，但卜辭對於伊尹的祭祀非常隆重，其
　　　　地位之尊崇，是超乎尋常的。且伊尹之祭日均于『丁』，種種跡象顯示，僅以
　　　　『舊臣』來看待伊尹是不夠的」。頁2540。

〔註63〕 按：饒宗頤先生認為：「多君或省口作『多尹』，考『尹』、『君』二字古通，《左》
　　　　隱三年傳：『君氏卒』，《公》、《穀》并作『尹氏』是其證。卜辭所見，多尹司
　　　　祭祀。」，又張政烺先生認為「尹非官名」，而是「族長」，其曰：「卜辭中某
　　　　尹之某，應為族名，尹即該族之首領，如子尹為子族首領等等」。蓋可說明「伊
　　　　尹」實乃「伊水部族之長」，詳于省吾：《甲骨文字詁林》字第0919「尹」字，
　　　　頁903～904。

〔註64〕 《史記》，卷三十五〈管蔡世家〉：「武王既崩，成王少。周公旦專王室。管叔
　　　　蔡叔疑周公之為，不利於成王，乃挾武庚以作亂。」頁573、卷三十三〈魯周
　　　　公世家〉：「周公恐天下聞武王崩而畔。周公乃踐阼，代成王攝行政當國。」，
　　　　頁552、卷四，〈周本紀〉：「太子誦代立，是為成王。成王少，周初定天下，
　　　　周公恐諸侯畔，周公乃攝行政當國。」頁67。

〔註65〕 《逸周書》，見黃懷信等撰：《逸周書彙校集注》（上海：上海古籍，2008），
　　　　卷五〈度邑解〉：「〔武〕王曰：『旦！汝維朕達弟，予有使汝，汝播食不違暇
　　　　食，剞其有乃室，……今我兄弟相後，我筮龜其何所，及今用建庶建。』叔
　　　　旦恐，泣涕共手。」朱右曾云：「不傳子而傳弟，故曰庶建。」頁474～479。

當，故稱「專」，若非「天子」何來「踐阼」之稱？鄭玄更進一步指明《尚書‧大誥》中：「王，周公也，周公居攝，命大事，則權稱王」、孔穎達強烈地批判說：「惟名與器不可假人，周公自稱為王，則是不為臣矣，大聖作則，豈為是乎」。〔註66〕就因為「踐阼專權」引來兄弟們的不滿，管蔡二叔與紂子武庚作亂，管叔、武庚被殺，蔡叔流放而死，霍叔貶為庶民，〔註67〕召公深表不悅，故周公作〈君奭〉、〈鴟鴞〉等以自清。如果周公未曾專政，不論其專政的用心是一番美意或是別有意圖，文獻都證明了他踐阼稱王的事實；遲至七年才將政權還給了成王，成王始得親政稱王。

在這裡我們要思考的是：周公黨羽盡誅，公居東避難，是年秋大熟稻禾盡偃，大風折木如強颱將群木拔地而起，成王惶恐郊天謝罪。周公死，賜魯以七百里地，革車千乘，命以「天子禮樂」世世隆祀周公以報大德。〔註68〕諸侯唯魯得制兵車千乘，並享「郊社嘗禘」重祭如天子之禮。這麼隆重的犒賞，是成王對周公勛勞於天下的補償？還是出於魯公僭越意圖王魯的掩飾？我們無法還原歷史真相，但注疏家對此自來就有這二派看法（詳第四章祀權伸張之第二節）。

回歸本節的主題，我們得重新思考孔子何以提出：「君薨，百官總己以聽於冢宰三年」的學說，並強調這是自古的慣例，而非起於前朝殷高宗，一口

卷五〈武儆解〉卻載：「惟十有二祀四月王告夢，丙辰，出金枝郊寶開和細書，命詔周公旦立後嗣，屬小子誦文及寶典。」朱右曾曰：「開和，書名。誦，成王名。寶典即此書第二十九篇。餘未詳。」頁484～486。按：依《逸周書‧度邑》的記載來看，武王有意傳弟不傳子；但從〈武儆〉來看，武王臨終囑咐周公立嗣姬誦（成王），這點與歷史結果是相同的。我們不能說這兩篇記載是衝突的，或許武王曾經考慮過在國家初定之時，若無長君繼位恐怕殷人再起，朝政崩分離析，因是與周公磋商，而言及此也。

〔註66〕 《尚書》，卷十三〈大誥〉，孔穎達正義：「鄭玄云：『王，周公也，周公居攝，命大事，則權稱王。』惟名與器不可假人，周公自稱為王，則是不為臣矣，大聖作則，豈為是乎？」頁406。

〔註67〕 《尚書》，卷十七〈蔡仲之命〉：「惟周公位冢宰，正百工，群叔流言，乃致辟管叔於商；囚蔡叔於郭鄰，以車七乘；降霍叔于庶人，三年不齒。」頁532。

〔註68〕 《禮記》，卷三十一〈明堂位〉載：「武王崩，成王幼弱，周公踐天子之位，以治天下。……成王以周公有勛勞於天下，是以封周公於曲阜，地方七百里，革車千乘。命魯公世世祀周公，以天子禮樂。十有二旒，日月之章，祀帝於郊，配以后稷，天子之禮也。季夏六月，以禘禮祀周公於大廟，牲用白牡，尊用犧、象、山罍。」頁935～937。卷四十九〈祭統〉亦載：「昔者周公旦有勛勞於天下，周公既沒，成王、康王追念周公之所以勛勞者，而欲尊魯，故賜之以重祭。外祭則郊、社是也；內祭則大嘗禘是也。」頁1366。

氣將歷史層次拉高到唐堯時代，以證明其為信史並與聖王盛世作了巧妙的連結。這一席與子張的談話從此影響中國政壇權力的分配，當然，也影射長久以來二種階層的矛盾和角力。〔註69〕研究中國政治，大抵都知道政權是頡頏於「王」（君）、「官」（相、將）之間。尤以「丞相」、「大將軍」一職更是充斥著野心份子，因是杜佑要說：「自魏晉以來，相國、丞相多非尋常人之職」、「自漢東京，大將軍不常置，為之者皆擅朝權」。〔註70〕諸如：霍光、王鳳、王莽、竇憲、梁冀、曹操、司馬師昭兄弟、桓溫等等。而這樣的官銜──大將軍（文武雙兼），未必謀權篡國，但這龐大的軍政權力大抵提供新王朝建立的資源，絕對是移鼎的一大跳板。〔註71〕馬克斯・韋伯《儒教與道教》認為中國是由「軍人首領」而後發展成「文人政治」，〔註72〕從篡政的這些人物來看，絕非「文官」，而是「軍官」。「伊尹」是最好的證明，「冢宰」一職「由武入文」（或可說「軍政同軌」）的演變就是證據，其流風更見於漢晉禪讓的模式。

　　孔子出於魯，對這位老祖宗的崇拜確實進行了歷史的辯解，巧以「百官總己以聽冢宰」之說為其洗刷冤屈，合理化預權聽政的事實；孔子是個思想家、教育家，但不是革命家，所以對周公還政，屈於臣位的作法大表讚許，

〔註69〕　按：《白虎通》，卷一〈爵〉如是作解：「聽於冢宰三者何？以為冢宰職在制國之用，是以。由之也故〈王制〉曰：『冢宰制國用。』所以名之為冢宰何？冢者，大也。宰者，制也。大制事也。故《王度記》曰：『天子冢宰一人，爵祿如天子之大夫。』或曰冢宰視卿，周官所云也。」（頁41）。在白虎禮議中這是一條極為重要的訊息，依論議所制尊經是表面的，從職官文字的釋義上巧將「冢宰」定位在主掌「國家經濟制用」的一介經濟部長罷了，並降其位階於天子大夫或如卿之位，非權臣更非得與王權頡頏的卿權，在此，徹底地將《論語・憲問》中的相權削弱降等；「百官總己以聽冢宰」──相權坐大的時代已停留在春秋也。

〔註70〕　唐・杜佑：《通典》（湖南：岳麓書社，1995），卷二十一〈職官三・宰相〉，杜佑案：「晉趙王倫、梁王肜、成都王穎、南陽王保并為之。」頁280、卷二十九〈職官十一・大將軍〉，頁415。

〔註71〕　《通典》，卷二十九〈職官十一・大將軍〉：「初武帝以衛青數征伐有功，以為大將軍，欲尊寵之，故置大司馬官號以冠之。後霍光、王鳳皆然。和帝時，以竇憲為之。」杜佑案：「憲初為此官，威震天下，尚書以下欲拜之，伏稱萬歲。尚書令韓稜曰：『禮無人臣稱萬歲之制。』乃止。後梁冀為之，官屬倍於三公府。」、又曰：「自漢東京，大將軍不常置，為之者皆擅朝權。」頁414～415。

〔註72〕　德・馬克斯・韋伯：《儒教與道教》（Max Weber, Konfuzianismus und Taoismus, 洪天富譯，南京：江蘇人民，2008）第一章〈城市、諸侯、神明〉，頁27～28。

也爲其「正名」學說打下了根基，成了最佳的政治教本，在春秋弒君奪權的現實氛圍下當有訓誡作用。另一方面，也爲和緩新舊王權緊張的情勢，企圖藉此調和化解「王」（君）、「官」（將相）權力轉移交棒可能引發的政變，因此，再提出「三年無改於父之道」的學說以平穩舊朝班底的強權，爲新王的權力接棒找到一平衡點，而三年正是一個試煉。儒家是講究政權「平和」、「協調」的關係，因此「冢宰」一職就如賈公彥所作的解釋：

> 「宰」者，調和膳羞之名，此冢宰亦能調和衆官，故號大宰之官。
> 〔註73〕

這個解釋絕對是深得孔子本心，冢宰（宰相）絕不是藉由大權篡國，而是藉由其處世的老練和圓融，穿針引線於新舊黨派的人事裡找出一個利於新王根基的權力組織，安內攘外，絕不爲黨伐而爲天下，這就是宰相任重而道遠的大責。一言蔽之，藉《荀子·儒效》的激辯作一註腳：「以枝代主而非越也，以弟誅兄非暴也，君臣易位而非不順也；天下厭然猶一也，非聖人莫之能爲，夫是之謂大儒之效」。〔註74〕

綜上，我們的的確確可以感受到孔子對君權與相權之分際劃分得十分清楚，因此，冀以「三年喪」——無改父道，率由舊章——作爲新舊人事之改替與緩衝斡旋之時間，並警以嗣君越喪掌握郊、社祀權作爲端正名實之一大權力制度。倘若我們熟讀〈王制〉的這段全文便可知其用心：

> 冢宰制國用，必於歲之杪，五穀皆入，然後制國用。用地小大，視年之豐耗。以三十年之通制國用，量入以爲出。祭用數之仂。喪三年不祭，唯祭天地社稷，爲越紼而行事。喪用三年之仂。祭，豐年不奢，凶年不儉。國無九年之蓄曰不足，無六年之蓄曰急，無三年之蓄曰國非其國也。三年耕，必有一年之食。九年耕，必有三年之

〔註73〕《周禮》，卷一〈天官·冢宰〉，頁1。

〔註74〕《荀子》，見清·王先謙：《荀子集解》（台北：藝文印書館，1988），卷四〈儒效〉：「武王崩，成王幼，周公屛成王而及武王，以屬天下，惡天下之倍周也。履天子之籍，聽天下之斷，偃然如固有之，而天下不稱貪焉。殺管叔，虛殷國，而天下不稱戾焉。……故以枝代主而非越也，以弟誅兄非暴也，君臣易位而非不順也：天下厭然猶一也，非聖人莫之能爲，夫是之謂大儒之效。」頁257～261。按：荀子言「大儒之效」在於明察時勢，應變以權，而非僅拘泥於所謂制式的名位與世俗小儒的丁豆之見：所謂「以枝代主」、「以弟誅兄」、「君臣易位」，此皆皮相之見也。當然荀子所論正凸顯一種現象，即當時稷下學者對這段史料應該有過一番熱烈的議論，方有此一激辯。

食。以三十年之通，雖有凶旱水溢，民無菜色，然後天子食，日以
舉樂。〔註75〕

文首便開宗明義地以「冢宰制國用」定位「冢宰」在國家體制中所司之職是
「制國用」，因此在「祭，豐年不奢，凶年不儉」之重祭原則下，祭之用度是
一年總預算的十分之一；又天子三年大喪乃國之重哀，故以三年經費之總預
算的十分之一爲治喪之上限。簡言之，喪祭用度多少各有其限數，並且國家
糧食之倉儲總量亦必以三年爲準則；這是冢宰所司之職，僅司民食與預算之
裁度，若今之經濟部與農糧署之職，此乃〈王制〉中冢宰之職司。較之《周
禮・天官・冢宰》：

> 惟王建國，辨方正位，體國經野，設官分職，以爲民極。乃立天官
> 冢宰，使帥其屬而掌邦治，以佐王均邦國。治官之屬：大宰，卿一
> 人；小宰，中大夫二人；⋯⋯徒百有二十人。〔註76〕

以上所掌僅約其梗概，細究冢宰職掌則有：「掌建邦之六典（官），以佐王治
邦國」、「以八灋治官府」、「以八則治都鄙」、「以八柄詔王馭群臣」、「以八統
詔王馭萬民」、「以九職任萬民」、「以九賦斂財賄」、「以九式均節財用」、「以
九貢致邦國之用」。〔註77〕相較於〈王制〉中冢宰之所司顯然僅有〈天官・冢
宰〉所列的後面三項職務罷了，大大地箝制並削弱了周官冢宰所賦予的「貳
王」之職，不再掌有人事銓敘晉遷與爵賞誅罰之大權，〔註78〕此一人事大權
乃回歸並集權於王。因此，於東漢章帝召開的白虎觀學政會議中，直接採用
了《禮記・王制》的說法，《白虎通・爵》如是說道：

> 聽於冢宰三者何？以爲冢宰職在制國之用，是以由之也。故〈王制〉
> 曰：『冢宰制國用。』所以名之爲冢宰何？冢者，大也。宰者，制也。
> 大制事也。故《王度記》曰：『天子冢宰一人，爵祿如天子之大夫。』
> 或曰冢宰視卿，周官所云也。」〔註79〕

〔註75〕《禮記》，卷十二〈王制〉，頁376～377。
〔註76〕《周禮》，卷一〈天官・冢宰〉，頁2～9。賈公彥疏引鄭（玄）《（三禮）目錄》
　　　曰：「象天所立之官。冢，大也。宰者，官也。天者統理萬物，天子所立冢宰
　　　使掌邦治，亦所以摠御眾官，使不失職。不言司者，大宰摠御眾官，不主一
　　　官之事也。」頁1。
〔註77〕《周禮》，卷一〈天官・冢宰〉，頁28～45。
〔註78〕同上注，〈天官・冢宰〉：「以八柄詔王馭群臣：一曰爵，以馭其貴；二曰祿，
　　　以馭其富；三曰予，以馭其幸；四曰置，以馭其行；五曰生，以馭其福；六
　　　曰奪，以馭其貧；七曰廢，以馭其罪；八曰誅，以馭其過。」頁35。
〔註79〕《白虎通》，卷一〈爵〉，頁41。

在白虎禮議中這是一條極為重要的訊息，依論議所制尊經（論語憲問）是表面的，從職官文字的釋義上巧將「冢宰」定位在主掌「國家經濟制用」（大制事、制國用）的一介經濟部長，並降其位階於天子大夫或如卿之位（周官冢宰乃卿位也），非權臣更非得與王權頡頏的卿權，一如《禮紀‧王制》所述。在此，徹底地將《論語‧憲問》中的相權削弱降等：「百官總己以聽冢宰」──相權坐大的時代已然停留在春秋也。

第二節　《禮記‧明堂位》：「周公朝諸侯」之權位圖像

《禮記‧明堂位》曰：

> 昔者周公朝諸侯於明堂之位，天子負斧依，南鄉而立。三公，中階之前，北面東上。諸侯之位，阼階之東，西面北上。諸伯之國，西階之西，東面北上。諸子之國，門東，北面東上。諸南男之國，門西，北面東上。九夷之國，東門之外，西面北上。八蠻之國，南門之外，北面東上。六戎之國，西門之外，東面南上。五狄之國，北門之外，南面東上。九采之國，應門之外，北面東上；四塞，世告至。此周公明堂之位也。明堂也者，明諸侯之尊卑也。昔殷紂亂天下，脯鬼侯以饗諸侯。是以周公相武王以伐紂。武王崩，成王幼弱，周公踐天子之位，以治天下。六年，朝諸侯於明堂，制禮作樂，頒度量，而天下大服。〔註80〕

〔註80〕《禮記》，卷三十一〈明堂位〉，頁931～934。《逸週書》，見黃懷信等撰：《逸周書彙校集注》（上海：上海古籍，2008）卷六〈明堂解〉：「大維商紂暴虐，脯鬼侯以享諸侯，天下患之。四海兆民欣戴文武，是以周公相武王以伐紂，夷定天下。既克紂六年而武王崩，成王嗣，幼弱，未能踐天子之位。周公攝政君天下，弭亂六年而天下大治。乃會方國諸侯於宗周，大朝諸侯明堂之位。天子之位，負斧宸南面立，率公卿士侍隅左右。三公之位，中階之前，北面東上。諸侯之位，阼階之東，西面北上。諸伯之位，西階之西，東面北上。諸子之位，門內之東，北面東上。九夷之國，東門之外，西面北上。八蠻之國，南門之外，北面東上。六戎之國，西門之外，東面南上。五狄之國，北門之外，南面東上。四塞九□（采、蕃）之國，世告至者，應門之外，北面東上，宗周明堂之位也。明堂，明諸侯之尊卑也，故周公建焉，而明諸侯於明堂之位。制禮作樂，頒度、量，而天下大服，萬國各致其方賄。」頁709～716。按：二戴文大同小異，互為參考。

這是最早也是最明確地把明堂的意義與作用作一展演的文獻，此中我們看見了一個以周公——天子的身份〔註81〕——位居軸線的中心座標，南向（面）天下，而環繞其四方的是以五等建制層層向外擴展，由內而外依次是王臣三公、諸侯、諸伯、諸子、諸男的四方諸國與賓國；再外一層的則是四方藩國：東之九夷、南之八蠻、西之六戎、北之五狄；最外一層已達九采四塞之境，是中國皇帝與疆域能力所及的王化之處；但這絕非是世界的盡頭，因而有管子的〈幽宮圖〉以示玄冥混沌之幽暗世界，這是以中國爲軸心的另一個未知與未化之世界。

　　《禮記‧明堂位》將周公朝諸侯於「明堂之位」、「天子負斧依」、「南鄉而立」之朝覲序列與位置作了詳盡的記載，顯然地，這是天子刻意透過具象的「位」、「南鄉」與「斧依」之方位與器飾，達到其權力的宣示與昭告的目的。當然，「明堂」除了作爲朝覲之政治性的王會殿堂，更是王者用以祭祀本朝感生帝之一大壇場，是一將「政治權力」與「祭祀權力」合體的王朝建築，實乃一權力性的象徵式建築，決非一般建物可擬。因此，本節擬就三方面來討論：一，明堂之建築形制與權力象徵之關係。二，阼（祚、胙）位與祀權之關係（明堂之位、斧依、南向與權力之關係）。三，王權圖像——天下之中思維的形成。

一、明堂之建築形制與權力象徵之關係

　　「明堂」在周代是宗祀文王以配上帝的祭祀性場所，卻也是周公攝政第六年朝見諸侯的政治性場所（《逸週書‧明堂解》、《禮記‧明堂位》），當然也是王者頒訂月令曆法於天下的禮儀性場所——這些都是王者權力之所屬。〔註82〕

〔註81〕同上注，鄭玄注曰：「天子，周公也。負之言背也。斧依，爲斧文屛風於戶牖之間，周公立於前焉。」（頁932）。按：〈檀弓上〉如是説：「天子之殯也，菆塗龍輴以椁，加斧於椁上。」（頁249）顯見，「斧文」乃「王權」的象徵，用以威令天下。

〔註82〕《孝經》，見李學勤主編：《十三經注疏‧孝經注疏》（北京：北京大學，1999）卷五〈聖治章〉：「嚴父莫大於配天，則周公其人也。昔者周公郊祀后稷以配天，宗祀文王於明堂以配上帝。是以四海之內，各以其職來祭。」頁28～29。王健文：《奉天承運——古代中國的「國家」概念及其正當性基礎》（台北：東大圖書，1995），第二章〈天人關係及其中介角色〉：「『天之曆數在爾躬』，當指舜繼堯而掌曆法之事，而唯天子能上通於天，故能制定與天之曆數全然相應無差的曆法。從另一個角度看，也唯有能掌握天之曆數的人，才能成爲人世間的最高權威。」頁27。

因此，「明堂」作爲一座標示王權的重大建築，〔註83〕其建築形制必有其象徵寓意以及孔子所謂「器以藏禮」之名與器的標示作用。

首先看看文獻的記載，《周禮・考工記・匠人》曰：「夏后氏世室，堂脩二七，廣四脩一，五室，三四步，四三尺，九階，四旁兩夾，窻，白盛，門堂，三之二，室，三之一。殷人重屋，堂脩七尋，堂崇三尺，四阿，重屋。周人明堂，度九尺之筵，南北七筵，堂崇一筵，五室，凡室二筵。」鄭玄注曰：

> 世室者，宗廟也。魯廟有世室，牲用白牡，此用先王之禮。……重屋者，王宮正堂若大寢也。……明堂者，明政教之堂。……此三者或舉宗廟，或舉王寢，或舉明堂，互言之，以明其同制。〔註84〕

顯然地，周朝明堂制度乃承襲自夏殷二代而來，而依據鄭玄所述「明堂」之主要用途在於：一，宗廟祭祀（明堂宗廟）。二，周王寢殿（明堂月令）。三，政教之堂（明堂辟雍）。由此可見，鄭玄作注並不是由明堂之建築形制的名物訓詁上來作解，而是著重於此一制度產生的功用。而這三大用途迄至漢朝誠乃根深蒂固之觀點，並加以複雜化，以成一微型宇宙圖式。〔註85〕因而明堂亦有宗廟之稱；亦爲頒佈曆法月令於天下之場所，而王者亦隨四時之遞嬗而燕居其位；亦爲王會宣威佈教之場所。清儒惠棟：《明堂大道錄》云：

> 明堂之法，自天子達於諸侯以下，皆同制而有等殺。宗廟之禮：天子曰明堂，諸侯曰太廟；合祭之禮：天子禘於明堂，諸侯祫於太

〔註83〕 《孟子》，卷二上〈梁惠王下〉：「夫明堂者，王者之堂也。」頁45。金鶚：《求古錄禮說》（續修四庫全書，經部禮類，第一一〇冊，上海：上海古籍，1995），卷二〈廟寢宮室制度考〉：「古之宮室莫重於明堂，其次爲廟，其次爲寢。故明堂惟天子有之，廟則下達於士，寢則達於庶人。」頁215。

〔註84〕 《周禮》，卷四十一〈冬官・考工記・匠人〉，頁1347～1349。可參張一兵：《明堂制度源流考》（北京：人民，2007），第二章〈周代明堂制度〉，頁57～89。

〔註85〕 《全後漢文》，卷八十〈蔡邕・明堂論〉：「取其宗廟之清貌，則曰清廟；取其正室之貌，則曰太廟；取其堂，則曰明堂；取其四門之學，則曰太學；取其周水圓如璧，則曰辟廱。異名而同耳，其實一也。……其制度數各有所法，堂方百四十四尺，坤之策也；屋圓、屋徑二百一十六尺，乾之策也。十二宮以應辰，三十六戶、七十二牖，以四戶九牖，乘九室之數也。戶皆外設而不閉，示天下不藏也。通天屋高八十一尺，太廟、明堂三十六丈，通天屋竟九丈，陰陽九六之變也。圜蓋方載，六九之道也。八闥以象八卦，九室以象九州。黃鐘九九之實也。二十八柱列於四方，亦七宿之象也。堂高三尺，以應三統；四鄉五色者，象其行外。二十四丈應一歲二十四氣，四周以水象四海。」頁902～903。

廟。……告朔之禮：天子受朔於南郊，諸侯朝於天子。天子受朔於
明堂，諸侯受朔藏於太廟。……明堂治曆之禮：天子曰靈臺，諸侯
曰觀臺。〔註86〕

惠棟之意在於：古來因名位差等，其器物形制亦隨禮紀而別之，故有同實異
名之現象產生，而致今人於名實上產生理解的混亂，若能分辨器物所指則能
別尊卑定禮序。因此透過器物之名，則知其所屬之位也，如「天子」宗廟稱
作「明堂」、「諸侯」宗廟唯稱「太廟」；「天子」合祭毀廟與未毀廟祖於明堂
稱「禘祭」、「諸侯」宗廟合祭唯祭於太廟稱「祫祭」，……凡此俱不可與天子
同名，同名則同位也，名物秩序一旦亂而無別，天下秩序何嘗存焉？因此周
公六年朝諸侯四方大合會、頒度量、制禮作樂誠乃一匡天下秩序也；這就是
「明堂」所要宣示與顯現的意義──一個新王政權的誕生與新世紀元的意義。

　　誠然，《禮記》之「寓政於祭」的思維是極其鮮明的，《禮記·樂記》如
是說：

祀乎明堂，而民知孝。朝覲，然後諸侯知所以臣。耕藉，然後諸侯
知所以敬。五者天下之大教也。食三老、五更於大學，……所以教
諸侯之弟也。〔註87〕

〈樂記〉顯得拼湊紊亂，但同樣的話在〈祭義〉中則又重申一遍：

祀乎明堂，所以教諸侯之孝也。食三老五更於大學，所以教諸侯之
弟也。祀先賢於西學，所以教諸侯之德也。耕藉，所以教諸侯以養
也。朝覲所以教諸侯之臣也。五者天下之大教也。〔註88〕

從〈祭義〉中看得是更明白了，「祀乎明堂」並非在使民知孝，其主要的教育
作用是為了垂示諸侯以「孝」、以「弟」、以「德」、以「養」、以「臣」五種
大教。所以天子、諸侯之關係與責任是：「父子之孝」、「兄弟之悌」、「上下之
德」、「長幼之養」、「君臣之臣」。諸侯必須盡其能力以孝養其君父──天子；
更須明白上下尊卑的政治體制，以及兄友弟恭的社會倫理規範。是故，在「視
君若父」的第一教義裡，天子與諸侯之關係必然成為一絕對性的父子關係，
負有社會制約下所謂天經地義的奉養盡孝之義務；誠然，明堂之教育意義在

〔註86〕王健文：《奉天承運──古代中國的「國家」概念及其正當性基礎》（台北：
　　　　東大圖書，1995）頁 156 引。
〔註87〕《禮記》，卷三十九〈樂記〉，頁 1137。
〔註88〕《禮記》，卷四十八〈祭義〉，頁 1339～1340。

「孝」，諸侯對天子以孝為道。當然，天子之為天之子，亦有其絕對之義務對天地盡孝，因而定期舉行祭天大典就是對天盡孝之實踐（這一思維乃為董仲舒極力發揚的祀權觀，詳第四章第一節）。這就是「祀乎明堂」以「孝」為綱本的政治體制與教育作用，此乃孔子一向秉持之原則——孝子之祭，祀之忠也。〔註89〕

要之，「明堂」從周公朝諸侯以來已然成為一座實踐王權的建築與道德教育孕育的場所，並透過明堂的祭祀作用（宗祀文王，以配上帝）〔註90〕強化了封建秩序，是因為確立了宗主——天子之作為唯一祭主的阼位之不可替代性所致（詳後或第五章第二節）。《禮記・喪服小記》曰：「庶子不祭祖者，明其宗也。」、〔註91〕《孟子・萬章上》亦云：「使之主祭，而百神享之，是天受之；使之主事，而事治，百姓安之，是民受之也。」〔註92〕意謂：天子之所以為天子，必須通過二項考驗：一為祭主，其祭獲得天神歆享進而承認其權位；一為君主，使之治理天下，而獲得百姓之擁戴進而賦予其治政之權力。這也就是說：「王權」之二柄在於「祀權」與「政權」。因此，孟子勸誡欲毀魯國明堂〔註93〕的齊宣王說：「夫明堂者，王者之堂也。王欲行王政，則勿毀之矣。」〔註94〕孟子以隱晦的說詞「欲行王政」揭示齊宣王「稱王代周」之野心，因而「明堂」之存廢顯然是「王權」行紲之象徵與標竿。

另外，從〈考工記〉所記錄的形制來看，三代明堂是簡約樸質的，就其政治意義上來看，是用以象徵中央王權與天下秩序的體現，是一個以中國天子南面為中央起點而向四方不斷擴張而成的方形序列，如巫鴻先生所示的〈明

〔註89〕同上注，頁1314。

〔註90〕《孝經》，卷第五〈聖治章〉：「昔者周公郊祀后稷以配天，宗祀文王於明堂，以配上帝。是以四海之內，各以其職來祭。」頁31。

〔註91〕《禮記》，卷三十二〈喪服小記〉，頁963。

〔註92〕《孟子》，卷第九下〈萬章上〉，頁256。

〔註93〕徐復觀：《兩漢思想史》（上海：華東師範大學，2001），第二卷〈明堂的問題〉：「明堂乃周人太廟之別名；或即繫周公所建以祀文王之廟。因周公的關係，魯亦有太廟，亦即有明堂。魯悼公時，『魯如小侯』，其明堂廢而入於齊，而太廟之禮久廢，原義不明，故齊宣王有『人皆謂我毀明堂，毀諸，已乎』之問。」頁15。

〔註94〕《孟子》，卷第二上〈梁惠王下〉：「齊宣王問曰：『人皆謂我毀明堂，毀諸？已乎？』孟子對曰：『夫明堂者，王者之堂也，王欲行王政，則勿毀之矣。』王曰：『王政可得而聞與？』對曰：『昔者文王之治岐也，耕者九一，仕者世祿，關市譏而不徵，澤梁無禁，罪人不孥。』」頁45。

堂位〉位置圖（見附圖一）。〔註95〕西漢有兩次重建明堂之舉，一為武帝元封二年秋，「作明堂於泰山下」；於元封五年冬「祠高祖於明堂，以配上帝，因朝諸侯王列侯，受郡國計。」〔註96〕這話說得很明白，這座築於泰山下的明堂是座古物建築，武帝修茸以祠，五年南巡天下還至泰山，舉行明堂祭祀，並以高祖配祀上帝，祭後而朝諸侯王列侯，受郡國計。這是漢世以來第一次舉行明堂祭祀，也是第一次奉祠高祖配祀上帝，更是第一次朝諸侯於王都之外（而後天漢四年、後元二年，春正月朝諸侯於甘泉宮），〔註97〕誠如《荀子‧彊國》所言：「若是，則雖為之築明堂於塞外，而朝諸侯殆可矣。」〔註98〕這大體是遵行了周朝宗祀文王於明堂、朝諸侯於明堂的體制，唯不同的是周公乃朝諸侯於成周洛陽，是鎬京之副都，而非於王都塞外。因此，這中央集權的政治色彩或法天的思維都並不明顯，唯逮王莽始興一微觀的宇宙圖式，王者居中之思維與宗教集權思想始見落實。

　　平帝元始四年，王莽為即真皇帝位復周公朝諸侯於明堂位，以十萬民力大舉興建明堂於長安，二十餘日便大功告成。〔註99〕其明堂遺址今已出土，建築者的思維展現的則是一個「微型宇宙」的象徵，〔註100〕故與漢武祠明堂的政治意義不同，而是於明堂舉行「禘祭」（或稱「祫祭」）〔註101〕合會劉氏

〔註95〕　美‧巫鴻：《禮儀中的美術──巫鴻中國古代美術史文編》（Wu Hung, ART IN ITS RITUAL CON TEXT──Essays on Ancient Chinese Art by Wu Hung，鄭岩等譯，北京：三聯書店，2005）肆，〈古代美術沿革‧「圖」「畫」天地〉，頁646。

〔註96〕　《漢書》，卷六〈武帝本紀〉，頁194。

〔註97〕　同上注，頁205、211。

〔註98〕　《荀子》，卷十一〈彊國〉，頁521。

〔註99〕　《漢書》，卷九十九上〈王莽傳〉：「（元始四年）是歲，莽奏起明堂、辟雍、靈臺，……諸生、庶民大和會，十萬眾並集，平作二旬，大功畢成。」頁4069。

〔註100〕巫鴻：《禮儀中的美術──巫鴻中國古代美術史文編》，肆〈古代美術沿革‧「圖」「畫」天地〉：「明堂是以抽象符號在二維空間平面上的排列來表明其宇宙含義。……王莽明堂代表著一種官方的宇宙論，該建築的每一特徵都基於一種特定的數字價值，是確定而不可更改的。……王莽明堂所象徵的宇宙圖像同時也表現為一種抽象的線性軌跡演進的歷史：循環往復的五行「生發」出所有的朝代，終結於他自己的新朝。」頁654～657。

〔註101〕《漢書》，卷十二〈平帝本紀〉：「（元始）五年春正月，祫祭明堂。諸侯王二十八人、列侯百二十人、宗室子九百餘人徵助祭。」頁358。或詳卷九十九上〈王莽傳〉，頁4070。《後漢書》，卷三十五〈張純傳〉：「元始五年，諸王公列侯廟會，始為禘祭。」注〔三〕李賢案：「平帝元始五年春，祫祭明堂，諸侯王列侯宗室助祭，賜爵金帛。今純及《司馬彪書》並云『禘祭』，蓋禘、祫俱是大祭，名可通也。」頁1195。

宗廟神主，並朝天下諸侯於明堂，以一異姓諸侯別子為宗入繼大統的方式宣示自己的祭主地位。然而，於明堂祭祖合會之目的，事實上是宣示了即真之野心，以待天下之位也——南郊祭天（元始五年，告代建鼎，起新改元，詳第四章第一節）。

就考古資料顯示，明堂形制有下列三點特徵：一，「亞形」。二，「四木」。三，「圓水」。以下依據高去尋、張光直、巫鴻、黃銘崇四位先生的研究成果作一引述。

首先就「亞形」的象徵寓意來說，高去尋先生以殷代大墓中出現的亞形木室為例，氏曰：「平面作亞形的木室，……何以不避困難之增加，工料之多費而造成如此形制之木室，這很清楚的表示出它有一定的涵義，非如此不可。……不容懷疑的它應該是當時喪禮的一種制度建築。這種喪禮制度的建築可能是象徵著當時貴族社會的一種禮制建築，而非一般的住處。這種貴族社會的禮制建築根據後世的記載，它是祭祀祖先的地方，也是祭祀上帝和頒佈政令，舉行重要典禮的處所。它的名稱，較早的說法是夏后氏稱之為世室（即大室），殷人稱之為重屋，周人稱之為明堂，我們現在稱它為古代的宗廟明堂建築。」〔註102〕高先生直接認定殷商大墓建築中的亞形木室就是明堂的模型而用之於地下，是一種仿體建築，它標示著墓主的身份與地位。又黃銘崇先生引述艾蘭（Sarah Allan）關於亞字形大墓的意義，她認為：「商人的大地觀念是由商人所在地本身的中央的方形（中商），連接著四個同大的方形稱之為「四方」，這五個方形構成了亞字形的大地，商人居於中方或中商，其餘外人居於四方。商王的亞字形大墓，也是模仿亞字形的大地之構造，在地底創造了「Eliade 式」的象徵性的中心，也就是構成所謂的宇宙之軸（axis mundi）或是通「天地」的場所，當然也就代表著商王死後仍然在地底的世界擁有支配四方的權力與地位。」〔註103〕這個——中央與四方——的觀念，事實上與周公於明堂王會天下是一樣的（見附圖一）。

「四木」的象徵意義，張光直先生則以墨西哥奧爾美克文化的一個重要遺址卡爾卡金歌發現的兩個石刻作為中國宗廟明堂「亞形」形成的參考，氏

〔註102〕高去尋：〈殷代大墓的木室及其涵義之推測〉（《中央研究院歷史語言研究所集刊》39（1969），頁181～182。見張光直《中國青銅時代‧第二集》（台北：聯經，1990），頁83引。
〔註103〕黃銘崇：〈明堂與中國上古之宇宙觀〉，《城市與設計學報》，第四期（1998，3），頁164引。

曰：「這個亞形的口便是奧爾美克人的一張宇宙圖，張開的大口是天地的分界，而四角的樹木是協助登天入地的四株「宇宙之樹」。……作為天地溝通的場所的宗廟明堂是不是在四隅都植有（實有的或象徵性的）「若木」、「建木」，或「扶桑」這一類溝通天地的神木，而為了四木而造成四角的凹入？換言之，殷代宗廟明堂是否因為四角而有四木而成為亞形的？」（見附圖二）〔註104〕這從蔡邕〈明堂月令論〉中所提到的「通天屋」以及山東臨淄郎家莊一座齊墓（郎家莊一號戰國墓出土漆蓋圖案）作一印證：此一漆蓋顯示一個「亞」字形建築物，每邊三室，環以「水」紋圓環，於亞形之四角各有一株所謂的「通天樹」（見附圖三）。〔註105〕

　　「圓水」的象徵意義，可由巫鴻先生的研究來說明：「王莽明堂代表著一種官方的宇宙論，該建築的每一特徵都基於一種特定的數字價值，是確定而不可更改的。……王莽明堂所象徵的宇宙圖像同時也表現為一種抽象的線性軌跡演進的歷史：循環往復的五行『生發』出所有的朝代，終結於他自己的新朝。」（見附圖四）。何以有「圓水辟雍」以一流動不息的水渠環繞明堂，誠乃藉以象徵所有朝代乃五行相勝與生發的循環史觀。又秦漢儒士將「明堂」、「月令」結合了起來，使得所謂的「神聖的時間」以一循環往復的方式，以一圓形的時間圖式回歸到神聖的宇宙創生的時間。因此王莽大舉復周旗號重建明堂之動作，已見其即真踐天子位之野心，以舜裔繼體入堯，乃曆數循環至帝舜之故，因此代漢而王者莽也；巫鴻先生說：「對人們想像中的大一統國家來說，『重建』明堂成了建立一個理想政府的同義詞。」〔註106〕這相當符合王莽代漢而王、復古從周的心態與野心的說詞。

　　總歸明堂之形制，可以黃銘崇先生的研究作一註腳：「明堂──就是中國古代的宇宙觀，它包括三個面向：一、是將宇宙觀的空間結構縮小成建築物的明堂，而宇宙的空間大部結構包括：亞字形的大地、四角隅撐天的四木、環於大地四面與相接的璧形水面、以及垂直的三層宇宙。二、是將時間因素

〔註104〕張光直：《中國青銅時代‧第二集》（台北：聯經，1990）〈說殷代的「亞形」〉，頁87。

〔註105〕巫鴻：《禮儀中的美術──巫鴻中國古代美術史文編》，肆〈古代美術沿革‧「圖」「畫」天地〉，頁650～651。黃銘崇：〈明堂與中國上古之宇宙觀〉，《城市與設計學報》第四期（1998，3）：「發掘該遺址的山東省博物館的考古學者根據王國維的〈明堂廟通考〉一文，認定漆蓋上面的圖案是明堂。」頁150。

〔註106〕同上注，巫氏書，頁647。

置入空間結構的「宇宙起源論」以及「月令」或「時令」（後來還有「歷史」）。三、是將人間秩序融入空間結構的「明堂位」和「王會」。所有廣義的明堂是古代與宇宙觀中三個面向——「空間」、「時間」、以及「人間」的總和。而狹義的明堂則是古代宇宙觀中的「空間」部分，是一種代表整個宇宙的「模型」，亦即代表宇宙的一種建築物。」〔註107〕

綜上所述，周制明堂由周公朝諸侯於明堂位的圖式來看，這呈現的是一中央與四方的方形序列向外擴張依序入貢以體現中國王權威化之疆界。因此，在九夷、八蠻、六戎、五狄、四塞之外還有中國無法統籌的化外之地。當然這顯示的是四塞決非世界的盡頭，而是一個開放與未知的空間。〔註108〕這樣的王權觀絕對無法滿足儒士或方士對權力的認知與定義，因此，一個微型宇宙的思維與圖像最終表現在秦始皇「上具天文，下具地理」之陵寢建築與王莽重建的明堂圖式當中。在天圓地方的宇宙圖式當中，中國帝王所居之明堂則是這一微型宇宙的中心點，而後擴及四方，這中央與四方的思維與周制明堂是一樣的；然而，王莽的明堂與之不同的是：它表現了一循環史觀，透過曆數之衍化而進行朝代之輪替，每一曆數之初都是重啓天命與新王誕生的神聖時刻。因此明堂誠乃宇宙的中軸與受命的靈臺，而圓水辟雍與五行、月令之王權寓意顯然更加強了宇宙生生不息與循環往復的運行機制，並且在這運行的機制當中，預示著天朝命數與更迭。

二、阼（祚、胙）位與祀權之關係

「祀權」這是在〈王制〉三年喪中極力凸顯的問題與象徵意義。不妨從《漢書・郊祀志下》這段話往上溯源：

> 時，大將軍霍光輔政，上共己正南面，非宗廟之祀不出。十二年，乃下詔曰：『蓋聞天子尊事天地，修祀山川，古今通禮也。間者，上帝之祠闕而不親十有餘年，朕甚懼焉。朕親飭躬齋戒，親奉祀，爲百姓蒙嘉氣，獲豐年焉。』明年正月，上始幸甘泉。〔註109〕

〔註107〕黃銘崇：〈明堂與中國上古之宇宙觀〉，頁134。

〔註108〕巫鴻：《禮儀中的美術——巫鴻中國古代美術史文編》，肆〈古代美術沿革・「圖」「畫」天地〉：「值得注意的是。〈明堂位〉篇中所記述的建築結構及其象徵的政治體制不視是絕對封閉式的，因爲建築本身僅代表中央王朝，蠻夷首領屬於墻外的開放空間。」頁647。

〔註109〕《漢書》，卷二十五下〈郊祀志下〉，頁1248。

宣帝是戾太子之孫，尚在襁褓便因巫蠱一案牽累而入死牢，九死一生，後爲霍光迎立登基。〔註110〕霍光始自武帝臨終即委以「周公之任」宣輔昭帝，〔註111〕昭帝短命而死，立李夫人子昌邑王，旋即以淫亂之過廢帝，改立久在民間的病已，是爲宣帝。宣帝命運多舛，如今登上大位，一雪祖父之冤，對於權傾朝野的霍光，絲毫不敢躁進冒犯。霍光死於地節二年（B.C.68 年），四年（B.C.66 年）盡誅霍氏宗族。蟄伏十二年（元康四年，B.C.62 年）的宣帝，大抵是時機成熟班底已定，才因此下詔表明「親郊祭社」的決心。爲什麼「郊社天地」對於宣帝如此重要？這十二年來，他僅僅得以祭祀「宗廟」，卻不得祭祀「郊社」，宣帝耿耿於懷的到底是什麼？事實上，這封詔書是一紙「至高權力」的宣示。我們看看揚雄《法言・重黎》一針見血的談話：

> 僭莫重於祭，祭莫重於地，地莫重於天。〔註112〕

春秋諸侯稱王僭越，必僭天子禮樂，禮又以祭祀爲重，祭又以天地爲大，而郊天又在群祀之上。祭社，諸侯有之，「郊天」則是天子專屬的大權，不是天子不得祭天，具有排他性和獨佔性。因此，這就十分有趣了，王權的爭奪「南郊祭天」則成了奪取的品項之一。先看王莽居攝改元的第一件事是什麼？《漢書・王莽傳上》載：

> 居攝元年正月，莽祀上帝於南郊，迎春於東郊，行大射禮於明堂，養三老五更，成禮而去。置柱下五史，秩如御史，聽政事，侍旁記疏言行。〔註113〕

〔註110〕《漢書》，卷八〈宣帝本紀〉：「孝宣皇帝，武帝曾孫，戾太子孫也。……生數月，遭巫蠱事，太子、良娣、皇孫、王夫人皆遇害。曾孫雖在襁褓，猶坐收繫郡邸獄，而邴吉爲廷尉監，治巫蠱於郡邸，憐曾孫之無辜，使女徒復作淮陽趙徵卿、渭城胡組更乳養，私給衣食，視遇甚有恩。」頁235。同卷：「元平元年四月，昭帝崩，毋嗣。大將軍霍光請皇后徵昌邑王。六月丙寅，王受皇帝璽綬，尊皇后曰皇太后。癸巳，光奏王賀淫亂，請廢。……秋七月，光奏議曰：『……大宗毋嗣，擇支子孫賢者爲嗣。孝武曾孫病已，……』奏可。……（宣帝）即皇帝位，謁高廟。」頁238。

〔註111〕《漢書》，卷六十八〈霍光傳〉：「察群臣唯光任重大，可屬社稷。上乃使黃門畫者畫周公負成王朝諸侯以賜光。……武帝崩，太子襲尊號，是爲孝昭皇帝。帝年八歲，政事壹決於光。」頁2932。

〔註112〕《法言》，卷十四〈重黎〉，李軌注曰：「既盜土地，又盜祭天。」頁346。

〔註113〕《漢書》，卷九十九上〈王莽傳〉，頁4082。又《宋書》，卷五〈文帝紀〉：「元嘉二年春正月丙寅，司徒徐羨之、尚書令傅亮奉表歸政，文帝開始親覽。辛巳，車駕祠南郊，大赦天下。」頁73。

事實上，元始四年王莽居冢宰之位便言：「帝王之義，莫大承天；承天之序，莫重於郊」〔註114〕王莽深知帝王權力的來源是承天之命，因是篡位必以南郊祭天作為宣告政權的手段，〔註115〕這並非特例，而是慣例。再看幾個先秦的例子，《史記‧六國年表》云：

> 秦襄公始封為諸侯，做西畤，僭端見矣。禮曰：「天子祭天地，諸侯
> 祭其域內名山大川」今秦位在藩臣，而臚於郊祀，君子懼焉。〔註116〕

所謂「臚於郊祀」，即旅陳鼎俎以郊祀天地，普天之下唯天子得祭之，諸侯僭位的野心，由「郊祀」的舉動中已表露無遺。除秦襄公之外，其後文公作鄜畤；宣公作密畤；靈公則作上、下畤，已「變本加厲，無異僭王」。〔註117〕

〔註114〕《後漢書》，志第七，〈祭祀上〉，李賢注〔二〕引《黃圖》，頁3158。

〔註115〕日‧渡邊信一郎：《中國古代的王權與天下秩序——從日中比較史的視角出發》（徐沖譯，北京：中華書局，2008）第五章〈古代中國的王權與祭祀〉說道：「祭天禮儀，是只有作為天子領有天下的中國皇帝才能獨占性舉行的祭祀。這一祭祀禮儀雖然經由百濟家導入，卻在長岡京舉行了日本有史以來第一次祭天禮儀，且其後又舉行了兩次。作為天神子孫的天皇，其前提在於與天的無差別一體化，根據的則是天武朝成立的天孫降臨神話與「萬世一系」之說。……在長岡京（平安京）舉行祭天禮儀的理由。據早川莊八氏〔2000〕，桓武天皇之父光仁天皇的即位，意味著自天武系向天智系的皇統變化。皇統發生變化，意味著新的受命，即「革命」。將藉由「革命」成為天子的始祖配祀于天，對其子孫而言，與表現自身權力之正統性相關。即意欲通過導入日本傳統中所沒有的新王權禮儀，來賦予天智系桓武政權新的意識型態與正統性。」頁144～145。按：日本光仁天皇乃因「革命」而得到皇權，其即位便舉行郊天大典，如中國皇帝即位禮儀程序，正是透過祭天的儀式宣告自己是天新受命的天皇，而其子孫則是新的帝王世系，將傳承天的使命，為唯一之具有正統性的繼承者。

〔註116〕《史記》，卷十五〈六國年表〉，司馬貞索隱曰：「案臚字訓陳也，出《爾雅》文。以言秦是諸侯，而陳天子郊祀，實僭也，猶季氏旅於泰山然。」、張守節正義曰：「臚，音旅，祭名，又旅，陳也。」頁267。

〔註117〕《法言》，卷十四〈重黎〉，頁346、見汪榮寶疏文，頁352。王健文：《奉天承運——古代中國的「國家」概念及其正當性基礎》，第五章〈宗廟、社稷與明堂〉，頁175。

帝	畤	立畤者
白帝	西畤	秦襄公（777～766B.C.）
白帝	鄜畤	秦文公（765～716B.C.）
白帝	畦畤	秦獻公（384～362B.C.）
青帝	密畤	秦宣公（675～664B.C.）
黃帝	上畤	秦靈公（424～415B.C.）
炎帝（赤）	下畤	秦靈公（424～415B.C.）

至「秦惠王」時，秦已率先「稱王」，〔註118〕不復「稱公」，爾後其他侯國亦僭，周王已名存實亡。

《史記‧周本紀》亦云：「顯王九年，致文、武胙於秦孝公」、又：「三十五年，致文、武胙於秦惠王」；〔註119〕《左傳》僖公九年云：「宋，先代之後也，於周為客，天子有事，膰焉」、又云：「王使宰孔賜齊侯胙，曰：『天子有事於文、武，使孔賜伯舅胙』」，杜預謂此：「尊之，比二王後」。〔註120〕由上諸例，顯見周顯王之致胙於秦、宋、齊是一種政治手腕，致胙飲福，藉以兄弟之國禮親之，以示友好。〔註121〕事實上，顯王以「致胙」表態，其「尊秦」、「尊宋」、「尊齊」之意，無非冀望四方霸主能「尊王臣周」，企圖挽救被架空的王位，如同上述襄王致胙桓公是一樣的道理。

另外，東土殷裔，魯、宋亦頗見野心，馬端臨這麼說：「左傳宋公享晉侯於楚丘，請以桑林，荀罃辭，荀偃士匃曰：『諸侯魯宋於是觀禮，魯有褅樂賓祭用之，宋以桑林，享君不亦可乎？』乃知魯、宋不特僭天子之禮樂，以祀郊褅，雖燕享賓客，亦用之矣！」；〔註122〕《論語‧八佾》亦載：季氏專權僭諸侯天子之位「旅泰山」、「舞八佾」、「歌雍徹」。〔註123〕要之，大夫僭位諸侯、

〔註118〕《史記》，卷四十六〈田敬仲完世家〉：「（周）宣王十八年，秦惠王稱王。」頁720。

〔註119〕《史記》，卷四〈周本紀〉，頁78。

〔註120〕《左傳》，卷十三，僖公九年，頁357。

〔註121〕《周禮》，卷十八〈春官‧大宗伯〉：「以脹膰之禮，親兄弟之國。」鄭玄注曰：「脹膰，社稷宗廟之肉，以賜同姓之國，同福祿也。」賈公彥疏曰：「……二王後及異姓有大功者，亦得脹膰之賜，是以〈大行人〉直言『歸脹以交諸侯之福』。不辨同姓異姓，是亦容有非兄弟之國亦得脹膰也。」頁552。

〔註122〕秦蕙田：《五禮通考》，卷二十一〈吉禮二十一‧祈穀〉，頁135（冊）～555引。

〔註123〕《論語》，卷三〈八佾〉：「孔子謂季氏：『八佾舞於庭，是可忍孰不可忍也。』」、「三家者以〈雍〉徹。子曰：『相維辟公，天子穆穆。奚取於三家之堂？』」、「季氏旅於泰山。子謂冉有曰：『女弗能救與？』對曰：『不能。』子曰：『嗚呼！曾謂泰山不如林放乎？』」頁28～31。《禮記》，卷十〈檀弓下〉：「季康子之母死，公輸若方小。斂，般請以機封，將從之。公肩假曰：『不可。夫魯有初，公室視豐碑，三家視桓楹。般，爾以人之母嘗巧，則豈不得以？……』」頁296～297。按：此謂墓葬建築諸侯、大夫多僭越其分。又《左傳》，卷五十三，昭公三十一年，荀躒告訴季平子說：「君怒未息，子姑歸祭。」頁1520。按：晉魯世卿互為勾結，荀躒佯裝要季氏將出奔於晉的昭公接回並助其奪回政權，但荀躒卻告訴季平子說：「君怒未息，子姑歸祭。」或詳李宗侗：《中國古代社會史》，第十二章〈春秋後期各國階級的升降〉，頁241～244。

天子禮樂，諸侯也不遑多讓，不僅僭用天子燕樂，更大膽僭用天子祭樂，僭祀天地、五帝，諸等舉止正是透過「祀權」表明自己問鼎「王權」的野心（詳第三章第二節）。〔註124〕

　　由巫術角度來看，「巫」是溝通天地之「介者」，因而古人認為掌握「溝通天地」之大權者，即是「王巫」，為「群巫之長」；〔註125〕也就是說：能成為國家「主祭者」，才是國家「權力的掌握者」。〔註126〕「鼎俎」乃祭祀天地人鬼，陳其犧牲的青銅禮器，張光直先生認為握有青銅、藝術品的資源乃財

〔註124〕《春秋繁露》，卷四〈王道〉：「臣下上逼，僭擬天子。諸侯強者行威，小國破滅。晉至三侵周，與天王戰於貿戎而大敗之。..臣子強，至弒其君父。……故鄭魯易地，晉文再致天子。齊桓會王世子，擅封邢、衛、杞，橫行中國，意欲王天下。魯舞八佾，北祭泰山，郊天祀地，如天子之為。以此之故，弒君三十二（六），亡國五十二，細惡不絕之所致也。」頁111～112。大夫諸侯之僭，不僅禮樂，亦見大夫自行會盟，董氏屢言之，如卷二〈竹林〉：「漊梁之盟，信在大夫，而諸侯刺之，為其奪君尊也。」蘇輿注曰：「襄十六年傳：『諸侯皆在是，其言大夫盟何？信在大夫也。何言乎信在大夫？徧刺天下之大夫也。曷為徧刺天下之大夫？君若贅旒然。』」（頁52～53），又卷四〈王道〉亦曰：「大夫盟於澶淵，刺大夫之專政也。……觀乎世卿，知移權之敗。」（頁121～131）故春秋譏世卿，緣於此，董氏則主張「大夫不得世」，不得世襲，應以選舉，蘇輿注引《白虎通‧封公侯》曰：「大夫不世位何？股肱之臣任事者也。為其專權擅事，傾覆國家。」、《五經異義》引《公羊》、《穀梁》說：「卿大夫世，則權并一姓，防塞賢路，專政犯君，故經譏周尹氏，齊崔氏。」頁114。

〔註125〕張光直：《美術‧神話與祭祀》（郭淨、陳星譯，台北：稻鄉，1993），第三章〈巫覡與政治〉：「甲骨文中，常有商王卜問風雨、祭祀、征伐或田狩的記載。又有『王果曰：……』的文句，均與天氣、疆域或災異、疾病之事有關。據卜辭所記，唯一握有預言權的便是商王。此外，卜辭中還有商王舞蹈求雨和占夢的內容。所有這些，既是商王的活動，也是巫師的活動。它表明：商王即是巫師。」頁40～41。書注4引陳夢家、李宗侗、楊間奎諸位先生亦都認為「帝王就是巫的首領」，其中楊先生更指明了重、黎神話的特徵是：「國王們斷絕了天人的交通，壟斷了交通上帝的大權。」俱詳頁50。

〔註126〕李宗侗：《中國古代社會史》，第五章〈政權的逐漸集中〉說道：「我應當指出玻里尼西亞的 Pure 字的通義是禱祝，而在薩摩亞群島據普拉脫（Pratt）字典，Pule 意謂指揮、權力，而在通加群島（Tonga）據貝克（Baker）字典，Pule 意謂執政、管理。我不以為同一個字的雙重意義只是偶然的。比如在塔西第群島（Tahiti）政權及祭權的高級職位皆集中於一人之身，主通常是邦廟的大主教，……在曼加亞（Margaia）島，……在尼幼群島（Niu），……在利帕司群島（Le Pers）……。」頁118。馬克斯‧韋伯：《儒教與道教》，第一章〈城市、諸侯與神明〉：「中國皇帝不僅是最高的領主，同時也是最高的祭司。……正是最高祭司這個不可缺少的職務維持了皇帝作為最高領主的地位。」頁29。

富、權力之象徵。〔註127〕中國主祀天地神明者，大君也；陳此青銅禮器主祭，實爲最高權力者，始自夏禹「貢金九牧，鑄鼎象物」開始，〔註128〕「九鼎」便是「王權」、「神權」的象徵。太史公載張儀進諫秦惠王捨蜀伐韓，挾天子令諸侯以致王業之道的這段談話，值得注意，《史記‧張儀列傳》：

> 誅周王之罪，侵楚魏之地，周自知不能救，九鼎寶器必出。據九鼎
> 案圖籍，挾天子以令於天下，天下莫敢不聽，此王業也。〔註129〕

張儀所謂的「王業」是指「九鼎」、「寶器」、「圖籍」，掌握這些物件「天下莫敢不聽」，顯然這是「王權」的象徵，故「天子以令於天下」。瀧川龜太郎云：「蓋滅國先收其圖籍，自古而然，不始於蕭何；夏禹收九州之金，鑄爲九鼎，遂以爲傳國之寶。」〔註130〕「九鼎」不僅爲傳國之寶，爲國之重器，更因爲它是祭祀天地的九個大鼎，搭配九個大俎，用以陳列祭祀天地的牲食，象徵九州天下。因此，誰能擁有這「九鼎」成爲「主祀天地」者，誰就是歆此福胙，受神保佑的「天下主」。《左傳》僖公二十四年，介之推以「主祀者」稱嗣君「晉文公」，其言：

> 天未絕晉，必將有主，主晉祀者，非君而誰。〔註131〕

「主祀」就是」「主權」，「祀主」即是「權主」，我們不能說介之推用主祀者來借代晉文公，這絕對是錯誤的說法，而是當時的人認爲誰掌握了祭祀主權，誰就是祖靈保佑與承認的對象，他們是透過祖靈歆享的認證而成爲一國之主。

又《史記‧殷本紀》載：「湯征諸侯，葛伯不祀，湯始伐之。」〔註132〕

〔註127〕張光直：《美術‧神話與祭祀》，第六章〈對手段的獨占〉，頁99。另見張氏：《考古學專題六講》（台北：稻鄉出版社，1999），第六講〈三代社會的幾點特徵〉：「『鑄鼎象物』是通天工具的制作，那麼對鼎的原料即銅礦錫礦的掌握也便是從基本上對通天工具的掌握。所以九鼎不但是通天權力的象徵，而且是制作通天工具的原料與技術的獨占的象徵。」頁110。

〔註128〕《左傳》，卷二十一，宣公三年：「昔夏之方有德也，遠方圖物，貢金九牧，鑄鼎象物，百物而爲之備，使民知姦。故民入川澤山林，不逢不若，魑魅魍魎，莫能逢之。用能協於上下，以承天休。桀有昏德，鼎遷于商，載祀六百，商紂暴虐，鼎遷于周。」頁602～603。按：禹平治水土，以九牧之金，鑄九鼎以象九州之物，因是「九鼎」乃國家權力之象徵，爲國之重器，凡改朝移鼎必遷之，如《孟子》，卷二，〈梁惠王下〉：「毀其宗廟，遷其重器」也。

〔註129〕《史記》，卷七十〈張儀列傳〉，頁891。

〔註130〕同上注。

〔註131〕《左傳》，卷十五，僖公二十四年，頁417。

〔註132〕《史記》，卷三〈殷本紀〉，頁50。

湯召諸侯起兵伐桀，聯盟共誓，歃血以祀，葛伯乃湯之鄰國，不與祀誓，故謂「葛伯不祀」，此乃「不臣」之政治表態，湯因伐之，以儆諸伯，《史記·周本紀》曰：「刑不祭，伐不祀，征不享」可證其實也。〔註133〕周制：王者主祭、諸侯卿大夫助祭，以「祭祀」觀察諸侯諸卿對王者稱臣之意向；相對的，君王承不承認你於權力集團中的地位，祭時「列祭」與否，祭後「致胙」與否，都是一種權力的表態，如《史記·越王句踐世家》載：「句踐已平吳，……致貢於周。周元王使人賜句踐胙，命為伯。」〔註134〕句踐致貢，表示其稱臣尊王於周，故周王致胙命為伯，以示對句踐霸主權力的認同；又如《孔子家語·子路初見》記載孔子助祭於魯郊，郊祭後理應飲福受胙，但因「齊人歸女樂」〔註135〕一事得罪季桓子，季氏刻意不致膰俎於孔子，遂去魯以避季氏。因此，一個人在不在權力核心，「受胙」是觀察的指標；〔註136〕相對的，諸侯諸卿廟祭後，亦有「歸胙」之禮，歸不歸胙於王者，而王受胙與否；王者大祭後，致不致膰肉於兄弟之國或卿大夫，而諸侯諸卿受食與否，這一往一來的歸致與食受，正是統治權力張與不張，四方尊王與否之最直接的表態，以一種中國人慣有的隱喻手法進行最明白清楚的政治表態。

顯然地，談中國政治，有一個角度是絕對要看的：從「祭祀」看「權力

〔註133〕同上注，卷四〈周本紀〉：「夫先王之制，邦內甸服，邦外侯服，侯衛賓服，夷蠻要服，戎翟荒服。甸服者祭，侯服者祀，賓服者享，要服者貢，荒服者王。日祭，月祀，時享，歲貢，終王。……於是有刑不祭，伐不祀，征不享，讓不貢，告不王。」（頁69）按：葛伯與商湯乃同屬方伯，史載「葛伯不祀」乃「不臣商湯」之意，《孟子》（清人注疏十三經，北京：中華書局，1998），卷十二〈滕文公下〉載：「湯居亳與葛為鄰，葛伯放而不祀，湯使人問之曰：何為不祀？曰：無以供犧牲也。湯使遺之牛羊，葛伯食之，又不以祀。湯又使人問之曰：何為不祀？曰：無以供粢盛也。湯使亳眾往為之耕，老弱饋食，葛伯率其民，要其有酒食黍稻者奪之，不授者殺之，有童子以黍肉餉，殺而奪之，書曰葛伯仇餉，此之謂也。」（頁125），孟子以葛伯貪暴不祀而湯伐之，蓋非其實也。

〔註134〕《史記》，卷四十一〈越王句踐世家〉，頁654。

〔註135〕《論語》，見程樹德：《論語集釋》（台北：藝文印書館，1998），卷三十六〈微子〉集釋曰：「齊人歸女樂，季桓子受之，三日不朝，孔子行。《孔子家語·子路初見》：『孔子曰：魯今且郊，如致膰乎大夫，則吾猶可以止，桓子卒受齊女樂，三日不聽政，郊又不致膰俎於大夫，孔子遂行』」，頁1090～1091。

〔註136〕馬克斯·韋伯：《儒教與道教》，第一章〈城市、諸侯與神明〉注①：「官吏若得不到作為實物奉祿的祭肉，則是失寵於君王的一種標誌。在司馬遷所寫的孔子傳中（即《史記·孔子世家》），魯侯未將祭肉送予孔子，說明後者已失寵。」頁16。

象徵」（如上述）；而祭祀權與主位、權力之關係，蓋可由三個字見其端倪：
「胙」、「祚」、「阼」，各義有：「福肉」、「位」、「主」、「賜」，顯見與「祭祀」、
「權位」、「主權」、「福祿」有關。考《說文解字》：「胙，祭，福肉也」，段玉
裁注曰：

> 《周禮》：「以脤膰之禮，親兄弟之國」，注曰：「同福祿也」。引伸之
> 「凡福，皆言胙」，如《左傳》言：「天胙明德，無克胙國」；《國語》：
> 「胙以天下，胙四嶽國」是也。自後人臆造「祚」字，以改經傳，
> 由是「胙」、「祚」錯出矣。〔註137〕

段氏認為「胙」、「祚」錯出，乃後人擅改經傳之「胙」為「祚」；〔註138〕然後
人亦與「阼」混用。例子可見《荀子・哀公》：「孔子曰：君入廟門而右，登
自胙階。」、楊倞注曰：「胙與阼同」；〔註139〕《潛夫論・考績》汪濟培箋云：
「『祚』當作『阼』。《大戴禮》有〈武王踐阼〉篇。按：〈曹騰碑〉：『踐胙之
初』，胙、祚同字，是祚、阼亦可通用。」；〔註140〕許慎亦曰：「阼，主階也。」、
段氏注曰：「階之在東者，古者天子踐阼臨祭祀，故國運曰阼。」〔註141〕經解
家釋「胙」乃「膰肉」，祭祀之俎肉也，後引伸為「位」、「主」、「賜」，如《國
語・齊語》載桓公召諸侯勤王平亂，故曰：「南城於周，反胙于絳」，亂平之
後，天子致胙於桓公，桓公辭之不受，故天子復使宰孔致之。此事透露桓公
對周王不臣的態度（只是出手相救），而襄王為拉攏桓公東方霸主的權勢，復
使太宰致胙。又注引賈侍中（逵）云：「晉獻公卒，奚齊、卓子死，國絕無嗣，
晉侯失其胙位。」、韋昭注云：「人君即位，謂之踐胙，……復其胙位。」〔註142〕

〔註137〕《說文解字》，「胙」字，頁174。
〔註138〕李宗侗：《中國古代社會史》（台北：華崗，1977）第七章〈祀火〉則有不同
看法，李先生言：「在文字上從祭肉亦引出兩個字，一個是祚字，（另一字是
「宥」（侑））《左傳》載踐土之盟的要言說：『皆獎王室，無相害也。有渝此
盟，明神殛之，俾隊其師，無克祚國，及其玄孫，無有老幼（僖二十八年）。』
國語卷三，周語：『皇天嘉之，胙（禹）以天下，……胙四岳國，命為侯伯。』
做天子，做侯伯皆曰胙國，就因為祭祀必有胙肉，能祭祀就能保有國家，祚
國實在同享國一樣，享易祭祀也。段玉裁說：祚皆係胙之誤。上古祚胙實在
是一個字。段說非。」按：先生之見可從也。頁170。
〔註139〕《荀子》，卷二十〈哀公〉，頁847。
〔註140〕《潛夫論》，見清・汪繼培：《潛夫論箋》（台北：漢京文化，1984）第二卷〈考
績〉，頁71。
〔註141〕《說文解字》，「阼」字，頁743。
〔註142〕《國語》，卷六〈齊語〉，頁119。

此謂「晉國無君」則言「晉侯失其胙位」，乃失其陪祭天子之胙位，易言之：乃失其晉國的統治權也。類似的例子亦見《左傳》昭公二十五年：「子家子曰：『天祿不再，天若胙君，不過周公。以魯足矣。失魯而以千社爲臣，誰與之立？』」〔註143〕昭公出奔於齊，齊侯欲以千社二萬五千家賞賜昭公，但這是稱臣的條件，子家子進行遊說，意圖說服失去國土的昭公放棄公侯之位，直指昭公已失天之福祿，今「天若胙君」：天若再度賜福胙於你，當不過周公受封之地，因此千社之家便已足矣。

要之，「胙位」（胙階之位）今作「阼位」；「踐胙」今作「踐阼」，天子登基必爲祭祀主，先行廟祭昭告祖靈，後行郊祭以示皇天后土（諸侯則祀其境內名山大川），透過如此的祭祀儀式，宣告其權位的神聖性、正統性與權威性。

三、王權圖像——「天下之中」思維的形成

從周公朝諸侯於明堂位的權力結構來看，王者居中的思維顯然不是周人獨發之觀念，從經典文獻中可知禹治水成功後，定天下九州，此一「九州」觀及上文引述之殷商大墓和王莽明堂遺址（仿周）之「亞字形」建築形制來看，所謂中夏、中商、中周（中國、王畿）之概念則是先民一貫之思想。只是將它作爲一權力機制以標誌王者權位座標的，則是展現於「亞字形」建築群中的權力象徵；但進而將它具體化、圖像化——「寓權於位」則是周公攝政第六年朝諸侯於宗周（鄗京）「明堂位」的這場王權宣示活動。

中國政治的玄妙就隱含在這個「位」字的學問上。自從伊尹以「至味」隱喻「至位」開始，中國人講政治哲學是不脫食物與養生的基調，〔註144〕因而中國人對至高權力的論述，誠如巫鴻先生所言：並不是以一種「描繪」的方式來表述，而是通過「標記」的視覺場域來顯現，巫先生說：

> 「位」是一種特殊的視覺技術（visual technology），通過「標記」（marking）而非「描述」（describing）的方法以表現主體。我之所以稱之爲「技術」，是因爲它給一個完整的視覺表現系統提供了基本概念和方法。如我在另文中（〈「圖」「畫」天地〉）中曾過的，許多

〔註143〕《左傳》，卷五十一，昭公二十五年，頁1461。

〔註144〕《禮記》，卷二十一〈禮運〉：「夫禮之初，始諸飲食。」頁666。或參甘懷眞：《皇權、禮儀與經典詮釋：中國古代政治史研究》（上海：華東師範大學出版社，2008）上編《禮觀念的演變與儒教國家的成立・先秦禮觀念再探》頁3～25。

> 文本和圖像都是基於「位」的概念而產生的。一個例子收於《禮記》
> 中的先秦文獻〈明堂位〉，在界定統治者的權威性時並非是依靠對他
> 的實際權力的描述，而是通過他被朝臣、諸侯、蠻夷首領層層環繞
> 的中央位置。〔註145〕

這是一席精闢入裏的言論，與其輝映相得益彰的是卡西爾（Ernst Cassirer）教
授的這段話：

> 人類文明的歷史家已告訴我們，人類在其發展中已經經過了兩個不
> 同的階段。人類開始是作為巫師（homo magus），經由巫術時代，
> 達到了技巧時代。以前具有原始文明的巫師變成了手藝人（homo
> faber）、工匠和藝術家。〔註146〕

早期中國也曾歷經巫術領政的時代，迄至周公制禮作樂，人類意志逐漸崛起，
群巫轉而以技巧工藝的方式另謀生路，而「權術」就是「巫術」的轉化，都
是一種秘而不宣的神秘技巧，政統性質亦由「王巫」進入到「君王」，由「巫
政」進入到「吏政」。自此神權與君權兩分，君權不再受制於神權的支配與主
宰，這從《周禮》職官所司的內容足以見之。但這並非意味著神權不再重要，
而是聰明的為君王所操持，成為治國安民之一大寶器。此一寶器決不可假人，
故不可隨意下賜，這從周公受賜郊禘二大天子祀權的歷史結果來看，孔子當
年之警語業已收其蒲蘆之效，春秋諸公之濫僭為其證也（詳第三章第一節）。

　　回歸上述，誠如巫先生所言，王者的至高權力是透過「位」的圖像標記
——被朝臣、諸侯、蠻夷首領等層層環繞的「中央位置」——以此「中央之
位」的「標記」表示「王者」之所在，藉由這一明確的「座標」，王者所居之
位就是世界的中心、宇宙的中樞，從這個神聖之位的座標開展，而成宮殿、
王都、王郊、四方侯國、蠻夷藩邦，人類的生活與政治結構正是以此向外層
層擴張延伸。〔註147〕

〔註145〕美・巫鴻：《禮儀中的美術——巫鴻中國古代美術史文編》（Wu Hung, ART IN
　　　　ITS RITUAL CON TEXT——Essays on Ancient Chinese Art by Wu Hung，鄭岩
　　　　等譯，北京：三聯書店，2005）〈無形之神——中國古代視覺文化中的「位」
　　　　與對老子的非偶像表現〉，頁513。
〔註146〕德・卡西爾：《國家的神話》（Ernst Cassirer, The Myth of the State，范進等譯，
　　　　台北：桂冠圖書，1992），第十八章〈現代政治神話的技巧〉，頁364。
〔註147〕《呂氏春秋》，見陳奇猷：《呂氏春秋校釋》（台北：華正，1988）卷十七，〈慎
　　　　勢〉：「古之王者，擇天下之中而立國，擇國之中而立宮，擇宮之中而立廟。」
　　　　頁1108。

　　〈明堂位〉這一王者居中思想的繼承，在兩漢之世，首先以宗教主的身分廣建神祠，除了郡國廟諸此皇家宗廟祠堂之外，武帝尊神重鬼，除了祭祀雍州五時之外，重修汶水明堂、起甘泉泰時以祠太一大帝，又於汾陰以祀地祇。這些神祠建設都說明了：武帝以一教宗的身分以神道設教，如同當代牧師以神爲父，奉守上帝之旨意，以子道事之，敬天不敏，毋敢有違。這從甘泉泰時的方位便可知之甘乃位在在長安北方的軸線上，作爲祭祀天體樞紐的泰一大帝，那是沒錯的，以神居之位爲壇位，正表明了作爲天子的他必須朝北稱臣，頂禮膜拜臣服於神權的意志之下，這是漢舊儀的傳統。這一傳統，到了齊魯學士當政的成帝時期有了改變，在匡衡等諸學士的建請下，成帝始遷泰時兆位於長安南郊，汾陰泰折於北郊。匡衡等人的思維是：「天之於天子也，因其所都而各饗焉」、「天隨王者所居而饗之」〔註148〕，重塑神聖空間，以帝王爲宇宙之中軸，天依舊是人所崇敬的至上之神，但不再是因其神蹟所顯爲立祠之絕對標準，而是以王者之居的聖都皇城作爲一切政教中心，也就是說：天地之軸心是天子，所謂物隨星移，星者，北辰，天樞也，天子之謂也；物者，萬有，垂拱也，天地之謂也。這一思維是在齊魯學士的領導下所完成的宗教改制，但這更意味著君權意志的伸張，神權是君權寶器，故《左傳》成公十三年曰：「國之大事，在祀與戎」，此謂：國主大權在於祀權與軍權二柄。

　　要之，漢元帝將各地郡國廟一統於京師長安，一由皇帝親自主祭，將大宗之主的祀權回歸王者之居與王者之身；又漢成帝遷甘泉汾陰天地之祀於長安城南北二郊，諸此作法便是以帝王（人君）——宮殿（帝王之所居）爲中心思想展開的權力意志，不再服膺於天威神權，這與武帝祠太一於甘泉的思維是完全不同的，而這一君權意志的啓發乃深受《禮記·明堂位》思想之影響而展開的一系列宗教改制運動（詳第五章）。

　　綜上所述，〈王制〉：「喪三年不祭，唯祭天地社稷，爲越紼而行事」正透過三年喪的模式宣告王者政權的不可置換性，縱使「百官總己以聽冢宰」，朝政暫由宰相執掌，嗣君唯服喪守孝不得親政稱王，在被可能架空的形勢中，唯每年的「郊天祭社」大典一定得親自主祭，不可使有司攝事，這是爲了維護新主政權所做的權力宣示，更是透過「祀權」（神權）進行「端正名實」的宣示——天子，天之大子也；神不歆非類，非真天子之祀，天亦不佑也。

─────────────────────

〔註148〕《漢書》，卷二十五下，〈郊祀志第五下〉，頁1253～1254。

　　這就是孔子〈王制〉學說真正要醒悟後世的「君權觀」。《公羊》家以「春秋譏世卿」乃因世卿權重，篡弒征伐，王公卑弱，因此「喪不廢郊」的目的，就在維護並強化「君統」的權威性，正是戒鑑春秋亂臣賊子僭越奪權，目無王法，以致社會人倫敗散崩潰的教訓。誠如《春秋繁露・王道》所言：「周衰，天子微弱，諸侯力征，大夫專國，士專邑，不能行度制法文之禮」、〔註149〕《後漢書・樂恢傳》亦曰：「政在大夫，孔子所疾；世卿持權，春秋以戒」，〔註150〕正是希望透過這樣的模式可以再度重建王朝秩序——君君、臣臣、父父、子子，各司本位各盡其職的新朝人倫秩序，因此託寄《春秋》以俟新王後主。

　　而從〈明堂位〉設儀辨位的圖式來看，這是一種政治權力的展演藝術，以中國人慣用的隱喻手法，「寓政於位」，這也是傳世文獻當中，唯一將「王權」具象於一個中央「位子」的記錄，並且是將「宗廟祭主」（一家之天下）與「政治權主」（中國之天下）這兩大權力集權一統。因此，周公朝諸侯於明堂位的意義就顯得非比尋常，其政治宣示意義更甚於宗祀文王的孝心。可見，明堂之所以為祭祀聖地乃其基本作用與意義，自周公負斧依，南向而立以朝四方諸侯時，誠然已賦予其尊尊之體與天下秩序。而此一「寓政於祀」之象徵意義，下逮平帝元始五年王莽即真天子位時，禘祭明堂以朝天下諸侯時，則再次得到了證明。

〔註149〕《春秋繁露》，卷四，〈王道〉：「周衰，天子微弱，諸侯力征，大夫專國，士專邑，不能行度制法文之禮。諸侯背叛，莫修貢聘，奉獻天子。臣弒其君，子弒其父，孽毅其宗，不能統理，更相伐銼以廣地。」頁107。
〔註150〕《後漢書》，卷四十三〈樂恢傳〉，頁1478。

【附錄】

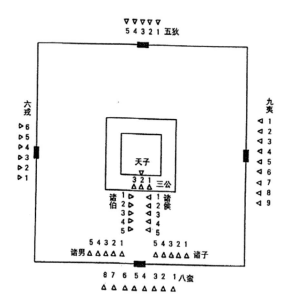

附圖一　明堂位位置圖〔註151〕

附圖二　墨西哥卡爾卡金哥遺址奧爾美克文化石刻第九號的亞形大口〔註152〕

〔註151〕引自巫鴻:《禮儀中的美術——巫鴻中國古代美術史文編》(Wu Hung, ART IN
　　　　ITS RITUAL CON TEXT——Essays on Ancient Chinese Art by Wu Hung,鄭岩等
　　　　譯,北京:三聯書店,2005),肆〈古代美術沿革・「圖」「畫」天地〉,頁646。
〔註152〕引自張光直:《中國青銅時代・第二集》(台北:聯經,1990),圖二十一。

附圖三　山東臨淄附近的一座齊墓（郎家莊一號戰國墓出土漆器圖案）〔註153〕

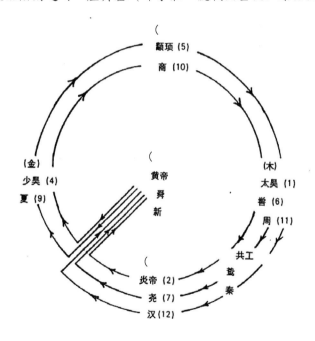

附圖四　五行終始說示意圖〔註154〕

〔註153〕引自黃銘崇：〈明堂與中國上古之宇宙觀〉，《城市與設計學報》，第四期（1998，
　　　　3），圖 11，頁 149。

〔註154〕引自巫鴻：《禮儀中的美術──巫鴻中國古代美術史文編》，肆〈古代美術沿
　　　　革·「圖」「畫」天地〉，頁 658。

第三章 祀權下衍──《春秋》譏世卿之歷史省思

　　中國哲人的歷史觀是極為鮮明的，在經典文獻與諸子學說中都可以找到「借古勸今」或「復古思想」的借鏡與回歸。張端穗先生認為《春秋》之所以成為西漢論經之首，其原因在於：「國人自先秦以來所培養的歷史意識。在此期國人的歷史意識中，歷史具有無與倫比的學術權威甚至宗教性權威。在此歷史意識的影響下，孔子所著的史書《春秋經》才能躍升為五經之首，成為漢帝國的立國大法。」張先生同時引述了英國漢學家蒲立本：〈史學傳統〉（E.G, Pulley-blank, *The Historiogaphical Traditional*）中的一段話：「太史所保存的紀錄被視為具有特殊的重要性，甚至神聖性。……太史的『實錄』具有類似宗教上的重要性。由此我們可以了解魯國編年史《春秋》何以能成為儒家經典之一。」〔註1〕由於歷史是一個實證的經驗法則，因此在中國哲人的思維中透過歷史以知王朝興替，借鏡其惡，崇尚其善，擷取先王之治國智慧與德政，警惕三代亡國之禍因與肇端，對於後王來說確實是可以達到「他山之石，可以攻錯」的歷史借鏡與回歸。

　　漢初論經引據首推《春秋》，《春秋》不僅是一本儒家的經書，更是一本政治與歷史的聖典，身為《公羊》學大師的董仲舒提出以「春秋決獄」、「春秋制禮」，以此作為漢家借鑑與政治藍本，徹底發揮尊君卑臣的大一統思想，以維護天下綱紀。因此，董子認為：凡有國家者不可以不學《春秋》，不學《春秋》而至於殺君亡國，奔走不得保社稷；司馬遷則以《春秋》乃「禮義之大

〔註1〕張端穗：〈西漢《春秋經》成為五經之首之原由〉，頁3。

宗」，凡禮義之事皆藏諸《春秋》，亦斷於《春秋》。〔註2〕故以《春秋》決獄、《春秋》制禮都是兩漢寓政於《春秋》之綱本所在。迄至東漢章帝白虎觀的國憲會議之最終決策都是依循春秋制義而來。顯見歷史意識對兩漢帝王發揮著極大的作用，其中對於「祀權」之歷史意識透過董仲舒《公羊》學與后倉《禮》學等齊魯學士的發揚則更見其歷史借鏡與回歸。

　　本章首先就《春秋》譏世卿之歷史省思作一探討，以見漢初王權之危蕩與諸侯之勢大，終究促使《春秋》譏世卿之論題成爲王者戒鑑在心的史訓，一舉將《春秋》之微言大義徹底落實於兩漢之政治綱本。對此，本章擬由三大方向進行討論。章節梗概如下：

　　第一節，戒鑑於歷史，主要探討周成王不當賜的後果。這一重賜與賜祭之動作，誠然導致諸侯國有樣學樣，上行下效的結果，大夫家門亦群起效尤，無視禮紀，班爵秩序蕩然無存。春秋戰國以來，諸侯逐鹿天下，除了擴大自我領土封疆之外，更透過祀權的僭越與尊大以證明新王朝時代的來臨；除此之外，其他禮樂器物的僭越更不乏其例。諸此僭越之舉，誠然都意識到「器以藏禮」之權位象徵與宣示，因而僭祀成風。

　　第二節，主要探討文帝遺詔短喪之目的。有鑑於漢初政局的飄搖與諸侯國的跋扈，文帝遺詔短喪，七日便葬，景帝於葬後二日即位稱王，而武帝以來，則以靈前、柩前即位稱王。此一即位方式與有周踰年即位，三年稱王的即位制度是有別的。考察春秋諸公，亦多三月而葬，一從大夫葬期，則以短喪急葬之變禮成例；漢文以來帝王之喪俱以士葬期踰月而葬爲成例。顯然，這些動作都與政治集權的考量有關。治喪、居喪是國家進入警備狀態的危險期，更是內亂外患的起因；易言之，喪事是干擾並危及王權的一大體制，其中涉及的是道德輿論和社會倫常下必須以「子道」居之的教育制約。因此，如何維護君權秩序，「短喪」是必要的決策，這就是文帝短喪的政治目的。當

〔註2〕《春秋繁露》，卷十七〈俞序〉：「故子貢、閔子、公肩子，言其切而爲國家資也。其爲切而至於殺君亡國，奔走不得保社稷，其所以然，是皆不明於道，不覽於春秋也。故衛子夏言，有國家者不可不學春秋，不學春秋，則無以見前後旁側之危，則不知國之大柄，君之重任也。」頁160、《史記》，卷一百三十〈太史公自序〉：「故有國者，不可以不知春秋，前有讒而弗見，後有賊而不知。爲人臣者，不可以不知春秋，守經事而不知其宜，遭變事而不知其權，爲人君父而不通於春秋之義者，必蒙首惡之名。爲人臣子而不通於春秋之義者，必陷篡弒之誅，死罪之名。……故春秋者，禮義之大宗也。」頁 1337～1338。

然，並非唯獨文帝實施短喪，春秋諸公之「去五以三」而葬顯然就是「短喪」的一大指標。由此而發，迄至兩漢葬期之流變乃本節必須廓清之節目，始能看出文帝之本心與史鑑之效。

第三節，探討的重點乃針對董仲舒提出的「經禮說」與「變禮說」作一政治目的之推測。董氏此說大抵是爲此君權秩序提出一歷史依據，故以「周康王」這一「變禮稱王」──未待三年而後稱王，去子道以就君道──的史例作爲依循之案例以成就後王，一掃嗣君諒闇三年，權歸冢宰之舊章。這目的乃基於一歷史意識爲避免重蹈祀權下衍，禮紀蕩然的春秋之世，故以《春秋》爲軸心，而以權變之思維挹注經說，以適其漢家政權之所需。

第一節　《春秋》譏世卿──祿去公室，政在家門之歷史借鏡

《春秋》何以譏世卿？這與世卿的貴族身份與其世襲制度所盤根錯節而起的權力有絕對之關係，這些權力的分享促使他們得以參與天子之政權（議事）與祀權（助祭）。由於治理如此龐大的天下大業並非天子一人得以成就，因而功成分封以爲酬庸的政治型態乃屬常態，不論封建體制抑或帝國體制都是如此，但這也是無可避免的常情。讓臣子坐大其勢，探其原因固然很多，但有一項因素恐怕是今後學者必須首肯與注意的關鍵──祀權，這是孔子要執政者戒鑑在心的一句箴言：「唯器與名，不可假人」、「器以藏禮」的祀權觀（詳第一章）。

成王、康王因感念周公之勛勞而賜魯以天子郊社、嘗禘之重祭，我們今天透過歷史的結果來審視這件事，這一賜祭的動作與決策，恐怕是當初成王、康王所難以想見的後果，其引發的效應，更是一部《春秋》寫作的目的──正名，端正名實，回復禮序，以就正道──君君臣臣父父子子也。以下且就三點方向來看：一，魯郊、禘二權不當賜的借鏡，兼論僭祭與賜祭說。二，諸公、大夫僭祭（樂）舉隅。三，其他禮制僭越舉隅。

一、魯郊、禘二權不當賜的借鏡，兼論僭祭與賜祭說

首先釐清魯國「郊社」、「嘗禘」二權由來的問題，一說「僭祭」、一說「賜祭」；這個問題的紛爭，起自《禮記》。一部《禮記》誠乃兩種說法兼綜，因

而導致後儒齟齬不斷，各有所憑，各見其理。提出「僭祭」說的則是憑據於〈禮運〉一文：

> 孔子曰：「①於呼哀哉！我觀周道，幽、厲傷之，吾舍魯，何適矣！
> ②魯之郊、禘，非禮也，周公其衰矣！」。〔註3〕

本段我們必須從兩個層次來分析：①鄭玄注以：「政亂禮失，以爲魯尙愈」爲說。何謂「尙愈」？孔穎達解曰：「言魯尙愈。愈，勝也，言尙勝於餘國，故晉大夫韓宣子適魯（昭公二年）云：『周禮盡在魯矣。』」〔註4〕意謂春秋政亂禮失，魯國雖歷經幽厲之亂傷，但仍能保存周之禮樂，當今天下欲觀周公之禮樂又豈能捨魯而適他？因此，②鄭玄注則以：「非，猶失也。魯之郊，牛口傷，鼷鼠食其角，又有四卜郊不從，是周公之道衰。言子孫不能奉行興之。」〔註5〕誠然，鄭氏並不認爲「非禮」是不當重賜或不當受賜之非，因而釋「非」爲「失」也，認爲是子孫不能敬謹於郊禘之禮，以致於發生牛口傷、鼷鼠食角或四卜不從的憾事；此乃漢人之觀點也。然而孔穎達則有另一種詮釋，氏曰：「魯合郊禘也，非，是非禮。但郊失禮，則牛口傷；禘失禮，躋僖公。」〔註6〕就「僭」、「賜」的問題上來說，孔氏依循唐人觀點，認爲魯之郊禘乃僭越所致，故釋「非」爲「非禮」。注疏顯然不同調。若純就郊禘二祭而論，魯郊之失禮並爲《春秋》所譏，則在於「牛口傷」，養牛不敬謹慢天所致；而禘禮之失，則在於「躋僖公」以「逆祀」（躋僖公於閔公之上）的這件事情上，故《論語·八佾》云：「子曰：『禘自既灌而往者，吾不欲觀之矣。』」〔註7〕

〔註3〕《禮記》，卷二十一〈禮運〉，頁678。

〔註4〕同上注，頁678～679。《左傳》，卷四十二，昭公二年：「二年，春，晉侯使韓宣子來聘，且告爲政而來見，禮也。觀書於大史氏，見《易象》與《魯春秋》曰：『周禮盡在魯矣。吾乃今知周公之德，與周之所以王也。』」頁1172～1173。

〔註5〕《禮記》，卷二十一〈禮運〉，頁678。

〔註6〕同上注，頁679。按：孔穎達主張「僭郊」之說，以冬至魯郊乃僭越，非其正禮，《左傳》，卷六，桓公五年，孔穎達正義曰：「〈明堂位〉言正月郊者，蓋春秋之末，魯稍僭侈。見天子冬至（周正月）祭天，便以正月祀帝。《記》言不察其本，遂謂正月爲常。……以此知《記》言孟春非正禮也。」頁169。

〔註7〕《論語》，卷三〈八佾〉，孔安國注曰：「禘、祫之禮，爲序昭穆，故毀廟之主及群廟之主揭合食於太祖。灌者，酌鬱鬯灌於太祖，以降神也。既灌之後，列尊卑，序昭穆，而魯逆祀，躋僖公，亂昭穆，故不欲觀之矣。」頁34。清·劉開：《論語補注》曰：「禘非魯所宜行，夫子不欲觀之旨蓋有難言。……而不欲觀之意果何徵哉？蓋魯禘非禮，夫子本不欲觀，而祭時中所用之禮儀，其僭越尤爲過甚。自既灌以往用牲，則有白牡，獻薦之時，尊爵俎豆皆用天子及四代之器制，甚至朱干玉戚以舞大武，皮弁素積以舞大夏，又納蠻夷之

孔子因而有此「不欲觀之」之喟。

　　從〈禮運〉之文意來看，孔子或以魯郊、魯禘都非諸侯主祀之禮，故以「非禮」慨之，而唐以來則持此以爲僭祭之論據。〔註8〕再觀晉大夫韓宣子適魯所說的這句話：「周禮盡在魯矣」，或已清楚地表述，在政亂禮失的春秋之世，天下諸侯唯有魯國盡俱周禮，蓋可說魯公僭越天子禮樂最爲徹底，因此韓宣子到魯國觀禮後，諷刺地說：「周禮盡在魯矣」，〔註9〕說的就是：「僭祭」這件事。又唐宋以來儒士主張僭祭說者，大抵認爲「賜祭說」乃出自漢儒妄造經說的結果，而非成王賜祭以康周公也。〔註10〕

────────────────────────────

　　　樂於太廟，僭分侈張，正夫子所目觀而心嘅者。而其儀又多行於灌後，此子所以託爲是言也。」見程樹德先生：《論語集釋》（台北：藝文印書館，1998）卷五〈八佾上〉，頁149引。程先生亦認爲孔子不欲觀之，乃因群廟僭用天子禮樂之故，程氏曰：「論語之禘當是不王不禘，此本王者大祭，而〈明堂位〉、〈祭統〉皆云：成王以周公勳勞於天下，賜以重祭。則祭所自出，立出王廟，原得用天子禮樂，但群公雜用，便屬非禮，故不欲觀。此與〈禮運〉所云：子曰魯之郊禘非禮也，周公其衰矣，一歎正同。」頁143。

〔註8〕　按：清·黃以周：《禮書通故》（北京：中華書局，2007）第十二，〈郊禮通故一〉，則認爲魯郊非天子所賜，完全是僭越之行，黃氏按：「僭郊始於春秋時，非成王賜，伯禽受。……本文〈明堂位〉云『命魯公世世祀周公以天子之禮樂，是以季夏六月，以禘禮祀周公于大廟』，上下文氣承接甚，何得中羼魯君事。成王尊周公，賜廟禘用天子之禮，非賜郊禘也。郊禘祀上帝，配后稷，于尊周公何與？此必後世僭禮，非成王賜。或云起自僖公，或云起自惠公。考《呂氏春秋》及《竹書紀年》，魯惠公請郊廟之禮于天子，天子使史角往止之，是惠公不終僭也，《詩》頌僖公有『龍旂承祀』，《春秋》于隱桓莊閔之世無見郊，書郊亦始于僖公。」頁627。秦蕙田：《五禮通考》（景印文淵閣四庫全書禮類經部一三五，台北：台灣商務印書館，1983），卷二十一〈祈穀〉，秦氏按：「自幽厲傷周道，平王東遷，周室衰，而天下諸侯之心動矣。是以惠公因魯素用天子之禮樂，遂有宰讓郊廟之請，然王使史角止之，亦猶不許。晉文請隧之意也，蓋是時王室之勢雖弱，故府典章未移，而諸侯亦無敢有顯。然上干王章者，是以王朝列國之賢公卿大夫，如王孫滿拒楚子之問鼎；周公閱辭備物之享，甯武子不答，湛露彤弓。蓋猶詞嚴義正，其氣足以奪僭奸之魄。況魯號稱秉禮，周公之德未衰，而謂惠公竟儼然用天子之郊禘，尚有所不敢也。此郊禘非禮，所以孔子有周公其衰之歎。」頁135（冊）-557～558。

〔註9〕　按：《左傳》，卷三十九，襄公二十九年記載：「吳公子札來聘」（頁1095～1107）季札於魯觀立四代樂舞，顯見魯國禮樂之盛大，盡藏諸魯也。

〔註10〕　如：宋儒林之奇曰：「夫子傷周之衰，禮樂自諸侯出，其言魯之郊禘，則有周公其衰之歎。豈有天子郊天，諸侯亦郊；天子望祀山川，諸侯亦望；天子禘祖之所自出，諸侯亦禘。使諸侯亦可行，則聖人不以禮樂自諸侯出而傷。自夫子沒，漢儒不知道者，但見春秋書魯祭祀多天子之禮，始妄設周賜禮樂之說，所以諸儒不以魯郊爲非。捨其非禮之大者，求其非禮之小者，魯人既僭

　　討論魯之始僭時期，後儒看法大抵有二：一爲「魯惠公」；一爲「魯僖公」。主張「惠公始僭」者，如宋儒羅泌《路史》：

> 此劉原父謂使魯郊者必非周成王。蓋平王以下，周亦爲之悉爾始。魯惠公使宰讓請郊廟之禮於天子，桓王使史角往，惠公止之。其後在魯於是有墨翟之學。魯之用郊，正亦始於此矣。夫魯惠公止之，則是周不與之矣，不與而魯用郊自用之也。〔註11〕

羅氏認爲「魯惠公」曾向桓王（竹書紀年載於平王四十二年）〔註12〕請郊廟之禮，天子不與則自僭用之，亦由於史角無法阻止以復命歸周，只好滯魯以受墨學。因此羅氏主張魯用郊禘乃「惠公始僭」。

　　主張「僖公始僭」者，如明儒何楷《世本古義》：

> 平王使史角如魯諭止郊廟之禮，事見《竹書》，在平王四十二年，與《呂氏春秋》言魯惠公請郊廟之禮於周，天子使史角往報之者，其事相合。然則在平王之世，魯實未嘗郊。觀夫子作《春秋》始於隱公，歷桓莊閔三君，未有以郊書者，及僖公三十一年始書：夏四月，四卜郊，不從，乃免牲，猶三望；而魯頌亦頌僖之郊。然則郊之自僖始，此大據也。〔註13〕

何氏從《春秋》的紀錄來觀察，認爲孔子寫史起自隱公，歷桓莊閔諸公卻未見卜郊不吉或鼷鼠傷牛等事，卻於僖公三十一年始見之，又《詩經·魯頌·閟宮》乃頌僖公郊天之辭，以往未見，因而認爲郊天之始僭起於「僖公之世」。

又清儒黃以周《禮書通故》亦主張「僖公始僭」說：

> 僭郊始於春秋時，非成王賜，伯禽受。……本文〈明堂位〉云『命魯公世世祀周公以天子之禮樂，是以季夏六月，以禘禮祀周公于大廟』，上下文氣承接甚，何得中羼魯君事。成王尊周公，賜廟禘用天子之禮，非賜郊禘也。郊禘祀上帝，配后稷，于尊周公何與？此必後世僭禮，非成王賜。或云起自僖公，或云起自惠公。考《呂氏春

竊禮樂，罪莫重焉。」見秦蕙田：《五禮通考》，卷二十一〈祈穀〉，頁135（冊）-549引。

〔註11〕同上注。

〔註12〕《竹書紀年》，見方詩銘、王修齡撰：《古本竹書紀年輯證》（上海：上海古籍，2005）附王國維：《今本竹書紀年》：「平王四十二年，魯惠公使宰讓請郊廟之禮，王使史角如魯諭止之。」王氏引《呂氏春秋·當染篇》：「魯惠公使宰讓請郊廟之禮於天子，桓王使史角往，惠公止之。」頁266。

〔註13〕秦蕙田：《五禮通考》，卷二十一〈祈穀〉，頁135（冊）-557引。

秋》及《竹書紀年》，魯惠公請郊廟之禮于天子，天子使史角往止之，
是惠公不終僭也，《詩》頌僖公有「龍旂承祀」，《春秋》于隱桓莊閔
之世無見郊，書郊亦始于僖公。〔註14〕

黃氏不否認「成王賜祭」說；但認爲成王唯賜魯以「時禘」之禮祀周公廟，
而非以天子之郊（天、后稷）、禘（上帝、始祖）二祭賜魯。魯之郊禘誠乃「僖
公僭祭」，非成王之賜也。

《禮記》提出「賜祭」說的則有二篇，一爲〈明堂位〉、一爲〈祭統〉。
〈明堂位〉曰：

成王以周公爲有勳勞於天下，是以封周公於曲阜，地方七百里，革
車千乘。命魯公世世祀周公，以天子之禮樂。是以魯君孟春乘大路，
載弧韣，旂十有二旒，日月之章，祀帝於郊，配以后稷，天子之禮
也。季夏六月，以禘禮祀周公於大廟，牲用白牡，尊用犧象山罍，
鬱尊用黃目，灌用玉瓚大圭，薦用玉豆雕篹，爵用玉琖仍雕，加以
璧散璧角，俎用梡嶡。升歌〈清廟〉，下管〈象〉，朱干玉戚，冕而
舞〈大武〉。皮弁素積，裼而舞〈大夏〉。〈昧〉，東夷之樂也。〈任〉，
南蠻之樂也。納蠻夷之樂於大廟，言廣魯於天下也。〔註15〕

〈祭統〉亦曰：

昔者周公旦有勳勞於天下，周公既沒，成王、康王追念周公之所以
勳勞者，而欲尊魯，故賜之以重祭。外祭則郊社是也，內祭則大嘗
禘是也。夫大嘗禘，升歌〈清廟〉，下而管〈象〉，朱干玉戚以舞〈大
武〉，八佾以舞〈大夏〉，此天子之樂也。康周公，故以賜魯也。子
孫纂之，至於今不廢，所以明周公之德，而又以重其國也。〔註16〕

成王、康王除了以天子之禮樂器物作爲對周公勳勞之酬庸之外，更以天子專
屬之「郊禘祀權」重賜於魯（如第一章引衛公、獻公以名器作賜）。藉此大賜
以明周公之德，並重其國以示尊魯，故其目的在於「廣魯於天下」。鄭玄釋廣
爲大，以「大魯於天下」爲注；孔穎達更以：「欲使如天子示於天下」作解。
〔註17〕又《詩經・魯頌・閟宮》說到：「乃命魯公，俾侯於東，錫之山川，土

〔註14〕黃以周：《禮書通故》，第十二〈郊禮通故一〉，頁627。
〔註15〕《禮記》，卷三十一〈明堂位〉，頁934～937。
〔註16〕《禮記》，卷四十九〈祭統〉，頁1366～1367。
〔註17〕《禮記》，卷三十一〈明堂位〉，孔穎達正義：「周公德廣，非唯用四代之樂，
　　　亦爲蠻夷所歸，故賜奏蠻夷之樂於庭也。唯言夷蠻，則戎狄可知也。……又

田附庸。」鄭玄箋云：「既告周公以封伯禽之意，乃策命伯禽，使君於東，加賜之以山川、土田及附庸，令專統之。〈王制〉曰：『名山大川不以封諸侯，附庸則不得專臣也。』」〔註18〕顯然上述解釋不由得我們過度想像：「二王」並存與共權的可能，〔註19〕成王統治西北（宗周）、周公統治東南（成周），故賜以東方之名山大川、土田、附庸，〔註20〕令專統之，魯爲其主，並賜以東夷、南蠻之樂，備至天子六樂，《白虎通》以「誰制夷狄樂？以爲先聖王也。」又董仲舒亦爲周公另闢一條受命之路——聖・王（詳第四章）。〔註21〕當然，這是兩漢儒士的想法和經解，並非歷史之必然；但同姓諸侯國中，唯魯爲大，乃是事實。

然而，在孔子所謂「名與器不可假人」、「器以藏禮」的警語下，對此重賜，必有不當賜的批評和檢討的空間。雖是如此，唐宋以來不乏爲成王回護

（引《白虎通》）曰：『誰制夷狄樂？聖王也。』……『言廣魯於天下也』者，廣魯（鄭注：廣，大也），欲使如天子示於天下，故云。」頁938～939。

〔註18〕《詩經》，卷二十〈魯頌・閟宮〉，頁1412。

〔註19〕《公羊》，卷三，隱公五年：「自陝而東者，周公主之；自陝而西者，召公主之。」頁49。或詳黃彰健：《周公孔子研究》（台北：中央研究院歷史語言研究所，1997），〈釋〈周南〉、〈召南〉〉頁55、李宗侗：《中國古代社會史》，第五章〈政權的逐漸集中〉，頁137。

〔註20〕《左傳》，卷五十四，定公四年：「昔武王克商，成王定之，選建明德，以藩屏周。故周公相王室，以尹天下，分魯公以大路、大旂，夏后氏之璜，封父之繁弱，殷民六族，條氏、徐氏、蕭氏、索氏、長勺氏、尾勺氏，使帥其宗氏，輯其分族，將其醜類，以法則周公，用即命於周。是使之職事於魯，以昭周公之明德。分之土田陪敦、祝、宗、卜、史，備物、典策，官司、彝器；因商奄之民，命以伯禽。」頁1545～1547。孔穎達正義：「既封爲大國，地方五百里，又分以土田，更增彼寬厚，爲七百里也。〈明堂位〉云：『封周公於曲阜，地方七百里。』……鄭玄《周禮・大司徒》注云：『凡諸侯爲牧正帥長及有德者，乃有附庸。公無附庸。……魯於周法不得有附庸，故言錫之也。地方七百里者，包附庸以大言之，附庸二十四，言德兼此四等矣。』是增厚魯國之事也。」頁1546。

〔註21〕《白虎通》，卷三〈禮樂・四夷之樂〉，頁110。《春秋繁露》，卷七〈三代改制質文〉，頁184～187。陳立：《白虎通疏證》，卷一〈爵〉，陳立疏曰：「《詩》疏引鄭氏《六藝論》云『太平嘉瑞圖書之出，必龜龍銜負焉。黃帝、堯、舜、周公，是其正也。若禹觀河見長人，皋陶于洛見黑公，湯登堯臺見黑鳥，至武王渡河，白魚躍，文王赤雀止于戶，秦穆公白雀集于車，是其變也。』故緯候皆載帝王受命之事。」頁3。按：鄭玄以周公與黃帝、堯、舜並列爲受命帝王嘉瑞之正例，誠乃高於文、武二王所受之命瑞。顯然，在鄭玄的觀念裡周公是「受命之帝王」，而這一看法事實上是依循董仲舒而來的。

的激辯之聲，亦有將矛頭指向伯禽不當受賜的批評，如：程頤、張載、宗元、馬端臨、羅泌、楊愼、何楷、黃以周等。〔註22〕但無論如何，基於對經典文獻的尊重，本文依然認爲成王賜祭以康周公之功是可信的（依〈明堂位〉、〈祭統〉二文，郊社之賜則無所疑，但大嘗禘顯然僅賜用天子禮器樂舞於周公廟，而非一體適用於群廟，故有惠公之請），亦非漢儒所杜撰妄造之文也。

　　事實上，「賜祭」以「尊魯」（對封國亦以「賜胙」尊之，詳第二章第二節阼（祚、胙）位與祀權之關係），這是周王對同姓兄弟國的一種拉攏動作，以祀權的下放促使兄弟國爲之效忠尊王；這一動作和漢初廣設「郡國廟」的情形是極其雷同的（詳第五章第一節）。當然，我們不妨再延伸思考，《禮記‧檀弓下》載：「齊穀王姬之喪，魯莊公爲之大功。或曰：『由魯嫁，故爲之服姊妹服。』」〔註23〕、《左傳》莊公二年亦載：「秋，七月，齊王姬卒。」杜預注曰：「魯爲之主，比之內女。」又其《釋例》曰：「內女唯諸侯夫人卒乃書，恩成於敵體；非其適諸侯，則略之，以服制相準也。」〔註24〕齊夫人王姬乃周女，經魯道嫁給齊襄公，貴爲諸侯夫人。因此凡如王姬借道者，魯公（主婚國）都必須視爲內女，因所嫁爲諸侯，尊位互等，故夫人之喪，母（主）國不得降服或絕服（天子諸侯絕期），《儀禮‧喪服‧大功章》曰：「君爲姑、姊妹、女子子嫁於國君者。」〔註25〕故魯公應爲齊王姬服大功，以示尊體。在「尊魯」與「尊王」之間，彼此是互信互重的兄弟關係，如二王之後的杞宋二國得以郊祀其祖，其與周王乃「主客關係」（詳後），卻都享有郊天之祀，

〔註22〕　秦蕙田：《五禮通考》，卷二十一〈吉禮二十一‧祈穀〉引程子（頤）：「成王之賜，伯禽受之，皆非也。」、張子（載）曰：「魯用天子禮樂，必是成王之意，不敢臣周公，即以二王之後待魯，然而非周公本意也。以成王尊德樂道之心，則善矣！伯禽不當受，故曰魯之郊禘，非禮也。周公其衰者，謂周公必不享其祀。」、馬端臨：「橫渠以爲成王之意不敢臣周公，故以二王之後待魯，而命以禮樂，特伯禽不當受，此說得之。」、楊愼：「雩之僭，始於桓也。禘之僭，始於閔也。郊之僭，始於僖也。……而詩人頌之（魯頌閟宮）則其不出於成王之賜，蓋明矣。」其餘詳頁135（冊）-554～559。黃以周部分，見注8。

〔註23〕　《禮記》，卷九〈檀弓下〉，鄭玄注曰：「穀當爲告，聲之誤也。王姬，周女，齊襄公之夫人。《春秋》周女由魯嫁，卒，服之如內女服姊妹，是也。天子爲之無服，嫁於王者之後乃服之。莊公，齊襄公女弟（妹妹）文姜之子，當爲舅之妻，非外祖母也。外祖母又小功也。」頁261。

〔註24〕　《左傳》，卷八，莊公二年，頁220、223。

〔註25〕　《儀禮》，卷三十二〈喪服‧大功章〉，頁610。

一同天子。因此，我們只能說：這是周人的待客之道，與對功臣偉業的一種終極回報，至少周公攝政稱王是事實，以王禮祀之則可也。

言歸正傳，我們還是要從歷史經驗的結果來討論這個決策的對錯。後儒多以夷王以下，禮教陵夷，〔註26〕諸侯僭祀成風，但馬端臨認爲其原因則是杞宋二國僭郊以祀禹契所引起的風潮，氏曰：

> 孔子曰：「杞之郊也，禹也；宋之郊也，契也，是天子之事守也。」
> 〔註27〕愚嘗因是而攷論之禮制之陵夷，非一朝一夕之故，其所由來者漸矣。蓋周之封杞宋也，以其爲二王之後，俾之修其禮物作賓於王家，以奉禹契之祀。而禹契天子之祖也，不可以諸侯之太祖祀之，故許其用天子之禮，然特許其用天子之禮祀禹契之廟，未必許其郊天也。夷王以下，君弱臣強，上陵下僭，杞宋因其用天子之禮樂於禹契之廟，而禹契則配天之祖也，遂併僭行郊祀上帝之禮焉。此夫子所以有天子之事守之嘆也。至於魯則周公本非配天之祖，而稷嚳之祀元未嘗廢，無假於魯之郊禘也，乃因其可以用天子之禮樂於周公之廟，而併效杞宋之尤。……可見當時，止許其用郊禘之禮樂以祀周公，未嘗許其遂行郊禘之祀，後來乃至於禘嚳、郊稷祀天配祖，一用天子之制。〔註28〕

馬氏之觀點有四：一，馬氏一一反駁了漢儒妄造「成王賜祭」之說；亦非魯惠公請郊廟始僭之說，而是認同張載以「成王賜，伯禽不當受」的論點。〔註29〕二，馬氏雖然主張「成王賜」，但成王所賜唯杞宋得以天子禮樂以祀禹契於太祖之廟，不用諸侯之禮樂，以示尊二王。〔註30〕三，成王爲康周公之勛勞而

〔註26〕《禮記》，卷二十五〈郊特牲〉：「覲禮，天子不下堂而見諸侯。下堂而見諸侯，天子之失禮也，由夷王以下。」鄭玄注曰：「夷王，周康王之玄孫之子也。時微弱，不敢自尊於諸侯。」頁781。案：西周後期乃夷王→屬王→宣王→幽王。

〔註27〕《禮記》，卷二十一〈禮運〉：「孔子曰：『於呼哀哉！我觀周道，幽、屬傷之，吾舍魯，何適矣！魯之郊、禘，非禮也，周公其衰矣！杞之郊也，禹也。宋之郊也，契也。是天子之事守也。故天子祭天地，諸侯祭社稷。祝嘏莫敢易其常古，是謂大假。』」頁678。

〔註28〕秦蕙田：《五禮通考》，卷二十一〈吉禮二十一・祈穀〉，頁135（冊）-556。

〔註29〕同上注，頁135（冊）-555～556。

〔註30〕按：馬氏認爲杞宋「郊天之禮」乃是杞宋所僭；但是，禮學大家鄭玄則認爲是時王所賜，氏曰：「所存二王後者，命使郊天，以天子禮祭其始祖受命之王，自行其正朔服色，此謂通天三統，是立二王後之義也。」見《尚書》，卷十三〈周書・微子之命〉，孔穎達正義引，頁419。

賜魯公，唯賜以郊天與時禘之禮樂祀周公廟，而非以「大禘」及「郊天」二項天子獨斷的祀權。四，夷王以下，以下凌上，杞宋率先僭郊，而後有惠公請郊廟、僖公僭郊等事發生，在有樣學樣下，魯亦僭天子郊禘，這就是孔子喟嘆「天子之事守」之因也（詳後）。

基於「成王賜」這一立場，馬氏追及二王之後：杞宋二國以存祀其受命大祖禹契（此乃商湯以來之一貫作法，詳第五章第二節湯旱廢柱之歷史思考），不與諸侯祀太祖廟同一禮樂，故特許其以天子禮樂祀之於大祖廟；又成王為康周公之勞，而賜以天子郊禘禮樂祀周公廟。以這樣的模式來看，成王為尊二王之後而賜杞宋以郊天禮樂，一如為勞周公而賜郊禘禮樂，以示「尊魯」、「尊杞」、「尊宋」。平王東遷後，君弱臣強，諸國如秦、齊、宋、鄭、晉、楚，為示所尊，故以「僭祀」為尊大之道，一如杞、宋、魯受周王之尊而有郊禘之禮樂。〔註31〕簡而言之：示尊於祀，享有天子之專屬祀權或禮樂，乃強權大國引以為尊為大，並且是代周稱王的一種宣示。

最後，我們以秦蕙田《五禮通考》的主張作一註腳：

> 故桓五年而書雩矣；閔二年而書禘矣；至僖公數從伯討遂為望國，行父請命於先，史克作頌於後，至三十一年而卜郊見於春秋，閟宮頌及皇祖，且為之微辭曰：周公之孫，莊公之子，是明著此禮之始於僖公而僭，成一大證據也。……是魯之僭郊，其作俑始於成王，其見端由於魯惠，其蔑禮成於僖公，無可疑矣。〔註32〕

很清楚地，秦氏的主張是綜合二派之說，同時也是較周全的說法，文中最後一段值得注意：「是魯之僭郊，其作俑始於成王；其見端由於魯惠；其蔑禮成於僖公」。顯然，秦氏對於漢儒主張的「成王賜祭」說是持肯定態度，亦非漢儒妄造之言，確實是尊重《禮記》文本的真實性；並且將東遷之後惠公、僖公之僭用天子郊禘祀權，蔑視禮法，上溯於「成王」，以其為真正的「始作俑者」，故有今日之頹風與自專之諸公。要之，「成王賜祭」的決策是極其錯誤的，流風所及已嚴重的引發祀權下流的現象，最終形成無可挽回的失序無秩狀態，東遷後諸公紛紛僭越以彰顯其德業，禮樂崩壞，君不君、臣不臣，以下犯上，干亂禮紀，誠乃肇因於「成王賜祭」，自開祀權下流，名器假人之風

〔註31〕秦蕙田：《五禮通考》，卷二十一〈吉禮二十一·祈穀〉，引陳氏（澔）曰：「諸侯之有郊禘，東遷之僭禮也。故曰秦襄王始稱諸侯作西畤祀白帝，僭端見矣。位在藩臣而臚於郊祀，君子懼焉，平王以前未之有也。」頁135（冊）-554。
〔註32〕同上註，頁135（冊）-558。

也，故孔子之喟嘆亦非無來由也。鑑於此嘆，漢儒則深以爲戒，以此爲天子不可假人之名器與權力認證的一大象徵，董仲舒尤是重之大之也（詳第四章第一、二節）。

二、諸公、大夫僭祭（樂）舉隅

祿去王室，政在家門的局面，從諸公、大夫僭越禮制的情況便可知其勢大不回的春秋戰國何以稱爲禮樂崩壞的亂世，孟子直斥亂臣賊子的道理，箇中可見。以下就三點論述：（一）僭郊，如：秦公僭郊、杞宋僭郊、魯大夫季桓子僭郊；（二）僭禘，如：魯公僭禘於群廟、魯大夫孟獻子僭禘；（三）其他僭祭（樂），如：宋僭桑林以享賓、魯大夫季康子僭旅與天子器樂。

（一）僭郊

1、秦公僭郊

先看一個例子：《左傳》，昭公三十一年，由於晉魯世卿互爲勾結，荀躒佯裝要季氏將出奔於晉的昭公接回並助其奪回政權，但荀躒卻告訴季平子說：「君怒未怠，子姑歸祭。」杜預則以：「歸攝君事」作解，〔註33〕將「歸祭」與「歸攝君事」劃上等號；顯然杜氏是以「祭權」借代「君權」。而祭之所重，莫重於「郊天」，揚雄《法言·重黎》曰：

> 僭莫重於祭，祭莫重於地，地莫重於天。〔註34〕

春秋諸公稱王僭越，必僭天子禮樂，禮又以祭祀爲重，祭又以天地爲大，而郊天又在群祀之上。祭社，諸侯有之，「郊天」則是天子專屬的大權，不是天子不得祭天（唯魯例外），是一種具有排他性和獨佔性的唯尊至大之祭典，因此成爲天子大位之權力象徵，不由得引起野心份子僭郊之心。首先僭越此一禮制屬性藩籬的則是春秋初期的秦襄公，始建西時以祀白帝，《史記·六國年表》云：

> 秦襄公始封爲諸侯，作西時，僭端見矣。禮曰：「天子祭天地，諸侯祭其域內名山大川」今秦位在乃藩臣，而臚於郊祀，君子懼焉。〔註35〕

〔註33〕《左傳》，卷五十三，昭公三十一年，頁1520。按：晉魯世卿互爲勾結，荀躒佯裝要季氏將出奔於晉的昭公接回並助其奪回政權，但荀躒卻告訴季平子說：「君怒未怠，子姑歸祭。」或詳李宗侗：《中國古代社會史》，第十二章〈春秋後期各國階級的升降〉，頁244。

〔註34〕《法言》，卷十四〈重黎〉，李軌注曰：「既盜土地，又盜祭天。」頁346。

〔註35〕《史記》，卷十五〈六國年表〉，張守節正義曰：「臚，音旅，祭名，又旅，陳也。」頁267。《法言》，卷十四〈重黎〉：「或問：『秦伯列爲侯衛，卒吞天下，

司馬貞索隱曰:「案臚字訓陳也,出《爾雅》文。以言秦是諸侯,而陳天子郊祀,實僭也,猶季氏旅於泰山然。」〔註36〕所謂「臚於郊祀」,即旅陳鼎俎以郊祀天地,但普天之下唯天子得祭天帝,非諸侯得祀之,諸侯唯祭境內之名山大川。秦雖是西方霸國,但位在藩臣,今僭天子郊祀上帝之大權,故君子懼焉;君子所懼,乃懼其僭王自專,爭霸天下。然而司馬貞以襄公僭郊與季氏僭旅並比,事實上,這是兩碼子事,所僭不同,容後分析。

又襄公西時所祀乃西方大帝白帝,其後文公建鄜時亦祀白帝;宣公建密時以祀青帝;靈公則建上時以祀黃帝、建下時以祀赤帝(唯黑帝未祀,迄至劉邦建漢始立北時以祀黑帝,五方大帝始備,這就是雍五時的建祠經過。至漢武帝則以太一為至上神,以五帝為佐,這樣的宇宙圖式則以五行思想為建設藍圖)。〔註37〕秦公廣建諸方上帝之時,目的已經非常清楚,襄公、文公時代唯祀己方所出之上帝,至宣公、靈公則有意建設一以微型宇宙為理念的宇宙圖式,將四方上帝納入雍都,以王城為中心軸,如北極為天體之中樞,眾星拱月以垂拱天下。這樣的意圖是再強烈不過了,因此,汪榮寶則曰秦國諸公建時之行為已「變本加厲,無異僭王」。〔註38〕由此大膽之僭祀與宣示,至戰國「秦惠王」時,秦已率先「稱王」,〔註39〕不復「稱公」,爾後其他侯國亦僭,〔註40〕周王已名存實亡;而諸侯僭位的野心,由「郊祀上帝」的舉動中已表露無遺。

而胾(王)曾無以制乎?』曰:『天子制公、侯、伯、子、男也,庸節。節莫差於僭,僭莫重於祭,祭莫重於地,地莫重於天,則襄、文、宣、靈其兆也。昔者襄公始僭,西時以祭白帝;文、宣、靈宗,興鄜、密、上、下,用事四帝而天王不匡,反致文、武胙。是以四疆之內各以其力來侵,攘肌及骨,而胾獨何以制秦乎?』」頁346。

〔註36〕 同上注,頁267。

〔註37〕 《漢書》,卷二十五上〈郊祀志〉,頁1210。

〔註38〕 《法言》,卷十四〈重黎〉,頁352。

〔註39〕 《史記》,卷四十六〈田敬仲完世家〉:「(周)宣王十八年,秦惠王稱王。」頁720。

〔註40〕 《禮記》,卷五十一〈坊記〉:「子云:『天無二日,土無二王,家無二主,尊無二上,示民有君臣之別也。《春秋》不稱楚、越之王喪。禮:君不稱天,大夫不稱君,恐民之惑也。』」鄭玄注曰:「楚、越之君僭號稱王,不稱其喪,謂不書『葬』也。《春秋傳》曰:『吳、楚之君不書「葬」,辟其僭號也。』臣者天君,稱天子為天王,稱諸侯不言天公,辟王也。大夫有臣者稱之曰主,不言君,辟諸侯也。此者皆為使民疑惑,不知孰者尊也。」頁1403。

2、杞、宋僭郊

《禮記‧禮運》曰：

> 孔子曰：「於呼哀哉！我觀周道，幽、厲傷之，吾舍魯，何適矣！魯
> 之郊、禘，非禮也，周公其衰矣！杞之郊也，禹也；宋之郊也，契
> 也。是天子之事守也。故天子祭天地。諸侯祭社稷。」〔註41〕

二王之後的杞、宋作賓於周，依禮得以天子禮樂祀禹、契於大祖廟，而這也是成王所賜。但春秋之時，孔子之喟嘆顯然是由魯公受賜郊禘二禮而發，一併喟及杞宋之僭郊。孔子說得很明白：這是「天子之事守」，唯天子得祀天地，此乃天子之事也，諸侯不得受賜或僭越此禮；故天子必須守之，守其「名、器」，因爲「器以藏禮」，此乃寄寓著一個王朝綱紀與權位秩序，若是賜之於人，則是將王權一併拱手讓人，不得不愼。《左傳》，成公二年，孔子有此誡訓：〔註42〕

> 新築人仲叔于奚救孫桓子，桓子是以免。既，衛人賞之以邑，辭，
> 請曲縣、繁纓以朝，許之。仲尼聞之曰：『惜也！不如多與之邑。唯
> 器與名，不可以假人，君之所司也。名以出信，信以守器，器以藏
> 禮，禮以行義，義以生利，利以平民，政之大節也。若以假人，與
> 人政也。政亡，則國家從之，弗可止也已。』」。〔註43〕

這是多麼重大的警示和感嘆，「名」關乎著「位」，故以出信，信乃令之申也；「器」則關乎著「權」，故必守之，器以藏禮，器明則綱紀見，行義利民，乃君之權也。「禮器」（祭器）今日看來僅是用於祭祀之物類，似乎沒有什麼；但在孔子的眼裡，那可不是一般家用器物可以隨便借人使用，用了不還也作罷不討了，《禮記‧曲禮下》有云：

> 君子將營宮室，宗廟爲先，廄車爲次，居室爲後。凡家造，祭器爲
> 先，犧賦爲次，養器爲後。無田祿者，不設祭器；有田祿者，先爲
> 祭服。君子雖貧，不粥祭器；雖寒，不衣祭服；爲宮室，不斬於丘
> 木。〔註44〕

〔註41〕 《禮記》，卷二十一〈禮運〉，頁678～679。

〔註42〕 按：孔子乃生於襄公二十二年（公元前551年），成公二年之言乃後聞而言之，左丘明增踵其事而載之。

〔註43〕 《左傳》，卷二十五，成公二年，頁690～691。

〔註44〕 《禮記》，卷四〈曲禮下〉，頁114。

「祭器」何以如此重要？〔註45〕從〈曲禮下〉的引述便可知之，《左傳》成公十三年云：「國之大事，在祀與戎。」〔註46〕「祭祀」乃國之大事，因此諸侯（君子）、〔註47〕大夫營宮室俱以宗廟、祭器爲先，其餘諸事可緩置後。又君子雖貧困窮亦不得出賣祭器，天氣嚴寒無衣可穿亦不得以祭服保暖，因爲這些器物都是「神物」，非要在祭神之時，不得陳列和穿著，這是對神明的尊敬，若非此，則是褻瀆了神器。這是古代巫俗的思維，但對孔子而言他雖不迷信，卻是抱持著尊重的態度來禮敬天地神明，因而諸此「祭器」俱不可假人或隨意使之；但孔穎達的解釋顯然對祖宗心態不甚瞭解，孔氏曰：「所以然者，緣人形參差，衣服有大小，不可假借，故宜先造。而祭器之品量同官可以共有，以其制同，既可暫假，故營之在後。」〔註48〕很明顯地，這段注解與孔子的想法是迥異的違逆的，完全是錯誤的解讀。

事實上，孔子藉以「器以藏禮」的思維，賦予這些帶有神秘色彩的「祭器神物」以一理性的「倫理觀」，即所謂的「秩序觀」，正如《詩經‧豳風‧伐柯》孔穎達所釋：「觀其（周公）以禮治國，則籩豆禮器有踐然行列而次序矣。」〔註49〕這就說準了孔子所要表述的禮治意義；另外，孔穎達對於周公命大事而權稱王的這件事，亦有其強烈地批評，孔氏曰：「惟名與器，不可假人，周公自稱爲王，則是不臣矣，大聖作則，豈爲是乎？」〔註50〕如此嚴屬地批評，不外乎是對「名」、「器」所代表的象徵意義──名以象位、器以象權。因此「名」、「器」決不可假，一旦假人，則是將權力讓渡，其結果便是虛首徒名，名存實亡，一如周王；這就是孔子慨嘆不已，大聲疾呼的原因，也是其正名理論的中心要義。

回頭看看杞宋僭郊的始末，馬端臨說得極其精闢：

〔註45〕《尚書》，卷十三〈周書‧微子之命〉：「成王既黜殷命，殺武庚，命微子啓代殷後，作微子之命。」孔穎達正義引《史記‧宋世家》云：「武王克殷，微子啓乃持祭器造於軍門，肉袒面縛，左牽羊，右把茅，膝行而前以告。武王乃釋微子，復其位如故。」頁418。按：微子啓持「祭器」乃持「國之重寶」亦即自己的「國土祀權」出軍門投降，因此肉袒面縛、牽羊把茅都是投降之禮數與象徵，以示放棄自己的國土政權。

〔註46〕《左傳》，卷二十七，成公十三年，頁755。

〔註47〕孫希旦：《禮記集解》，卷五〈曲禮下〉：「愚謂君子，謂諸侯也。……鄭氏曰：『大夫稱家。』」頁116。

〔註48〕《禮記》，卷四〈曲禮下〉，頁114。

〔註49〕《詩經》，卷八〈豳風‧伐柯〉，頁531。

〔註50〕《尚書》，卷十三〈周書‧大誥〉，頁406。

蓋周之封杞宋也，以其爲二王之後，俾之修其禮物作賓於王家，以
奉禹契之祀。而禹契天子之祖也，不可以諸侯之太祖祀之，故許其
用天子之禮，然特許其用天子之禮祀禹契之廟，未必許其郊天也。
夷王以下，君弱臣強，上陵下僭，杞宋因其用天子之禮樂於禹契之
廟，而禹契則配天之祖也，遂併僭行郊祀上帝之禮焉。此夫子所以
有天子之事守之嘆也。〔註51〕

馬氏認爲杞宋僭郊是因爲周王賜予二王之後，得以天子禮樂享其始封之君禹
契於太祖廟，〔註52〕不同於一般諸侯祭太祖之禮樂，這是對二王之後的尊重，
故存祀以賓之。但沒想到，平王東遷之後，君弱臣強，天子已失去其共主與
約束的能力，致使諸侯僭郊屢見，如上述秦國諸公之建時以祀上帝之舉，這
也引發其他諸侯的仿效。杞、宋二公則以二王之後的尊名，堂而皇之的祭祀
起自家祖宗，以禹契郊天（夏郊鯀、殷郊冥，因其無德而廢祀，改以禹、契
受命之祖郊祀配天）。〔註53〕這就是馬氏認爲孔子之所以有「天子之事守」之
嘆的原因了，因而魯之僭郊、僭禘亦是此一風潮下的作爲。

3、魯大夫季桓子僭郊

宣公之世，三桓勢力崛起，僭越祀權不在話下，文獻所及則有：宣公之
世，孟獻子僭禘僭郊，三家歌〈雍〉以徹俎於桓公廟；昭公之世，季平子僭
用天子八佾；定公之世，季桓子執魯僭郊；哀公之世，季康子執魯而僭旅，
以上諸例都是載之明文之史證，誠見家門與公室之輕重，誰乃執魯之權主也。
〔註54〕以下就其類別，分述於後。

三桓首先僭郊者乃孟獻子，事見於《禮記・雜記下》與《左傳》襄公七
年（詳後僭禘例）；又昭公之世，季氏僭郊，事見於《孔子家語・子路初見》：

〔註51〕秦蕙田：《五禮通考》，卷二十一〈吉禮二十一・祈穀〉，頁135（冊）-556。

〔註52〕孫希旦：《禮記集解》，卷三十四〈大傳〉：「得姓之祖，爲之始祖；始封之君，
　　　爲之大祖。」頁903。《禮記》，卷三十四〈大傳〉：「禮，不王不禘。王者禘其
　　　祖之所自出，以其祖配之。諸侯及其大祖。」頁997。

〔註53〕《禮記》，卷四十六〈祭法〉：「有虞氏禘黃帝而郊嚳，祖顓頊而宗堯。夏后氏
　　　亦禘黃帝而郊鯀，祖顓頊而宗禹。殷人禘嚳而郊冥，祖契而宗湯。周人禘嚳
　　　而郊稷，祖文王而宗武王。」頁1292。

〔註54〕《論語》，卷三十三〈季氏〉：孔子曰：「天下有道，則政不在大夫。天下有道，
　　　則庶人不議。祿之去公室五世矣。政逮於大夫四世矣。故夫三桓之子孫微矣。」
　　　頁224～226。按：迄至昭公已喪政四公（宣、成、襄、昭），昭公更爲季平子
　　　所逐，終死乾侯（晉境），下至定、哀二公顯然難挽祿去公室之狂瀾也。

孔子曰：魯今且郊，如致膰乎大夫，則吾猶可以止，桓子卒受齊女

樂，三日不聽政，郊又不致膰俎於大夫，孔子遂行。〔註55〕

本段說了三件事：一，魯郊祭主乃季桓子（季孫斯）。〔註56〕二，季桓子代定公受齊女樂，並與定公觀之入迷，廢朝禮三日。三，魯郊之後，桓子並無「致膰」（胙）孔子，遂行去魯。很清楚地，定公之政權在季桓子，因此不論郊天、致胙，抑或受齊女樂，決策者都是季氏而非定公。

季氏僭郊之事，據《公羊》，定公十四年，徐彥疏曰：「云齊懼北面事魯，饋女樂以間之，定公聽季桓子受之，三日不朝者，出《孔子世家》。案彼云『定公十四年，孔子年五十六，由大司寇行攝相事』。」〔註57〕僭郊之年乃在定公十四年，孔子以大司寇攝行相事，在助祭之列，故有致膰之禮；但季氏未致此祭肉給孔子。這個「致膰」的動作看似一項祭後禮儀，但它卻有其深刻地政治意涵在其中，孔子未得膰肉，正意味著：孔子並不在季氏的權力中心，〔註58〕孔子深恐，故去魯奔衛以避季氏（詳第二章第二節，阼（祚、胙）位與祀權之關係）。

當然，冰凍三尺，非一日之寒，三桓勢力乃源自僖公，〔註59〕至宣公時

〔註55〕程樹德：《論語集釋》，卷三十六〈微子上〉曰：「齊人歸女樂，季桓子受之，三日不朝，孔子行。」頁1090。氏考證引《孔子家語·子路初見》：「孔子曰：魯今且郊，如致膰乎大夫，則吾猶可以止，桓子卒受齊女樂，三日不聽政，郊又不致膰俎於大夫，孔子遂行。」頁1091。《公羊》，定公十四年，徐彥疏曰：「云齊懼北面事魯，饋女樂以間之，定公聽季桓子受之，三日不朝者，出《孔子世家》。案彼云『定公十四年，孔子年五十六，由大司寇行攝相事』」頁585。按：季桓子僭郊乃在定公十四年，孔子以大司寇攝行相事，在助祭之列，故有致膰之禮；但季氏致此祭肉給孔子，代表孔子並不在季氏的權力中心，孔子深恐，去魯奔衛。

〔註56〕同上注，集解：「孔安國曰：桓子，季孫斯也。使定公受齊女樂，君臣相與觀之，廢朝禮三日。」頁1092。清·袁鈞輯：《鄭玄論語注》（無求備齋論語集成，第二十九函，年社未詳）：「饋酒食也，魯讀饋爲歸，今從古」句下袁鈞引唐陸德明《經典釋文》考證曰：「漢儒多釋此爲雩祭。」頁4a。

〔註57〕《公羊》，卷二十六，定公十四年，頁585。

〔註58〕程樹德：《論語集釋》，卷三十六〈微子上〉餘論：「孟子曰：孔子爲魯司寇不用，從而祭，膰肉不至，不稅冕而行。夫謂之不用，則不用固久矣，受女樂其事一也。夫郊之必致膰於大夫彝禮也，孔子何此之待哉？待遇之衰必有日矣！夫使其致膰猶彝禮也，而不致是顯然疏郤之也，於是而行，復何俟哉！」頁1093。

〔註59〕《左傳》，卷十一，閔公二年：「成季之將生也，桓公使卜楚丘之父卜之。曰：『男也。其名曰友，在公左右；間於兩社，爲公室輔。季氏亡，則魯不昌。』……

代，祿去公室，政在家門已成定局，襄公之世季武子更作三軍，三分大魯，〔註60〕
迄至悼公之世「魯如小侯，卑於三桓之家」；〔註61〕因此魯國自宣公之世，三

成風聞成季之繇，乃事之，而屬僖公焉，故成季立之。」孔穎達正義曰：「服
虔云：『謂季友出奔，魯弒二君。』案傳，子般既死，乃云『成季奔陳』，閔
公既死，乃云『成季適邦』：皆君死乃出奔，非由出奔乃致君死。杜雖無注，
義必不然。當謂季友子孫與魯升降。從此以後，季氏爲上卿，終於春秋。《禮
記》稱悼公之喪，季昭子問『爲君何食』。以後雖則無文，當是與魯俱滅也。」
頁309～317。李宗侗：《中國古代社會史》，第十二章〈春秋後期各國階級的
升降〉：「三桓都是魯桓公的後人，他們中間最重要的是季孫氏，他的始祖季
友，對魯僖公做邦君有極大的功勞。這是季孫氏能在魯國站住地位的大原因。」
頁233。可就證於《左傳》，卷五十三，昭公三十二年，趙簡子問於史墨，史
墨對曰：「（季友）既而有功於魯（杜注：立僖公。），受費以爲上卿，至於文
子、武子，世增其業，不廢舊績。魯文公薨，而東門遂殺適立庶，魯君於是
乎失國，政在季氏，於此君也四公矣。民不知君，何以得國？是以爲君慎器
與名，不可以假人。」頁1528～1529。又魯公之失國，宋・沈棐則認爲起於
莊公，氏書：《春秋比事》（景印文淵閣四庫全書春秋類，經部一五三，台北：
台灣商務印書館，1983）卷四〈哀公・魯大夫〉曰：「莊公之大夫曰：公子慶
父溺、公子結、公子有臧孫辰、公子牙。慶父、友、牙，則桓之三公子也。
公子牙事不見經：慶父二年伐於餘邱、三十二年如齊：友以二十五年如陳、
二十七年如陳葬原仲。三家之禍已萌於此矣。蓋莊公以兄弟之愛使三弟共執
魯政逮其卒也，三家各爭所立，更三君歷數年禍始定，其末世子孫終爲魯患，
蓋基禍於莊公也。」頁153（冊）-55。可就證於《公羊》，卷九，莊公三十二
年：「莊公病，以病召季子。季子至而授之以國政。」頁185。

〔註60〕《左傳》，卷三十一，襄公十一年：「春，季武子將作三軍，告叔孫穆子曰：『請
爲三軍，各徵其軍。』穆子曰：『政將及子，子必不能。』武子固請之。穆子
曰：『然則盟諸？』乃盟諸僖閎，詛諸五父之衢。正月，作三軍，三分公室而
各其一。三子各毀其乘。」孔穎達正義：「鄭康成《箴（膏肓）》云：『《左氏
傳》云「作三軍」，三分公室各有其一。』謂三家始專兵甲，卑公室。」頁894
～896。卷四十三，昭公五年：「春，王正月，舍中軍，卑公室也。毀中軍於
施氏，成諸臧氏。初作中軍，三分公室而各有其一。季氏盡徵之，叔孫氏臣
其子弟，孟氏取其半焉。及其舍之也，四分公室，季氏擇二，二子各一，皆
盡徵之，而貢於公。」孔穎達正義曰：「襄十一年初作三軍，十二分其國民，
三家得七，公得五。國民不盡屬公，公室已是卑矣。今舍中軍，四分公室，
三家自取其稅，減己稅以貢於公，國民不復屬於公，公室彌益卑矣。」頁1209
～1210。

〔註61〕《史記》，卷三十三〈魯周公世家〉：「（文公）十八年二月，文公卒。文公有
二妃，長妃齊女爲哀姜，生子惡及視；次妃敬嬴，嬖愛，生子俀。俀私事襄
仲，襄仲欲立之，叔仲曰不可。襄仲請齊惠公，惠公新立，欲親魯，許之。
冬十月，襄仲殺子惡及視而立俀，是爲宣公。哀姜歸齊，哭而過市，曰：『天
乎！襄仲爲不道，殺適立庶！』市人皆哭，魯人謂之『哀姜』。魯由此公室卑，
三桓彊。……（哀公）二十七年春，季康子卒。夏，哀公患三桓，將欲因諸

桓事實上乃魯之權主，不僅握有政權，更握有其宗教大權──祀權，終於春秋，與魯存亡與共。

定公八年發生了一件大動搖季氏大權的事，經曰：「從祀先公，盜竊寶玉大弓。」《公羊傳》曰：「盜者孰謂？謂陽虎也。陽虎者，曷爲者也？季氏之宰也。季氏之宰，則微者也，惡乎得國寶而竊之？陽虎專季氏，季氏專魯國。」〔註62〕很明顯地，陽虎是季氏（桓子）的家臣，家臣做久了，也想有樣學樣，〔註63〕將季氏從魯公奪取而來的重寶：寶玉（夏后氏之璜）與大弓（封父之繁弱）〔註64〕盜爲己有，以僭祀宗廟（並將文公以來躋僖於閔上之逆祀，還復其順序），一如季氏專魯公之祀權與政權，能奪之則能爲魯主也，因此季氏與陽虎發生了一場爭權大戰，最終還是不敵季氏之勢大而落敗。

但這件事可以證明的是：「器以藏禮」乃權力象徵之一大標誌，故《穀梁》則謂：「寶玉者，封圭也。大弓者，武王之戎弓也。周公受賜，藏之魯。非其所以與人而與人，謂之亡。非其所取而取之，謂之盜。」楊士勛疏曰：「夫國之利器，不可以示人，權之可守，焉得虛假？君貪色好酒，耳目不能聰明，上無正長之治，大臣背叛而國外奔，因若自滅，故謂之亡，此可

侯以劫之，三桓亦患公作難，故君臣多閒。公游于陵阪，遇孟武伯於街，曰：『請問余及死乎？』對曰『不知也。』公欲以越伐三桓。八月，哀公如陘氏。三桓攻公，公奔于衞，去如鄒，遂如越。國人迎哀公復歸，卒于有山氏。子寧立，是爲悼公。悼公之時，三桓勝，魯如小侯，卑於三桓之家。」頁560～564。

〔註62〕《公羊》，卷二十六，定公八年：「寶者何？璋判白，弓繡質。」何休注曰：「季氏逐昭公之後，取其寶玉，藏於其家，陽虎拘季孫，奪其寶玉。……判，半也。半圭璋，白藏天子，青藏諸侯，魯得郊天，故錫以白。不言璋言玉者，起珪、璧、琮、璜、璋五玉盡亡之也。傳獨言璋者，所以郊事天，尤重。」頁569～570。又《公羊》卷二十六，定公九年：「得寶玉大弓。」何休注曰：「寶玉大弓者，乃是周公初封之時受賜於周之物，而必藏之魯者，欲使世世子孫無忘於周，而定公失之，季氏奪之，皆當合絕。」徐彥疏引杜預云：「弓、玉，魯之分器，得之足以爲榮，失之足以爲辱，故重而書之。」頁573～574。

〔註63〕程樹德：《論語集釋》，卷五〈八佾上〉引清・張椿《四書辨證》：「〈郊特牲〉：諸侯不敢祖天子，大夫不敢祖諸侯，而公廟之設於私家，非禮也，由三桓始也。鄭注：『叔孫、仲孫、季孫皆立桓公廟，魯以周公之故，立文王廟，三家見而僭焉。』」頁123。

〔註64〕《左傳》，卷五十四，定公四年，頁1545。《穀梁》，卷十九，定公八年：「寶玉者，封圭也。大弓者，武王之戎弓也。周公受賜，藏之魯。非其所以與人而與人，謂之亡。非其所取而取之，謂之盜。」頁326。

以應其義。」〔註65〕因此，魯之君權，不僅政在家門，祭亦在家門，誠如《左傳》昭公二十五年，樂祁如是說：「與之。如是，魯之君必出。政在季氏三世矣，魯君喪政四公矣。」〔註66〕迄至昭公二十五年樂祁所見，執魯之權仍是季氏家族，何況往後諸公，季氏之強權乃終於魯祚也。因此，季孫斯僭郊當非唯獨本例（定公十四年），而是正好孔子諷諫女樂自免去魯以垂青史之故，餘則常例，故不書也。

（二）僭禘

1、魯公僭禘於群廟

《禮記・大傳》云：「不王不禘」，〔註67〕一部《春秋》乃魯國史册，但魯非王，成王賜禘禮樂唯祀周公廟，群公用禘之文，若以唐宋以來「僭祭」的觀點審視，〔註68〕確可放入本節作一討論。

明儒楊慎曰：「雩之僭始於桓也；禘之僭始於閔也；郊之僭始於僖也。」〔註69〕基於此，且就閔公二年例來看。經曰：「夏，五月，乙酉，吉禘於莊公。」，《公羊》傳曰：

〔註65〕《穀梁》，卷十九，定公八年，頁326。

〔註66〕《左傳》，卷五十一，昭公二十五年，杜預注曰：「季氏三世：文子、武子、平子。四公：宣、成、襄、昭。」頁1447。按：宣公、成公俱十八年、襄公三十一年迄至昭公二十五年，季氏三世已執魯九十二年之久，百年國政俱在季氏，魯公虛位非一朝一夕可挽也，此説：「政在季氏，祭在季氏」誠非虛辭也。

〔註67〕《禮記》，卷三十四〈大傳〉：「禮不王不禘。王者禘其祖之所自出，以其祖配之。諸侯及其大祖。」頁997。

〔註68〕陸淳：《春秋集傳纂例》（卷二）引趙匡曰：「《禮記・喪服小記》曰：王者禘其祖之所自出，又下云：禮不王不禘，正與〈大傳〉同，則諸侯不得行禘禮明矣。……或問曰『春秋書魯之禘，何也？』答曰：『成王追寵周公故也，故祭統云，成王追念周公，賜之重祭，郊社禘嘗是也。仲尼燕居云，明郊社其義也。魯之用禘，蓋於周公廟，而上及文王，及周公之所出故也。此祭惟得於周公廟爲之，閔公時遂僭於莊公廟行之。』頁146（冊）-398。按：周何先生：《春秋吉禮考辨》（台北：嘉新水泥，1970），第五章〈禘禮〉認爲：「唐以前諸儒於此皆無異義，自趙匡見春秋書吉禘于莊公，與禘于大廟之文異，始倡閔公僭禘之説，劉敞繼之，更疑明堂位文之不可信，於是群議紛起，交相質疑，撥漏尋隙，百端攻訐，多以爲魯實僭禮越分，眾口訕訕，蔚爲時論。」頁140。又駱文琦先生亦從此説，見氏著：〈吉禘于莊公解〉，《孔孟學報》第五十五期（1988.04），頁104。

〔註69〕秦蕙田：《五禮通考》，卷二十一，〈吉禮二十一・祈穀〉，頁135（冊）-556引。

其言吉何？言吉者，未可以吉也。曷爲未可以吉？未三年也。三年矣，曷爲謂之未三年？三年之喪，實以二十五月。其言莊公何？未可以稱宮廟也。曷爲未可以稱宮廟？在三年之中矣。吉禘於莊公何以書？譏。何譏爾？譏始不三年也。〔註70〕

問題可從三大方向分析：一，未三年而吉禘。莊公三十二年八月薨，於閔公元年夏六月辛酉葬，迄至二年夏五月而吉禘，閔居喪實唯二十二月，未足二十五月，故《左傳》唯云：「夏，吉禘莊公，速也。」、〔註71〕《穀梁》則曰：「吉禘者，不吉者也。喪事未畢而舉吉祭，故非之也。」〔註72〕三《傳》皆聚焦於此問題意識上，認爲吉禘乃三年喪畢之吉祭，故應再緩三個月，待足二十五月後，始可行吉禘終王之禮（詳第四章第三節），並不以吉禘爲魯公僭祀之禮。二，經稱吉禘於「莊公」而非「莊宮」：雖然新廟已成，但《公羊》則認爲先父亡魂依舊，當思慕悲哀以存子道，唯待三年二十五月大祥之後，亡父遁入鬼道，木主始得入廟祭之而稱「吉禘於『莊宮』」，故以「吉禘於『莊公』」譏其非禮也。〔註73〕三，經解家對「吉禘」之說法：何謂「吉禘」？杜預《春秋釋例》曰：「三年喪畢，致新死之主以進於廟，於是乃大祭於大廟，以審定昭穆，謂之禘。此皆諸侯上達天子之制也。」〔註74〕這是我們對禘祭（審諦昭穆）〔註75〕的基本概念，（但是否通用於諸侯？還是僭禮？則有不同看法）〔註76〕吉禘何以稱「吉」？孔穎達說之甚詳：

〔註70〕《公羊》，卷九，閔公二年，頁193～195。
〔註71〕《左傳》，卷十一，閔公二年，頁308。
〔註72〕《穀梁》，卷六，閔公二年，楊士勛疏曰：「凡祭祀之禮，書者皆譏，故范《略例》云：『祭祀例有九，皆書月以示譏。』九者，謂桓有二烝一嘗，總三也；閔吉禘，四也；僖禘大廟，五也；文著袷、嘗，六也；宣公有事，七也；昭公禘武宮，八也；定公從祀，九也。」頁103。
〔註73〕《公羊》，卷九，閔公二年，何休注曰：「時閔公以莊公在三年之中，未可以入大廟，禘之於新宮，故不稱宮廟，明皆非也。……宮廟者，鬼神居之之稱故也。」頁195。
〔註74〕《左傳》，卷五十一，昭公二十五年，孔穎達正義引，頁1458。
〔註75〕《論語》，卷三〈八佾〉，邢昺疏曰：「禘者，諦也，言使昭穆之次，審諦而不亂。」頁34。
〔註76〕按：《左傳》襄公十六年記載：「晉人答穆叔云：『以寡君之未禘祀』。」《春秋》中魯有禘祭及禘樂，不僅用於祭祀亦用於享賓，因此杜預以吉禘乃諸侯上達於天子之制，故晉大夫叔向有此「寡君未禘祀（吉禘）」之答；然宋儒趙汸：《春秋集傳》，卷四，亦云：「禘者，三年大祭之名也。禮不王不禘，諸侯三年喪畢，致新死者於祖廟，合群廟之主而祭之，謂之袷。東遷諸侯僭天子禮

僖三十三年傳曰：「凡君薨，卒哭而祔，祔而作主，特祀於主，烝、
嘗、禘於廟。」禘祀爲吉祭，說喪事而言禘，知禘是喪終而吉祭也。

襄十五年晉悼公卒，十六年傳稱晉人答穆叔云：「以寡君之未禘祀」，
知三年喪畢，乃爲禘也。喪畢而爲禘祭，知致新之主於廟也。〔註77〕

所謂「喪終禘祭」，因是喪畢除服從吉而禘之，故稱作「吉禘」。此儀目的在
於將新鬼介紹給舊鬼故合食共祭，並依五世親盡之原則審諦昭穆，新主入考，
高祖遷祧，凡毀廟、未毀廟與新主皆聚食於太祖廟，天下五服（邦內甸服、
邦外侯服、侯衛賓服、夷蠻要服、戎狄荒服）俱以助祭來朝，此乃吉禘也。
竹添光鴻先生亦主此說，氏曰：「古者天子三年喪畢，新主與群廟之主及毀廟
之主，皆合食於大祖之廟，謂之吉禘，即所謂終王之祭也。汲郡古文云：康
王三年吉禘於先王，其證也。」〔註78〕若以竹添氏所引證的汲塚〔註79〕史料
來看，雖說是孤證，但「吉禘」顯然是一禮學專有名詞，並且用於「天子終
王」〔註80〕之祭，而非指稱喪畢從吉之後所舉行的禘祭，亦非諸侯之祀權（詳
第四章第三節），這與孔氏說法是明顯有別的。

在此，我們必須分別「吉禘」（如上述）、「時禘」與「大禘」之概念。〔註81〕

樂，魯人以禘禮祀周公，其後遂僭用於群公，於是以禘代祫，故三年大祭不
曰祫，而曰禘也。」又清儒金鶚：《求古錄禮說》卷七，〈禘祭考〉則有不同
看法，氏曰：「宗廟吉禘，古者天子三年喪畢，新主與群廟之主及毀廟之主，
皆合食於太祖之廟，謂之吉禘，即所謂終王之祭也。諸侯謂之大祫。」頁292。

〔註77〕　《左傳》，卷十一，閔公二年，頁306。

〔註78〕　竹添光鴻：《左氏會箋》，第四，閔二，頁306。

〔註79〕　按：此文乃見於《今本竹書紀年》，見方詩銘、王修齡撰：《古本竹書紀年輯
證》（上海：上海古籍，2005）附王國維：《今本竹書紀年疏證》，卷下〈康王〉：
「三年，定樂歌。吉禘於先王。」頁248。

〔註80〕　《漢書》，卷七十三〈韋賢傳〉附子〈玄成傳〉：「（劉）歆又以爲禮去事有殺，
故《春秋外傳》曰：『日祭，月祀，時享，歲貢，終王。』祖禰則日祭，曾高
則月祀，二祧則時享，壇墠則歲貢，大禘則終王。」注〔三〕引服虔曰：「蠻
夷，終王乃入助祭，各以其珍貢以共大禘之祭也。」顏師古曰：「每一王終，
新王即位，乃來助祭。」頁3129。

〔註81〕　程樹德：《論語集釋》，卷五〈八佾上〉考證：「《論語稽求篇》禘祭有三，一
是大禘，〈大傳〉、〈喪服小記〉所云：禮不王不禘，王者禘其祖之所自出，以
其祖配之，而《國語》、〈祭法〉則皆云：周人禘嚳而郊稷是也。一是吉禘，
春秋閔二年吉禘於莊公，杜預、何休輩皆以爲合群廟祧廟之主升食於太祖，
即是祫祭，然變名稱禘，文二年大事於太廟躋僖公，《公羊》所謂大事是祫是
也。一是時禘，即時祭之一，〈王制〉云：春礿夏禘，〈祭統〉亦云：春祭曰
礿，夏祭曰禘，而〈郊特牲〉與〈祭義〉則皆云：春禘而秋嘗，然總是時祭

所謂「時禘」乃四時宗廟之祭，《禮記·王制》曰：「天子諸侯宗廟之祭，春曰礿，夏曰禘，秋曰嘗，冬曰烝。」鄭玄認爲「時禘」乃殷夏之禮，而非周禮，氏曰：「此因夏殷之祭名。周則改之，春曰祠，夏曰礿，以禘爲殷祭。《詩·小雅》：『礿祠烝嘗，於公先王。』此周四時祭宗廟之名。」〔註82〕這就是令後世學者繚繞困惑不清的地方，鄭玄乾脆將時禘解釋成夏殷之時祭，迴避了他所認爲「禘大於郊」的理念，直接將禘祭定位爲冬至祀「昊天大帝」於圜丘並以始祖祀配之，故曰「大禘」（禘天之祭）（詳第四章第三節）。

　　另外，我們再看一段君臣間的對話，便可知唐宋以來諸儒認爲魯之僭禘於群廟的說法，確有其道理與其理據。昭公二十五年，《公羊》傳曰：

　　昭公將弒季氏，告子家駒曰：「季氏爲無道，僭於公室久矣。吾欲弒之，何如？」子家駒曰：「諸侯僭於天子，大夫僭於諸侯久矣。」昭公曰：『吾何僭矣哉？』子家駒曰：「設兩觀，乘大路，朱干、玉戚，以舞〈大夏〉；八佾以舞〈大武〉，此皆天子之禮也。」〔註83〕

子家駒的話我們必須比對一下〈祭統〉與〈明堂位〉，二文都說禘祀周公以「升歌〈清廟〉，下而管〈象〉，朱干、玉戚以舞〈大武〉，①〈祭統〉言：八佾以舞〈大夏〉；②〈明堂位〉言：皮弁素積，裼而舞〈大夏〉」（詳上述）。然子家駒則言：「朱干、玉戚，以舞〈大夏〉；八佾以舞〈大武〉」，子家駒將〈大武〉與〈大夏〉二樂倒置與〈祭統〉、〈明堂位〉所述相反，但這無礙於我們對本文的瞭解。重點是：〈大夏〉、〈大武〉都是天子之大樂；朱干、玉戚是天子之禮器；八佾乃天子之舞數，非諸侯之名位可備。因此，何休注曰：「失禮成俗，不自知也。……以周公之功，得用四代之樂，而以〈大夏〉之徒謂之爲僭者，刺其群公之廟，若祭周公則備。」〔註84〕這是載之史料之鐵證，沒有模糊的空間，子家駒一語道破魯公僭用天子禘禮器樂於群廟之事實，並且是僭用已久而不自知魯之僭也。

是也。」頁143。
〔註82〕《禮記》，卷十二〈王制〉，頁385。
〔註83〕《公羊》，卷二十四，昭公二十五年，頁524。
〔註84〕同上注，何休注曰：「禮，天子諸侯台門，天子外闕二觀，諸侯內闕一觀。禮，天子大路，諸侯路車，大夫大車，士飾車。」徐彥疏曰：「正以魯人始僭在春秋前，至昭已久，故不自知。」頁524～525。按：《禮記·明堂位》曰：「……命魯公世世祀周公，以天子之禮樂。是以魯君孟春乘大路，載弧韣，旂十有二旒，日月之章，祀帝於郊，配以后稷，天子之禮也。」（頁935～936）魯君之乘大路乃用於每年孟春郊天之祭，而非生活常儀。

　　當然，無獨有偶的是，隱公五年，經曰：「九月，考仲子之宮，初獻六羽。」《左傳》曰：

> 九月，考仲子之宮，將萬焉。公問羽數於眾仲。對曰：「天子用八，
> 諸侯用六，大夫四，士二，夫舞所以節八音而行八風，故自八以下。」
> 公從之。於是初獻六羽，始用六佾也。〔註85〕

仲子乃惠公之妾（隱公之父妾）、桓公之母，於隱公二年十二月薨，四年十二月再葬，〔註86〕三年喪畢則應奉主入廟舉行吉禘。〔註87〕因此隱公問祭禮之舞數，眾仲認爲應從諸侯之禮用六羽（六佾），故魯國始用六佾舞於仲子之宮（婦人之宮），而魯公則俱用八佾，故傳曰：「始用六佾」，杜預的注解是：「魯唯文王、周公廟得用八，而他公遂因仍僭而用之。今隱公特立此婦人之廟，知唯在仲子廟用六。」〔註88〕這與魯惠公請郊廟之禮於天子，天子使史角止之無果一事，當可見八佾僭用之習，與惠公有關，子家駒：「諸侯僭於天子，大夫僭於諸侯久矣」的話便是證據。〔註89〕再看《公羊》怎麼評述這件事：

> 初者何？始也。六羽者何？舞也。初獻六羽，何以書？譏。何譏爾？
> 譏始僭諸公也。六羽之爲僭奈何？天子八佾，諸公六，諸侯四。諸
> 公者何？諸侯者何？天子三公稱公，王者之後稱公，其餘大國稱
> 侯，……天子之相，則何以三？自陝而東者，周公主之；自陝而西
> 者，召公主之；一相處乎內。始僭諸公，昉於此乎？前此矣。前此
> 則曷爲始乎此？僭諸公猶可言也，僭天子不可言也。〔註90〕

《公羊》以仲子廟祭用六佾舞，乃僭用諸公之禮樂，仲子乃桓公之母，與諸侯同禮，當用四佾舞，魯唯周公廟得用六佾樂舞，其爲天子之三公，故依禮

〔註85〕　《左傳》，卷三，隱公五年，頁98。

〔註86〕　同上注，頁89。

〔註87〕　按：女主之喪畢亦當行吉禘，例可詳：「僖公八年，秋，七月，禘於大廟，用致夫人。」見《左傳》，卷十三，僖公八年，孔穎達正義，頁352。

〔註88〕　《左傳》，卷三，隱公五年，頁99。

〔註89〕　同上注，孔穎達正義：「今隱公詳問眾仲，眾仲因明大典，公從其言，於仲子之廟初獻六羽，故傳亦因言始用六佾。謂仲子之廟用六佾，他公則仍用八也。至襄、昭之時，魯猶皆亦用八，故昭二十五年《公羊傳》稱，昭公謂子家駒曰：『吾何僭哉？』答曰：『朱干、玉戚以舞〈大夏〉，八佾以舞〈大武〉，此皆天子之禮也。』是昭公之時僭用八也。此減從正禮，尚書於經，若更僭非禮，無容不書。自此之後，不書僭用八佾，知他廟僭而不改，故杜自明其證：其後『季氏舞八佾於庭，知唯在仲子之廟用六也。』」頁99～100。

〔註90〕　《公羊》，卷三，隱公五年，頁48～50。

用六，但自隱公於仲子廟始僭用六佾以祭，自此而成慣例，故志而譏之。《穀梁》亦曰：

> 初，始也。穀梁子曰：「舞〈夏〉，天子八佾，諸公六佾，諸侯四佾。
> 初獻六羽，始僭樂矣。」《尸子》曰：「舞〈夏〉，自天子至諸侯皆用
> 八佾。初獻六羽，始厲樂矣。」〔註91〕

顯然地，《公》、《穀》二傳說法一致，都認為諸侯宗廟之禮唯用四佾舞，仲子宮用六佾乃魯國僭樂之始。〔註92〕但《穀梁》其中卻引述了《尸子》的話，認為〈大夏〉之樂用八佾，乃諸侯上達天子之禮，隱公聽從眾仲之見而降用六佾，乃開厲樂（減樂）之始，是為美談。故范甯注曰：「時諸侯僭侈，皆用八佾，魯於是能自減厲，而始用六。穀梁子言其始僭，《尸子》言其始降。」〔註93〕孰說為是？三傳對照，很清楚地，《左傳》以諸侯用六，不分諸公與諸侯，魯公僭用八，依禮用六，因此仲子廟祭始依禮去八用六，如《尸子》之言「始降用六」，此與《公》、《穀》「始僭用六」的說法迥然兩異。但無論魯公或諸侯夫人、貴妾於禮應用六佾或四佾，都證明了魯國僭禮犯分的情況於史可稽，不僅僭越諸公，更僭越天子禮數。以何休的話作一註腳：「前僭八佾於惠公廟，大惡不可言也。還從僭六羽譏，本所當托者非但六也，故不得復傳上也。」〔註94〕。

當然，《春秋》書禘者，尚有僖八年秋七月，禘於大廟，用致夫人、〔註95〕宣八年六月辛巳，有事（禘祭）於大廟，仲遂卒於垂、〔註96〕昭十五年二月

〔註91〕《穀梁》，卷二，隱公五年，頁21。

〔註92〕程樹德：《論語集釋》卷五〈八佾上〉引清‧毛士《春秋諸家解》：「魯僭八佾，起於隱公。春秋五年書考仲子之宮，初獻六羽。《公羊傳》：『初獻六，何以書？譏。何譏爾？譏始僭諸公也。僭諸公猶可言也，僭天子不可言也。』蓋仲子者隱公之父妾，既隆其父妾，則必更隆其先君。前此六佾惟祭群公用之，今隱既以是尊仲子，無使祖考等於妾勝之理，其復崇諸公加六為八可知。」頁122。

〔註93〕《穀梁》，卷二，隱公五年，頁21。

〔註94〕《公羊》，卷三，隱公五年，頁50。

〔註95〕《左傳》，卷十三，僖公八年：「秋，七月，禘於大廟，用致夫人。」杜預注曰：「禘，三年大祭之名。大廟，周公廟。致者，致新死者之主於廟，而列之昭穆。夫人（哀姜）淫而與殺，不薨於寢，於禮不應致，故僖公疑其禮。歷三禘，今果行之，嫌異常，故書之。」頁352。或見《公羊》，卷十一，僖公八年，頁220～221、《穀梁》，卷八，僖公八年，頁121～122。

〔註96〕《左傳》，卷二十二，宣公八年孔穎達正義引杜預《春秋釋例》曰：「以昭十五年，有事於武宮，傳稱禘於武公，則知此言有事，亦是禘也。」頁617。或

癸酉，有事（禘祭）於武宮，籥入，叔弓卒，去樂卒事、〔註97〕昭二十五年秋，禘於襄公、〔註98〕定八年冬十月辛卯，禘於僖公。〔註99〕上引例僖八年、宣八年俱是有故書之，禘於太廟乃成王賜魯之重祭，並無可疑；唯昭十五、二十五、定八年三例乃各用禘禮於一廟，誠非禮也。故杜預《春秋釋例》云：「禘於大廟，禮之常也；各於其宮，時之爲也。雖非三年大祭，而書禘，用禘禮也。」〔註100〕此謂：魯公僭禘之禮樂器物於武公、襄公、僖公廟，與前述三年終王吉禘或三年大禘俱是無關，徒僭用禘禮，〔註101〕以彰魯也；以竹添光鴻先生的意見作一註腳：「魯之失禮，固不在禘而在樂也。蓋魯之禘，以群廟用天子之祭器樂章爲僭。」〔註102〕這是極其精闢的看法，魯公唯得僭禘樂器物於群廟，三年吉禘——三年終王，五服朝覲之禘禮，無可僭之也（詳第四章第三節）。

2、魯大夫孟獻子僭禘

大夫僭上，執魯郊、禘大權，例始見於「孟獻子」。孟獻子乃大夫仲孫蔑，誠乃三桓之一。〔註103〕孟獻子主祭，文獻記載有二：

〔註97〕《左傳》，卷四十七，昭公十五年，孔穎達正義曰：「閔二年吉禘於莊公，僖八年禘於大廟。彼皆書禘，此傳言禘於武公，則亦是禘。不書爲禘，而言有事者，此經所書不論禘祭是非，略書有祭事者，本爲叔弓卒起也。」頁1340。或見《公羊》，卷二十三，頁 503～504、《穀梁》，卷十八，昭公十五年，頁296～297。

〔註98〕按：本例唯見於《左傳》，卷五十一，昭公二十五年：「將禘於襄公，萬者二人，其眾萬於季氏。」頁1458。

〔註99〕《左傳》，卷五十五，定公八年：「冬，十月，順祀先公而祈焉。辛卯，禘於僖公。」頁1576。或見《公羊》，卷二十六，定公八年，頁569、《穀梁》，卷十九，定公八年，頁326。

〔註100〕《左傳》，卷四十七，昭公十五年，孔穎達正義引，頁1340。

〔註101〕程樹德：《論語集釋》，卷五〈八佾上〉引《論語釋故》曰：「……是則成王命魯唯禘於周公廟，而不及群廟，於天子之禘有殊，其後僭於他廟。昭十五年禘於武公、二十五年禘於襄公、定八年禘於僖公，皆行一廟，而不徧及群廟，但用天子之禘禮也。其始禘六月，其後或以七月，或以三月，或以十月，皆非禮。〈雜〉孟獻子曰：七月日至，可以有事於祖，七月而禘，獻子爲之也。」頁146～147。按：魯公僭用禘禮於某廟，已不具審昭穆或合食之義，唯僭用其禘禮之器樂，以彰其大也，又大夫執魯禘權以祀宗廟，始可徵於孟獻子也。

〔註102〕竹添光鴻：《左氏會箋》，第四，閔二，頁304。

〔註103〕《禮記》，卷四十三〈雜記下〉，孔穎達正義：「獻子，魯大夫仲孫蔑，諡曰獻子。」頁1224。《論語》，卷三〈八佾〉，邢昺疏曰：「桓公適子莊公爲君，庶

一爲〈雜記下〉：

孟獻子曰：「正月日至，可以有事於上帝。七月日至，可以有事於祖。」
七月而禘，獻子爲之也。〔註104〕

一爲襄公七年：

夏，四月，三卜郊，不從，乃免牲。孟獻子曰：「吾乃今而後知有卜
筮。夫郊祀后稷，以祈農事也。是故啓蟄而郊，郊而後耕。今既耕
而卜郊，宜其不從也。」〔註105〕

二文說辭顯然出入很大，〈雜記下〉「郊以正月日至」（建子之月）、《左傳》則
以「啓蟄而郊」（建寅之月）；又魯之「時禘」，如〈明堂位〉言：「以季夏六
月，以禘禮祀周公於大廟」，但如上節前引諸例：唯宣八年用季夏六月禘於大
廟；其餘，僖八年則以秋七月禘之大廟、昭十五年用二月、昭二十五年於秋、
定八年以冬十月禘於各廟，顯見，魯之時禘其祭月各有不同。又孟獻子其人
乃始見於宣九年經，僖八年於時則未見（僖八年以「秋七月」禘大廟）。〔註
106〕因此，可以說：在獻子之前，僖公已以秋七月禘祭大廟；但就〈雜記下〉
所稱：「七月而禘，獻子爲之也」，是以魯之七月而禘乃始於孟獻子，爲其首
開之例；誠乃意謂：禘祀大權已下流於大夫家門也。

　二文看似矛盾，孔穎達亦因此是《左》非《記》；〔註107〕但我則認爲這
原因在於：祭日有其容緩，誠如孔氏所提出祭之容緩有「節前月卻」、「節卻
月前」之別（詳第四章第二節）。〔註108〕先看《左傳》桓五年說的：

「秋，大雩」。書，不時也。凡祀：啓蟄而郊；龍見而雩；始殺而嘗；
閉蟄而烝。過，則書。〔註109〕

子公子慶父、公子叔牙、公子季友。仲孫是慶父之後，叔孫是叔牙之後，季
孫是季友之後。其後子孫皆以仲、叔、季爲氏，故有此氏。並是桓公子孫，
故俱稱孫也。至仲孫氏後世改仲曰孟。孟者，庶長之稱也。言己是庶，不敢
與莊公爲伯仲叔季之次，故取庶長爲始也。」頁30。

〔註104〕《禮記》，卷四十三〈雜記下〉，頁1224。

〔註105〕《左傳》，卷三十，襄公七年，頁850～851。

〔註106〕《禮記》，卷四十三〈雜記下〉，頁1225。《左傳》，卷二十二，宣公九年，經
曰：「夏，仲孫蔑，如京師。」頁620。

〔註107〕《左傳》，卷三十，襄公七年，孔穎達正義：「此（左傳）與《禮記》俱稱獻
子，二文不同，必有一謬。《禮記》後人所錄，《左傳》當得其眞。若七月而
禘，獻子爲之，則當獻子之時，應有七月禘者。烝、嘗過則書，禘過亦宜書。
何以獻子之時，不書七月禘也？足知《禮記》之言，非獻子也。」頁851。

〔註108〕《左傳》，卷六，桓公五年，孔穎達正義，頁168～171。

〔註109〕同上註，頁168～171。

左氏十分清楚地指出一個重要訊息：凡過了「啓蟄」（建寅之月，周三月、夏正月）、「龍見」（建巳之月，周六月、夏四月），〔註110〕、「始殺」（建酉之月，周十月，夏八月）、「閉蟄」（建亥之月，周十二月、夏十月）之時節「而郊」、「而雩」、「而嘗」、「而烝」便是「過時」，時過而祭，經書之以譏其慢也。

因此，孟獻子所謂「正月日至」實乃祭日之始，「啓蟄而郊」乃祭日之下限，凡過啓蟄時節則過時也，故獻子曰：「是故啓蟄而郊，郊而後耕。今既耕而卜郊，宜其不從也」；相同道理，禘禮周以季夏六月爲之，先時、過時而祭都非禮之正也，獻子以秋七月日至而禘，顯然已過夏時而禘之時節也，故〈雜記下〉以：「七月而禘，獻子爲之也」乃見其非禮也，亦見魯禘始下流於大夫家門也。

（三）其他僭祭（樂）

1、宋濫僭桑林巫樂

對於「宋濫僭桑林巫樂」的這個問題，馬端臨是這麼說的：「《左傳》宋公享晉侯於楚丘，請以〈桑林〉，荀罃辭。荀偃士匃曰：『諸侯魯宋，於是觀禮，魯有禘樂，賓、祭用之；宋以〈桑林〉享君，不亦可乎？』乃知魯、宋不特僭天子之禮樂，以祀郊禘，雖燕享賓客，亦用之矣。」〔註111〕這表明了禘樂之作爲一祭祀音樂，原只用於禘祭之宗廟雅樂，魯公除了將它僭用於群廟之外，更濫用於享賓以炫諸侯，使之成爲娛樂屬性的燕樂；無獨有偶，宋公亦濫用先祖商湯祈雨作禱的〈桑林〉巫樂，將其作爲酬賓之樂以炫國威，故強享晉侯於楚丘。魯、宋二國的這種作法，祭樂已非祭樂，巫樂已非巫樂，都可作爲一娛樂酬賓的流行音樂，其音樂的神聖性與嚴肅性已被跨界，原用於酬神，祭祀先祖（禘樂）與諸路鬼神（桑林）的大樂，今則用於酬賓，娛

〔註110〕按：「常雩」舉行時間各有異說：周三月（季春）、四月（孟夏）、五月（仲夏）皆有學者主之。詳清·劉寶楠：《論語正義》（清人注疏十三經，北京：中華書局，1998）頁130〜132。

〔註111〕秦蕙田：《五禮通考》，卷二十一〈吉禮二十一·祈穀〉，頁135（冊）-555引。《左傳》，卷三十一，襄公十年：「宋公享晉侯於楚丘，請以〈桑林〉，荀罃辭。荀偃士匃曰：『諸侯宋、魯，於是觀禮（杜注：宋，王者後，魯以周公故，皆用天子禮樂，故可觀。）魯有禘樂，賓、祭用之。宋以〈桑林〉享君，不亦可乎？』舞師題以旌夏，晉侯懼而退入於房。去旌，卒享而還。及著雍，疾。卜，桑林見。荀偃士匃欲奔請禱焉，荀罃不可，曰：『我辭禮矣，彼則以之。猶有鬼神，於彼加之。』晉侯有間，以偪陽子歸，獻於武宮，謂之夷俘。」頁884〜886。

樂且炫耀於外交之燕樂。

何以〈桑林〉大樂不可濫僭，其原因何在？何以導致晉侯見旌夏驚懼而疾？史卜的結果，則是「桑林見」；因此，商湯大旱七年禱於桑林的〈桑林〉殷樂到底是什麼音樂？實有討論的必要。

皇甫謐認爲〈桑林〉即〈大護〉，同實異名，乃殷代之皇朝大樂，但此說已遭到孔穎達的駁正，〔註112〕氏曰：

> 湯以寬政治民，除其邪虐，言能覆護下民，使得其所，故名其樂爲〈大護〉。其曰〈桑林〉，先儒無說。唯《書傳》言，湯伐桀之後，大旱七年，史卜曰：「當以人爲禱。」湯乃剪髮斷爪，自以爲牲，而禱於桑林之社，而雨大至，方數千里。或可〔曰〕禱桑林以得雨，遂以〈桑林〉名其樂。〔註113〕

孔氏認爲〈大護〉乃商湯功成而作之殷代大樂；〈桑林〉則是因湯禱旱於桑林所作之樂故稱之「桑林」，二樂雖然都是商湯時期所作的音樂，但其性質是迥然不同的。〈大護〉乃功成告天之大樂，這與江山易主改朝換代是有關係的，《周禮》稱「六樂」，殷爲〈大濩〉，而不以〈桑林〉可見。〔註114〕事實上，〈桑林〉乃祈雨於桑林之巫樂，這與巫覡儀式是有關的，孔穎達的引述說得很清楚。《左傳》，襄公十年載：

> 宋公享晉侯於楚丘，請以桑林，荀罃辭。荀偃士匄曰：「諸侯宋、魯，於是觀禮。魯有禘樂，賓、祭用之。宋以桑林享君，不亦可乎？」舞師題以旌夏，晉侯懼而退入於房。去旌，卒享而還。及著雍，疾。卜，桑林見。荀偃士匄欲奔請禱焉。〔註115〕

《左傳》紀錄了宋平公強享晉悼公〈桑林〉以燕樂一事，荀罃辭謝宋公好意，

〔註112〕《左傳》，卷三十一，襄公十年，孔穎達正義曰：「皇甫謐云：『殷樂一名〈桑林〉。』以〈桑林〉爲〈大護〉別名，無文可憑，未能察也。」頁884。

〔註113〕同上注，頁884。

〔註114〕《周禮》，卷二十二〈春官・大司樂〉：「以樂舞教國子：舞雲門、大卷、大咸、大韶、大夏、大濩、大武。」鄭玄注曰：「此周所存六代之樂。黃帝曰雲門、大卷。……大咸，咸池，堯樂也。……大韶，舜樂也。大濩，湯樂也。……大武，武王樂也。」頁677。

〔註115〕《左傳》，卷三十一，襄公十年：「宋公享晉侯於楚丘。請以桑林。荀偃士匄曰：『諸侯宋、魯，於是觀禮。魯有禘樂，賓、祭用之。宋以桑林享君，不亦可乎？』舞師題以旌夏，晉侯懼而退入於房。去旌，卒享而還。及著雍，疾。卜，桑林見。荀偃士匄欲奔請禱焉。」頁884～886。

但荀偃士匄認爲諸侯國裡唯宋（殷後）、魯（周公之故）二國得以奏享天子大樂，魯國都能以「禘樂」燕享諸侯招待上賓，那宋公何以不能以〈桑林〉燕享晉公呢？因此，樂舞才開始，晉侯一見「舞師題以旄夏」（杜預曰：「旄夏非常，卒見之，人心偶有所畏」）便驚走退入於房，至國境大病不起，經卜問病凶，知「桑林見」，這話是什麼意思？竹添光鴻這麼說：

> 卜，桑林見。杜（預）云：祟見於卜兆。此蓋桑林之神爲祟，若桑
> 林專屬於樂，樂安得有祟乎？〔註116〕

竹添氏認爲如果〈桑林〉僅僅是一般樂舞而已，何以聞樂見舞而病，並且卜問結果是「桑林之神爲祟」。顯然，〈桑林〉大樂，並非一般祭樂或是燕樂，而是一種具有巫詛陣式的祈雨樂舞，故繪飾百物聳然而猙獰，嚇得晉公驚走病重，幾乎死絕，最後殺人獻祭以替死鬼受死，以嫁魅的方式消災解厄。〔註117〕

　　誠然，從此事看來，荀罃之所以辭〈桑林〉，固然深知〈桑林〉本非一般「祭樂」，並不是類於魯之「禘樂」，可用於「祭祀」亦可用於「賓燕」；當然對於盛傳的〈桑林〉大樂，荀罃或想一睹其眞面目，故不二辭。然舉樂的結果更證實了其爲「巫樂」的事實。文獻上同時也記載了其他巫樂，如〈清角〉（亦作〈白雪〉）。何謂〈清角〉？《論衡·感虛》曰：

> 夫清角何音之聲，而〔能〕致此？〔曰〕：「清角，木音也，故致風
> 而（雨），如木爲風，雨與風俱。」三尺之木，數絃之聲，感動天地，
> 何其神也？〔註118〕

又〈白雪〉何也？《淮南子·覽冥訓》高誘注曰：

> 白雪，太乙五十絃琴瑟樂名也。神物即神化之物，謂玄鶴之屬來至，
> 無頭鬼類操戈以舞也。……唯聖君能御此異，使無災耳。平公德薄
> 不能堪，故篤病而大旱。……《封禪書》曰：「太帝使素女鼓五十弦
> 瑟，悲，帝禁不止，故破爲二十五弦。於是禱祀大一后土，始用樂
> 舞。」。〔註119〕

〔註116〕竹添光鴻：《左傳會箋》，第十五，襄公十年，頁1033。
〔註117〕《左傳》，卷三十一，襄公十年：「晉侯有間，以偪陽子歸，獻於武宮，謂之夷俘。」頁886。
〔註118〕《論衡》，卷五〈感虛〉，頁233～234。
〔註119〕《淮南子》，卷六〈覽冥訓〉：「昔者，師曠奏白雪之音，而神物爲之下降，風雨暴至，平公癃病，晉國赤地。」頁443。又《論衡》，卷五〈感虛〉載：「師

〈清角〉爲「木音」，啓動此樂音，彷如神木能興風雨，召喚神鬼，感天動地；〈白雪〉乃太乙帝樂，爲「禱祀」大一后土所用的非常樂舞，因此樂奏則「玄鶴之屬來至，無頭鬼類操戈以舞也」，其音之悲，百物哀嚎，無頭鬼魅群魔亂舞，連太乙大帝都無法使素女終止演奏，只有破其弦，迫使群魔百物無音可隨。可想而知，此非一般帝王諸侯得以受享，師曠以平公德薄，建請他樂以燕之，但平公執意令奏，結果「晉國赤地」，和其父親（悼公，以〈桑林〉燕樂）一樣驚駭而病。

　　無可否認，「音樂」（音頻）確實具有其「神聖性」、「神秘性」與「權威性」，不可隨意啓動，尤以〈清角〉、〈白雪〉、〈桑林〉諸樂悉爲「祈雨巫樂」，用於祈雨祝號，若恣意於燕饗，非病則旱。太史公〈樂書〉有言：「夫樂不可妄興」，因爲「夫禮樂之極乎天而蟠乎地，行乎陰陽，而通乎鬼神」也；〔註120〕這絕對不是以巫爲史，而是一種人類感知的必然性。

　　要之，《周禮·春官·司巫》有言：「國大烖，則率巫而造巫恒」〈春官·女巫〉：「凡邦大烖，歌哭而請」、〈春官·樂師〉鄭注：「旱暵以皇（舞）」、賈疏：「皇，雜五采羽如鳳皇色，持以舞」。〔註121〕何嘗不是在此大烖凶荒之年，由大巫執事以率群巫「歌哭而請」，若旱則舞「皇舞」。顯然，一，祈禱之禮（非常祀），亦以樂舞。二，祈禱必以「哀音」，如〈清角〉、〈白雪〉、〈桑林〉，故歌哭而請。三，歌若〈雲漢〉之歌，此乃「禱辭」故歌之，哭乃哀音之奏，如上引〈清角〉等巫樂（舞），目的在於感天動地，以交感巫詛陣式進行異界之溝通，以通達於諸路鬼神也。因此，宋作爲殷後與周賓，保存先祖之祈雨巫樂乃是合理與合禮的事實，但宋公隨意作享以酬賓炫寶，其濫僭之舉，受後儒之撻伐，亦爲事實。

曠清角一曲，一奏之，有白雲從西北起；再奏之，大風至，大雨隨之，裂帷幕，破俎豆，墮廊瓦。坐者散走，平公恐懼，伏乎廊室。晉國大旱，赤地三年，平公癃病。」頁242。

〔註120〕《史記》，卷二十四〈樂書第二〉，頁435、423。另詳拙論：〈夏社源流疏證〉，見呂培成、徐衛民主編：《司馬遷與史記論集，第八輯》（西安：陝西人民，2007），頁474～475。

〔註121〕《周禮》，卷十九〈春官·司巫〉，頁808、卷十九〈春官·女巫〉，頁812～813。《周禮》，卷二十三〈春官·樂師〉：「凡舞，有帗舞，有羽舞，有皇舞、以旄舞，有干舞、有人舞。」鄭玄注曰：「旱暵以皇。」、賈公彥疏曰：「此六舞者，即小舞也。若天地宗廟正祭用大舞。即上分樂序之是也。此小舞，按舞師亦陳此小舞，云教皇舞，帥而舞旱暵之事，即皆據祈請時所用也。」頁701～702。

2、魯大夫季康子僭旅與天子器樂

季桓子死後由其子康子繼位，哀公喪政，流亡海外，權在康子，一如諸公之世，下流季氏家門。季氏家門位從魯公，僭越天子祀權與器樂，由來亦已久矣。

季氏僭旅乃見於《論語・八佾》：「季氏旅於泰山。子謂冉有曰：女弗能救與？」對曰：『不能。』子曰：『嗚呼！曾謂泰山不如林放乎？』」。〔註122〕季康子何以「旅泰山」？所爲何事？又何謂「旅」？《文獻通考・郊社》引陳澔《禮書》曰：

> 旅，非常祭也。國有大故，然後旅其群神而祭之。〔註123〕

劉寶楠《論語正義》曰：

> 〈大宗伯〉言旅四望，彼謂國有大故，天子陳其祭祀而祈之。則旅，
> 爲天子祭山之名。〔註124〕

季氏專政於魯，得魯民心，國家有故，豈能坐視。〔註125〕季氏旅泰山之目的誠因魯旱而饑之大故；哀公十二年，康子曾就「冬，十二月，螽」一事就問孔子，〔註126〕又哀十三年「秋，九月，螽」、「冬，十有二月，螽」、〔註127〕哀公十四年以致「魯饑」，哀公問災於有若、〔註128〕哀公十五年「魯邦大旱」，

〔註122〕《論語》，卷三〈八佾〉，頁31。

〔註123〕《文獻通考》，卷八十八〈郊社〉引陳氏（澔）《禮書》，頁802。

〔註124〕清・劉寶楠：《論語正義》（清人十三經注疏，北京：中華書局，1998），卷三〈八佾〉，頁25。

〔註125〕《左傳》，卷五十一，昭公二十五年：「樂祁曰：與之。如是，魯之君必出。政在季氏三世矣，魯君喪政四公矣。無民而能逞其志者，未之有也。」頁1447。《左傳》，卷五十三，昭公三十二年，史墨曰：「天生季氏，以貳魯侯，爲日久矣。民之服焉，不亦宜乎！魯君世從其失，季氏世修其勤，民忘君矣。雖死於外，其誰衿之？社稷無常奉，君臣無常奉位，自古以然。」頁1528。

〔註126〕《左傳》，卷五十九，哀公十二年：「季孫問諸仲尼，仲尼曰：『丘聞之，火伏而後蟄者畢。今火猶西流，司曆過也。』」頁1667。清・狄子奇《孔子編年》（《北京圖書館藏珍本年譜叢刊》第三冊，清光緒十三年刻本），北京：北京圖書館出版，1999）引江永曰：「此年未嘗失閏，十二月，火已伏，其螽者，時火奧也，失閏在明年。季孫與夫子問答當是在明年（哀公十三年）十二月螽事，傳誤繫之此年。」頁369。

〔註127〕《左傳》，卷五十九，哀公十三年，頁1669。

〔註128〕同上注，頁1676。《論語》，卷三〈八佾〉：「季氏旅於泰山，子謂冉有曰：『女弗能救與？』對曰：『不能』。子曰：『嗚呼！曾謂泰山不如林放乎？』」邢昺疏曰：「對曰：不能者，言季氏僭濫，己不能諫止也。」頁31。

哀公問救旱之方於孔子。〔註129〕文獻資料顯示哀公十二年至十五年螽蟲肆虐，以致魯邦大旱而饑饉薦臻。陳立《公羊義疏》桓公五年曰：「螽，春秋爲螽，今謂之蝗。……按蝗與旱相因而至，旱或無蝗，蝗無不旱。」〔註130〕可見蝗災之孽甚於旱魃之威，其威力《穀梁》文公三年曰：「災甚也，其甚奈何？茅茨盡矣！」〔註131〕這「蝗無不旱」之「大故」，實非禮家之誇飾，因而促使季氏「旅泰山」，僭禮而祭，當不出哀公十二年至十五年間。

季氏之僭，元儒許謙《讀四書叢說》的看法值得參考：

> 大夫行諸侯之禮固是僭。但當時已四分魯國，〔註132〕魯君無民亦無賦，雖欲祭不可得。季氏既專魯，則凡魯當行典禮皆自爲之。旅泰山若代魯君行禮耳，亦不自知其僭。冉有誠不能救也。欲正之則必使季氏復其大夫之舊。魯之政一歸於公然後可，此豈冉有之力所能。故以實告孔子，孔子亦不再責冉有而自歎也。〔註133〕

許謙的說法，不無道理，由於祿去公室，魯之權主久在季氏，國家有故，季氏主祭以旅泰山，禱旱祈雨，乃爲生民，縱使身負儒家理想的冉有亦不能力挽狂瀾以復魯室，這種困境孔子自己更是明白，故而喟之。

〔註129〕馬承源：〈魯邦大旱〉（《上博簡二，上海：上海古籍，2002》，頁202～210。或詳季師旭昇：〈上博二小議（三）：魯邦大旱、發命不夜〉《中國文字》新第二九期）頁177～192。或參拙論：〈漢晉《論語·先進》注本——「孔子與點之志」疑問疏證〉（上、下），《孔孟月刊》第四十三卷第十一、二期（2005.08）頁5～18；第四十四卷第一、二期（2005.10）頁7～15。

〔註130〕清·陳立：《公羊義疏》（《清人注疏十三經》，北京：中華書局，1998），頁104。

〔註131〕《穀梁》，卷十，文公三年經曰：「雨螽於宋。」傳曰：「外災不志，此何以志也？曰，災甚也。其甚奈何？茅茨盡矣。」楊士勛疏曰：「徐邈云：『禾稼既盡，又食屋之茅茨。』」頁161～162。

〔註132〕《左傳》，卷三十一，襄公十一年：「春，季武子將作三軍，告叔孫穆子曰：『請爲三軍，各徵其軍。』穆子曰：『政將及子，子必不能。』武子固請之。穆子曰：『然則盟諸？』乃盟諸僖閎，詛諸五父之衢。正月，作三軍，三分公室而各其一。三子各毀其乘。」頁894～896。卷四十三，昭公五年：「春，王正月，舍中軍，卑公室也。毀中軍於施氏，成諸臧氏。初作中軍，三分公室而各有其一。季氏盡徵之，叔孫氏臣其子弟，孟氏取其半焉。及其舍之也，四分公室，季氏擇二，二子各一，皆盡徵之，而貢於公。」孔穎達正義曰：「襄十一年初作三軍，十二分其國民，三家得七，公得五。國民不盡屬公，公室已是卑矣。今舍中軍，四分公室，三家自取其稅，減己稅以貢於公，國民不復屬於公，公室彌益卑矣。」頁1209～1210。

〔註133〕程樹德：《論語集釋》，卷五〈八佾上〉，頁133引。

　　季氏所僭，除了祀權之外（詳上述），上僭天子器樂乃習以爲常。如文獻所及季桓子「舞八佾」、「歌雍徹」皆令孔子大嘆「是可忍孰不可忍」之常例也。《論語・八佾》：

> 孔子謂季氏：「八佾舞於庭，是可忍也，孰不可忍也？」三家者以〈雍〉徹。子曰：「『相維辟公，天子穆穆。』奚取於三家之堂。」。〔註134〕

前論引述《孔子家語・子路初見》已見定公十四年，季桓子受齊女樂，郊祭未致胙於孔子，孔子去魯奔衛之兩造嫌隙；今又見孔子對季桓子「舞八佾」、「歌雍徹」僭禮之強烈批評，然而此言應在去魯之前，也就是定公十四年或稍前的批判，因而逐步種下與季氏的嫌隙和衝突，最終爆發於定公十四年「未致胙」一事的政治表態上（詳上述）。

　　季氏舞八佾於庭，乃承魯之僭也（詳上述隱公五年考仲子之宮例）。魯之有「八佾」乃成王賜以舞〈大武〉於周公廟，但用於群廟或下流於季氏之家廟（桓公廟）俱是僭矣。魯禘其所出之祖，故有文王廟；季氏亦禘其所出之祖，故有桓公廟，魯僭用周公禘樂之享於群廟，三桓俱爲桓公之後，故各設桓公廟於自家封邑，並以禘禮享之，故用「八佾」以舞〈大武〉，同周公廟及群廟之僭禮也。《禮記・郊特牲》則說得相當明白：

> 諸侯之宮縣，而祭以白牡，擊玉磬、朱干設錫，冕而舞〈大武〉，乘大路，諸侯之僭禮也。臺門而旅樹，反坫，繡黼丹朱中衣，大夫之僭禮也。故天子微，諸侯僭，大夫強，諸侯脅。於此相貴以等，相覿以貨，相賂以利，而天下之禮亂矣。諸侯不敢祖天子；大夫大敢祖諸侯。而公廟之設於私家，非禮也，由三桓始也。〔註135〕

鄭玄注曰：「言仲孫、叔孫、季孫氏皆立桓公廟，魯以周公之故，立文王廟，三家見而僭焉。」〔註136〕有樣學樣，上行下效，各逞野心乃春秋禮樂崩壞之原因所在，這就是孔子之所不能忍氣吞聲的原因了。當然我們要問：何以「私設公廟」在儒家的思維裡是「非禮」之舉呢？其象徵的權力意志是什麼呢？（詳第五章第一節《禮記・郊特牲》：「公廟設於私家」之歷史省思）此處，

〔註134〕《論語》，卷三〈八佾〉，馬融注曰：「天子八佾，諸侯六，卿大夫四，士二。八人爲列，八八六十四人。魯以周公故受王者禮樂，有八佾之舞。季桓子僭於其家廟舞之，故孔子譏之。三家，謂仲孫、叔孫、季孫。〈雍〉，〈周頌・臣工〉篇名。天子祭於宗廟，歌之以徹祭。今三家亦作此樂。」頁28～29。
〔註135〕《禮記》，卷二十五〈郊特牲〉，頁782。
〔註136〕同上注，頁782。

我們先回應三桓設立桓公廟的這一問題，鄭玄說得很清楚：「魯以周公故，立文王廟」，因而季氏因桓公故，立桓公廟」，禮有所謂：「不王不禘。王者禘其祖之所自出，以其祖配之。諸侯及其大祖。」〔註137〕周公非王，但受成王重賜而享禘禮，特設文王廟；但季氏卻私設始祖廟（桓公廟）於三桓之封邑，誠乃無視於大宗適子的宗主權，因而亂了適庶之分，並且禘祖以亂尊卑，僭禮亂分，故孔子譏之。

季氏跋扈專政於公室之情形，《左傳》昭公二十五年例載之甚詳，傳曰：

將禘於襄公，萬者二人，其眾萬於季氏。〔註138〕

傳文雖簡，但意深而遠。季氏以八佾舞於私家，而公萬只有二佾舞，杜預注云：「於禮，公當三十六人。」孔穎達正義曰：「季氏私祭家廟，與禘同日。……樂人少季氏先使自足，故於公萬者唯有二人，其眾萬於季氏，輕公重己，故大夫遂怨。」〔註139〕如果我們再對照上述元儒許謙的說法，或許更可以理解為何魯公之卑，連個禘祀的樂舞人員都不夠（諸公以六佾三十六人），這些人員反而被季氏叫去家廟舞八佾（六十四人），只剩二佾（四人）給魯公姑且舞之，聊備一格。春秋祿去公室之情態如此，此其一端也。

天子宗廟祭祀，食訖則歌〈雍〉以徹饗食與祭器，三桓亦僭於家廟。依禮，天子宗廟祭祀，諸侯與二王之後必前來助祭，故歌〈雍〉以徹之；而季氏乃大夫之家，其宗廟祭祀，唯家相邑宰之屬助祭之，無徹祭之樂。〔註140〕今唯魯用禘禮以祀周公廟，故歌〈雍〉徹，季氏僭魯之禘於家廟，誠乃上僭天子禮樂也。由魯季氏當可見春秋各國之一端，《漢書‧楚元王傳》曰：「臣聞人君莫不欲安，然而常危；莫不欲存，然而常亡，失御臣之術也。夫大臣操權柄，持國政，未有不為害者也。昔晉有六卿；齊有田、崔；衛有孫、甯；魯有季、孟，常掌國事，世執朝柄。終後田氏取齊；六卿分晉；崔杼弒其君光；孫林父、甯殖出其君衍，弒其君剽；季氏八佾舞於庭，三家者以雍徹，

〔註137〕《禮記》，卷三十四〈大傳〉：「禮，不王不禘。王者禘其祖之所自出，以其祖配之。諸侯及其大祖。大夫、士有事，省於其君，干祫及其高祖。」頁997。

〔註138〕《左傳》，卷五十一，昭公二十五年，頁1458。

〔註139〕同上注。

〔註140〕《論語》，卷三〈八佾〉，邢昺疏曰：「云〈雍〉篇歌此者，有諸侯及二王之後來助祭也者，將言無諸侯及二王之後助祭，則不可歌也。云今三家但家臣而已，何取此義而作之於堂邪者，卿大夫稱家。家臣謂家相邑宰之屬來助祭耳，何取此〈雍〉詩之義而奏作於堂邪？魯用天子禮樂以〈雍〉徹，由是三家僭之也。」頁30。

並專國政，卒逐昭公。」〔註141〕家門權大，逐君弒君，瓜分公室，自專國政，風衍各國，究其根柢，僭禮亂分乃其一大肇端也；史墨之言，足可為證，並補證楚元王「失御臣之術」的本末，《左傳》，昭公三十二年，史墨曰：

> （季友）既而有功於魯，受費以為上卿，至於文子、武子，世增其業，不廢舊績。魯文公薨，而東門遂殺適立庶，魯君於是乎失國，政在季氏，於此君也四公矣。民不知君，何以得國？是以為君慎器與名，不可以假人。〔註142〕

史墨以「君慎器與名，不可以假人」作為祿去公室，家門侈大的註解，這一洞見，我們並不陌生。史墨乃與孔子同時，昭公三十二年，孔子正值四十二歲的壯年（襄公二十二年生 B.C.551 年～昭公三十二年 B.C.510 年），蓋可謂英雄所見略同。孔子此論載之於《左傳》成公二年（B.C.589 年），仲叔于奚因救孫桓子有功，請以曲縣（諸侯軒縣）、繁纓（諸侯車馬之飾）以朝，衛人許之。孔子聞及此一「歷史舊事」，大嘆：「惜也！不如多與之邑。唯器與名，不可以假人，君之所司也。名以出信，信以守器，器以藏禮，禮以行義，義以生利，利以平民，政之大節也。若以假人，與人政也。政亡，則國家從之，弗可止也已。」〔註143〕（詳第一章）這一權力象徵與利害關係，並非一朝一夕便可參透，而是透過一慘痛的歷史經驗所得證的法則，因此，董仲舒《春秋繁露・王道》說：「觀乎世卿，知移權之敗。」〔註144〕而北魏清河王懌的這席談話，就是一歷史意識的借鏡，氏曰：「臣聞唯器與名，不可以假人。是故季氏旅泰山，宣尼以為深譏；仲叔軒懸，丘明以為至誡。諒以天尊地卑，君臣道別，宜杜漸防萌，無相僭越。」〔註145〕此一諫諍之所以能嬰其逆鱗終入天子之耳，其理論基礎，就是基於「春秋譏世卿」的歷史教訓而來的政治觀，誠為君子之共見，執政者之所當思也。

三、其他禮制僭越舉隅

　　《春秋》譏世卿，當然亦譏諸侯，諸國、家門除了上僭「祀權」專政於內，爭霸於外的政治野心之外（如上引例），對於維繫王朝尊卑體制與天下秩

〔註141〕《漢書》，卷三十六〈楚元王傳〉，頁 1958。
〔註142〕《左傳》，卷五十三，昭公三十二年，頁 1529。
〔註143〕《左傳》，卷二十五，成公二年，頁 690～691。
〔註144〕《春秋繁露》，卷四〈王道〉，頁 131。
〔註145〕《北史》，卷十九〈清河王懌傳〉，頁 716。

序的禮制，越分亂紀的情形則屢見不鮮，所僭者恣意張之，甚或僭而不知，以下諸例可茲參證。

（一）墓葬制度

本項以兩事作例。《禮記·檀弓下》載：

> 季康子之母死，公輸若方小。斂，般請以機封，將從之。公肩假曰：「不可。夫魯有初，公室視豐碑，三家視桓楹。般，爾以人之母嘗巧，則豈不得以？其母以嘗巧者乎，則病者乎？噫！」〔註146〕。

季康子執魯政於哀公之世，母死其葬制顯然擬以公室之尊，因此，公輸般欲炫技討好康子，故以年幼不知葬禮爲由阻止族人公輸若負責此事，終自專之。孔門弟子公肩假〔註147〕見此而出面阻之，說了這句：「夫魯有初，公室視豐碑，三家視桓楹」，此中有二個關鍵字，鄭玄解釋得很清楚：「初，謂故事。言視者，時僭天子也。」〔註148〕也就是說：迄至哀公之世，魯公葬制上僭天子已久，而三家亦上僭魯公之葬制久矣，其僭而不自知也；故孫希旦曰：「豐碑，天子下棺所用，而魯君用之，故曰『視豐碑』。桓楹，諸侯下棺所用，而三家用之，故曰『視桓楹』。此皆僭禮，而假以爲故事者，僭竊已久故也。」〔註149〕因此，公肩假之噫噓慨嘆，正因爲禮紀無存，尙禮之魯，僭竊已久，上行下效的結果，大夫家門亦僭以爲常，此嘆不過是借公輸般的機巧諂媚而發之，公輸般亦不過是在大家習以爲常的葬制上錦上添花以證明自己匠作技術的高超而已。

上述乃葬制之一端也，《左傳》，成公二年另載：

> 八月，宋文公卒。始厚葬，用蜃炭，益車馬，始用殉。重器備。椁有四阿，棺有翰檜。君子謂：『華元、樂舉，於是乎不臣。臣，治煩去惑者也，是以伏死而爭。今二子者，君生則縱其惑，死又益其侈，是棄君於惡也。何臣之爲？〔註150〕

〔註146〕《禮記》，卷十〈檀弓下〉，頁296～297。

〔註147〕按：孫希旦以爲公肩假乃魯人，《史記》孔子弟子有公肩定。見氏著：《禮記集解》，卷十一〈檀弓下〉，頁282。

〔註148〕《禮記》，卷十〈檀弓下〉，鄭玄注曰：「豐碑，斫大木爲之，形如石碑，於椁前後四角樹之，穿中於間爲鹿盧，下棺以綍繞。天子六綍四碑，前後各重鹿盧也。諸侯下天子也，斫之形如大楹耳，四植謂之桓。諸侯四綍二碑，碑如桓矣。大夫二綍二碑，士二綍無碑。」頁297。

〔註149〕孫希旦：《禮記集解》，卷十一〈檀弓下〉，頁282。

〔註150〕《左傳》，卷二十五，成公二年，頁701～703。

孔穎達正義曰:「言『椁有』、『棺有』,則是本不當有,言其厚葬,譏其奢僭。宋公所僭,必僭天子。明此四阿、翰、檜,皆是王之禮也。蜃炭言『用』,亦本不當用。其蜃炭蓋亦王之禮也。車馬、器備,法得有之,言『益』言『重』,但譏其多耳。」〔註151〕此一大義,孔氏解釋得十分清楚,透過以下這五個關鍵用字:「椁有」、「棺有」、「用」、「益」、「重」,諷刺宋國侈厚以上僭天子葬制,乃始於宋文公之喪。

宋國乃殷商後裔,作賓於周,因此以公尊之;〔註152〕但宋之尊大不臣及其稱霸的野心,〔註153〕事實上,由其僭越體制的幾個案例中便可知之,如上述宋之僭郊祀契(杞亦僭郊祀禹)、宋平公濫僭〈桑林〉以強享晉侯(襄公十年),這都是天子之祀權與樂權。但春秋以來,祿去周室,諸侯僭制已爲常態,如齊、秦、晉、宋、杞、魯等,〔註154〕大國競僭,家門上齊,沆瀣一氣。本

〔註151〕同上注,頁702～703。

〔註152〕《禮記》,卷三十九〈樂記〉:「投殷之後於宋。」。孔穎達正義:「云『投,舉徙之詞也。』者,以武王之時,封紂子武庚於殷墟。初克紂,微子復其故位。《左傳》云:『武王親釋其縛,使復其所』是也。而暫時所復,武王即徙而居宋也,故云:『所徙者,微子也。』云『後周公更封而大之』者,以武庚於周公居攝之時作亂被滅,周公因封微子。先在於宋,更封而大之者,按《書序》云:『成王既黜殷命,命微子啓作〈微子之命〉。』是封而大之。其實封爲五百里,在制禮之後。故《發墨守》云:『六年制禮作樂,封殷之後,稱公於宋』是也。」頁1136。《公羊》,卷十二,僖公二十七年,經曰:「春,杞子來朝。」徐彥疏曰:「杞本公爵,但《春秋》欲新周故宋而黜之稱伯,即莊公二十七年冬,『杞伯來朝』是也。至(僖公)二十三年經書『杞子卒』者,但以微弱爲徐、莒所脅,不能死位,故以其一等貶之,見聖人子孫有誅無絕而已。」頁254。《左傳》,卷十五,僖公二十三年,經曰:「冬,十有一月,杞子卒。」杜預注曰:「杞入春秋稱侯,莊二十七年絀稱伯,至此用夷禮,貶稱子。」頁407。按:同爲二王之後,但依《公羊》學派所言《春秋》乃「親周故宋黜夏」,故黜杞爲伯,唯宋稱公以大之。杞公何時被黜,孔穎達正義曰:「桓二年杞侯來朝,十二年會杞侯、莒子盟於曲池,自爾以來不見經、傳,從此稱伯,終於《春秋》,故云蓋爲時王所黜。於時周王當桓、莊、僖、惠,不知何王黜之。」,見《左傳》,卷十,莊公二十七年,頁285。

〔註153〕《左傳》,卷十四,僖公十九年:「夏,宋公使邾文公,用鄫子于次睢之社,欲以屬東夷。司馬子魚曰:『古者六畜不相爲用,小事不用大牲,而況敢用人乎?祭祀,以爲人也。民,神之主也。用人,其誰饗之?齊桓公存三亡國以屬諸侯,義士猶曰薄德。今一會而虐二國之君,又用諸淫昏之鬼。將以求霸,不亦難乎?」頁393～394。

〔註154〕《禮記》,卷二十五〈郊特牲〉:「庭燎之百,由齊桓公始也。大夫之奏〈肆夏〉也,由趙文子始也。朝覲,大夫之私覿,非禮也。大夫執圭而使,所以申信也。不敢私覿,所以致敬也。而庭實私覿,何爲乎諸侯之庭?爲人臣者無外

例垂之史錄，責君刺臣，以譴宋失周賓之位也。黃銘崇先生解釋「椁有四阿」的角度來應證宋公之墓葬乃比照商王大墓之形制，氏曰：「宋國是末代商王帝辛的『庶兄』微子啓在周人扶持下所立的國家，其目的是承襲商的祭祀，以羈縻商人。因此，在周王勢力衰微以後宋國僭越的體制，應該可以視為商王朝制度的沿續。而所謂的『椁有四阿』應該是指外椁的形狀為『亞字形』，也就是與商王大墓的形制相同。」〔註155〕從考古的商王墓葬制度來看，「亞字形」確實象徵著「王者之墓」，並非一般公國或侯國所可以隨意興建僭越，但宋文公以二王之後，興建先王大墓，並且依循商人用殉的古俗〔註156〕以為身後王權的延伸與行使，其不臣與稱王之野心可見。

（二）城邑制度

以魯定公十二年墮三桓為例。經曰：「季孫斯、仲孫何忌帥師墮費。」《公羊》曰：

> 曷為帥師墮郈？帥師墮費？孔子行乎季孫斯，三月不違，曰：「家不藏甲，邑無百雉之城。」於是帥師墮郈，帥師墮費。雉者何？五板而堵，五堵而雉，百雉而城。〔註157〕

依禮：天子千雉，公侯百雉，伯七十雉，子男五十雉。〔註158〕顯然，三桓之邑僭越公侯百雉之體制，並且於襄公十一年起已三分魯之軍民與器械。〔註159〕

交，不敢貳君也。大夫而饗君，非禮也。大夫強而君殺之，義也，由三桓始也。天子無客禮，莫敢為主焉。君適其臣，升自阼階，不敢有其室也。觀禮，天子不下堂而見諸侯。下堂而見諸侯，天子之失禮也，由夷王以下。諸侯之宮縣，而祭以白牡，擊玉磬、朱干設錫，冕而舞〈大武〉，乘大路，諸侯之僭禮也。臺門而旅樹，反坫，繡黼丹朱中衣，大夫之僭禮也。故天子微，諸侯僭，大夫強，諸侯脅。於此相貴以等，相覿以貨，相賂以利，而天下之禮亂矣。諸侯不敢祖天子。大夫不敢祖諸侯。而公廟之設於私家，非禮也，由三桓始也。」頁779～781。

〔註155〕黃銘崇：〈明堂與中國上古之宇宙觀〉，《城市與設計學報》第四期（1998，3），頁163。

〔註156〕《左傳》，卷二十五，成公二年，孔穎達正義：「殉則本不得然，非譏其僭。」頁703。

〔註157〕《公羊》，卷二十六，定公十二年，頁578～579。

〔註158〕同上注，何休注曰：「禮：天子千雉，蓋受百雉之城十，伯七十雉，子男五十雉；天子周城，諸侯軒城。軒城者，缺南面以受過也。」頁579。

〔註159〕《左傳》，卷三十一，襄公十一年：「春，季武子將作三軍，告叔孫穆子曰：『請為三軍，各徵其軍。』穆子曰：『政將及子，子必不能。』武子固請之。穆子曰：『然則盟諸？』乃盟諸僖閎，詛諸五父之衢。正月，作三軍，三分公室而

　　墮三桓勢力得先由墮其三都（叔孫氏：郈都、季孫氏：費都、孟孫氏：
成都）開始。魯公爲三桓所脅，而三桓又爲家臣所宰，如上引季桓子於定公
八年爲陽虎所囚，九死一生。因此，季氏、仲氏甘願聽從孔子建議帥兵圍攻
自家采邑，以削弱其固若金湯的城塿並收歸其兵甲。〔註160〕這是魯公與三桓
第一次聯手共事，目的是消滅尾大不掉的采長勢力，這如同魯公面對三桓勢
力是一樣的，除而後快。然而這種層層上僭專政的惡性循環之狀況，孔子則
以「家不藏甲，邑無百雉之城」諷諫三桓，正謂養虎遺患者，誠乃三桓也。
故《禮記・坊記》曰：「制國不過千乘，都成（城）不過百雉，家富不過百乘，
以此坊民，諸侯猶有畔者。」〔註161〕誠然，放肆諸侯行徑，任其僭禮亂分，
誰之過也？假名與器，委政於臣，坐大卿權，尾大不掉，何嘗不是君之自招！
因功重賜，以張其德，誠乃破壞封建體制之原也，周王特賜而大魯、大宋、
大齊、大秦，而致敗政，祿去王室，諸侯、大夫何有不叛？誠如楚大夫范無
宇（申無宇）所見：〔註162〕

> 國爲大城，未有利者。昔鄭有京、櫟，衛有蒲、戚，宋有蕭、蒙，
> 魯有弁、費，齊有渠丘，晉有曲沃，秦有徵、衙。叔段以京患莊公，
> 鄭幾不克，櫟人寔使鄭子不得其位。衛蒲、戚寔出獻公，宋蕭、蒙
> 寔弒昭公，魯弁、費寔弱襄公，騅渠丘寔殺無知，晉曲沃寔納齊師，
> 秦徵、衙寔難桓、景，皆志諸侯，此其不利者也。〔註163〕

各其一。三子各毀其乘。」孔穎達正義：「鄭康成《箴（膏肓）》云：『《左氏
傳》云「作三軍」，三分公室各有其一。』謂三家始專兵甲，卑公室。」頁
894～896。

〔註160〕《公羊》，卷二十六，定公十二年，何休注曰：「郈，叔孫氏所食邑。費，季
氏所食邑。二大夫宰吏數叛，患之，以問孔子。孔子曰：『陪臣執國命，采長
數叛者，坐邑有城池之固，家有甲兵之藏故也。』季氏說其言而墮之。」頁
578。

〔註161〕《禮記》，卷五十一〈坊記〉，頁1400。

〔註162〕《左傳》，卷四十五，昭公十一年：「楚子城陳、蔡、不羹。使棄疾爲蔡公。
王問申無宇曰：『棄疾在蔡，何如？』對曰：『擇子莫如父，擇臣莫如君。鄭
莊公城櫟，而寘子元焉，使昭公不立。齊桓公城穀，而寘管仲焉，至於今賴
之。臣聞五大不在邊，五細不在庭。親不在外，羈不在內。今棄疾在外，鄭
丹在內。君其少戒。』王曰：『國有大城，何如？』對曰：『鄭京、櫟實殺曼
伯，宋蕭、亳實殺子游，齊渠丘實殺無知，衛蒲、戚實出獻公。由是觀之，
則害於國。末大必折，尾大不掉，君所知也。』」頁1289～1291。

〔註163〕《國語》，見鮑思陶點校：《國語》（山東：齊魯書社，2005），卷十七〈楚語
上〉，頁267～268。

卿大夫之采邑大可敵國，春秋諸國各有其大卿以脅諸侯，故范無宇的這席話的的確確是將春秋晚期「政出家門」一筆勾勒，顯見「春秋譏世卿」這一歷史教訓對於一個國家的永續經營與任臣委職之權謀智慧是何其必要與深省。「權臣」之產生乃久假名器之所致，因此卿權之坐大，非一朝一夕。再看申無宇的這段談話，《左傳》，昭公十一年載：

> 楚子城陳、蔡、不羹。使棄疾為蔡公。王問申無宇曰：『棄疾在蔡，何如？』對曰：『擇子莫如父，擇臣莫如君。鄭莊公城櫟，而寘子元焉，使昭公不立。齊桓公城穀，而寘管仲焉，至於今賴之。臣聞五大不在邊，五細不在庭。親不在外，羈不在內。今棄疾在外，鄭丹在內。君其少戒。』王曰：『國有大城，何如？』對曰：『鄭京、櫟實殺曼伯，宋蕭、亳實殺子游，齊渠丘實殺無知，衛蒲、戚實出獻公。由是觀之，則害於國。末大必折，尾大不掉，君所知也。』」
>
> 〔註164〕

所謂「擇臣莫如君」，任臣乃君之權柄，封大邑與卿，賜權亦出於君也。諸等大卿最後逐君弒君，弱其君而執之，這一自食惡果的現象，在下一小節「信盟制度」的討論中，足以應證此一道理。「以史為鑑」，申無宇以「末大必折，尾大不掉，君所知也」提醒楚靈王，靈王能否警惕持恆，誠乃考驗其智慧與歷史意識也。

要之，國有大城則有大家之卿，建國之始，君王誠應恪守封建體制以維護天下秩序，「賜權」乃國之利刃，當謹之慎之，一旦妄賜，其後果已見於申無宇二段警語之中。

（三）信盟制度

例見於襄公十六年，經曰：「三月，公會晉侯、宋公、衛侯、鄭伯、莒子、邾子、薛伯、杞伯、小邾子於溴梁。戊寅，大夫盟。」《左氏》無傳，《公羊》曰：

> 諸侯皆在是，其言大夫盟何？信在大夫也。何言乎信在大夫？徧刺天下之大夫也。曷為徧刺天下之大夫？君若贅旒然。〔註165〕

《穀梁》曰：

〔註164〕《左傳》，卷四十五，昭公十一年，頁 1289～1291。
〔註165〕《公羊》，卷二十，襄公十六年，頁 441～442。

溴梁之會，諸侯失正矣。諸侯會，而曰大夫盟，正在大夫也。諸侯在，而不曰諸侯之大夫，大夫不臣也。〔註166〕

所謂「君若贅旒然」，何休注曰：「以旒旒喻者，爲下所執持東西。」〔註167〕春秋晚期大夫私盟，不臣之心非唯魯之三桓，諸國家門侈大，政逮大夫，諸侯已失其正位與威權，一如「贅旒」爲人所持，挾之以玩。《左傳》無傳，唯見注疏，孔穎達正義曰：「《公羊》以爲溴梁之盟，君若贅旒然。《穀梁》云：『不曰諸侯之大夫，大夫不臣也。』皆以爲此時諸侯微弱，權在大夫。諸侯皆在，而大夫自盟。政教約信，在於大夫，其事不由君也。不曰諸侯之大夫者，刺大夫不臣也。」〔註168〕這就是一而再，再而三將「名器假人」所導致之嚴重後果，因而魯公之卑乃自卑也。〔註169〕歷史意識之薄弱，倚賴卿權而張之，最終名實俱亡，政出家門以執周、執魯、執衛、執晉、執齊……，〔註170〕故曰「徧刺天下之大夫」也，此見諸侯爭霸盛世已去，大夫上僭，堂而皇之，成爲春秋末期之新主與權貴。

再看何休的解詁：「諸侯勞倦，莫肯復出，而大夫常行，三委於臣而君遂失權，大夫故得信任，故孔子曰：『唯名與器，不可以假人。』」〔註171〕何氏所謂「三委於臣」乃指襄公三次會盟俱委三桓，大夫專恣，以致公室之卑，〔註172〕

〔註166〕《穀梁》，卷十六，襄公十六年，頁259。
〔註167〕《公羊》，卷二十，襄公十六年，頁442。
〔註168〕《左傳》，卷三十三，襄公十六年，頁937。
〔註169〕《公羊》，卷九，莊公三十二年：「莊公病，以病召季子。季子至而授之以國政。」頁185。
〔註170〕《漢書》，卷三十六〈楚元王傳〉附〈劉向傳〉曰：「夫大臣操權柄，持國政，未有不爲害者也。昔晉有六卿，齊有田、崔，衛有孫、甯，魯有季、孟，常掌國事，世執朝柄。終後田氏取齊，六卿分晉，崔杼弒其君光，孫林父、甯殖出其君衎，弒其君剽，季氏八佾舞於庭，三家者以〈雍〉徹，並專國政，卒逐昭公。周大夫尹氏筦朝政，濁亂王室，子朝、子猛更立，連年乃定。……故《書》曰：『臣之有作威作福，害於而家，凶於而國。』孔子曰：『祿去公室，政逮大夫』，危亡之兆。」頁1958～1959。
〔註171〕《公羊》，卷二十，襄公十六年，頁442。
〔註172〕宋・沈棐：《春秋比事》（景印文淵閣四庫全書春秋類，經部一五三，台北：台灣商務印書館，1983）卷四〈襄公・大夫專恣〉：「襄公之時，大夫專恣，夷狄盛強，小國侵侮，凌夷不振，至此爲甚。考之於經，三家子孫縱橫乎諸國之境，侵伐會盟皆得專之。故自元年以來，始則仲孫蔑五見於經；次則叔孫豹、季孫宿更與國事，叔孫豹見之於經者凡十四、季孫宿之見於經者凡十；又其次則叔老仲孫羯、叔弓合嗣世緒，分秉魯政，而公之如他國與盟會十無四五，叔老見經者三、仲孫速三、仲孫羯四、叔弓一，此大夫專恣可知也。」頁153（冊）-48。

這三次會盟爲：襄公三年之「雞澤之會」、十一年之「蕭魚之會」及十六年之「湨梁之會」。從春秋史筆的書寫方式來看，何休認爲：「盟下日者，刺諸侯微弱，信在大夫」，〔註173〕例如文公十四年，經曰：「六月，公會宋公、陳侯、衛侯、鄭伯、許男、曹伯、晉趙盾。癸酉，同盟於新城。」、襄公三年，經曰：「六月，公會單子、晉侯、宋公、衛侯、鄭伯、莒子、邾婁子、齊世子光。己未，同盟於雞澤。」〔註174〕因此，「盟下日者」（諸侯會盟例月，大夫會盟則例日於諸侯之下）乃孔子春秋史筆之所在，亦見信主爲誰，如文公十四年例，信在晉之趙盾；襄公三年例，則信在齊世子；襄公十六年例（本例）則信在諸大夫。這是極其簡易地辨別方式，並且對於《春秋》這部史鑑，《公羊》學派深以「世卿」爲譏，成爲其政論之綱本，《穀梁》亦如是，《穀梁》，襄公三年曰：「諸侯盟，又大夫相與私盟，是大夫張也。故雞澤之會，諸侯始失正，大夫執國權。」〔註175〕無庸贅言，春秋末期，大夫勢強，遍及諸國，此事《公》、《穀》俱見貶辭，《左氏》不言，唯見注疏，可證漢初今古文經譏世卿，而有「世位」與「世祿」之爭辯，〔註176〕《左氏》成了維護權臣預政與家門世位的一大經典依據。

　　最後，我們以宋儒沈棐《春秋比事・大夫始僭》作一註腳：「春秋以文公以來，各變文示義。蓋當是時諸侯失政，大夫擅權，盟會侵伐之事始專於臣下。今攷之經，元年公孫敖會晉侯於戚，此始專會也。二年及晉處父盟，此始專盟也。三年孫叔得臣會晉人、宋人、鄭人、陳人、衛人伐沈，此始專伐也。八年公子遂會晉趙盾，盟於衡雍，是二大夫專盟。公子遂會雒戎，盟於暴，此始專會戎也。九年公子遂會晉人、宋人、衛人、許人救鄭，此大夫專救也。十一年叔仲彭生會晉郤缺於承匡，此二大夫專會也。十二年季孫行父帥師城諸及鄆，此內臣始專城邑也。十八年公子遂、叔孫得臣如齊，此二大夫同如國也，夫自隱公以來，內臣嘗出會矣，未有獨會一國諸侯者。……嗚呼！東遷之後，始也諸侯僭天子，今也大夫僭諸侯，則名分不正，王道之衰，至此甚矣！凌遲至於湨梁之盟，天下之政，盡歸大夫。不復有諸侯，可勝嘆哉！」。〔註177〕

〔註173〕《公羊》，卷十四，文公十四年，頁305。
〔註174〕《公羊》，卷十四，文公十四年，頁305、卷十九，襄公三年，頁417。
〔註175〕《穀梁》，卷十五，襄公三年，頁245。
〔註176〕或詳王葆玹：《西漢經學源流》（台北：東大，2008），頁394～402。
〔註177〕沈棐：《春秋比事》，卷三〈大夫始僭〉，頁第153（冊）-42～43。

　　綜上所述，春秋諸公之僭，不僅禮樂器物之僭，更上僭祭祀主權，藉以宣示代周而王的新主政權，這在東西兩大強權齊、晉二主之「專封邢衛」與「致胙天子」（詳第二章第二節）的動作上看得極其清楚；並且汲冢竹書紀年──以晉爲紀，不以周紀──顯示史家意識乃奉晉爲主，證明了東遷後周王名存實亡的事實。又襄公二十九年吳公子季札於魯觀四代大樂嘆爲觀止與昭公二年晉大夫韓宣子大嘆「周禮盡在魯矣！」乃見魯代周而王之企圖。因此，董仲舒《春秋繁露・王道》曰：「臣下上逼，僭擬天子。諸侯行威，小國破滅。晉至三侵周，與天王戰於貿戎而大敗之。……晉文再致天子（僖公二十八年），齊桓會王世子，擅封邢、衛、杞（僖公元年、二年、十四年），橫行中國，意欲王天下。魯舞八佾，北祭泰山，郊天祀地，如天子之爲。」〔註178〕史鑑之深切著明，如太史公所言：「撥亂世反諸正，莫近於《春秋》。」〔註179〕這就是《春秋》學大興於漢之原因，不僅是一部中國史學政論之聖典，更是一部建構天下禮紀秩序之大覽。

第二節　春秋急葬與文帝遺詔短喪之政治目的

　　《禮記・王制》：「喪三年不祭，唯祭天地社稷，爲越紼而行事」〔註180〕所涉及的是帝王權力與意志行使的問題，儒教以「君薨，百官總己以聽於冢宰三年」，〔註181〕這大抵是爲伊尹攝政或周公攝政的爭議進行合理化的解釋；然而，你我都明白這是「君權旁落」於「冢宰權臣」的事實（詳第二章）。

　　《春秋》「譏世卿」，孔子寫下了一部「君權旁落」的春秋史，史跡斑斑（詳本章第一節）。兩漢《春秋》學盛行不墜，王莽以《周官》複製新朝政權，引發了今古文經對此「世位」制度存廢的爭鋒。此一爭鋒暗藏了政治酬庸與官宦集團的角力，更涉及了君權的行使。文帝未王之時歷經諸呂干政的外戚之亂，執政二十三年而崩，一封遺詔竟是對中國喪禮制度起了一場簡化敦樸的革新。這一詔令的行使，事實上乃與君權息息相關，在新舊政權的交接上如何促使新主走上軌道號令天下，儒教的「喪服制度」卻成了一大阻礙與桎

〔註178〕《春秋繁露》，卷四〈王道〉，頁111～112。
〔註179〕《史記》，卷一百三十〈太史公自序〉，頁1337。
〔註180〕《禮記》，卷十二〈王制〉，頁376～377。
〔註181〕《論語》，卷十四〈憲問〉：「子張曰：『書云：高宗諒陰，三年不言。何謂也？』子曰：『何必高宗。古之人皆然。君薨，百官總己以聽於冢宰三年。』」頁202。

桔。如何揚棄子道的束縛,「即位專政」、「率由『新』章」正是漢帝最大的政治隱憂。

因此,本節擬由二大方向來談:一,以春秋各國諸公至兩漢帝王之葬期表彙編作一觀察,藉此而見三年喪期對君權之影響,而漢文帝實施短葬的遺詔對君權所起的作用是什麼?何以「春秋譏世卿」的借鏡在兩漢得到今文齊魯學家一致共識,這是本節進行探討的重點。二,春秋三年喪畢,始得稱王——→兩漢靈前、柩前即位,踰年改元稱王,這同樣是基於春秋史鑒而產生的改變,春秋王者踰年即位改元,三年喪除,舉行吉禘而後稱王(詳第四章第三節),但兩漢則以靈前即位,踰年改元稱王,專政天下。

一、春秋諸侯葬期表:五月而葬——→三月而葬(大夫葬期)

【春秋各國諸公葬期表】(附天子、小君喪)

天子諸侯名	魯公紀年	卒日	葬月	停殯	結果	頁碼備註
宋繆公	隱公三年	八月庚辰	十二月癸未	四月(94日)	不及	39 渴葬〔註182〕
蔡宣公	隱公八年	六月己亥	八月	三月,未五月	不及	60 慢葬〔註183〕
魯隱公	隱公十年	十一月壬辰	**不書葬**			**64 被弒**
陳桓公	桓公五年	正月甲戌、己丑	夏葬(不月)			83
曹桓公	桓公十年	正月庚申	五月	五月		95
鄭莊公	桓公十一年	五月癸未	七月	三月,未五月	不及	96 慢葬
衛宣公	桓公十二年	十一月丙戌	三月	五月		102
齊僖公	桓公十四年	十二月丁巳	四月己巳	五月		105

〔註182〕《公羊》,卷二,隱公三年,經曰:「冬,癸未,葬宋繆公。」傳曰:「葬者曷為或日,或不日?不及時而日,渴葬也。不及時而不日,慢葬也。過時而日,隱之也。過時而不日,謂之不能葬。當時而不日,正也。」何休注曰:「渴,喻急也。(僖公二十七年八月)乙未葬齊孝公是也。」、徐彥疏曰:「言渴葬者,謂更無他事,但孜孜於葬,故不待五月也。」頁39。案:頁碼採《公羊》傳本。

〔註183〕同上注,何休注曰:「慢葬不能以禮葬也,(隱公八年)八月葬蔡宣公是也。」徐彥疏曰:「但自慢葬不依禮,故不待五月也。」頁 39。《左傳》,卷二,隱公元年,孔穎達正義:「未及期而葬謂之不懷,過期而葬謂之緩慢。頁 57。

蔡桓侯	桓公十七年	六月丁丑	八月癸巳	三月，未五月	不及	109 渴葬
魯桓公	**桓公十八年**	**四月丙子**	**十二月己丑**	**九月**	**過時**	**110 緩葬**
陳莊公	莊公元年	十月乙亥	二月	五月		117
宋莊公	莊公二年	十二月乙酉	四月	五月		119
紀伯姬	莊公四年	三月	六月乙丑	四月，未五月	不及	124 渴葬
齊襄公	莊公八年	十一月	七月丁酉	九月	過時	139 緩葬
鄭厲公	莊公二十一年	五月辛酉	十二月	八月	過時	161 緩葬
文姜	莊公二十一年	七月戊戌	正月癸丑	七月	過時	162 緩葬
曹莊公	莊二十三年	十一月	三月	五月		167
紀叔姬	莊公二十九年	十二月	八月癸亥	九月	過時	181 緩葬
魯莊公	**莊公三十二年**	**八月癸亥**	**閔六月辛酉**	**十一月**	**過時**	**191 緩葬**
哀姜	僖公元年	七月戊辰	五月辛巳	十一月	過時	206 緩葬
陳宣公	僖公十二年	十二月丁丑	四月	五月		228
齊桓公	僖公十七年	十二月乙亥	八月丁亥	九月	過時	238 緩葬
衛文公	僖公二十四年	四月癸酉	秋葬（不月）			251
齊孝公	僖公二十七年	六月庚寅	八月乙未	三月，未五月	不及	254 渴葬
晉文公	僖公三十二年	十二月己卯	四月癸巳	五月		272
魯僖公	**僖公三十二年**	**十二月乙巳**	**四月丁巳**	**五月**〔註184〕		**275**
成風	文公四年	十一月壬寅	三月辛亥	五月		285
許僖公	文公五年	十月甲申	春葬（不月）			285
晉襄公	文公五年	八月乙亥	十月	三月，未五月	不及	285 慢葬
周襄王	**文公八年**	**八月戊申**	**二月辛丑**	**七月**		**292**
曹共公	文公九年	八月	冬葬（不月）			295
聖姜	文公十六年	八月辛未	四月癸亥	九月	過時	315 緩葬
魯文公	文公十八年	二月丁丑	六月癸酉	五月		316

〔註184〕《左傳》，卷十七，僖公三十三年：「葬僖公，緩。」杜預注曰：「文公元年，
經書『四月，葬僖公。』僖公實以今年十一月薨，並閏七月乃葬，故傳云『緩』」。
孔穎達正義曰：「杜以《長曆》推之，十一月十二日有乙巳，乙巳非十二月。
文元年傳曰『於是閏三月，非禮也』，故至四月，並閏七月。禮當五月而葬，
今乃七月始葬，故傳曰『緩』也。」頁 478。按：此與《公羊》記載有異。

周匡王	宣公二年	十月乙亥	正月	四月，未七月	不及	324 天王崩春正月郊天
鄭繆公	宣公三年	十月丙戌	冬葬（不月）			326
頃熊	宣公八年	六月戊子	十月己丑	五月		340
蔡文公	宣公十七年	正月丁未	夏葬（不月）	未五月	不及	364 渴葬
魯宣公	宣公十八年	十月壬戌	二月辛酉	五月		368
宋文公	成公二年	八月壬午	二月乙亥	七月	過時	378 緩葬
衛繆公	成公二年	八月庚寅	正月辛亥	六月	過時	376 緩葬
周定王	成公五年	十一月己丑	（六年五月葬）	七月		七年正月郊 384
衛定公	成公十四年	十月庚寅	二月	五月		396
宋共公	成公十五年	六月（不日）	八月庚辰	三月，未五月	不及	399 渴葬
魯成公	成公十八年	八月己丑	十二月丁未	五月		411
周簡王	襄公元年	九月辛酉	正月	五月，未七月	不及	414 慢葬
齊姜	襄公二年	五月庚寅	七月己丑	三月，未五月	不及	415 渴葬，宣公夫人
陳成公	襄公四年	三月己酉	七月	五月		419
定弋	襄公四年	七月戊子	八月辛亥	二月，未五月	不及	419 渴葬，襄母
杞桓公	襄公六年	三月壬午	秋葬（不月）			422
繆姜	襄公九年	五月辛酉	八月癸未	四月，未五月	不及	428 渴葬，成公夫人
晉悼公	襄公十五年	十一月癸亥	正月	三月，未五月	不及	441
杞孝公	襄公二十三年	三月己巳	夏葬（不月）			451
許靈公	襄公二十六年	八月壬午	冬葬（不月）			458
衛獻公	襄公二十九年	五月庚午	九月	五月		467
宋伯姬	襄公三十年	五月甲午	七月	三月，未五月	不及	467，宋災而亡
蔡景公	襄公三十年	四月（不日）	十月	七月過時	過時	469，子弒父，緩葬
魯襄公	襄公三十一年	六月辛巳	十月	五月		471
邾婁悼公	昭公元年	六月丁巳	秋葬（不月）			477
滕成公	昭公三年	正月丁未	五月	五月		478
秦景公	昭公五年	七月戊辰	正月	七月過時	過時	484 緩葬

杞文公	昭公六年	正月（不日）	夏葬（不月）			485
衛襄公	昭公七年	八月戊辰	十二月癸亥	五月		486
陳哀公	昭公八年	四月辛丑	十月壬午	七月過時	過時	487 緩葬
晉平公	昭公十年	七月戊子	九月	三月，未五月		489 慢葬
宋平公	昭公十年	十二月甲子	正月	二月，未五月	不及	489 慢葬
齊歸	昭公十一年	五月甲申	九月己亥	五月		491 昭母，喪盟大蒐
鄭簡公	昭公十二年	三月壬申	五月	三月，未五月	不及	495
曹武公	昭公十四年	三月（不日）	秋葬（不月）			502
晉昭公	昭公十六年	八月己亥	十月	三月，未五月	不及	506
曹平公	昭公十八年	三月（不日）	秋葬（不月）			508
許悼公	昭公十九年	五月戊辰	冬葬（不月）			509
蔡平公	昭公二十年	十一月辛卯	三月	五月		512
周景王	**昭公二十二年**	**四月乙丑**	**六月葬**	**三月，未七月**	**不及**	**513 慢葬**
杞平公	昭公二十四年	八月丁酉	冬葬（不月）			521
宋元公	昭公二十五年	十一月己亥	正月	三月，未五月	不及	529
曹悼公	昭公二十七年	十月（不日）	三月	六月過時	過時	534
鄭定公	昭公二十八年	四月丙戌	六月	三月，未五月	不及	534
滕悼公	昭公二十八年	七月癸巳	冬葬（不月）			534
晉頃公	昭公三十年	六月庚辰	八月	三月，未五月	不及	536
薛獻公	昭公三十一年	四月丁巳	秋葬（不月）			538
魯昭公	**昭公三十二年**	**十二月己未**	**定元年七月癸巳**	**八月過時**	**過時**	**548**
邾婁莊公	定公三年	三月辛卯	秋葬（不月）			555
杞悼公	定公四年	五月（不日）	七月	三月，未五月	不及	557 死於盟
陳惠公	定公四年	二月癸巳	六月	五月		558
曹靖公	定公八年	三月（不日）	七月	五月		569

陳懷公	定公八年	七月戊辰	九月	三月，未五月	不及	569
鄭獻公	定公九年	四月戊申	六月	三月，未五月	不及	574
秦哀公	定公九年	秋卒（不日）	冬葬（不月）			574 夷狄
薛襄公	定公十一年	春卒（不日）	夏葬（不月）			578
魯定公	定公十五年	五月壬申	九月丁巳	五月		**589**
定姒	定公十五年	七月壬申	九月辛巳	三月，未五月	不及	589，哀公母，父母雙喪，哀元年四月郊
衛靈公	哀公二年	四月丙子	十月	七月過時	過時	593
秦惠公	哀公三年	十月癸卯	三月	六月過時	過時	598
蔡昭公	哀公四年	三月庚戌	十二月	十月過時	過時	600 臣弒君
滕頃公	哀公四年	八月甲寅	十二月	五月		600
齊景公	哀公五年	九月癸酉	閏十二月	五月		600
杞僖公	哀公八年	十二月癸亥	二月	三月，未五月	不及	608 慢葬
齊悼公	哀公十年	三月戊戌	五月	三月，未五月	不及	609 慢葬
薛惠公	哀公十年	五月（不日）	秋葬（不月）			609
許元公	哀公十三年	夏卒（不日）	秋葬（不月）			617

觀察有二：

　　第一點，由於天王崩依例乃記崩不記葬，[註185] 唯不時（不及時、過時）則書葬。因此以上僅針對諸侯、小君的葬期日的統計共有 95 例，其中不月的有 22 例，因為沒有確切的葬月資料，因此不入計，加減之後，表內共有 73 例。及期而葬者有 27 例。未及期而葬者有 29 例（王葬例 5：及期 2、未及期 3）。過期而葬者有 19 例。顯見春秋未及期而葬——急葬例（「渴葬例」與「慢葬例」）為數偏高，近乎高達 40% 的比例，若將過期而葬例等違例合併計算，則更高達 66%，這是不可輕忽的比例。當然這與春秋風雲詭譎的政治氣息絕對相關，君主不以喪為務，新主能否穩坐君位，掌握實權才是第一要務，因此短喪急葬漸次成為風氣。

〔註185〕《公羊》，卷十三，文公九年經曰：「辛丑，葬襄王。」傳曰：「王者不書葬，此何以書？不及時書，過時書。」頁293。卷十五，宣公三年，徐彥疏曰：「春秋之內，卒日葬月，大國之常。」頁 326。案：天王記崩不記葬，唯不及時則書，過時亦書；而諸侯乃卒書日，葬書月，為其常例也。

　　第二點，春秋各國諸公已大量出現短喪，不循正禮而行，所以廣泛地被史官給紀錄了下來，諸侯一同「大夫葬期」，多以「三月而葬」，此乃《禮記》「大夫、士、庶人」之葬期、《左傳》之「大夫葬期」也。〔註186〕這一重大變革，說明了：君權旁落，政局詭譎，祿去公室的情況乃諸國之常（詳本章第一節），此由上表備註欄中的「急葬」、「慢葬」、「緩葬」例數偏高的情況可證。也就是說：變禮行權，乃春秋之常，孔子「諒闇三年」的說詞，意即「三年而後稱王（君）」（天子諸侯皆同）的說詞，從上表看來，我認爲這僅僅是一大理想，而非事實；當然君權旁落，政在家門的原因，亦非全然歸咎於三年大喪，顯而易見的或可咎之於：「顧命託孤」這一政治體制所漸次形成的派閥專政與國家危機。

二、兩漢帝王葬期表：七月而葬──→踰月而葬（士葬期）

【兩漢帝王葬期表】

帝　　王	崩　　年	崩月日	葬月日	自崩及葬，葬陵	太子即位月日	即位狀況
漢高祖	十二年	夏四月甲辰	五月丙寅	第23日長陵	五月丙寅	葬日即位第23日即位
漢惠帝	七年	秋八月戊寅	九月辛丑	第24日安陵	高后稱制，君權旁落	
高　后	**八年**	**秋七月辛巳**	？	？	元年冬十月辛亥	陳平等迎立，見高廟〔註187〕
漢文帝	後七年	夏六月己亥	六月乙巳	第7日霸陵	六月丁未	葬後二日第9日即位
漢景帝	後三年	春正月甲子	二月癸酉	第10日陽陵	正月甲子	靈前即位
漢武帝	後元二年	二月丁卯	三月甲申	第18日茂陵	二月戊辰	靈前即位第2日即位
（即位第28年）元鼎四年（公元前113年）十一月始立后土祠於汾陰。五年十一月辛巳，冬至，始立泰畤於甘泉。						

〔註186〕《禮記》，卷十二〈王制〉：「天子七日而殯，七月而葬。諸侯五日而殯，五月而葬。大夫、士、庶人三日而殯，三月而葬。」頁379。《左傳》，卷二，隱公元年：「天子七月而葬，同軌畢至。諸侯五月，同盟至。大夫三月，同位至。士踰月，外姻至。」頁57。案：《禮記》與《左傳》士葬期兩說，一三月，一踰月也。

〔註187〕《漢書》，卷四〈文帝本紀〉，頁105。

漢昭帝	元平元年	夏四月癸未	六月壬申	第49日 平陵	七月庚申	霍光迎立，謁高廟 〔註188〕
（霍光受命輔政，無南郊例。）						
漢宣帝 〔註189〕	黃龍元年	冬十二月甲戌	初元元年 正月辛丑	第28日 杜陵	十二月癸巳	柩前即位，謁高廟 第20日即位
（即位第13年）神爵元年春正月，行幸甘泉、郊泰時。三月，行幸河東、祠后土。（霍光攝政6年，餘黨勢力剷除後始掌政權行郊天大儀。）						
漢元帝	竟寧元年	夏五月壬辰	秋七月丙戌	第55日 渭陵	六月己未	柩前即位，謁高廟 第28日即位
（即位第2年）元帝初元二年正月，行幸甘泉，郊泰時。（三月未祠后土）						
漢成帝	綏和二年	三月丙戌	四月己卯	第54日 延陵	四月丙午	柩前即位，謁高廟 第21日即位
（即位第1年）成帝建始元年十二月，作長安南北郊，罷甘泉、汾陰祠。二年春正月辛巳，祀長安南郊，三月辛丑祠后土於北郊。						
漢哀帝	元壽二年	夏六月戊午	秋九月壬寅	第105日 義陵	九月辛酉	王莽迎立，謁高廟 〔註190〕
（即位第3年）哀帝建平三年冬十一月壬子，復甘泉時、汾陰后土祠，罷南北郊。						
漢平帝	元始五年	冬十二月丙午	？	？ 康陵		王莽篡位，西漢亡。
（即位第4年）平帝元始四年春正月，郊祀高祖以配天，宗祀孝文以配上帝。五年（公元5年）正月，（王莽）禘（祫）祭明堂。（郊天告代）居攝元年（公元6年）正月祀上帝於南郊，迎春於東郊，行大射禮於明堂，養三老五更，成禮而去。置柱下五史，秩如御史，聽政事，侍旁記疏言行。						
漢光武帝	中元二年	二月戊戌	三月丁卯	第30日 原陵	二月戊戌	靈前即位
（郊天告代）光武帝建武元年六月己未即皇帝位。燔燎告天，禋於六宗，望於群神。						
漢明帝	永平十八年	秋八月壬子 八月壬戌		第11日 顯節陵	八月壬子	靈前即位
（即位第2年）明帝永平二年冬十月幸長安，祠高廟。十二月始迎氣於五郊。三年，冬十月，烝祭光武廟。						
漢章帝	章和二年	二月壬辰	三月癸卯	第12日 敬陵	二月壬辰	靈前即位
（即位第5年）章帝建初五年冬，始行月令迎氣樂。（第7年）七年，秋八月，飲酎高廟，禘祭光武皇帝、孝明皇帝。冬十月幸長安，祠高廟，遂有事十一陵。						

〔註188〕《漢書》，卷八〈宣帝本紀〉，頁238。按：昭帝崩而無子嗣，六月丙寅霍光
　　　　迎立昌邑王，癸巳即廢，後迎立宣帝即皇帝位。

〔註189〕按：宣帝因霍光攝政當權，地節二年（公元前68年）霍光死後，霍黨勢力相
　　　　繼謀反，迄至神爵元年（公元前61年）春正月始行天子權力「行幸甘泉，郊
　　　　泰時。三月行幸河東，祠后土。」，見《漢書》，卷八〈宣帝本紀〉頁247～
　　　　259。

〔註190〕《漢書》，卷十二〈平帝本紀〉，頁347。

漢和帝	元興元年	冬十二月辛未	延平元年三月甲申	第74日 慎陵	十二月辛未	靈前即位
（即位第3年）和帝永元三年冬十月行幸長安，十一月祠高廟，遂有事十一陵。（竇太后臨朝〔註191〕，無南郊例）						
漢殤帝〔註192〕	延平元年	八月辛亥	八月癸丑殯	第3日？	八月癸丑	葬日即位 第3日即位
漢安帝	延光四年（125年）	三月丁卯	夏四月己酉	第43日 恭陵	三月乙酉	北鄉侯即位
					十一月丁巳	濟陰王即位
安帝永初七年（113年）正月皇太后率大臣命婦謁宗廟。（和熹鄧太后臨朝，迄至安帝建光元年（121年）太后死前，無南郊、祠高廟例）。（即位第18年）延光三年二月東巡狩，丁丑，祠南頓君、光武帝廟於濟陽。辛卯，幸太山，柴告岱宗。齊王無忌、北海王翼、樂安王延來朝。壬辰，宗祀五帝於汶上明堂。癸巳，告祀二祖、六宗。冬十月，行幸長安，祠高廟，遂有事十一陵。						
漢順帝	建康元年	八月庚午	九月？日	第37日 憲陵	八月庚午	靈前即位
（即位第16日）十一月壬申，謁高廟。（第17）癸酉，謁光武廟。（無南郊例，太后臨朝）						
漢沖帝	永憙元年	春正月戊戌	正月己未	第22日 懷陵	正月丁巳	柩前即位 第20日即位
漢質帝	本初元年	閏六月甲申	秋七月乙卯	第32日 靜陵	閏六月庚寅	柩前即位 第7日即位
（即位第28日）永憙元年正月甲申謁高廟。（第29日）乙酉，謁光武廟。（無南郊例，太后臨朝〔註193〕）						
漢桓帝	永康元年	十二月丁丑	建寧二月辛丑	第55日 宣陵	建寧元年正月庚子	竇武迎立〔註194〕
（即位14年）桓帝延熹二年，冬十月壬申，行幸長安。乙酉，幸未央宮。甲午，祠高廟。十一月庚子，遂有事十一陵。（無南郊例）。（和平元年（即位第5年）梁太后歸政，〔註195〕梁冀勢力威福海內，迄至延熹二年秋七月逆謀自殺而告終。〔註196〕）						

〔註191〕《後漢書》，卷四〈和帝本紀〉：「章和二年（公元88年）二月壬辰，即皇帝位，年十歲。尊皇后曰皇太后，太后臨朝。」頁165。

〔註192〕按：殤帝即位未一年而崩，年二歲。見《後漢書》，卷四〈殤帝本紀〉，頁199。

〔註193〕同上注，〈皇后紀下・順烈梁皇后〉：「建康元年，帝崩。后無子，美人虞氏子炳立，是爲沖帝。尊后爲皇太后，太后臨朝。沖帝尋崩（二歲登基，三歲而崩），復立質帝，猶秉朝政。」頁439。

〔註194〕《後漢書》，卷八〈靈帝本紀〉，頁327。

〔註195〕同上注，〈皇后紀下・順烈梁皇后〉：「和平元年春，歸政於帝，太后寢疾遂篤，……詔曰：『今以皇帝、將軍兄弟委付股肱，其各自勉焉。』後二日而崩。在位十九年。」頁440。

〔註196〕《後漢書》，卷七，〈桓帝本紀〉：「延熹二年（公元159年）秋七月，皇后梁氏崩。……大將軍梁冀謀爲亂。八月丁丑，帝御前殿，詔司隸校尉張彪將兵圍冀第，收大將軍印綬，冀與妻皆自殺。」頁304～305。

漢靈帝	中平六年（昭寧元年）	九月甲戌	董卓廢帝爲弘農王〔註197〕	九月甲戌	董卓迎立〔註198〕
（即位第 31 日）靈帝建寧元年二月庚午，謁高廟。（第 32 日）辛未，謁世祖廟。（無南郊例）					
漢獻帝	魏明帝青龍二年	三月庚寅	八月壬申	第 163 日禪陵	延康元年（魏黃初元年）十月乙卯遜位曹丕，東漢亡。〔註199〕

觀察有七：

第一點，東漢太子即皇帝位日〔註200〕不謁高廟（顯然不以繼體爲後，中興漢祖爲其即位之思考，而是另擇日、月謁高廟及世祖廟，此與前漢（自昭帝始）即皇帝位日便謁廟的作法全然迥異，而魏晉即皇帝位日亦不謁廟。

第二點，君權旁落，太后或權臣攝政，俱迎立幼帝，且幼帝短命而死者東漢中後期從殤帝以下最甚，迄至亡國。

第三點，兩漢文（7 日）、景（10 日）、武（18 日）三帝俱爲極短喪，20日內便葬，其餘多（踰）月則葬，一從士喪葬期。

第四點，太子即位日自「漢武帝」以來多以靈前即位，先王崩日或第二日即位居多；而柩前即位、葬日或後即位則多屬繼體爲後，或爲權臣迎立者。

第五點，安帝十三歲即位，永初元年～延光四年（A.D.107~125 年），共在位十九年，但至建光元年（A.D.121 年）三月和熹皇后鄧氏駕崩，這其間的十五年都是鄧太后臨朝專政的時代，因此安帝從未舉行過任何一次東巡高廟或南郊、明堂等國家祭祀大典，反而是永初七年正月皇太后率大臣命婦謁宗廟，女權意識之抬頭確然可見。鄧太后駕崩之後，安帝於延光三年（A.D.124年）春二月展開東巡，舉行各項重要祭典，如：祠南頓君、光武帝廟、幸太山，柴告岱宗、宗祀五帝於汶上明堂、告祀二祖（高祖、光武）、六宗（孝文曰太宗、孝武曰代宗、孝宣曰中宗、孝元曰高宗、孝明曰顯宗、孝章曰肅宗）。〔註201〕冬十月行幸長安，祠高廟與十一陵。而當這一連串的大祀與巡幸，隔

〔註197〕《後漢書》，卷八〈靈帝本紀〉頁 359。
〔註198〕《後漢書》，卷九〈獻帝本紀〉，頁 367。
〔註199〕同上注，頁 390～391。
〔註200〕日‧渡邊信一郎：《中國古代的王權與天下秩序──從日中比較史的視角出發》（徐沖譯，北京：中華書局，2008）渡邊氏引西嶋定生、妹尾達彥、金子修一等日本漢學家認爲中國皇帝有二次即位：一靈前即位（柩前即位），即皇帝位，謁高祖廟；一踰年改元，即天子位，南郊祭天。此乃中國古代王權之二重性──天子與皇帝。頁 128。
〔註201〕《後漢書》，卷五〈安帝本紀〉，注〔三〕，頁 238。

年（A.D.125年）安帝則死於南巡的途中。這件事表明了：君權與祀權是息息相關的，安帝即位，太后聽政，君位空坐了十五年，鄧太后一死，便利用祀權展現君威，因此齊王、北海王、樂安王等來朝覲見輸誠，這種模式與宣帝在霍光與餘黨死後，便行南郊大權以正名實的情形誠然如出一轍。

第六點，東漢政局之紊亂，始自和帝竇太后臨朝以來，多以幼帝即位，其間和帝、安帝、順帝、桓帝、靈帝、獻帝較爲長祚。臨朝太后與后黨勢力之大者有：竇氏與竇憲、鄧氏與鄧騭、梁氏與梁冀、何氏與何進。〔註202〕

第七點，西嶋定生、尾形勇、金子修一、小島毅等日本漢學家認爲漢朝的即位禮儀是由天子即位——皇帝即位兩個階段組成的，也就是說：中國古代王權具有二重性——天子與皇帝。〔註203〕漢王以靈前（柩前）行皇帝即位禮告廟以成，踰年郊天行天子即位禮，這個說法雖不精確，但放在西漢王朝來談我是極其贊成的（東漢不行告廟禮，見上表）。在此我必須補充一點意見，我認爲：皇帝之名興於秦始皇，因此周王的即位禮與大漢王朝就有了分殊。周王受顧命於柩前，但非即位登基，這由《尚書·顧命》康王之阼於「賓階」可見。行柩前顧命大典之目的在於「正其嗣君」之身分，已非往日「嗣子」，故史官以「王」稱之，誠以無逸無怠。又踰年郊天即位，這由魯公踰年越喪行郊的動作可證；但魯公亦有三年吉禘之祭，其細節《春秋》雖載之未明，但從《春秋外傳》（《國語·周語上》「歲貢終王」云云）與《今本竹書紀年》：「康王，三年，定樂歌。吉禘於先王。」〔註204〕等記載來看，周王確有兩次即位大典：以「郊」、「禘」即天子位，郊以踰年即位，以正天子名號；禘以三年，喪終服除，即位稱王。這有別於漢之「郊」、「廟」的兩次即位，這一改變誠與文帝短喪護權是有關的，因此不行終王吉禘之禮，避免王權旁落。

〔註202〕《後漢書》，卷十六〈鄧禹傳〉：「論曰：漢世外戚，自東、西京十有餘族，非徒豪橫盈極，自取災故，必於貽釁後主，以至顛敗者，其數有可言焉。」。李賢注〔一〕曰：「高帝呂后、昭帝上官后、宣帝霍后、成帝趙后、平帝王后、章帝竇后、和帝鄧后、安帝閻后、桓帝竇后、順帝梁后、靈帝何后等家，或以貴盛驕奢，或以攝位權重，皆以盈極被誅也。」頁619。

〔註203〕案：渡邊信一郎引西嶋定生、尾形勇、金子修一等日本漢學家之論點認爲中國皇帝有二次即位：一靈前即位（柩前即位），即皇帝位，謁高祖廟；一踰年改元，即天子位，南郊祭天。此乃中國古代王權之二重性——天子與皇帝。見氏著：《中國古代的王權與天下秩序——從日中比較史的視角出發》，頁128。

〔註204〕方詩銘、王修齡撰：《古本竹書紀年輯證》附錄王國維：《今本竹疏紀年疏證》，頁248。

漢世曾二次舉行禘祭：唯正始五年王莽行禘祭朝諸侯於明堂、章帝建初七年，秋八月，禘祭光武皇帝、孝明皇帝（見表），但這都與三年吉禘無關，顯見文帝短喪之政治目的。因此，總的來說：周以「郊」、「廟」爲即位之聖地；漢亦如是。唯其不同的是：周以「郊」、「禘」（禘於太廟）即天子位；漢以「郊」、「廟」（告於高廟）即天子皇帝位。

三、漢文帝短喪與春秋譏世卿學說的產生

漢惠帝於高祖「葬後即位」（第 23 日即位），君權旁落於母黨諸呂。文帝爲大臣陳平、周勃、劉章等迎立，亦在先王葬日之後。

惠帝有諸呂之禍，但文帝有何之憂？文帝遺詔以急葬短喪，景帝於「葬後二日即位」（文帝七日便葬，第 9 日即位），三年則發生七國之亂，這是文帝死前便已感受到的諸侯勢力嗎？因是遺詔短喪，以利新主執位。果眞如此，此一喪服制度的改革便是從政治層面而作的考量，將儒教推行的君父之喪——三年斬衰，就此改弦更張〔註205〕（至少春秋諸公急葬仍以三月而葬，未有七日便葬之例），始開中國極短喪之先例。

討論這個問題得先從陳平死後，周勃免相一事說起。文帝二年冬丞相陳平死，周勃繼任，三年十一月免職，太尉灌嬰接任，並罷太尉官，由丞相統事。《漢書・文帝本紀》載：

> 三年十一月，詔曰：「前日詔遣列侯之國，辭未行。丞相朕之所重，其爲〔朕〕率列侯之國。」遂免丞相勃，遣就國。十二月，太尉潁陰侯灌嬰爲丞相。罷太尉官，屬丞相。〔註206〕

二年文帝曾令周勃遣列侯就國，禁止聚居長安，並依時朝貢天子，勃「辭而

〔註205〕《漢書》，卷四〈文帝本紀〉：「其令天下吏民，令到，出臨三日，皆釋服。無禁取婦，嫁女、祠祀、飲酒、食肉。自當給喪事服臨者，皆無踐。絰帶無過二寸。無布車及兵器。無發民哭臨宮殿中。殿中當臨者，皆以旦夕各十五舉音，禮畢罷，非旦夕臨時，禁無得擅哭。以下，服大紅十五日，小紅十四日，纖七日，釋服。它不在令中者，皆以此令類從事。布告天下，使明知朕意。」頁 132。秦蕙田：《五禮通考》，卷二百五十二〈凶禮七・喪禮〉引宋儒胡寅曰：「漢文減節喪紀，固負萬世譏矣！然遺詔所諭，謂吏民耳，太子嗣君，豈吏民比？而景帝冒用此文，乃自短三年之制，不爲君父服斬衰，自景帝始也。且天子之所以不遂服三年者，何謂哉？謂妨政事耶！謂費財用耶！謂妨攝政之人耶！」頁 142（冊）-218。

〔註206〕《漢書》，卷四〈文帝本紀〉，頁 119。

未行」，文帝以免相懲處。顯然，從〈文帝本紀〉來看，[註207] 對於君命周勃態勢很高，未赴君命，這說明：周勃等護國元老或諸侯王擁功自重的情形是嚴重的，此由濟北王興居（朱虛侯劉章弟）[註208] 藉機謀反一事可見君權之態勢。[註209] 因此，周勃的免官顯然是要向這些權臣示威，而罷廢太尉官亦顯然是衝著周勃而來的，何以是說？其蹊蹺處可由呂后與劉邦的對話看出端倪：

> 呂后問曰：「陛下百歲後，蕭相國既死，誰令代之？」上曰：「曹參可。」問其次，曰：「王陵可，然少戇，陳平可以助之。陳平知有餘，然難獨任。周勃重厚少文，然安劉氏者必勃也，可令爲太尉。」呂后復問其次，上曰：「此後亦非乃所知也。」。[註210]

劉邦病篤，呂后問丞相人選，由曹參、王陵、陳平到周勃，唯周勃最受青睞，其勝出關鍵在於周勃爲人質樸忠耿不爲利祿所惑，因而得到高祖極大的信任，[註211] 若委任之必以「安劉氏」爲重，因此「可令爲太尉」，以定漢室。

然「太尉」執掌爲何？《通典・職官二・太尉》云：「太尉，秦官，漢因之。金印紫綬，掌武事。漢文三年省。景帝三年復置，其尊與丞相等。五年，又省。元狩四年，更名大司馬。」[註212] 「太尉」（太保、大司馬）實乃古代

[註207] 《漢書》，卷四十〈周勃傳〉：「文帝即位，以勃爲右丞相，賜金五千斤，邑萬户。居十餘月，人或說：『君既誅諸呂，立代王，威震天下，而君受厚賞處尊位厭之，則禍及身矣。』勃懼，亦自危，乃謝請歸相印。上許之。」頁 2055。按：文帝給予尊爵厚祿以賞其功，卻對周勃「辭相」動作一口答應，顯然，周勃的疑慮是對的，亦凸顯文帝對這些護國元老深懷疑忌，唯恐功臣坐大，君權旁落。

[註208] 《漢書》，卷四十〈周勃傳〉，頁 2055。

[註209] 《漢書》，卷四〈文帝本紀〉：「濟北王興居聞帝之代，欲自擊匈奴，乃反，發兵欲襲滎陽。於是詔罷丞相兵，以棘蒲侯柴武爲大將軍，將四將軍十萬眾擊之。祁侯繒賀爲將軍，軍滎陽。秋七月，上自太原至長安。詔曰：『濟北王背德反上，詿誤吏民。爲大逆。濟北吏民兵未至先自定及以軍城邑降者，皆赦之，復官爵。與王興居去來者，亦赦之。』八月，虜濟北王興居，自殺，赦諸與興居反者。」頁 120。按：濟北王興居藉文帝回代地，中央虛空，以假擊匈奴之名義，出兵滎陽謀反。此見文帝的政權並未得到所有諸侯們的效忠，藉機謀反者，亦非濟北王一人而已。另外，文帝三年夏四月，淮南王長殺辟陽侯審食其於其家（頁 119），顯然目無王法，綱紀蕩然，君權未張也。

[註210] 《漢書》，卷四〈文帝本紀〉，頁 79。

[註211] 《後漢書》，卷十八〈吳漢傳〉：「昔陳平智有餘以見疑，周勃資樸忠而見信。夫仁義不足以相懷，則智者以有餘爲疑，而樸者以不足取信矣。」頁 685。

[註212] 《通典》，卷二十〈職官二・太尉〉，頁 268。卷十九〈職官一・歷代官制總

「三公」之一，掌握國家至高無上的一大機器——兵權，主五兵、掌武事。惠帝十年陳平、周勃、劉章誅呂勤王，迎立代王。文帝乃劉邦之子，對於父親說過的話應該記憶猶深，也戒事在心。文帝元年以陳平爲左丞，周勃爲右丞，灌嬰爲太尉，二年陳平薨則改任周勃爲相，三年旋即因事免相，四年秋則因罪下獄。〔註213〕這一連串的動作，顯然是有計畫的一步步地削奪諸此護國功臣黨團與諸侯龐大之權力。

因此，我們得看看「春秋譏世卿」言論的發生及《公羊》學興起之關係。《公羊》成書於景帝初年，並立公羊壽弟子胡毋子都爲博士，《公羊》主張「大一統」、「尊君卑臣」這些思想都是帝國主建制所必須的憲政綱領。張端穗先生認爲《公羊》的寫作與成書都是「有意識地反應」（conscious response）了「時代環境」（situation）的需要。〔註214〕所謂「時代環境」的需要是什麼？《公羊》提出尊君卑臣的君權觀，並以「春秋譏世卿」爲論，借鏡漢帝國，這是從惠帝一朝以來君權弱勢的主因，如何可以抑母黨排家門，回歸王權之尊，思想的改造與威權的豎立是當務之急，因此，《春秋公羊》成了這時代環境需要下的政治產物。許慎《五經異義》說：

> 卿得世不？《公羊》、《穀梁》說：「卿大夫世則權并一姓，防塞賢路，事〔專〕政犯君，故經譏周尹氏、齊崔氏也。」《左氏》說：「卿大夫皆得世祿，不得世位。父爲大夫死，子得食其故采，而有賢才，則復升父故位。故《傳》（左傳）曰：『官有世功，則有官族。』」〔註215〕

序〉：「自周衰，官失而百職亂。戰國並爭，各有變易。暨秦兼天下，建皇帝之號，立百官之職，不師古。始罷侯置守，太尉主五兵，丞相總百揆。又置御史大夫，以貳於相。」頁240。

〔註213〕《漢書》，卷四〈文帝本紀〉：「四年秋九月，絳侯周勃有罪，逮詣廷尉詔獄。」頁121。卷四十〈周勃傳〉：「每河東守尉行縣至絳，絳侯勃自畏恐誅，常被甲，令家人持兵以見。其後人有上書告勃欲反，下廷尉，逮捕勃治之。」頁2056。

〔註214〕張端穗：《西漢公羊學研究》（台北：文津，2005）頁7。吳雁南：《中國經學史》（福州：福建人民，2001）：「有不少已被當時的人加以改造，增添了一些適合大漢帝國需要、反映時代要求的內容。」頁52～53。氏曰：「景帝初年，治《春秋公羊傳》的胡毋生與董仲舒被任命爲博士，而《公羊春秋傳》也是在是年由公羊壽及其弟子胡毋子都共同寫定。」張氏書注5曰：「景帝即位，諸侯不遵奉天子情形更形嚴重。御史大夫晁錯建議『請諸侯之罪過，削其地，收其枝郡』結果不多久，（景帝三年）吳楚七國反，景帝只好殺晁錯以息眾怒。《公羊傳》主張大一統，君尊臣卑，適時需要而成書，可能性很大。」頁2。

〔註215〕漢・許慎：《五經異義》，見清・陳壽祺：《五經異義疏證》，（《續修四庫全書》，

春秋公室之卑，乃因權力落入少數氏族之手，這些氏族正因權位世襲之關係，逐漸坐大其宗族權勢，終與公室匹敵，甚或凌駕其上，成爲尾大不掉甚或篡弒君上之強宗勢族。因而《公》、《穀》學者認爲世卿制度施行之結果必然造成三種歷史面向：一，「權并一姓」、二，「防塞賢路」、三，「專政犯君」。誠如上文所及，春秋末世政出家門之情況屢見，權并一姓，如周之尹氏、齊之崔氏；政出多門，如魯之三桓、晉之六卿等都是專政犯君之強宗官族，因而《春秋》譏之。對此《公》、《穀》二傳之看法相同，唯《左》支持世卿制度，成爲權臣世族之所依，可見於王莽篡漢。

《公羊》學派深察史鑑，力主廢除世卿制度，廣開求賢之路，藉此遏止官族產生與坐大之機。下列就周尹氏、齊崔氏、宋三世內娶爲例作一分析。

首先來看，隱公三年，經曰：「夏，四月辛卯，尹氏卒。」《公羊》曰：

> 尹氏者何？天子之大夫也。其稱尹氏何？貶。何爲貶？譏世卿。世卿，非禮也。〔註216〕

何休注曰：

> 禮，公卿大夫、士皆選賢而用之。卿大夫任重職大，不當世，爲其秉政久，恩德廣大。小人居之，必奪君之威權，故尹氏世，立王子朝；齊崔氏世，弒其君光。君子疾其末則正其本。〔註217〕

何休認爲春秋卿大夫由於世位之故，盤據朝中大職坐大其權，導致有志之士俱無晉升之機會，故以「防塞賢路」作爲爭取漢帝對選賢與能的重視，並且

經部一七一・群經總義類，上海，上海古籍，1995），頁112～113。《白虎通》，卷四〈封公侯・諸侯繼世〉：「大夫不世位何？股肱之臣任事者也。爲其專權擅事，傾覆國家。」頁145～146。按：今文之《公》、《穀》二傳極力抨擊世卿制度，傳注多見。又《左傳》並沒把話說死，「有賢才」的界定是隨人說定的，因此《左傳》在東漢魏晉大行其道當有其本原，因光武帝與魏晉之政權產業乃祖乃父合謀而來的，九品中正（起家官）的建制就是「世卿制度」的復古。

〔註216〕《公羊》，卷二，隱公三年，頁37。《穀梁》，卷一，隱公三年曰：「尹氏者，何也？天子之大夫也。外大夫不卒，此何以卒之也？於天子之崩爲魯主，故隱而卒之。」范甯注曰：「《周禮・大行人職》曰：『若有大喪，則詔相諸侯之禮。』然則尹氏時在職而詔魯人之吊者。不書官名，疑其譏世卿。」頁14。《左傳》，卷三，隱公三年曰：「夏，四月，辛卯，君氏卒。」杜預注曰：「君氏者，隱公之母聲子也。謂之君氏者，言是君之母氏也。」頁70。案：《左》言「君氏」與《公》、《穀》曰「尹氏」異文也，杜預注意不言「尹氏」，尊傳而注，不違傳意，杜氏誠乃晉世官族，迴避春秋譏世卿說蓋屬可能。

〔註217〕《公羊》，卷二，隱公三年，頁37。

要求廣開選舉之路，不以門第官族爲任，才是避免重蹈春秋祿去公室，威勢下衍的方法；也就是說：維護君權在於削弱卿權，而其正本清源之法，在於廢除世襲制度，去官族任儒士，以選舉替世位。

顯然地，這是士人權力意識的崛起，要求國家給予參政議事之權力，這就必須分權於官族，迫使官族讓權又談何容易？因此，漢王爲了張大其權，與諸侯王、外戚諸勢力抗衡，必然選擇與士人同一陣線，助其弱化官族卿權，這可以就證於漢景帝三年發生的七國之亂。集權中央，一統天下，絕對需要付出慘痛之代價，鼂錯以生命喚醒帝王對自身皇權的宣示，更用生命爲儒士開啓一條參政的大道，「士族」（知識階層，士大夫）崛起之聲終將取代春秋以來以「氏族」（大夫階層，卿大夫）爲政的體制，而成爲兩漢之新政治中樞。

其次再看，《公羊》文公八年日：「宋三世無大夫，三世內娶也」。何休注日：

> 宋以內娶，故威勢下流，三世妃黨爭權相殺，司城驚逃，子哀奔亡，
> 主或不知所任，朝廷久空，故但舉官起其事也。大夫相殺，例皆時。
> 〔註218〕

宋因內娶大夫之女，又禮君不以妻之父母爲臣，故傳譏「宋無大夫」，因不臣於君，故妃黨日益坐大，形成「政分三門」外戚之禍，又因三門爭權相殺，導致眾大夫們奔逃流亡海外，三門妃黨的威勢架空了君權，國主虛位，久空朝廷；這和漢初諸呂之禍實有雷同之處，「威勢下衍」的情況，由呂后廣封諸呂內戚的動作可見，劉漢王朝徒具虛名，君權在呂不在劉，已爲事實。東漢白虎通會議中亦注意到這君權下衍的威脅，故言：「諸侯所以不得自娶國中何？諸侯不得專封，義不可臣其父母。《春秋傳》日：『宋三世無大夫，惡其內娶也』。」〔註219〕正是殷鑑往古與西漢覆滅之因，故禁止諸侯內娶以防女黨亂政，此一儀則實乃取鑑《公羊》春秋譏世卿之大義也。

再最後看，宣公十年，經日：「齊崔氏出奔衛。」《公羊》傳日：

〔註218〕《公羊》，卷十三，文公八年：「宋人殺其大夫司馬，宋司城來奔。」傳日：「司馬者何？司城者何？皆官舉也。曷爲皆官舉？宋三世無大夫，三世內娶也。」頁291。亦詳卷十二，僖公二十五年，經日：「宋殺其大夫。」傳日：「何以不名？宋三世無大夫，三世內娶也。」何休注日：「三世謂慈父、王臣、處臼也。內娶大夫女。言無大夫者，禮不臣妻之父母，國內皆臣，無娶道，故絕去大夫名，正其義也。外小惡正之者，宋以內娶，故公族以弱，妃黨益強，威權下流，政分三門，卒生篡弒，親親出奔，疾其末，故正其本。」頁250。

〔註219〕《白虎通》，卷十〈嫁娶・諸侯不娶國中〉，頁476。

崔氏者何？齊大夫也。其稱崔氏何？貶，曷為貶？譏世卿。世卿非
禮也。〔註220〕

崔氏何以出奔衛國，《左傳》述其原委並有此解讀：

夏，齊惠公卒。崔杼有寵於惠公，高、國畏其逼也，公卒而逐之，
奔衛。書曰：「崔氏」，非其罪也；且告以族，不以名。凡諸侯之大
夫違，告於諸侯曰：「某氏之守臣某，失守宗廟，敢告。」所有玉帛
之使者則告，不然，則否。〔註221〕

針對「譏世卿」這一點來說，很清楚地，左氏不以經書「崔氏」為筆削譏貶
之文，孔穎達認為《經》不稱「尹子」而稱「尹氏」之義是：「見其氏族強」，
〔註222〕故以「氏」稱之。而此書齊「崔氏」亦如是，顯見崔氏家門對齊國公
室的威脅與強勢，世卿家門之大，就連高、國二氏都畏之。崔杼因惠公卒而
奔衛，奔衛並不代表他的時代結束了，而是開啟了他更大的權力，齊莊、景
二公都是崔杼所立，莊公被弒亦他所為，全國上下唯晏子膽敢枕公屍而哭，
三踊而出，以盡君臣之禮。〔註223〕

可見，《公羊》以譏世卿解經，並非望文生義。孔穎達這麼說：「何休《膏
肓》以為《公羊》譏世卿而難《左氏》，蘇氏（寬）釋云：『崔杼祖父名不見
經，則知非世卿，且春秋之時，諸侯擅相征伐，猶尚不譏世卿，雖曰非禮，
夫子何猶獨責？又鄭《駁異義》引《尚書》『世選爾勞』，又引《詩》刺幽王
絕功臣之世。然則興滅繼絕，王者之常，譏世卿之文其義何在？」〔註224〕顯
然，《左傳》學者不以世卿為譏，並且以世卿為國之大輔，不可絕世，這與《公
羊》春秋譏世卿之史鑑主張是南轅北轍的，二傳之立場為之立判──《左氏》
擁護「世族」（氏族），故認同世襲制；《公羊》擁護「士族」，故主張選舉制。

當然，今文《公》、《穀》二家興於漢初且立於學官，遠比古文《左氏》
受到經師重視的時代都早，而《左氏》之興成為王莽僭禮專權的陰謀之書，
是一「時代環境」下的產物，不免對此避重就輕，或以合理之解釋。董仲舒
《春秋繁露・王道》亦為言立說：

天子祭天地，諸侯祭社稷，諸山川不在封內不祭。有天子在，諸侯

〔註220〕《公羊》，卷十六，宣公十年，頁345。
〔註221〕《左傳》，卷二十二，宣公二十三年，頁625。
〔註222〕《左傳》，卷五十，昭公二十三年，頁1430。
〔註223〕《史記》，卷三十二〈齊太公世家〉，頁545。
〔註224〕《左傳》，卷二十二，宣公十年，頁625。

> 不得專地，不得專封，不得專執天子之大夫，不得舞天子之樂，不
> 得致天子之賦，不得適天子之貴。君親無將，將而誅。**大夫不得世，**
> **大夫不得廢置君命。**〔註225〕

政治體制的崩壞絕對一一顯現在禮制僭越的社會行爲中，董子深知端正名實
對於一個王者威權的豎立與重建有著極大的迫切性與必要性，因此戒鑒春秋
史事，以此爲鏡，重申天子禮樂的絕對性、專屬性與不可支配性。魯之有郊
禘二祭都是僭越天子之禮樂，形成此「僭」的原因，乃成、康二王爲「大魯」、
「張魯」而有此不當賜之結果（詳本章第一節）。故董子重天郊輕宗廟禘祭，
重塑天子專權，不以禮樂而封賞有功之諸侯，享此大祭。誠然，董子再三強
調「祀權」對於王權的重要，絕對不能將禮樂祀權作爲賞賜之物品，魯公之
僭正由於周公受賜所起，逐漸引起諸國仿效，以此作爲稱霸稱王的宣示，在
上行下效的作爲下，大夫之家群起效尤，終致禮樂崩壞、尊卑無倫。

　　春秋之世，諸侯上僭目無王法，大夫上僭目無國法，諸侯征伐，蠶食鯨
吞，以致公室漸卑，陪臣宗族趁勢崛起，以致大夫不臣，出行會盟，祿去公
室，政在家門，俱是春秋中期之後的諸國現象。因此，董子深察史鑑，力主
「大夫不得世」，以遏阻家門張大之勢，唯有集權，大夫豈敢「廢置君命」！
周勃廢置文帝之命，憑藉其爲護國功臣迎立文帝之姿而置君命於一旁，與諸
侯利益相繫，文帝如何抵抗這些尾大不掉的諸侯集團的權勢，確實是如鯁在
喉的一大隱痛。

　　綜上，我們可以斷定：文帝短喪遺詔，不能說其尚儉之性格所致，必與
王權下流的情勢有其密切關係。文帝重用功臣陳平、周勃，卻又深以爲忌，
奪太尉兵權，廢官免相，〔註226〕不過是一種箝制的手段，卻不能徹底拔除諸
國大權，以致景帝有七國之亂。鼂錯首發先聲：「請諸侯之罪過，削其支郡」，
其父聽聞此事從穎川趕來告誡阻止，勿插手皇家閒事，然而錯以：「天子不尊，
宗廟不安。」回答其父，鼂父喟然嘆曰：「劉氏安矣，而鼂氏危。」遂飲藥而
死，不忍見禍及身也。〔註227〕這一削奪諸侯權勢的作法，最終引發七國之亂，

〔註225〕《春秋繁露》，卷四〈王道〉，頁113～114。
〔註226〕案：《漢書》，卷十九下〈百官公卿表〉（頁755～757）記載：文帝元年以灌
　　　　嬰爲太尉，二年官省。陳平爲左丞、周勃右丞，八月免相。二年十月陳平薨，
　　　　十一月周勃復爲丞相。三年十二月周勃免相，灌嬰繼任丞相，四年十二月薨，
　　　　張蒼繼任丞相。
〔註227〕《漢書》，卷四十九〈鼂錯傳〉：「（文帝）錯又言宜削諸侯事，及法令可更定

景帝無法壓制七國之威權，最終卻是以「紿」（說謊）〔註228〕的方式殺鼂錯於東市，以息眾怒。一統政權何其困難，只能說終兩漢之世，諸侯、權臣、母黨諸集團俱爲《春秋》所譏之世卿，尾大不掉之政治隱憂，《春秋》之大興，誠乃緣於此下衍的王權。

借鑒歷史，春秋威勢下衍，「諸侯」多以「三月而葬」，一從「大夫葬期」，葬訖除服從吉，急葬以定政權，但以踰年即位；漢文以來「帝王」葬期則一從「士葬期」，（踰）月而葬，葬訖除服從吉，短喪以就君權，靈前即位（柩前即位），自此成習，影響至深且遠矣！

四、董仲舒「經禮」與「變禮」說：
三年喪畢稱王（經禮）──→柩前即位稱王（變禮）

由上表春秋迄至兩漢葬期的彙整情形看來，春秋以「踰年改元，即位郊天」爲則，不論先君葬或未葬，以「踰年越喪」爲其新王紀元，是故《春秋》以「郊不避喪」演示了郊天之於君王的極要性，魯公即位行郊正說明了此一權力制度。然而，不論政權旁落與否，祀權絕對是一種君位的象徵與保障。《左傳》，襄公二十六年記載：衛獻公被逐，爲求返君位，與寧喜交換條件說：「政由寧氏，祭則寡人」〔註229〕君臣之利益互換於此可見，衛公以掌握「祀權」來滿足自己，縱使「政在家門」，只要祀權在手，他仍是與祖先神明溝通的唯一宗主，因此不論卿權有多大仍只是片面單一的權力（詳第一章或本章第一節）。

這個想法是十分有趣且值得思考的問題。在衛獻公的思維裡，他認爲「君權」是由「政」、「祭」二權來完成的，因此他很願意釋出「政權」給助他復辟的寧氏。這說明了：「祭權」（祀權）是君王不可旁落的一大權力；而這個

者，書凡三十篇。孝文雖不盡聽，然奇其才。……（景帝）遷爲御史大夫，請諸侯之罪過，削其支郡。奏上，上〔令〕公卿列侯宗室〔雜議〕，莫敢難，獨竇嬰爭之，繇此與錯有隙。錯所更令三十章，諸侯讙譁。錯父聞之，從潁川來，謂錯曰：『上初即位，公爲政用事，侵削諸侯，疏人骨肉，口讓多怨，公何爲也！』錯曰：『固也。不如此，天子不尊，宗廟不安。』父曰：『劉氏安矣，而鼂氏危。吾去公歸矣！』遂飲藥死，曰：『吾不忍見禍逮身。』後十餘日，吳楚七國俱反，以誅錯爲名。……乃使中尉召錯，紿載行市。錯衣朝衣斬東市。」頁 2299～2302。

〔註228〕同上注，注〔四〕師古曰：「誑云乘車案行市中也。」頁 2301。

〔註229〕《左傳》，卷三十七，襄公二十六：「以公命與寧喜言曰，『苟（得）反（國），政由寧氏，祭則寡人。』」頁 1032。或詳宋·家鉉翁：《春秋集傳詳說》，卷二十二〈襄公四〉，頁 391～392。

權力的尊貴性及重要性，孔子首先將它清楚地勾勒在一部《春秋》政治史學當中，政治並非只有政治，它還有一大利器叫做「祀權」，這是從宗法角度來端正名實的一大權力機制，而把這個權力機制再推向高峰的就是──董仲舒。

從董仲舒《春秋繁露》的立言開始，皇朝巨大的威權便直接訴諸於郊天大典（詳第四章第一、二節）。但在董子之前的這個階段裡，若仔細考察便可以很清楚地看出來，春秋俱以「踰年即位」（更始新紀元）為慣例，待三年而後稱王。踰年即位的目的是什麼呢？亨利・富蘭克弗特：《王權與神祇》則說得精闢：

> 加冕儀式標誌著權力轉變到新國王那裡，而且僅僅當這個最後的活動被完成時，新舊政權更替中間期的危險才確實被克服了。但是，加冕典禮不能在看似便利的任何時候發生。它不得不等待自然過程中某個新的開端。因為王權不僅僅是一種政治制度，它不得不遵從宇宙事件，比遵從社會變遷更加強烈。因此，加冕典禮必須與一個自然的更新相一致。〔註230〕

亨利又言：「我們必須承認銘文中保留下來的大多數日期都是登基日，指的是新國王對權力的實際掌握，因為它們遍布全年。」〔註231〕此一論述，可以引伸到中國編年紀事的體例與觀察。「紀年」存在一神聖權力的象徵，一代王者號令天下的真實權力與影響，因此《白虎通・爵》則說：「元以名年，年以紀事，君統事見矣。」〔註232〕這對於權力象徵的意義來說，「新年」乃更始起新，回復最初的宇宙創生之時刻，「紀元」則是一新王誕生的權力宣示與更張，因此《春秋》則以「元年，春，王正月，公即位」為其書寫慣例。《公羊》，隱公元年曰：

> 元年者何？君之始年也。春者何？歲之始也。王者孰謂？謂文王也。曷為先言王而後言正月？王正月也。何言乎王正月？大一統也。〔註233〕

〔註230〕亨利・富蘭克弗特：《王權與神祇──作為自然與社會結合體的古代近東宗教研究》，第八章〈國王的繼承〉，頁102。
〔註231〕同上注，〔注15〕，頁158。伊利亞德（耶律亞德）：《聖與俗──宗教的本質》，第二章〈神聖時間與秘思〉：「宇宙蘊含著有如生命般的整體，同樣會出現出生、發展，以及年終之日的死亡，而後，在新年的那一天再生。我們將明瞭，這個再生就是誕生，宇宙每一年重新再生，因為，每逢新年，時間就從這個原初點重新開始（time begins ab initio）。」頁120。
〔註232〕《白虎通》，卷一〈爵・天子即位改元〉，頁38。
〔註233〕《公羊》，卷一，隱公元年，頁5～10。

何休注曰:「統者,始也,總繫之辭。夫王者,始受命改制,布政施教於天下,自公侯至於庶人,自山川至於草木昆蟲,莫不一一繫於正月,故云政教之始。所以書正月者,王者受命制正月以統天下,令萬物無不一一皆奉之以爲始,故言大一統也。」〔註234〕《公羊》以「大一統」總述春秋「王正月」之意義,這意義誠乃一「貴始」之思維,「新王受命」,更始改朔,以定天下秩序,萬物以春始,人倫以正始,〔註235〕天子體元居正,承天而王。《公羊》以黜周王魯爲學,因此經書以「公即位」,踰年改元,以「元」爲數。〔註236〕故元年春正月公即位行郊天大禮,其意義在於「大報本反始」,《禮記・郊特牲》曰:「萬物本乎天,人本乎祖,此所以配上帝也。郊之祭也,大報本反始也。」〔註237〕這也就是董仲舒「元學」思想之宗教義理之所在。〔註238〕因而主張「越喪行

〔註234〕同上注,頁 10。

〔註235〕宋・家鉉翁:《春秋集傳詳說》(景印文淵閣四庫全書春秋類,經部一五八,台北:商務印書館,1983)卷十三,〈文公上〉:「春秋之法,先君既葬踰年而書公即位,此未葬而踰年亦書即位,何哉?曰:此所謂不可曠年無君者也。即位必以歲首,改元亦必歲首,若歲首不書即位,而餘月書之,則非元年正始之義,故雖未葬而書,欲臣民之有君,亦正始之義也。然服皆未葬之服,未成其爲君。」頁 235。

〔註236〕《公羊》,卷一,隱公元年,徐彥云:「若《左氏》之義,不問天子諸侯,皆得稱元年。若《公羊》之義,唯天子乃得稱元年。此魯隱公,諸侯也,而得稱元年者,《春秋》托王於魯,以隱公爲受命之王,故得稱元年矣。」頁 6。宋・家鉉翁:《春秋集傳詳說》,卷一〈隱公上〉:「元年,元年者,因魯史之舊文也,或曰諸侯紀元古與?曰非古也。人君即位之始年,書元年,天子事也,故曰體元居正。諸侯人臣也,受命於天子以君其國,居位之年可一二數,而不可以稱元年也。王道衰而諸侯國自爲元,諸侯之僭也。」頁 27。

〔註237〕《禮記》,卷二十六〈郊特牲〉,頁 801。卷二十五〈郊特牲〉:「社,所以神地之道也,地載萬物,天垂象,取財於地,取法於天,是以尊天而親地也,故教民美報焉。家主中霤而國主社,示本也。唯爲社事,單出里;唯爲社田,國人畢作;唯社,丘乘共粢盛,所以報本反始也。」頁 788。按:「大」之義,本卷孔穎達正義引皇氏云:「上文『社稷』下直云『報本反始』,此文天神尊,故加『大』字。」頁 801。孫希旦:《禮記集解》,卷二十五〈郊特牲〉:「郊、社皆有報本反始之義,而郊之報本反始爲尤大也。」頁 694。或詳王葆玹:《西漢經學源流》,第四章〈春秋公羊學及其與穀梁學的紛爭〉,頁 213～221。

〔註238〕《春秋繁露》,卷三〈玉英〉:「惟聖人能屬萬物於一,而繫之元也。終不及本所從來而承之,不能遂其功。是以春秋變一謂之元。元,猶原也。其義以隨天地終始也。故人惟有終始也,而生不必應四時之變。故元者爲萬物之本。而人之元在焉。安在乎?乃在乎天地之前。……故春正月者,承天地之所爲也。繼天之所爲而終之也。其道相與共功持業。安容言乃天地之元?天地之元奚爲於此惡施於人?大其貫承意之理矣。是故《春秋》之道,以元之深正

郊」、「郊不避喪」（諸侯大臣越喪助祭），以正天子之位，一改《禮記・王制》
「越紼行郊」（既殯行郊）、《禮記・祭義》「行喪避郊」（唯天子越紼，助祭者
行喪避郊）〔註239〕之經說以建大漢政體與君威（詳第四章第一節）。

　　但經說為何主張嗣子待三年而後稱王呢？這與中國宗法倫理制度有關。
我們從文公九年「毛伯求金」一事說起，經曰：「九年，春，毛伯來求金」。
按：周襄王於文公八年八月崩，九年二月辛丑葬。由於王室衰微，諸侯不會
葬，魯公亦如是，唯使卿往之，〔註240〕因此新王派遣毛伯來魯國求金以供葬
也。姑且不論求金一事合不合乎禮制，經書之的重點顯然在於「何以不稱使」
的這一問題上。〔註241〕因此，《公羊》的釋義便顯得格外重要：

> 毛伯者何？天子之大夫也。何以不稱使？當喪未君也。踰年矣，何
> 以謂之未君？即位矣，而未稱王也。未稱王，何以知其即位？以諸
> 侯之踰年即位，亦知天子之踰年即位也。以天子三年然後稱王，亦
> 知諸侯於其封內三年稱子也，踰年稱公矣。則曷為其封內三年稱子？
> 緣臣民之心，不可一日無君，緣終始之義，一年不二君。不可曠年
> 無君？緣孝子之心，則三年不忍當也。〔註242〕

天之端，以天之端正王之政，以王之政正諸侯之即位，以諸侯之即位正竟內
之治，五者俱正而化大行。」頁68～70。

〔註239〕《禮記》，卷四十七〈祭義〉：「郊之祭也，喪者不敢哭，凶服者不敢入國門，
敬之至也。」頁1321。

〔註240〕按：《穀梁傳》，卷十一，文公九年，范甯以「天子志崩不志葬，而又書日，
是不葬之辭，故知諸侯無復往會葬也。」乃因王室衰微，諸侯不會葬故書葬
日也（頁171）。但《左傳》，卷十九，文公九年，杜預《釋例》則說：「萬國
之數至眾，封疆之守至重，故天王之喪，諸侯不得越境而奔，修服於其國，
卿共弔送之禮。」（頁525）。意謂：天王崩諸侯遣卿會葬乃禮也。但《公羊》，
卷十三，文公九年，何休注則以為：「謂使大夫往也，惡文公不自往，故書葬，
以起大夫會之。」（頁293）何氏以文公不會葬，故經譏之而書葬也。顯見《公》、
《穀》二傳看法相同，《左氏》獨論其外。

〔註241〕按：三傳各有釋義，《穀梁》認為：「求車猶可，求金甚矣。」（頁171）傳文
重點在求金一事，以求金乃非禮也，在喪猶甚；但范甯注則兼重「不稱使者，
天子當喪未君」一事，如《公羊》也。《左傳》認為「毛伯衛來求金，非禮也。
不書王命，未葬也。」杜預注以「求金共葬事。雖踰年而未葬，故不稱王使。」
（頁525），顯然都以「不稱使」作為孔子筆削的主因之一。

〔註242〕《公羊傳》，卷十三，文公九年，頁291～292。按省文部分為：「毛伯求金何
以書？譏。何譏爾？王者無求，求金非禮也。然則是王者與？曰：非也。非
王者，則曷為謂之王者？王者無求。曰：是子也，繼文王之體，守文王之法
度，文王之法無求，而求，故譏之也。」頁292。

依《公羊》傳意，要於四點：一，爲君父三年。二，天子、諸侯，踰年即位改元。三，天子待三年喪除，始得稱王；意謂：喪三年內繼體者僅是「具位元首」，先君餘蔭仍在故不得稱王。四，奉行子道，不得自專，率由舊章，無改父道，必待三年（因而毛伯來求金不稱使也，使者乃王所使也，故不稱之）。〔註243〕顯然，公羊氏意在凸顯孔子：「君薨，百官總己以聽於冢宰三年」、「嗣君諒闇三年」（三年不言，守喪禮賢）的儒教理想。這麼做，無非是要提倡爲君父三年的服喪美制，藉以上行下效，敦風化俗；更重要的是，希望在政治上取得一新舊人事的折衝與平衡，以穩定天下，故強力要求嗣君不得自專，無改父道，就怕前朝班底蠢蠢欲動，造成國家動盪，因此需要一老臣宰相以居中斡旋協調，這是孔子當初說這話的美意與期許。

　　然而，這也正是箝制中國君權的最大利器，儒家建構了「子道」的教條，三年無改父之道，率由舊章。這是中國權力繼承中最爲突出並且容易造成權力旁落或新舊政權鬥爭的一大致命傷。事實上，儒家在這個思維上是矛盾的，孔子希望透過「祀權」維護君權的正統性，因而在天地社稷的王朝大祭中，准許喪主越紼行郊，以正其名實，卻不准他在「政權」上干涉，以「諒闇三年」緊箝於位，唯交付冢宰攝政三年，藉以實習君務與禮賢下士的互信氣度。

　　董仲舒深知這個理想的危險性，因此在《春秋繁露‧玉英》中則說：「天子三年然後稱王，經禮也。有故則未三年而稱王，變禮也。」〔註244〕董子提出禮有「經禮」（如公羊傳言）、「變禮」（如尚書顧命）之分殊，並且舉了四個經變的例子。〔註245〕簡而言之，經乃謂常道，制禮的初衷本意如此，但禮的目的在於實踐，與時代之變遷相繫，所謂「禮以時爲大」，有其權宜性，因

〔註243〕《禮記》，卷四十〈雜記上〉：「君薨，大子號稱『子』，待猶君也。」孔穎達正義：「按《公羊傳》云：『君存稱世子，君薨稱子某。既葬稱子，踰年稱公。』……故僖公九年（左）傳云：『凡在喪，王曰小童，公侯稱子。』是『未葬』爲在喪之稱也。若杜元凱之意，未葬以前皆稱子，若既葬雖未踰年，亦稱公，若未葬雖踰年，猶稱公。」頁1169～1170。

〔註244〕《春秋繁露》，卷三〈玉英〉，頁74。

〔註245〕《春秋繁露》，卷三〈玉英〉：「春秋有經禮，有變禮。爲如安性平心者，經禮也。至有於性，雖不安，於心，雖不平，於道，無以易之，此變禮也。是故昏禮不稱主人，經禮也。辭窮無稱，稱主人，變禮也。天子三年然後稱王，經禮也。有故則未三年而稱王，變禮也。婦人無出境之事，經禮也。母爲子娶婦，奔喪父母，變禮也。明乎經變之事，然後知輕重之分，可與適權矣。」74～75。或參張端穗：《西漢公羊學研究》（台北：文津，2005），〈董仲舒《春秋繁露》中經權觀念之內涵及意義〉，頁191～209。

而董子認爲變禮在於「適權」，〔註246〕以明乎經變之事，知輕重之分，決不可固執不通，拘泥於往古。

　　所以，我們得先看看董子提出的史例如何就證其所謂：「有故則未三年而稱王，變禮也」之說，例見《尚書・顧命》：

> 王麻冕黼裳，由賓階隮。卿士、邦君麻冕蟻裳，入即位。太保、太史、太宗皆麻冕彤裳。太保承介圭，上宗奉同、瑁，由阼階隮。太史秉書，由賓階隮，御王冊命。曰：「皇后憑玉几，道揚末命，命汝，嗣訓臨君周邦，率循大卞，燮和天下，用荅揚文武之光訓。」王再拜，興，荅曰：「眇眇予末小子，其能而亂四方，以敬忌天威？」……諸侯出廟門俟。〔註247〕

孔安國注曰：「殯之所處，故曰廟。」孔穎達正義曰：「廟門謂路寢門。」〔註248〕成王崩於四月乙丑日，癸酉（第九日）既殯，康王去喪從吉，以麻冕黼裳於柩前受策顧命，故經書以「王」稱之。可見康王即位於柩前（既殯），成王既葬，康王即朝天下諸侯，以正王位，是以「既葬統事」，《尚書・康王之誥》即其證也。〔註249〕當然，〈康王之誥〉就其眞僞而言，是有爭論的，或許更可以代表有晉（晉梅賾之僞，或者是漢儒所杜撰，梅賾輯錄）一朝的觀點──「既葬除服」，嗣子稱王（未待三年），領政天下（詳後杜預論）。這也就是董子何以舉康王受命即位稱王爲例，因爲從周公輔成王俱位明堂以朝諸侯開始，有周乃以「既葬」爲節，稱王統事，未有三年也。因此，經說顯然是孔子之理想而非事實；雖說如此，經說仍有其影響力，如何使之質變，以就當今政權之所需，經解家寄言出意的本領則悄悄地使經說產生了質變，而這質

〔註246〕《春秋繁露》，卷三〈玉英〉，蘇輿義證曰：「制禮之權，與行禮之權，互相表裏。行事之權，以先枉後義爲斷。制禮之權，以於道無易爲斷，適權者可不迷於斯注矣。然審禮易而處事難，故適權者必先究禮。」頁75。

〔註247〕《尚書》，卷十八〈顧命〉，頁601～607。

〔註248〕同上注，頁607。

〔註249〕《尚書》，卷十九〈康王之誥〉，書序曰：「康王既尸天子，遂誥諸侯，作康王之誥。」孔安國傳曰：「尸，主也，主天子之正號。（康王）既受顧命，群臣陳戒，遂報誥之。」〈康王之誥〉文：「王出，在應門之內，太保率西方諸侯，入應門左，畢公率東方諸侯，入應門右，皆布乘黃朱。賓稱奉圭兼幣，曰：『一二臣衛，敢執壤奠。』皆再拜稽首。王義嗣德，荅拜。太保暨芮伯咸進，相揖，皆再拜稽首，曰：『敢敬告天子，。』……王若曰：『……惟予一人釗報誥。昔君文武丕平富，不務咎，厎至齊信，用昭明於天下。……』群公既皆聽命，相揖趨出。王釋冕，反喪服。」頁608～613。

變的開始就是從董仲舒「變禮」之說開始的。

此外，蘇輿《春秋繁露義證》則引證了昭公二十二年之例，經曰：「夏，四月，乙丑，天王（景王）崩。」、二十三年經曰：「天王（敬王）居於狄泉。尹氏立王子朝。」《公羊》釋此微言大義為：

> 此未三年，其稱天王何？著有天子也。尹氏立王子朝。〔註250〕

何休注曰：

> 時庶孽并篡，天王失位徙居，微弱甚，故急著正其號，明天下當救
> 其難而事之。……貶言尹氏者，著世卿之權。尹氏貶，王子朝不貶
> 者，年未滿十歲，未知欲富貴，不當坐，明罪在尹氏。〔註251〕

王子朝（庶出）為尹氏所立居王城，是為西王；敬王（嫡出，王猛弟匄，兄終弟及）為劉子、單子所立，因避子朝政權而居狄泉，是為東王。〔註252〕事實上王匄為劉單擁護因躲避尹氏之篡弒而出居狄泉，〔註253〕形成「二王」、「二城」之敵對與嫡庶爭權的情況。由此之故，《春秋》為端正名實而以「天王」稱之，一反三年而後稱王之經說常道，此乃「有故」之謂也。亦證明《春秋》確實寓其權變之筆法以正天下，故《公羊》曰：「此未三年，其稱天王何？著有天子也。」何休注說亦明：「天王失位徙居，微弱甚，故急著正其號，明天下當救其難而事之。」值此之故，豈能待三年而後稱王，《春秋》以正名為思想中心，深察名號，以正其位也。變禮行權以匡天下，亦《春秋》之法也。

〔註250〕《公羊》，卷二十三，昭公二十二年，頁513、卷二十四，昭公二十三年，頁519。

〔註251〕同上注，頁519。

〔註252〕《左傳》，卷五十，昭公二十三年，經曰：「尹氏立王子朝。」孔穎達正義：「宣王之世，有尹吉甫。春秋以來數有尹子見經，是其食采於尹，世為周卿士也。以其世為卿士，宗族強盛，故能專意立朝。不言尹子而言尹氏者，見其氏族強，故能立之也。敬王是單、劉所立，不書單子者，敬王，猛之母弟，兄死次正當立，立之是當。朝不應立，立庶以亂國。書尹氏立朝，所以惡尹氏也。」頁1430。傳曰：「八月丁酉，南宮極震。萇弘謂劉文公曰：『君其勉之！先君之力可濟也。周之亡也，其三川震。今西王之大臣亦震，天棄之矣。東王必大克。』」。杜預注曰：「尹氏，周世卿也。書尹氏立朝，明非周人所欲立。子朝在王城，故謂西王。敬王居狄泉，在王城之東，故曰東王。」頁1436。

〔註253〕《穀梁》，卷十八，昭公二十三年：「始王也。其曰天王，因其居而王之也。立者，不宜立者也。朝之不名，何也？別嫌乎尹氏之朝也。」頁304。清·鍾文烝：《春秋穀梁經傳補注》（北京：中華書局，2009）卷二十二，昭公二十三年，補注引張自超曰：「書曰『天王居於狄泉，尹氏立王子朝』，則天位既定，而朝之為篡分明可知，居狄泉為朝之黨所逐，亦分明可知。」頁654。

因此，這就為兩漢新君找到一即位掌政的理由與根據，變禮行權──靈前即位（自景帝以下靈前、樞前即位，景帝以前則葬後即位），即位稱王，一改春秋舊制。《南史・沈文阿傳》亦言：

> 夫千人無君，不敗則亂；萬乘無主，不危則亡。當隆周之日，公旦叔父，呂、召爪牙，成王在喪，禍幾覆國。是以**既葬便有公冠之儀，始殯受麻冕之策**。斯蓋示天下有主，慮社稷之艱難。逮乎末葉縱橫，漢承其弊，雖文、景刑措，而七國連兵，**或踰月即尊，或崩日稱詔**。此皆有為而為之，非無心于禮制也。〔註254〕

這誠然可為董仲舒的「變禮說」作一註腳。沈氏前引康王「始殯受麻冕之策」（顧命）、「既葬便有公冠之儀」（康王之誥）為例，後引漢文、景二帝「踰月即尊」、「崩日稱詔」為例，這些都是董子所謂的「有故則未三年而稱王」的史例，也就是說：在兵燹國危的時刻裡，新君登基必須即刻領政稱王制詔以定天下，否則只會加劇亡國的腳步而已，這並非不遵從禮制之規範，而是迫於無奈必須變禮行權，以正時艱。

爾後，在東漢白虎觀的會議當中，天子即位改元稱王的論述也成為一時之焦點，其理論亦循董子思維而開展，《白虎通・爵・天子即位改元》開宗明義地說：

> **天子大斂之後稱王者**，明民臣不可一日無君也。故《尚書》曰：『王麻冕黼裳』此大斂之後也。〔註255〕

論議以《尚書・顧命》為例，成王崩，大斂之後康王即告廟稱王（樞前即位稱王），未待三年喪除，這是變禮，而非通例，因而引起諸多爭論。《白虎通》以很大的篇幅來說明這件事，就「踰年改元」的這事件來說是沒有異議的，與春秋體制也是相同的；〔註256〕但就「大斂之後稱王」（變禮）？還是「三年喪除稱王」（經禮）？則有了一番周折。這裡僅就此部分作一引述，承上引文：

> 何以知不從死後加王也？以上言迎子釗，不言迎王也。王者既殯而

〔註254〕《白虎通》，卷一〈爵・天子即位改元〉，蘇輿義證引，頁33。《南史》，卷七十一〈沈文阿傳〉，頁1742。

〔註255〕《白虎通》，卷一〈爵・天子即位改元〉，頁33。

〔註256〕同上注：「何以知踰年即位改元也？《春秋傳》曰：『以諸侯踰年即位，亦知天子踰年即位也。』《春秋》曰：『元年春，王正月，公即位。』改元位也。王者改元，即事天地。諸侯改元，即事社稷。〈王制〉云：『夫喪三年不祭，唯祭天地社稷，為越紼而行事。』」頁38～39。按：繼體之君，俱踰年改元，與易鼎告代者不同：即位即改元，如東漢光武帝、魏文帝、晉武帝等。

即繼體之位何？緣民臣之心不可一日無君也。故先君不可得見，則後君繼體矣。故《尚書》曰『王再拜興對』，『乃受銅瑁』，明爲繼體君也。緣終始之義，一年不可有二君。故《尚書》曰：『王釋冕喪服。』吉冕服受銅，稱王以接諸侯，明繼體爲君也。釋冕藏銅反喪服，明未稱王以統事也。不可曠年無君，故踰年乃即位改元。**元以名年，年以紀事，君統事見矣，而未發號令也。**⋯⋯〔註257〕《春秋傳》曰：『天子三年然後稱王者，謂稱王統事發號令也。』《尚書》曰『高宗諒闇三年』，是也。《論語》曰：『君薨，百官總己聽於冢宰三年。』緣孝子之心，則三年不忍當也。故三年除喪，乃即位統事，踐阼爲主，南面朝臣下，稱王以發號令也。**故天子諸侯，凡三年即位，終始之義乃備，所以諒闇三年，卒孝子之道。**故《論語》曰：『古之人皆然，君薨，百官總己聽於冢宰三年。』以聽於冢宰三年者何？以爲冢宰職在制國用，是以由之也。故《王制》曰：『冢宰制國用。』所以名之爲冢宰何？冢者，大也。宰者，制也。大制事也。故《王度記》曰：『天子冢宰一人，爵祿如天子之大夫。』或曰冢宰視卿，《周官》所云也。〔註258〕

《白虎通》的中心思想，主要有三大要點：

一，前後兩言：「天子大斂之後稱王者」、又言「踰年乃即位改元」，顯然這是兩種即位方式，前者爲「即皇帝位」（政權的即位禮，一家之天下），因此既殯即位，告廟以朝諸侯（詳本節兩漢帝王葬期表彙編）；後者爲踰年改元正月郊天以「即天子位」（祀權的即位禮，承天之天下）也，但這是漢制，而非周制（詳後，或詳第四章第三節）。

二，以康王爲例，成王崩，言迎子釗，不言迎王也。面對父親新死，不論靈前即位或柩前即位，康王都必須自稱「子」，而史官錄之，亦以「子」稱之。然康王於成王既殯之後，柩前即位接受顧命，改喪從吉，史官必以「王」稱之，受王禮以朝諸侯，以正其「繼體之君」（嗣君）之名位。登基大典結束後，康王則釋服從喪，回歸一「嗣子」的身份繼續守喪，待踰年改元再行郊天大禮，以踐天子之位，改元統事，以啓新頁，但依子道，不發號令遽改父道，唯統事而已。簡而言之，第一階段：先王既殯，嗣子即「賓階之位」受

〔註257〕按：省文部分見於上注。
〔註258〕《白虎通》，卷一〈爵・天子即位改元〉，頁33～42。

顧命，以正嗣君繼體之位，朝諸侯，史官稱王，釋服返喪，則以子稱。第二階段：踰年改元即天子位，行郊天大典，史官稱王，守喪以子稱。第三階段，三年喪除，「終王吉禘」，始得自專，南面稱王，號令天下，脫離父舊，獨闢新章。故通議曰：「三年除喪，乃即位統事，踐阼爲主，南面朝臣下，稱王以發號令也。故天子諸侯，凡三年即位，終始之義乃備，所以諒闇三年，卒孝子之道」這是極其重要的一段談話，文中「天子諸侯，凡三年即位，終始之義乃備」是其關鍵字。天子諸侯何以又於「三年即位」？即什麼位呢？我認爲：這是「終王吉禘」之即位禮。「劉歆」重禘，故以「終王」爲「大禘」之祭，這個說法是至確無疑的，但從未被漢儒提及。周朝體制於三年喪終，繼體之君即位稱王，五服（邦內甸服，邦外侯服，侯衛賓服，夷蠻要服，戎狄荒服）來朝入祭，〔註259〕郊宗石室之神主聚以合食共祭，送舊迎新，目的在宣告新天子時代的降臨。故以「喪之終始」作爲「郊天」、「禘祖」之即位禮序，也就是說：周王有一次受命兩次即位大典——「柩前受命」（《尙書‧顧命》）、「改元郊天」（《春秋》）、「喪終禘祖」（《春秋》、《國語》），這與漢制之「靈前即位」、「改元郊天」是不同的，而這一變革乃源自於文帝短喪護權之遺詔，故省喪終禘祖之即位大典，靈前（柩前）逕接即位，改三年禘祖爲告廟以成，因是迄至劉歆始言終王禘祭也（詳第四章第三節）。

三，文中引經據典，層層堆疊出經禮「君薨，百官總己聽於冢宰三年」的定理，卻巧妙的以〈王制〉「冢宰制國用」〔註260〕作結，徹底地顛覆了《周官》中冢宰「貳王」〔註261〕的執掌與其祿位，反降爲一財務部長，其職重新被定義與定位，與曾攝政當國的伊尹、周公冢宰之職再也無關。這是相當巧

〔註259〕《國語》，卷一〈周語上〉曰：「夫先王之制，邦內甸服，邦外侯服，侯衛賓服，夷蠻要服，戎狄荒服。甸服者祭，侯服者祀，賓服者享，要服者貢，荒服者王。日祭、月祀、時享、歲貢、終王，先王之訓也。……於是乎有刑不祭，伐不祀，征不享，讓不貢，告不王。」頁2。《漢書》，卷七十三〈韋玄成傳〉，注引服虔曰：「蠻夷，終王乃入助祭，各以其珍貢以共大禘之祭也。」、顏師古曰：「每一王終，新王即位，乃來助祭。」頁3129。

〔註260〕《禮記》，卷十二〈王制〉：「冢宰制國用，必於歲之杪，五穀皆入，然後制國用。用地小大，視年之豐耗，以三十年之通制國用，量入以爲出。」鄭玄注曰：「制國用，如今度支經用。」頁376。

〔註261〕《通典》，卷八〇〈禮四〇‧凶二‧總論喪期〉：「冢宰，天官卿，貳王理事者也。三年之喪，使之聽朝。」頁1105。《周禮》，卷一〈天官‧冢宰〉：「大宰之職，掌建邦之六典，以佐王治邦國。」、賈公彥疏曰：「宰者，調和膳羞之名，此冢宰亦能調和眾官，故號大宰之官。」頁1。

妙的一大論述，在不違反經禮的常道思想下（論語日云云）替王權的伸張作了一大回護。事實已經很清楚了，《白虎通》乃以開宗明義的第一句話——「天子大斂之後稱王者」（既殯即位以統事稱王，康王例，變禮也）爲其主語，冢宰在於制國用乃爲補語，中間一大段的引經據典云云俱爲述語，由此可見，在《白虎通》的最終思維裡，「冢宰」再也不被賦予攝政貳王之權，徒爲制國用之財長大臣罷了。

最後，我們再談談杜預「諒闇三年」——「心喪三年」的釋義。這個解釋的影響是非常重大的，杜氏藉由解經正式將王者權力從三年喪的經典桎梏中跳脫出來，冢宰不再被賦予因喪攝政的機會，這和《白虎通》官方的決議文是一樣的，唯一的差別是，杜預不以拗口繁複的經典作其理論的基底，而是直接以「既葬除服，心喪終制」自我作論，而其理據則來自《左傳》。先來看晉武帝泰始十年元皇后崩，太子應否葬後除服一事，杜預始提出「心喪終制」之說：

> 泰始十年，元皇后崩，依漢魏舊制，既葬，帝及羣臣皆除服。疑皇太子亦應除否？詔諸尚書會僕射盧欽論之，唯預以爲古者天子諸侯三年之喪，始服齊斬，既葬除喪服，諒闇以居，心喪終制，不與士庶同禮。〔註262〕

「既葬除服」，並非僅僅是「漢魏舊制」，事實上，春秋亦如是，守喪三年純粹是儒教之理想。不過，太子是否應當除服則引起爭論，一派是以盧欽、魏舒等爲主，認爲太子應服喪三年以終；一派則以杜預：「既葬除服，心喪終制」爲說，認爲太子必須與帝父、群臣們一同除服，唯心喪懷憂三年，廢樂三年以終。因而盧欽等問其理據，則以《春秋》晉侯享諸侯，子產辭享與周景王二喪爲例，認爲經乃以既葬爲節，君未葬則廢樂辭享，乃禮也；又景王致譏乃譏其晏樂已早，而非譏其釋服（詳第三章第二節）。這二大證據說服了朝廷眾臣，最後武帝的裁決則依杜說也。

孔穎達《左傳正義》對此深表贊同，氏日：

> 案《釋例》曰：《禮記》（諸侯五月而葬，七月而卒哭）後人所作，
> 不與《春秋》（杜云：天子諸侯除喪當在卒哭）同，是杜所不用也。
> 既葬除喪，唯杜有此說，正以《春秋》之例，皆既葬成君，明葬是

〔註262〕《左傳》，卷二，隱公二年，孔穎達正義引，頁60。文詳《晉書》，卷二十〈志第十‧禮中〉，頁618～623。

人君之大節也。……〔註263〕以此知諸侯既葬則免喪，喪服既除則無哭位。諸侯既然，知天子亦爾。《尚書》「高宗亮陰，三年不言」，《論語》云「何必高宗，古之人皆然。」是天子諸侯除服之後皆諒陰終喪也。〔註264〕

杜預《釋例》的說法，得到孔穎達的高度認同，不以《禮記》，而尊《春秋》。孔氏引《尚書》、《論語》則斷章取義，不盡文句，〔註265〕以高宗亮陰，三年不言是心喪懷憂三年，主張帝王葬後即位，即位則統事稱王，而非信默不言委政冢宰，架空君權，因而省文，不以百官總己以聽於冢宰三年爲說，一舉推翻《尚書·無逸》（孔安國）、《論語·憲問》（何晏）注疏家之言論。我們再從《左傳》文公元年的這席話證之，杜預《春秋釋例》曰：

遭喪既位者，每新年正月必改元正位，百官以序，故國史書「即位」於策以表之。文公、成公先君之喪未葬，而書「即位」，因三正之始，明繼嗣之正，表朝儀以同百姓之心。此乃國君明分制之大禮，譬周康王麻冕黼裳以行事，事畢然後反喪服也。雖踰年行即位之禮，名通於國內，必須既葬卒哭乃免喪也，古之制也。〔註266〕

杜氏以「古之制也」——康王之例，概括了康王以來的歷史，認爲凡王喪踰年則即位，不論既葬或未葬，「即位」以「踰年」爲節，不以葬事爲節，因此改元之事乃大於王葬，改元以正新王之名位，百官攸序。又「稱王執事」，則

〔註263〕按：省文內容爲：「昭十二年傳曰：『齊侯、衛侯、鄭伯如晉。晉侯享諸侯，子產相鄭伯，辭於享，請免喪而後聽命。晉人許之，禮也。』於時鄭有簡公之喪未葬，故請免喪。其下傳又云：『六月，葬鄭簡公。』丘明作傳，未嘗虛舉經文，而虛言此葬，得非終前免喪之言也！」頁59～60。《左傳》，卷四十五，昭公十二年，杜預注曰：「簡公未葬。善晉不奪孝子之情。傳終子產辭享，明既葬則爲免喪。」、孔穎達正義：「僖九年，『宋桓公卒，未葬，襄公會諸侯，故曰子。』是先君未葬，有從會之禮也。鄭逼於楚，以固事晉，故雖父未葬，朝覲嗣君，不得已而行，於情可許也。諸侯相享，享必有樂，未葬不可以從吉，故辭享爲得禮。」頁1295～1296。

〔註264〕《左傳》，卷二，隱公二年，孔穎達正義，頁59～60。

〔註265〕《論語》，卷十四〈憲問〉：「子張曰：『《書》云：高宗亮陰，三年不言。何謂也？』子曰：『何必高宗，古之人皆然。君薨，百官總己以聽於冢宰三年。』」、何晏注引：「孔（安國）曰：『冢宰，天官卿，佐王治者。三年喪畢，然後王自聽政。』」、邢昺疏曰：「高宗，殷王武丁也。諒，信也。陰，默也。言武丁居父憂，信任冢宰，默而不言三年矣。……言君既薨，新君即位，使百官各總己職，以聽使於冢宰，三年喪畢，然後王自聽政。」頁202。

〔註266〕《左傳》，卷十八，文公元年，頁482。

以「既葬卒哭」爲節，所謂「卒哭成事」，喪事至葬服除，唯心喪三年，釋服則吉，故王令天下，冢宰聽之。再看孔穎達的詮釋：

> 《康王之誥》云：「王義嗣德，答拜。」彼始殯訖，即呼爲王，知諸侯既殯，臣子亦呼爲公，既尸其位，名號即成。但先君未葬，事猶聽於冢宰，未得即成爲君。八年八月，天王崩。九年春，毛伯來求金，傳曰「不書王命，未葬也。」是踰年未葬，不得命臣出使，必待卒哭，乃免喪也。〔註267〕

孔從杜意，亦認爲：既葬卒哭成事，王始得命使，行使王權，例如康王之誥、毛伯求金二例，先王未葬以子道，事歸冢宰，既葬除服，喪事已畢，王號已成，令施天下，已非經說「百官總己以聽於冢宰三年」之謂也。顯然在唐朝官定五經正義以前這一因喪而妨害王權行使的教條已被徹底打破，嗣王已從冢宰手上奪回專政之權，毋須再奉守子道以待三年。這一努力，誠由董仲舒即位郊天「越喪行郊」以正君權的主張開始，迄至白虎通官定會議另釋「冢宰」之義，下逮杜預「既葬卒哭，心喪三年」之巧釋，凡兩漢以來之即位禮，必經兩道禮儀程序以成其統，一是柩前（靈前）即位稱王，以垂帝統；一是踰年改元郊天，以正天統（這有別於周王以喪之終始作爲即位之政治體制：喪之始也，踰年改元郊天，以正天子名位；喪之終也，三年喪除，終王易世，禘祖稱王）。諸此誠乃透過漢晉注疏家一步一步地巧將經說變質，改字添經也好（如董仲舒）；望文生義也好（如杜預）；斷章取義也好（如白虎通），誠然，質變後的經說已順理成章的成了擁護君權的最佳範本。

　　綜上所述：春秋與兩漢俱以「踰年改元」爲則。但春秋以「踰年即位」，諸侯葬期多從「大夫葬期」，以「三月而葬」居多，「去五以三」；迄於兩漢之世，文帝遺詔短喪，以日易月，未月而葬，一從「士庶葬期」，後王以「踰月而葬」居多，景帝以來乃以「靈前即位」、「柩前即位」（惠帝政權旁落於母黨諸呂，文帝爲陳平等迎立，故於葬後即位，非兩漢慣例）爲則，諸此變禮，絕對與文帝短喪遺詔與《春秋》譏世卿學說的影響有關。

　　董仲舒《春秋繁露》爲了替君權解套（君薨，百官總己以聽於冢宰三年），因而提出「經禮」與「變禮」之說，經禮乃常道原則，但禮以時爲大，亦有其不得不變禮行權之時，因此舉《尙書》〈顧命〉、〈康王之誥〉爲例，康王去喪從吉，麻冕黼裳受策顧命，於成王大斂之後即位稱王（柩前即位），既葬除

〔註267〕同上注。

服則南面統事以匡天下（一如周公輔成王朝諸侯於明堂）。此乃史證，蓋可依循，引為變禮行權之一大依據。又昭公二十三年經曰「天王居於狄泉」一例更佐證了《春秋》確實存在著變禮行權之法，嗣君未待三年而稱王，稱王以正位號，而此一權便之法目的在於正名以昭天下，以抗亂臣賊子所扶持之偽政權（如尹氏扶持的王子朝政權）。

但是，真正透過官方論述而遏止相權高張的則是章帝時的《白虎通》會議，而終結相權攝政理據的則是西晉大儒「杜預」。白虎通議中最重要的是重新定位「冢宰」之職在於「制國用」，成為一介財務大臣而非佐王治邦國，調和眾官之大卿。當然，通議乃以子之矛攻子之盾，慣於引用經典，亦以經典之說扭轉了冢宰攝政的意義，其「攝」乃非攝政當國，而是權度國家財務支用之一介朝官而已。

當然，最後將君權高高舉起的則是杜預。杜預深知儒教經典對於一個國家的朝綱所起的重要性，這是依循兩漢而來的歷史包袱，如何甩開，別開生面，到底還是得依據《春秋》史例，以駁倒禮家或理想家加諸於君權的桎梏枷鎖。而《春秋》在杜預看來絕對是「周公作，孔子述」〔註268〕最具說服力的偉大論著，因此春秋諸公，無不以「既葬除服」而稱制統事，並無為君父服喪三年，亦無信默不言，委政冢宰三年之事實，〔註269〕因而杜預對於《論語》盛美高宗，亦以「心喪終制」（懷憂三年，廢樂三年）作為儒教之可行的理想，一舉終結他經之定義，一從《春秋左氏》也。

〔註268〕《左傳》，卷一《杜預・春秋左氏傳序》，頁 14～15。或見皮錫瑞：《經學歷史》，〈經學開闢時代〉，頁 11、〈經學昌明時代〉，頁 89。
〔註269〕詳季師旭昇：〈《上博二・昔者君老》簡文探究及其與《尚書・顧命》的相關問題〉，《中國哲學研究集刊》，第二十四期（2004.03），頁 253～292。

第四章　祀權伸張——天子郊禘祀權與正名體制之確立

　　《漢書・郊祀志下》曰:「帝王之事,莫大乎承天之序,承天之序莫重於郊祀,故聖王盡心極慮以建其制。」〔註1〕這段話雖是成帝時匡衡、張譚議請遷甘泉汾陰於國都之南北郊的卷頭語,卻也為我們說明了五十八個朝中大臣對這件事的看重和進行過的熱烈討論。這從遠古傳下來的郊天大典,始自春秋便亂了秩序,諸侯恣意立祠五帝,僭郊祀天,個個都想稱王稱帝,連卿大夫也無例外(詳第三章第一節)。在這種情況下,如何將祭祀大權集權於帝王一人之手,備位四方至味,一統天下百物,這就是王朝禮儀訂定的最終目的。

　　《禮記・王制》:「喪三年不祭,唯祭天地社稷,為越紼而行事」〔註2〕條例,絕對是禮學與政統上的一項重大議題。從戰國《禮記》成書以來,這個議題經過秦世、漢初,直到武帝時期的「董仲舒」,才正式的躍出檯面,成為政治上與祭祀上的一大鐵律,成為王權的最高象徵。這直接影響元、成一世對「宗廟」與「郊祀」的改制運動,自此「政權」(皇帝、君主權)的大一統乃透過「祀權」(天子、宗主權)的大一統達到統一的天下秩序。

　　當然,《禮記・大傳》有所謂:「不王不禘」〔註3〕之說,魯禘不僅用於周公廟亦用於群廟,顯然這也是亂了體制的祭典(詳第三章第一節),其專屬性不再僅止於天子,而是有了普遍性。這一普遍性的產生,正顯示了王權的衰

〔註1〕　《漢書》,卷二十五下〈郊祀志下〉,頁 1253~1254。
〔註2〕　《禮記》,卷十二〈王制〉,頁 376~377。
〔註3〕　《禮記》,卷三十四〈大傳〉,頁 997。

落；也就是說：當祀權的專屬性被破壞而有了普遍性，如月映萬川，凡川底都見到了月亮，這輪高掛於天的明月，其唯一性、獨有性、神聖性同時化爲烏有，不復可見其至上權力的象徵意義與標示作用。

因此，如何復其至上之祀權，兩漢儒士透過經解企圖建立一宗教集權與威權的政府，前有今文家「董仲舒」的「南郊祭天」說，後有古文家「劉歆」的「終王大禘」說，最後則有折衷今古經學「鄭玄」的「圜丘禘祖」說。其學說的建立與要義誠乃本文擬以深入探討的主題，因此，本章擬由三大方向進行討論：

一、董仲舒：天子正名體制的建立——踰年即位，越喪行郊。在《公羊》「王魯」思維的前提下，董仲舒《春秋繁露》以〈郊語〉、〈郊義〉、〈郊祭〉、〈郊祀〉、〈郊事對〉五篇來闡發春秋魯公「踰年即位，越喪行郊」之即位制度；也就是說：不論君喪之葬或未葬，新主俱以元年正月即位並行郊天大典，透過此一郊天祀權以正其君位，這就是孔子將正名思想寓之於祀的君權觀，故《禮記·王制》：「喪三年不祭，唯祭天地社稷，爲越紼而行事」是其證也。這是繼孔子《春秋》以來第一個儒家學士將「郊天祭祀」作一「政治演繹」，將「祀權」與「君權」之關係深度化並且神話化，賦予宗教祭主一統天下秩序的君主責任，故奉天爲父，代父行權。自董子以來，「郊天大祀」已爲易鼎起新，聖主「告代祭天」之絕對性的即位儀式與承天受命之正統性的宣示。因此，董子〈郊語〉、〈郊義〉、〈郊祭〉、〈郊祀〉、〈郊事對〉五篇之演說闡釋乃本節爬梳之主要重點。

二，董仲舒：先天事後人事——「喪郊止廟」學說的建立。董仲舒爲了尊崇「郊天」故而提出「喪郊」，也就是說：「郊不避喪」，依《禮記·祭義》：「郊之祭也，喪者不敢哭，凶服者不敢入國門，敬之至也。」〔註4〕依禮之說：郊天乃吉事，基於吉凶不相干的道理，故凡喪主或服喪者都不可陪位助祭，應該「止郊行喪」；但董子大唱「越喪行郊」，因此不管祭主有喪，或陪位助祭者有喪都必需權且釋服行郊，而其他祭典，如宗廟、社稷等祀典則不在其列，唯待葬訖除服而行事。故董子以《春秋》不譏喪郊之事例爲軸，論證春秋唯郊牲傷亡或卜日不吉而廢郊，未見因喪廢郊以論證「郊天爲大」之思想，並引述其他諸譏喪祭、喪宴、喪娶等事例作一輔證，本節擬一一爬梳以清其源。

〔註4〕《禮記》，卷四十七〈祭義〉，頁1321。

三,《禮記・大傳》:「不王不禘」——終王吉禘,三年稱王。在「周禮盡在魯矣」的觀點下,春秋魯公於三年喪終行吉禘之禮,蓋可說是周王「即位制度」中一大君權學說的焦點,然而這三年吉禘,南面稱王之禮在漢初卻隱晦不彰,主要在於董仲舒以「郊天」作爲天子之正名機制,故郊天祭祀一躍成爲王朝諸典之首。迄至新莽專政再興宗廟迭毀禮議,劉歆引《春秋外傳》(《國語・周語》)「終王」說「大禘」之義,始唱「禘祭」之重。〔註5〕又兩漢經解家對於「王者禘其祖之所自出」〔註6〕的解讀存在著極大的差異,三禮大家「鄭玄」則標新立異,獨樹一說,正式將禘祭之祭義與祀位高舉於郊天之上,對於董子以來「唯郊爲大」之重郊學說產生不少衝擊。「禘祭」在劉歆與鄭玄前後之標榜下,已然成爲天子另一大獨斷之祀權。因此,禘祭之作爲一祭祀之專名,其歸屬性與作用性,在兩漢之世確實產生了一番波瀾,這番波瀾不論其過程爭論如何,都爲我們確立了天子之內外二大祀權——郊權(踰年改元,郊天即位)、禘權(三年喪終,禘祖稱王)——成爲中國天子即位稱王制度中的一大正名機制。

第一節 董仲舒:天子正名體制的建立——踰年即位,越喪行郊

「僭越」這個問題的產生,當然關涉諸多因素,但其肇端之一,如本文深以檢討的則在於「成王重賜」所導致「名器假人」的敗政,諸侯上僭成風,以致周室名實俱亡;而家門侈大,公室之卑,何嘗不是肇端於此。這種惡性循環乃是歷史經驗的結果,顯見「重蹈覆轍」是王朝衰亡的主因,因此兩漢儒士深以《春秋》爲鑑,以誡於漢室王權衰落之勢,誠如《後漢書・丁鴻傳》所云:

> 夫威柄不以放下,利器不可假人。覽觀往古,近察漢興,傾危之禍,靡不由之。是以三桓專魯,田氏擅齊,六卿分晉;諸呂握權,統嗣幾移;哀、平之末,廟不血食。故雖有周公之親,而無其德,不得行其埶也。〔註7〕

〔註 5〕《漢書》,卷七十三〈韋玄成傳〉,頁 3129。
〔註 6〕《禮記》,卷三十四〈大傳〉,頁 997。
〔註 7〕《後漢書》,卷三十七〈丁鴻傳〉,頁 1262。

諸呂擅政，並非事過境遷，以爲歷史，高懸明鏡，而是作爲王朝興衰之戒鑑，時時覽之，夕惕若厲。這就是儒生與春秋公羊學家見端而起的契機，透過一個政治時勢之所需而建立的一大學派，建立了大漢王朝君政之威。而重啓儒家《春秋》郊天思想大義的則是——董仲舒。

董仲舒是發揚《春秋》郊天大義，並有精闢的理論傳世，自成一大學派引領後世，是「今文經」學中執牛耳者。尤以《春秋公羊》之成爲帝王之學，乃立基於「聖人無父，感天而生」的思維，帝王以天爲父，因此天子以一天之子——受命垂統的合法身份主祭「郊天」，誠乃董子亟欲建立的「正名制度」。而此一正名機制在董氏學說的影響下已正式成爲「王者權力」之神聖象徵與「告代即位」之必然儀式。

董氏提出一大學術口號——「郊不避喪」，在「喪」、「祭」的衝突下，奉守「越喪行郊」的思維以「郊天爲大」，先進天事奉以子道，故俗世之父母三年大喪都必須後進於郊天大祭。爲此學說的建立，董子私以改經添字，將〈王制〉條例之「越紼」改爲「越喪」（王莽亦改經「天地社稷」爲「宗廟社稷」）主張新主登基「越喪親郊」，以證明自己乃得天垂統，正其「天子：天之子」的名位，端正名實乃從郊天之祀權正名而起，嚴禮正名，實乃董子用心所在。凡諸理論見於氏著《春秋繁露》之〈郊語〉、〈郊義〉、〈郊祭〉、〈郊祀〉、〈郊事對〉五篇，以下就此五篇要旨一一爬梳，以醒眉目。

一、《春秋繁露·郊語》：確立天與天子之父子關係

蘇輿《春秋繁露義證》開卷便言「鄭玄」注禮從「古文說」，以「禘祭祀天帝，郊爲祈農事」，因此「禘重於郊」（詳本章第三節）；然而「今文」大家「董仲舒」據《春秋》爲說以「郊爲祭天之專名，禘爲宗廟之祭」，東漢匡衡等議郊、晉儒王肅等盡從此說，與鄭玄分庭抗禮。〔註8〕當然，董氏此說是佔了上風，成爲後世的依據，或可說：自董子以來《春秋》學滲透了《禮記》的解釋權。以下就〈郊語〉一卷摘要：

> 孔子曰：「君子有三畏：畏天命，畏大人，畏聖人之言。」彼豈無傷
> 害於人，如孔子徒畏之哉！以此見天之不可不畏敬，猶主上之不可
> 不謹事。不謹事主，其禍來至顯；不畏敬天，其殃來至闇。……孔
> 子同之，俱言可畏也。天地神明之心，與人事成敗之眞，固莫之能

〔註8〕《春秋繁露》，卷十四〈郊語〉，頁394。

見也，唯聖人能見之。聖人者，見人之所不見者也，故聖人之言亦可畏也。奈何如廢郊禮？郊禮者，（聖）人所最甚重也。廢聖人所最甚重，而吉凶利害在於冥冥不可得見之中，……詩云：「不愆不忘，率由舊章。」舊章者，先聖人之故文章也。率由，各有修從之也。此言先聖人之故文章者，雖不能深見而詳知其制，猶不知其美譽之功矣。今郊天之義，此聖人故。文章之最重者也，前世王莫不從重，栗精奉之，以事上天。至於秦而獨闕然廢之，一何不率由舊章之大甚也！天者，百神之大君也。事天不備，雖百神猶無益也。何以言其然也？祭而地神者，春秋譏之。孔子曰：「獲罪於天，無所禱也。」是其法也。故未見秦國致天福如周國也。……聖人正名，名不虛生。天子者，則天之子也。以身度天，獨何為不欲其子之有子禮也。今為其天子，而闕然無祭於天，天何必善之。〔註9〕

本卷以孔子三畏之說起語，並以孔子的真切體會作警示，故述《春秋》以垂訓後世，其「南郊祭天」便是敬天畏天從聖人之言的力證，不可違逆，否則天殃之來是默而無聲，潛而無形，大秦之亡，便是廢郊毀典所導致的大殃，新王不可不戒慎恐懼。而今（文家）所謂「天子」乃「天之子也」，聖人乃「感天而生」，故天乃父也，因而受命於天，代父行權。也就是說：天子權力的根源是承自於天，因此對天父的孝敬之心就展現在「親祠南郊」的行動上，這是不可闕廢的國家大典，也是不可假手他人的權威性大典，所謂「名不正則言不順」，非天之子不可祀天。

這是董氏從《春秋》中所汲取的歷史教訓，武帝登基卻難行至高權力，處處屈就於竇太后的威嚴之下，太皇太后權力的強勢，漢世屢見。事實上，女君的作威作福始自國朝先祖「呂后」便形成一尾大不掉的外戚大禍，帝權的中落，陰盛陽衰，臣駕於君，險些釀成大漢王朝的中衰。有感於這些前車之鑑，武帝對董仲舒的「尊王正名」的理論大為激賞，這是因為自身權力的困境所致；然而，大漢真正的危機卻不是呂后與竇太后自家門內的危機，而是輔政大臣坐大之後的專權——「攝政當主」的危機。

西漢大抵自武帝詔令霍光委政以來，皇權的旁落，可以一句「祿去王室，政繇冢宰」〔註10〕概括漢帝長期以來的困境，而這樣的困境除了養虎貽患以

〔註9〕同上注，頁397～399。

〔註10〕《漢書》，卷七十四〈魏相傳〉曰：「春秋譏世卿，惡宋三世為大夫，及魯季

致權臣藉由奉詔專攬朝政之外，同時也導致「后權」的興起，讓外戚宗族勢力有了盤根錯節的機會。以霍光爲例，藉由權傾朝野的威勢逼使皇帝立霍氏女爲皇后，一方面藉以監督執掌後宮內朝；一方面逼使皇帝投鼠忌器，牽制並架空使之成爲虛位元首。然而，怎樣可以防堵「祿去王室，政由冢宰」的王朝危機？董仲舒研究《春秋》特別重視「歷史教訓」，對中國人而言，歷史是一面光亮亮的鏡子，殷鑑不遠，王權旁落，王公出奔，弒君亡國者多，因此，帝權之不可假人，威勢之不可虛張，「尊王」就得從「正名」開始——天之子——郊天儀式事必躬親，這個「主祭」的「位子」絕對是「天子之位」，絕對不可假手他人。

董子深知中國政治就隱含在這個「位」字的學問上（詳第二章第二節）。自從伊尹以「至味」隱喻「至位」開始，中國人講政治哲學是不脫食物與養生的基調。〔註11〕因而中國人對至高權力的論述，誠如巫鴻先生所言：並不是以一種「描繪」的方式來表述，而是通過「標記」的視覺場域來顯現，巫先生說：

> 「位」是一種特殊的視覺技術（visual technology），通過「標記」（marking）而非「描述」（describing）的方法以表現主體。我之所以稱之爲「技術」，是因爲它給一個完整的視覺表現系統提供了基本概念和方法。如我在另文中（〈「圖」「畫」天地〉）中曾過的，許多文本和圖像都是基於「位」的概念而產生的。一個例子收於《禮記》中的先秦文獻〈明堂位〉，在界定統治者的權威性時並非是依靠對他

孫之專權，皆危亂國家。自後元（武帝末年）以來，祿去王室，政縣冢宰。今（霍）光死，子復爲大將軍，兄子秉樞機，昆弟諸壻據權勢，在兵官。光夫人顯及諸女皆通籍長信宮，或夜詔門出入，驕奢放縱，恐寖不制。宜有以損奪其權，破散陰謀，以固萬世之基，全功臣之世。」頁3134～3135。卷六十〈杜周傳〉：「王氏世權日久，朝無骨鯁之臣，宗室諸侯微弱，與繫囚無異，自佐史以上至於大吏皆權臣之黨。」頁2681。卷七十六〈張敞傳〉曰：「臣聞公子季友有功於魯，大夫趙衰有功於晉，大夫田完有功於齊，皆疇其〔庸〕，延及子孫，終後田氏篡齊，趙氏分晉，季氏顓魯。故仲尼作春秋，迹盛衰，譏世卿最甚。乃者大將軍決大計，安宗廟，定天下，功亦不細矣。夫周公七年耳，而大將軍二十歲，海內之命，斷於掌握。」頁3217。

〔註11〕《禮記》，卷二十一〈禮運〉：「夫禮之初，始諸飲食。」頁666。或參甘懷眞：《皇權、禮儀與經典詮釋：中國古代政治史研究》（上海：華東師範大學出版社，2008）上編《禮觀念的演變與儒教國家的成立‧先秦禮觀念再探》頁3～25。

的實際權力的描述，而是通過他被朝臣、諸侯、蠻夷首領層層環繞的中央位置。〔註12〕

這是一席精闢入裏的言論，與其輝映相得益彰的是卡西爾（Ernst Cassirer）教授的這段話：

> 人類文明的歷史家已告訴我們，人類在其發展中已經經過了兩個不同的階段。人類開始是作為巫師（homo magus），經由巫術時代，達到了技巧時代。以前具有原始文明的巫師變成了手藝人（homo faber）、工匠和藝術家。〔註13〕

早期中國也曾歷經巫術領政的時代，迄至周公制禮作樂，人類意志逐漸崛起，群巫轉而以技巧工藝的方式另謀生路，而「權術」就是「巫術」的轉化，都是一種秘而不宣的神秘技巧，政統性質亦由「王巫」進入到「君王」，由「巫政」進入到「吏政」。董仲舒或可稱為一代「儒巫」，「巫」並不是一個貶抑之詞，巫以事神，董氏以神道設教，大唱君權神授，並以天人相副。〔註14〕事實上，巫術的應用在文明時代不過是改變其形式而存在，從未消失在我們的文化思維與社會生活當中。因此，誠如巫先生所言，王者的至高權力是透過「位」的圖像標記──被朝臣、諸侯、蠻夷首領等層層環繞的「中央位置」──以此「中央之位」的「標記」表示「王者」之所在，藉由這一明確的「座標」，王者所居之位就是世界的中心，宇宙的中樞，從這個神聖之位的座標開展，而成宮殿、王都、王郊、四方侯國、蠻夷藩邦，人類的生活與政治結構正是以此向外層層擴張延伸。〔註15〕因此，漢元帝將各地郡國廟一統於京師長安，一由皇帝親自主

〔註12〕 美・巫鴻：《禮儀中的美術──巫鴻中國古代美術史文編》（Wu Hung, ART IN ITS RITUAL CONTEXT──Essays on Ancient Chinese Art by Wu Hung，鄭岩等譯，北京：三聯書店，2005）〈無形之神──中國古代視覺文化中的「位」與對老子的非偶像表現〉，頁513。

〔註13〕 德・卡西爾：《國家的神話》（Ernst Cassirer, The Myth of the State，范進等譯，台北：桂冠圖書，1992），第十八章〈現代政治神話的技巧〉，頁364。

〔註14〕 清・皮錫瑞：《經學歷史》（台北：藝文印書館，1987）：「漢有一種天人之學而齊學猶盛。《伏傳》五行，《齊詩》五際，《公羊春秋》多言災異，皆齊學也。《易》有象數占驗，《禮》有明堂陰陽，不盡齊學，而其旨略同。當時儒者以為人主至尊，無所畏憚，借天象以示儆，庶使其君有失德者猶知恐懼修省。此《春秋》以元統天、以天統君之義，亦《易》神道設教之旨。漢儒藉此以匡正其主。」頁103～104。

〔註15〕 《呂氏春秋》，見陳奇猷：《呂氏春秋校釋》（台北：華正，1988）卷十七〈慎勢〉：「古之王者，擇天下之中而立國，擇國之中而立宮，擇宮之中而立廟。」頁1108。

祭，將祭祀權回歸王者之居與王者之身；又漢成帝遷甘泉汾陰天地之祀於長安城南北二郊，諸此作法便是以帝王（人君）——宮殿（帝王之所居）爲中心思想展開的權力意志，而這樣的意志則是深受董氏的影響所致（詳第五章）。

二、《春秋繁露・郊義》：正月上辛郊天更始之神祕思維

本卷全文：

> 郊義，春秋之法，王者一歲祭天於郊，四祭於宗廟。宗廟因於四時之易，郊因於新歲之初，聖人有以起之，其以祭不可不親也。天者，百神之君也，王者之所最尊也。以最尊天之故，故易始歲更紀，即以其初郊。郊必以正月上辛者，言以所最尊，首一歲之事。每更紀者以郊，郊祭首之，先貴之義，尊天之道也。〔註16〕

在本卷短短的數行字句裡，董子傳遞了一個宗教性的神祕思維，那是初民對天體運動陰陽流行之「時間」——「月令」的思考，〔註17〕何以在「正月用辛」必行「郊天」大典？我們的存在以致於萬物宇宙的存在，是「時間」賦予了萬物生命存在的實有性，所以我們感受真實的存在與生命的期限。我們創造了歷史，活在歷史裡，在一部以線性作爲進程的歷史中，我們並不遺忘過去，反而處處依循著過去的車輒與先人的足跡；但事實上，歷史的屬性並非意謂著過去的時間。〔註18〕古人將過去的時間藉由事件而將它們串連了起來，成爲當下的議題與寫本，先人以經驗過的高度指導著今人的作爲而成了處世的智慧，凡過去的可以檢討也可以指導；現在的可以借鑒也可以吸取；

〔註16〕 《春秋繁露》，卷十五〈郊義〉，頁402～403。

〔註17〕 詳參巫鴻：《禮儀中的美術——巫鴻中國古代美術史文編》〈『圖』『畫』天地〉，頁642～658。

〔註18〕 德・馬丁・海德格：《存在與時間》（Martin Heidegger, Being & Time，陳嘉映、王慶節譯，台北：唐山，1989）第七十三節：「歷史主要不是意指過去之事這一意義上的『過去』，而是指出自這過去的淵源。『有歷史』的東西處在某種變易的聯繫中，在這裡『發展』是忽升忽降。以這種方式『有歷史』的東西同時也能造就歷史。這種東西以『造就時代的』或『劃時代』的方式在『當前』規定一種『將來』。在這裡歷史意謂著一種貫穿『過去』、『現在』與『將來』的事件聯繫和『作用聯繫』。從而過去在這裡根本不具特別的優先地位。」頁458。按：簡言之，所謂『有歷史的』如：遺跡、古董、歷史文物，或所謂的「經籍」，例如中國的「六經」、「諸子」等文獻，都是一種有歷史的，透過這些文物史籍將人們的歷史情感瞬間拉回了過去，又這些過去的東西，卻深深地影響至今以致於未來；因此，這些過去的事物並非真的過去了，而是真真實實的存在著，存之於過去、今日、未來。

未來的可以避免也可以依循。

　　不妨如是說：「經驗」是「活歷史」，可以傳承，但它並非線性的歷史，因為在它藉由事件的連結或儀式而回歸到了最初的時間，這個時間，就是一種倒轉；歷史是可以倒轉的，但這並意味著你就真的走進時間的甬道回到原初的時間改變事件改變寫本，而是人們透過這樣的「歷史情感」而將時間回歸到了原初。同樣的道理，「四時月令」的更始，「編年紀史」的撰式，都是以經驗的過去的作為時間的回歸，將此刻與過去連結了起來，成為當下的時間與我們的歷史，這就是「聖人有以起之」的理由。因是每年「正月上辛」的「郊天」大祭，就是與天進行神秘對話的時刻；這個時刻必然將天子帶回到最初的時間，宇宙創生的原初的時間，這是神聖的時間。〔註19〕在這祭天的聖殿裡，時間經過聖洗而被祝聖，這是宗教情感的時間，我們依賴而需要著。透過儀式的神秘經驗回歸原初的時間而獲得重生，〔註20〕就如同性愛女神維納斯透過每一次的聖洗而重獲她的貞潔一樣。所以在這樣的時間裡——0與 1 的宇宙圖式裡，〔註21〕再度回復更始，重新定序，萬物歸位。伊利亞德

〔註19〕法·伊利亞德(耶律亞德)：《聖與俗——宗教的本質》(Mircea Eliade, The Sacred & The Profane: The Nature of Religion，楊素娥譯，台北：桂冠，2000)：「澳洲的 Arunta 人，在他們一年一度的圖騰儀式期間，重複著這趟旅程，即藉由特定的部落的祖靈在秘思性時刻（alcheringa，其實就是夢想出神時間）中，重複所發生的這趟旅程。他們停止一切祖先在無數處所停止的，並且重複一切祖先在彼時所執行的動作和儀態。在整個儀式其間，他們齋戒、不帶武器，並避免和女人或其他部落成員接觸。他們完全地沈浸在夢想出神的時間中。」頁 131。按：依此，從《禮記》，卷四十七，〈祭義〉：「致齊於內，散齊於外。齊之日，思其居處，思其笑語，思其志意，思其所樂，思其所嗜。齊三日，乃見其所為齊者。祭之日，入室，僾然必有見乎其位。周還出戶，肅然必有聞乎其容聲。出戶而聽，愾然必有聞乎其嘆息之聲。」鄭玄注：「致齊思此五者也，散齊七日不御、不樂、不吊耳。」（頁 1311～1312）的描述看來，古人之所以如此重視「齋戒」，目的是要以潔淨之身（因而穢者不近，如女人、有凶事者、罪奴等）以期能在此聖潔的空間中迎神並與神祖靈接觸溝通，將時間回轉至最初人神共處的混沌狀態。

〔註20〕法·耶律亞德(伊利亞德)：《宇宙與歷史——永恆回歸的神話》(Mircea Eliade, Le Mythe de l'é ternel retour: arch é types et r é p é tition，楊師儒賓譯，台北：聯經，2000) 第二章〈時間的再生〉：「宇宙與人藉著種種方法持續不斷地再生，過去被毀掉，惡罪被消滅。雖然形式有異，但所有再生手段都趨向同一個目的：持續不斷地重返『彼時』，重現宇宙開闢的事蹟，而將過去的時間作廢，將歷史消除。」頁 70。

〔註21〕《漢書》，卷五十六〈董仲舒傳〉：「臣謹案春秋謂一元之意，一者萬物之所從始也，元者辭之所謂大也。謂一為元者，視大始而欲正本也。」頁 2502。

以下的言論有助於我們的理解：

> 宗教人經驗到兩種時間：凡俗與神聖。前者是暫時性的時間；後者
> 則是「永恆的連續」，得以在神聖曆法所構成的節慶期間中定期地回
> 復。曆法上的儀式時間，在一個密閉的圓環中流轉，……「新年」
> 就是創世的第一天，而「年」便是宇宙的時間向度。「世界過去了」
> 便是表達「年」（即世界）已運轉了一周。每逢新年，宇宙創生便會
> 被反複地重述，世界受造，而如此作，也創造了時間，換句話説，
> 藉由開啓其更新，使它再次重生了。〔註22〕

「正月」乃一年之新始，周人以「（上）辛日」以祭大天，注疏家更以「辛」
乃「辛潔」、「首先」之意，〔註23〕何嘗不是意謂著時序的更始，萬物得以再
造，洗淨並送走過去舊腐的，創造並迎接新生聖潔的。中國人於歲終舉行「蠟
祭」，並以「喪服」行儀，〔註24〕目的就是在歲終殺死這些老物，以期在新年
以迎新潔的生命。伊利亞德認爲時間每年更始的儀式，乃象徵回復於原初的
神聖時間——世界的創生；宇宙時間的定期性聖化，就是透過每一個節慶大
典重獲一新生聖潔的時間，洗淨災難的罪惡。例如中國「鑽燧改火」的年俗；
〔註25〕「改元大赦」，除了登基改元大赦，天災屢臻亦改元大赦，或「遷都」、
「更名」以思更始。〔註26〕諸此目的，其宗教性意味是十分濃厚的——回歸
宇宙創生的原初時間，萬物重新定序，不再是混沌而矇昧，而重新再造這一
宇宙秩序的就是「天子」本人；〔註27〕這就是董仲舒主張祭天一定得天子親

〔註22〕 伊利亞德：《聖與俗——宗教的本質》，第二章〈神聖時間與秘思〉，頁149。

〔註23〕 《禮記》，卷二十六〈郊特牲〉，鄭玄注曰：「用辛日者，凡爲人君當齊戒自新
耳。」頁796。《穀梁傳》，卷二十，哀公元年，范甯注曰：「郊必用上辛者，
取其新潔莫先也。」頁337。《春秋繁露》，卷十五，〈郊義〉蘇輿注曰：「用辛
者，以冬至陽氣新用事，故用辛也。……正月歲首，上辛猶始新，皆取首先
之意。」頁403。

〔註24〕 《禮記》，卷二十六〈郊特牲〉：「皮弁素服而祭。素服，以送終也。葛帶、榛
杖，喪殺也。蠟之祭，仁之至，義之盡也。」頁804。或參耶律亞德《宇宙與
歷史——永恆回歸的神話》，頁52。

〔註25〕 《論語》，卷十七〈陽貨〉，頁241。詳李宗侗：《中國古代社會史》，頁166～
172。

〔註26〕 《漢書》，卷七十五〈翼奉傳〉：「今東方連年飢饉，加之以疾疫，百姓菜色，
或至相食。地比震動，天氣溷濁，日光侵奪。……故臣願陛下因天變而徙都，
所謂與天下更始者也。天道終而復始，窮則反本，故能延長而亡窮也。」頁
3177。

〔註27〕 耶律亞德（伊利亞德）：《宇宙與歷史——永恆回歸的神話》，第二章〈時間的

祭，亦得在正月上辛舉行南郊大典的原因。

三、《春秋繁露・郊祭》：越喪行郊，先天事後人事

本卷摘要：

> 春秋之義，國有大喪者，止宗廟之祭，而不止郊祭，不敢以父母之
> 喪，廢事天地之禮也。父母之喪，至哀痛悲苦也，尚不敢廢郊也，
> 孰足以廢郊者？故其在禮，亦曰：「喪者不祭，唯祭天爲越喪而行事。」
> 夫古之畏敬天而重天郊，如此甚也。**今群臣學士**不探察，曰：「萬民
> 多貧，或頗饑寒，足郊乎？」是何言之誤！天子父母事天，而子孫
> 畜萬民。民未徧飽，無用祭天者，是猶子孫未得食，無用食父母也。
> 言莫逆於是，是其去禮遠也。先貴而後賤，孰貴於天子？天子號天
> 之子也。奈何受天子之號，而無天子之禮？天子不可不祭天也，無
> 異人之不可以不食父。爲人子而不事父者，天下莫能以爲可。今爲
> 天之子而不事天，何以異是？是故天子每至歲首，必先郊祭以享天，
> 乃敢爲地，行子禮也；每將興師，必先郊祭以告天，乃敢征伐，行
> 子道也。……見文王受命則郊，郊乃伐崇，伐崇之時，民何處央乎？
> 〔註28〕

這是董氏「尊天重郊」主張最爲鮮明與激動的一卷。「三年大喪」與「南郊祭
天」之先後緩急的議事自此正式浮出檯面，成爲一大學術話題，而董仲舒就
在這樣的學術氛圍下獨排眾議提出了「喪不廢郊」、「越喪親郊」、「郊天爲大」
的具體主張。本卷有四大要點：

一，關鍵字「止」，這是論議的第一個焦點，討論天子是否應該「因喪
親祭」，這由「喪者不祭，唯祭天爲越喪而行事」一句可證。依〈王制〉條
例，有三年喪，天子於「無事」時當「越紼親郊」；若「有事」則「止祭」，
不親祭，使有司攝事。一個國家決不因三年喪而權廢郊祭，這是由《春秋》
事例中所觀察到的，可以說：「三年大喪」始終未曾成爲廢郊的理由。在《春
秋》經傳裡唯「郊牛傷亡」、「卜郊不吉」而廢郊（詳後）。因而，董子強烈

> 再生〉：「君王扮演了顯赫的角色，因爲他被視爲神之子，他是神在人間的代
> 理者。是故，他需要爲自然的正常運行及全體社會的安寧福祉負責。所以他
> 在『新年』的儀禮中扮演重要的角色，不用訝異，他有更新時間的義務。」
> 頁51。

〔註28〕《春秋繁露》，卷十五〈郊祭〉，頁404～405。

主張「喪不廢郊」，這主張根據的就是《春秋》，這是最能表述孔子主張的一部經典。從本卷裡，我們明確地知道另一派主張——后倉禮學由此大興，促使元、成一世禮制的改革運動（詳第五章）；「三年大喪」（喪）與「南郊祭天」（祭）孰輕孰重？孰先孰後？在武、宣之世，乃至於宣帝石渠閣學術論壇中成爲一大議題，並深鉅的影響了後世的學術主張與制度的施行。從此「郊牛傷亡」、「卜日不吉」等二大春秋廢郊的主因已不再爲漢儒所關注，他們殷殷切切的是「三年大喪」、「無服之喪」的哀情，因而提出「因喪止祭」或「因喪廢郊」的強烈主張；尤以「無服之喪」更關乎整個天下秩序的維護，因此謹戒於「四海困窮，天祿永終」之殷鑑，「無服之喪」的恤民體制在此非常時期則越乎郊天之上，廢祭示哀，以恤民荒（詳第五章第三節及第七章）。

二，「宗廟」與「郊天」孰輕孰重？這是第二個聚焦的問題，董氏在〈郊事對〉中云：「古者天子之禮，莫重於郊。郊常以正月上辛日者，所以先百神而最居前。禮，三年喪不祭其先，而不敢廢郊。郊重於宗廟，天尊於人也」。〔註 29〕董子以「天大於人」，神的威權仍在君權之上，因此，祖宗人鬼之祀終不敵南郊大典，因是有喪則廢。但天人的權位在董子之後，尤以王莽之世，因古文經學的興起而產生了莫大的變化，以致於重喪主義與人本思維的覺醒，無不成爲兩晉喪服禮學的文化底蘊。同時也引發了「今文經」與「古文經」的學術領導地位之爭，董子欲以《春秋》決斷禮義，冀以《春秋》引領學政；但至王莽時期古文經有了發揚光大的機會，《左傳》「聖人同祖」的主張激發了「宗廟祭祀」地位的揚升（杜預以既祔之後宗廟時祭如常），與今文經「聖人無父」（重郊）的論調一較高下（詳第本章第三節）。

三，「唯天爲大」，未郊天不可祭地或行他典，這就是董氏不將天地並言或連稱並祀的理由，而有先天後地嚴明的順序，一改《禮記·王制》天地並列之說，這是不是直接影響了後漢禮制的這條儀則的產生呢？《後漢書·禮儀上》載：

> 凡齋，天地七日；宗廟、山川五日；小祠三日。齋日內有汙染，解

〔註 29〕《春秋繁露》，卷十五〈郊事對〉，頁 414。或詳清·嚴可均：《全上古三代秦漢三國六朝文》（北京：中華書局，1999）第一冊《全漢文》，卷二十三〈董仲舒〉，頁 254。

齋，副倅行禮。先齋一日，有汙穢災變，齋祀如儀。**大喪，唯天郊越紼而齋，地以下皆百日後乃齋，如故事。**〔註30〕

這是值得注意與思考的一條儀則。天地的齋日同樣是七日，並列為大祀（「宗廟」在後漢仍列在「中祀」，故齋五日；《唐開元禮》則改列「大祀」），〔註31〕但是唯獨祭天「越紼而齋」（既殯設紼，故既殯而齋），其他則百日之後；所謂「百日之後」就是「廢祭三月」。相較之下，這與〈王制〉條例不廢「天地社稷」之說完全迥異，不尊經說，改經自述，此例可見。又「廢祭三月」則是兩晉禮議中群儒的常用慣語，這麼看來，顯然不是兩晉儒生獨門標榜的說詞或主張，而是遠在東漢初年便已經「因喪廢祭三月」。這條儀則清楚地說明了在東漢人心中「天大，人亦大」，不再是「天、地、社稷為大」；事實上，這已和經說徹底分道揚鑣，將此全新的思維──「重喪主義」、「人大主義」付諸國朝禮制當中，〔註32〕猛烈地催生了兩晉禮議與喪服禮學的成熟。

　　四，「無服之喪」與「南郊祭天」孰輕孰重？群臣學士以「無服之喪」重於郊天大典，董子因是駁之。卷中所謂「群臣學士」，或為《禮》學、《詩》學一派的主張，〔註33〕這與《春秋》的「喪不廢祭」的作法是截然兩分的。

〔註30〕《後漢書》，志第四〈禮儀上·上陵〉，頁3104。

〔註31〕唐·中敫撰：《大唐開元禮》（北京：民族，2000）卷一〈序例上·擇日〉：「凡國有大祀、中祀、小祀。昊天上帝、五方上帝、皇地祇、神州、宗廟，皆為大祀。日月星辰、社稷、先代帝王、嶽鎮海瀆、帝社、先蠶、孔宣父、齊泰公、諸太子廟，竝為中祀。司中、司命、風師、雨師、靈星、山林川澤、五龍祠等，竝為小祀。」頁13。

〔註32〕《後漢書》，卷三十九〈劉趙傳〉：「舊制：公卿、二千石、刺史不得行三年喪，由是內外眾職並廢喪禮。（安帝）元初中，鄧太后詔長吏以下不為親行服者，不得典城選舉。」頁1307。按：前漢舊制乃依文帝薄葬儉喪，既葬除服從吉，一切如常，但至東漢明帝破除「古不墓祭」之制，始創「上陵禮」，並以「大駕鹵簿」，郊天之車駕大儀用於自己母親陰太后的葬禮上，諸此舉動可說是開創了一新的重喪制度，影響後世深遠，因是鄧太后此詔一改西京舊制，詔令二千石以下群官行服三年喪的強制措施，可謂「重喪」、「人大」主義的崛起，徹底地推翻了漢文以來的陳規，實踐了孔子三年大喪的理想和期待。

〔註33〕《漢書》，卷八十八〈儒林傳·孟卿〉：「孟卿，東海人也。事蕭奮，以授后倉、魯閭丘卿。倉說禮數萬言，號曰后氏曲臺記。授沛聞人通漢子方、梁戴德延君、戴聖次君、沛慶普孝公。孝公為東平太傅。德號大戴，為信都太傅；聖號小戴，以博士論石渠，至九江太守。」頁3615。〈后倉〉：「東海人，事夏侯始昌。始昌通五經，倉亦通詩禮，為博士，至少府，授翼奉、蕭望之、匡衡。奉為諫大夫，望之前將軍，衡為丞相。」頁3613。

禮家主張「凶年歲事不舉」，此大義見諸〈郊特牲〉、〈檀弓〉（引《詩》無服之喪，匍匐就之）、〈曲禮下〉、〈雜記下〉、〈玉藻〉等篇（詳第六章第三節）。〔註34〕當然，董子所謂「群臣學士」到底還是一個含糊之語，蘇輿《義證》僅如是引述：「白虎通禮樂篇：『太平乃制禮作樂何？夫禮樂所以防淫奢。天下人民饑寒，何樂乎？』群臣學士殆習此說。」〔註35〕此一註解告知的信息是：後漢白虎觀會議時群臣學士以凶年祭祀應撤樂（減膳），以恤民饑，因而最後詔定的是：「禮貴忠何？禮者，盛不足，節有餘。使豐年不奢，凶年不儉，貧富不相懸也。」〔註36〕意謂：縱使凶年祭事不廢，禮數儀節則依荒禮略有省殺；祭祀以不奢不儉，中庸爲尚。如果這「群臣學士」是沿襲自武帝以來的禮家學派的話，那這樣的老調絕對不符合董子的期待。當然，董子並非不懂民生疾苦，「重郊尊天」的目的是希望透過禮制儀式來聖化神化一個新王的權力，穩定國家秩序的一種手段，典禮儀則無非是爲鞏固政權而詔定的，這就是國家神話之所必須。因此在「唯天爲大」的政治學說中，「三年大喪」、「無服之喪」的哀情都不能阻斷天子「親郊祭天」的無上大典，天人之間凡聖的界線是十分鮮明的，天在上人在下，故先天事而後人事。

　　五，改字添經，〈王制〉經文以「喪三年不祭，唯祭天地社稷，爲越紼而行事」，董氏改以「喪者不祭，唯祭天爲越喪而行事」，字面看似變化不大，但仔細閱讀卻十分令人玩味。孔子以三年喪不祭，因此，宗廟之祭，依鄭玄意則待三年除服從吉，唯「天」、「地」、「社稷」當「越紼」，無事則祭；但董子唯以「祭天」不廢，將「祭地」、「社稷」都排除在「越紼」之外，未葬不祭。因而直接改經「越紼」爲「越喪」，雖僅一字之差，但已將「有事」、「無事」的區分完全排除，也就是說：凡三年大喪，無論有事無事，郊天不廢，祭主（天子）都應釋服從吉親祠南郊，不使有司攝事或因喪廢祭；緣於此，東漢鄭玄注禮因而有了「有事」、「無事」如此明確的區分及主張。

〔註34〕《漢書》，卷七十三〈韋賢傳〉，引匡衡禱高祖、孝文、孝武廟曰：「祭祀之義以民爲本，間者歲數不登，百姓困乏，郡國廟無以修立。禮，凶年則歲事不舉，以祖禰之意爲不樂，是以敢復。」頁3121。

〔註35〕《春秋繁露》，卷十五〈郊祭〉，蘇輿義證，頁404。《白虎通》，卷三〈禮樂〉，頁98。

〔註36〕《白虎通》，卷三〈禮樂〉，頁96。

四、《春秋繁露·郊祀》：《春秋》不譏喪郊，郊天爲大

〈郊祀〉第六十九摘要：

> 周宣王時，天下旱，歲惡甚，王憂之。其詩曰：「倬彼雲漢，昭回於
> 天。王曰嗚呼！何辜今之人？天降喪亂，饑饉薦臻。靡神不舉，靡
> 愛斯牲，圭璧既卒，寧莫我聽。……立爲天子者，天予是家。天予
> 是家者，……故春秋凡譏郊，未嘗譏君德不成於郊也。乃不郊而祭
> 山川，失祭之序敍，逆於禮，故必譏之。以此觀之，不祭天者，乃
> 不可祭小神也。郊因先卜，不吉不敢郊。百神之祭不卜，而郊獨卜，
> 郊祭最大也。春秋譏喪祭，不譏喪郊，郊不避喪，喪尚不避，況他
> 物。〔註37〕

從三點來看：一，董氏駁正群臣學士「凶年廢郊」之說：董子藉由本卷以反
駁上卷「今群臣學士」的議論，因而引述《詩經·雲漢》一章應證饑饉薦臻
之時，先王不僅未曾廢祀，反而徧祀群神，用禮之重，越乎常祀；這麼大肆
鋪張的原因，就是爲了消弭天威神怒或止鬼魅作屬。這樣的祭祀心態，王者
並非不懂天時維艱，百姓經濟生活上的困境，而是基於一宗教情懷的態度，
因爲畏懼恐慌而引起的瀆神思維所致，因此寧願遍肆豪舉，也不願簡易闕廢
加深神鬼的怒火（詳第六章第三節）。

　　二，春秋譏郊，是因爲郊天用卜，故三卜不吉依禮則應廢郊，但魯公四
卜、五卜強行郊天者大有人在，《春秋》對於這樣的作法唯以「過時」、「非禮」
譏之。又廢郊或因郊牛死不得已而廢，魯公廢郊而祭望，在於失其輕重，失
所先後，廢郊祭地，乃廢大神而事小神，廢重舉輕，故譏之（詳第本章第二
節）。

　　三，春秋譏喪祭，不譏喪郊。「譏喪祭」之事例見於：閔公二年經曰：「夏
五月，乙酉，吉禘於莊公」。《左傳》唯以「速也」二字稱之；〔註38〕《穀梁》
說得明白些：「吉禘者，不吉者也。喪事未畢而舉吉祭，故非之也」；〔註39〕
唯有《公羊》最關注這個事件：

> 其言吉何？言吉者，未可以吉也。曷爲未可以吉？未三年也。三年
> 矣，曷爲謂之未三年？三年之喪，實以二十五月。其言於莊公何？

〔註37〕《春秋繁露》，卷十五〈郊祀〉，頁408～409。
〔註38〕《左傳》，卷十一，閔公二年，頁308。
〔註39〕《穀梁》，卷六，閔公二年，頁103。

未可以稱宮廟也。曷爲未可以稱宮廟？在三年之中矣。吉禘於莊公

何以書？譏。何譏爾？譏始不三年也。〔註40〕

莊公三十二年八月薨，至閔公二年夏五月，未滿三年。所謂三年喪，並非依月計算爲三十六月，而是「取期再期」之限。莊公八月薨，閔公元年八月爲一週年（期、小祥），二年八月爲第二週年（再期、大祥），因此，二年九月才是跨度到第三年，這是喪期的第二十五個月，至此方可除喪從吉，當然這是王肅一派的主張。鄭玄意見稍有不同，亦以第二十五月爲大祥，但以二十七月爲禫，二十八月始得純吉，因此從除服到吉祭尚有三個月平復喪者情緒的時間。然而從本例來看，閔公實未足二十二月，無論從二派哪方意見來檢視，禘祭莊公都過於早速，孔子以「吉」字寄言出意，三《傳》都注意到了，俱譏之。

另外，董子提到春秋「不譏喪郊」，其事例有二，一見於宣二年，經曰：

冬，十月，乙亥，天王崩。……三年，春，王正月，郊牛之口傷，

改卜牛。牛死，乃不郊，猶三望。……葬匡王。〔註41〕

天王是指「周匡王」，匡王於宣公二年崩殂，三年春正月宣公便卜郊準備郊天事宜。依禮天子七月而葬，經唯書王崩不書葬也，乃其慣例，今書葬，顯然未七月。又從經文看來，郊天之日是在葬匡王之前舉行的，唯郊牛傷於鼷鼠，故不得不延後舉祭。

這件事可從三方面來說：第一，速葬，未足七月，約略六月，三《傳》無文，顯見未足月而葬，大抵是常態，天子諸侯俱如是（詳第三章第二節）。第二，諸侯對天子有斬衰服，匡王停殯未葬，若依「卒哭成事」之禮，宣公因有故（匡王喪），郊天應使有司攝事；但若依準〈王制〉條例，這個說法便不成立了。第三，爲何董子會說：春秋不譏喪郊？這話是對的。匡王既殯，將停殯七月，這中間乃「無事」之謂，所以不廢郊天，這是依〈王制〉、〈曾子問〉條例而來。因此宣公正月卜郊並沒有不對；正因爲這樣，三《傳》都沒有對此表示任何意見，故都無傳。〔註42〕宣公最後「廢郊」是因爲「郊牛死」而廢祭，但三望則照常舉行，諸此不敬的作爲才遭致三《傳》嚴厲的批

〔註40〕《公羊》，卷九，閔公二年，頁 193～195。

〔註41〕《左傳》，卷二十一，宣公二年～三年，頁 591、601。

〔註42〕《公羊》，卷十五，頁 324～326。《穀梁》，卷十二，頁 190～191。《左傳》，卷二十一，頁 601。

評。而在注本當中唯獨杜預說了話：「前年冬，天王崩，未葬而郊者，不以王事廢天事，《禮記‧曾子問》：『天子崩未葬，五祀不行，既殯而祭。自啟至於反哭，五祀之祭不行，已葬而祭。』」〔註43〕杜氏這席「不以王事廢天事」的話當然是承自鄭玄的注本而來，五祀都可在無事期間如常祭祀，不因喪廢，因而郊天大典，周王、魯公當然就可「越紼而郊」，由天子、魯公親自主祭，這是孔子極其明確的主張，目的在於「正名」。

　　另外一個例子是：哀元年未小祥而郊天的故事，經載：

　　　　定公十五年，夏，五月，壬申，公薨於高寢。九月，丁巳，葬我君定公。哀公元年，春，王正月，公即位。鼷鼠食郊牛，改卜牛。夏，四月，辛巳郊。〔註44〕

定公薨於夏五月，哀公踰年即位便行郊天大典，郊牛卻爲鼷鼠所傷，故改以稷牛爲牲，至夏四月乃郊。顯然在這個事例當中，定公的葬月（五月而葬）是沒問題的，哀公踰年即位的程序也是沒問題的，其引發爭議的和宣公故事大抵是相同的，宣公是「未葬而郊」；哀公是「未小祥而郊」，至哀公元年五月始小祥，但哀公踰年即位則郊。顯然「即位則郊」，是春秋一貫的作法，這是常例，故三《傳》無文。〔註45〕

　　綜上可知，董子之所以高談「春秋不譏喪郊」，反覆伸張，必然是時人已對這兩個事例：宣公未葬而郊；哀公未小祥而郊產生異論，因是董子乃一一駁證「吉禘」（喪祭）、「喪郊」之大不同。宗廟祭鬼，新死之哀重於舊鬼，新親於舊，因此，待三年除服從吉乃禘，毀廟主入祧，新主由寢入廟，禘祭乃審宗廟之昭穆，〔註46〕故不得急速。而郊祭乃依〈王制〉條例「越紼」（既殯）行事，但董子改經以主「越喪」行事，無論殯或未殯，正月上辛該郊則郊。故在「喪」（凶）與「祭」（吉）的壁壘上，喪之最大者在於「三年大喪」與「無服之喪」；而祭之最大者在於「郊天」，吉凶喪祭之最大的衝突表現在此。

〔註43〕《左傳》，卷二十一，宣公三年，杜預注，頁601。《公羊》，卷十五，宣公三年，徐彥疏曰：「天子記崩不記葬，今而書者。正以去年十月『天王崩』，至今未滿七月，即文九年傳曰：『王者不書葬，此何以書？不及時書，過時書，我有往者書』。然則此未滿七月，所謂不及時書也。」頁326。

〔註44〕《左傳》，卷五十六～七，定公十五年～哀公元年，頁1605～1608。

〔註45〕《左傳》，卷五十六～七，定公十五年～哀公元年，頁1605～1608；《公羊》，卷二十六～七，頁586～590；《穀梁》，卷十九～二十，頁332～337。

〔註46〕《左傳》，卷十一，閔公二年，孔穎達正義：「禘者，諦也，言使昭穆之次審諦而不亂也。」頁307。

所以在董子「唯天為大」的基本學說上，力以《春秋》「喪不廢郊」垂訓後世，並以《春秋》新君「踰年即位則郊」，以正天統。當然，這大抵是漢晉以來儒生都認同且接受的事實；但至北宋禮官邵必的言論出現後（引文詳下節。北宋禮官邵必言唐律規定：天地社稷，越紼而祭，助祭者亦如是，宋禮因之不改，是循唐人的錯誤而誤之，故有慷慨之陳詞）這個觀念便出現激情反動的聲音，例如：明儒華泉的批判：「若夫宣三年，王喪未葬而卜郊；哀元年，先公未小祥而郊，忘哀從吉，違禮褻天，莫此為甚，則比其事而觀之，而惡著矣！」〔註47〕華泉激動的以「惡著」的詞眼批判了宣公與哀公「忘哀從吉」、「喪不廢郊」的不是，當然，這樣的批判絕對是以今說古，春秋之世，這乃常態，並無疑議，董子的說詞已詳。

五、《春秋繁露・郊事對》：唯聖者郊，正魯郊之名

本卷是廷尉張湯受武帝之命前去諮詢董仲舒關於郊祀祭儀的一段問對，文長節錄為三段：

> 臣仲舒對曰：「所聞古者天子之禮，莫重於郊。郊常以正月上辛者，所以先百神而最居前。禮，三年喪，不祭其先，而不敢廢郊。郊重於宗廟，天尊於人也。」。

> 〈王制〉曰：「祭天地牛繭栗，宗廟之牛握，賓客之牛尺。」此言德滋美而牲滋微也。春秋曰：「魯祭周公，用白牡。」色白貴純也。帝牲在滌三月，牲貴肥潔，而不貪其大也。

> 臣湯問仲舒曰：「天子祭天，諸侯祭土，魯何緣以祭郊？」臣仲舒對曰：「周公傅成王，成王遂及聖，功莫大於此。周公，聖人也，有祭於天道。故成王令魯郊也。」。〔註48〕

上述有三要點：一，郊天為大，不敢以大喪廢郊，這是董子「郊不避喪」的補充論述，此論可謂開啟鄭玄「不敢以卑廢尊」、「不以私事廢天事」之禮家熟語。二，暗諷武帝郊祀祭儀之走樣奢泰，依違古制，開元成改制敦樸之風，回復名實相副之古禮（詳第五章）。三，廓清「魯郊」乃「成王賜」而非「魯公僭」，為魯郊取得一正當性與合法性，將周公入列「聖人之位」，唯聖人與

〔註47〕秦蕙田：《五禮通考》，卷二十一〈吉禮二十一・祈穀〉引華泉語，頁135（冊）-545。

〔註48〕《春秋繁露》，卷十五〈郊事對〉，頁414～417。

天同德，故得「有祭於天道」──「聖人祭天」，這是在「天子祭天」之外開創另一祭天的資格，唯聖者郊也。

　　對上述三點做些補充。「喪」、「祭」──「三年大喪」、「郊天大典」孰先孰後、孰輕孰重的議題，自董子以來便是一大漢學禮議的焦點。身爲《公羊》齊學大師，這個主張是對《春秋》魯郊的發揚，第一個將這個問題進行一全面而強烈的激辯；因爲事實表明：魯郊乃「越喪行郊」。

　　但《禮記·祭義》如是說：「郊之祭也，喪者不敢哭，凶服者不敢入國門，敬之至也」，鄭玄注以「祭者吉禮，不欲聞見凶人」、孔穎達正義則說：「以〈檀弓〉大事非止是喪，亦兼諸祭，故云大事亦謂此郊祭」。〔註49〕〈檀弓〉認爲大事非止是喪（三年喪），意思是說除了三年大喪可謂之大事外，祭祀也同爲大事，故將「郊祭」與「三年喪」並列在「大事」之門，郊祀的地位在此似乎受到了禮家的重視。所謂「喪者不敢哭，凶服者不敢入國門」，鄭玄講得模稜兩可，其謂「凶人」，乃兼「喪者」（新死未殯）、凶服（五服之喪）二者。凡此二者，在吉凶不相干的原則下，喪者、凶服者皆避郊在家，不干王事。〔註50〕顯然，《禮記》的主張是「行喪避郊」（唯天子越紼，助祭者行喪避郊），這與前引宋朝禮官邵必的言論是一致的；而董子循《春秋》之義，大談「郊不避喪」（諸侯大臣越喪助祭），力主「越喪行郊」。

　　姑且將〈王制〉條例拋開不說（本條例乃針對天子而言，不具普遍性）。一言以蔽之，《禮記》「重喪」，故主「行喪避郊」（喪者止祭）（《禮記》雖言祭禮，但重宗廟祖宗之祭，事天地則北面，祭祖則以孝稱，〈祭義〉、〈祭統〉等卷可見）；《春秋》「重郊」，故主「喪不廢郊」（越喪親郊）。《禮記》乃先進人事而後天事，故言祭則重「宗廟祭祖」至敬至孝之心。孔氏的話正好將《禮記》重喪祭祖的旨趣點了出來，董仲舒藉由《春秋》重郊的體制內化爲王權之象徵，激發了后倉學派匡衡等的改制運動，至王莽專政時期（元始五年），完備的郊祀祭儀就此成立，並以王者之居的長安作爲國家祭祀（天地、社稷、宗廟）之中心，故班固於《漢書》中特立〈郊祀志〉一卷以明古今郊祀沿革。

〔註49〕《禮記》，卷四十七〈祭義〉，頁1321～132。

〔註50〕《禮記》，卷二十六〈郊特牲〉：「（郊）祭之日，王皮弁以聽祭報，示民嚴上也。喪者不哭，不敢凶服，氾埽反道，鄉爲田燭，弗命而民聽上。」孔穎達正義：「郊祭之旦，人之喪者不哭，又不敢凶服而出，以干王之祭也。……又《周禮·蜡氏》云：『凡國之大祭祀，令州里除不蠲，禁刑者，任人及凶服者以及郊野。』」頁799～800。

在董子看來，孔子作《春秋》乃推魯以待新王，為來世作則，建構政治範本。因而一部以魯史為主軸的史錄大義，在常祀不書的基準下，「魯郊」因幾個事例，如：「郊牛死傷」、「卜日不吉」而廢郊的事例被孔子刻意的記錄了下來（詳第本章第二節），其目的無非是為訓誡後人對祭事的態度──祭貴其誠。不誠神不歆，因而牲死廢事並不是一個祭者應有的態度；又祭事用卜，卜日不吉而強行舉祭，有違神明的意願，亦非事神的態度。簡言之，「魯郊」正常是在每年正月辛日舉祭，若三卜不吉，強行在四月、五月過時而祭的都有案例可循。又周匡王未葬，宣公而郊、哀公未小祥而郊，踰年即位則行郊天大典，俱無視君父三年大喪。這應證的是：郊天對魯公來說是一件國家無比的大事，非單純的一場宗教祭典，而是宣揚其先祖（周公）之大德，絕對是無與倫比的年度大事，因此，所有的事，換句話說：三年大喪，如此哀重之事，都比不上郊天之重大與必然。

在〈三代改制質文〉中董子歷數三代遞嬗，以「王者必受命而後王」起句，在「文王受命而王，應天變殷作周號，時正赤統，作宮邑於豐。武王受命，作宮邑於鎬」之後，卻突然迸出「周公輔成王受命，作宮邑於洛陽」。﹝註51﹞一路順下來，或許不疑有他，但仔細地讀，恐怕藏有玄機。問題在於：何以周朝三王受命？國朝受命之主只有一個，何來三王相繼受命？武王、成王稱作「繼體」則通，「受命」則邏輯不通，當疑有他。想來這是為周公受命稱王所敷設，董子曰「故春秋應天作新王之事，時正黑統。王魯，尚黑」。董子以《春秋》意以「王魯」，周公乃魯國始封之君，受命建國，但孔子作《春秋》乃「應天」（奉天之命）而作，一改其述而不作的堅持，這部充滿隱喻筆觸的《春秋》實乃孔子的預言書，﹝註52﹞「王魯託魯」以俟後世。因此在《春秋》筆下，「周公」成了名副其實的「魯王」，大魯受命的始祖，﹝註53﹞這才是董子真正要表

﹝註51﹞《春秋繁露》，卷七〈三代改制質文〉，頁184～187。

﹝註52﹞林師聰舜：〈帝國意識型態的建立──董仲舒的儒學〉：「他（董仲舒）說：『有非力之所能致而自致者，西狩獲麟，受命之符是也。然後托乎《春秋》正不正之間，而明改制之義。』把『西狩獲麟』視為『受命之符』，是把孔子和《春秋》神化，至少是神聖化了，如此孔子就類似有德有位的帝王，具有受命改制的正當性。」頁65。

﹝註53﹞陳立：《白虎通疏證》，卷一〈爵〉，陳立疏曰：「《詩》疏引鄭氏《六藝論》云『太平嘉瑞圖書之出，必龜龍銜負焉。黃帝、堯、舜、周公，是其正也。若禹觀河見長人，皋陶于洛見黑公，湯登堯臺見黑鳥，至武王渡河，白魚躍，文王赤雀止于戶，秦穆公白雀集于車，是其變也。』故緯候皆載帝王受命之

述的微言大義。

因此，我們就不難理解爲何董子要將周公位列聖人之域，因爲唯聖人之大德與天齊則，故「受命祭天」，這一強烈的表述：「周公，聖人也，有祭於天道」，顯然已非一般帝王世系以「天之子」的身份祭天了，而是另闢一條「聖人祭天」之路，由此廓清紛擾不定的「魯公僭越」之非，就此將「魯郊」定位在「成王明令」之大儀。

除此郊天的最高神權之外，魯國在內祭上亦享有「禘祭」之禮，所謂「不王不禘」，〔註54〕顯然魯國禮樂威儀與天子同調，若周公非王（攝政稱王），這麼高規格與階級性的禮樂，何能同時俱享？說其僭越，在講究名實的《春秋》裡卻也不見指責，這或許是周成王對周公大德最高的禮遇，也是魯國人認爲理所當然的回饋，或是受盡委屈後的些許報償。周公繼體爲王乃事實（兄終弟及），〔註55〕而歸政禪讓成王，《春秋》起卷魯隱公的禪政，其原因就在藉隱公稱頌周公之大德與受命的事實，因此，徐彥疏曰：「《公羊》之義，唯天子乃得稱元年，諸侯不得稱元年。此魯隱公，諸侯也，而得稱元年者，《春秋》托王於魯，以隱公爲受命之王，故得稱元年矣。」此其證也。〔註56〕

第二節　董仲舒：先天事後人事——「喪郊止廟」學說的建立

董仲舒提出「喪郊」，也就是說：「郊不避喪」，依《禮記・祭義》：「郊之祭也，喪者不敢哭，凶服者不敢入國門，敬之至也。」〔註57〕依禮之說：郊天乃吉事，基於吉凶不相干之理，故凡喪主或服喪者都不可陪位助祭，應該「止郊行喪」。但董子大唱「越喪行郊」，郊天乃國之大祭，天子踰年而郊，

事。」頁3。按：鄭玄以周公與黃帝、堯、舜並列爲受命帝王嘉瑞之正例，誠乃高於文、武二王所受之命瑞。顯然，在鄭玄的觀念裡周公是「受命之帝王」，而這一看法事實上是依循董仲舒而來的。

〔註54〕《禮記》，卷二十一〈禮運〉：「魯之郊、禘，非禮也，周公其衰也。」頁678。卷三十二〈喪服小記〉：「王者禘其祖之所自出，以其祖配之。……禮，不王不禘。」頁962～967。

〔註55〕《逸週書》，卷五〈度邑解〉：「今我兄弟相後，我笟龜其何所即？今用建庶建。叔旦恐，泣涕共手。」頁478～479。

〔註56〕《公羊》，卷一，隱公元年，頁6。

〔註57〕《禮記》，卷四十七〈祭義〉，頁1321。

以行告天即位之禮，天子之所以稱天之子，郊以正名也，故先君葬或未葬都無礙郊事。另外，陪位助祭者若有喪亦必需權且釋服行郊，這從宋儒邵必的言論中可見，《宋史‧禮志‧服紀》載：

> 慶曆七年，禮官邵必言：「古之臣子，未有居父母喪而輒與國家大祭者。今但不許入宗廟，至於南郊壇、景靈宮，皆許行事。按唐吏部所請慘服既葬公除者，謂周以下也，前後相承，誤以為三年之喪，得吉服從祭，失之甚也。又據律文：『諸廟享，有緦麻以上喪，不許執事，祭天地、社稷不禁。』此唐之定律者，不詳經典意也。王制曰：『喪三年不祭，惟天地、社稷為越紼而行事。』注云：『不敢以卑廢尊』也。是指王者不敢以私親之喪，廢天地、社稷之祭，非謂臣下有父母喪，而得從天子祭天地、社稷也。」。〔註58〕

北宋禮官邵必的這席話得反向思考，邵氏屢引「唐律」，有三大要點：一，既葬公除，邵必認為三年大喪不適用此令。二，祭天地社稷，臣子若遭父母三年大喪，必須釋服從吉陪位助祭，不以私事廢王事，但邵必極烈反對這個作法，並認為〈王制〉條例僅僅用於「天子」越紼祭之，而非上下一體，君臣皆適。三，「諸廟享，緦麻以上喪，不許執事」此乃「士禮」，在〈曾子問〉中孔子以「士，緦不祭」，顯然唐律以「士禮」定律，天子一於庶民，有同宮緦麻之喪不得親祭祖廟，唯天地社稷之祭不在此限。也就是說：凡有同宮三月緦麻之喪者，都不得入祭宗廟，何況是緦麻服以上之重哀者（詳第六章第二節）。

邵必的疑惑很容易解釋，事實上，這是依循董子思想而建立的體制——「喪郊止廟」，董子唱「越喪行郊」，主祭、助祭都必須釋服而郊，因為這關乎著天子即位告天之大典，故先進天事而後人事也（詳本章第一節）。而邵必提到的第三點，就是董子所謂的「止廟」學說產生的影響，凡有三年喪（兩晉廢祭禮議則以同宮緦以上之喪則不祭，一從士禮），必待三年喪畢始入宗廟主祭，三年期間之宗廟祭事則使有司攝事，喪主不祭。這一點董子就依禮行事了，因為他所在意，並且要建立的是「郊天」與「即位」這一「正名」體制，而「即位告廟」誠乃自家祖宗權力認證的事，無關天下禮紀；而這個體

〔註58〕《宋史》（元‧脫脫等撰，北京：中華書局，1997），卷一百二十五〈禮志‧服紀〉，頁2919。按：宋朝邵必之言，點出一個關鍵趨向：自漢唐以來，尊天地社稷之祭，不避私喪，唐律或受董仲舒：「春秋譏喪祭，不譏喪郊，郊不辟喪」之觀念影響，以禮制律。

制則有待劉歆「終王吉禘」學說的產生，始將「郊」、「禘」二權並立。

因此，董子以《春秋》爲例，認爲《春秋》乃譏「喪祭」、「喪宴樂」、「喪娶」，而不譏「喪郊」。但《春秋》何以有「廢郊」之事例垂史，則全然無關「喪郊」，而是「卜日不吉」、「牲體傷亡」之故，被迫廢郊。凡此可見《春秋》托王於魯，故新君即位，踰年則必告天即位，以正其名。

緣於此，本節擬以《春秋》所譏諸事例爲論，分述於四：一，譏「喪祭」、「喪宴樂」、「喪娶」事例舉隅。二，不譏「喪郊」事例舉隅。三，「廢郊」事例舉隅。四，附論「宗廟時祭」事例舉隅。藉此諸事例的分析，以見春秋「重祭」，以祭爲教，祭以正名之驗，故不因喪而廢事，諸祭事又以郊天爲大（僭祀亦以郊權爲大，詳第三章第一節），此一先天事而後人事之重祭思想，乃爲董仲舒祀權伸張之發揚。

此外，於附論一節提醒我們思考的是：「祭祖」這件事對於「宗主權」的意義，這是作爲我們觀察春秋「重祭」的另一大指標。也就是說：董子藉由《春秋》越喪行郊的史例，亟欲於建立一正名體制，冀以「郊權」正「君主」之名；但這乃其一端，一代皇朝，乃一姓之天下，因此，對內其宗廟祭祖之祭主權，同樣也是以此模式正其宗主之名，而這一「宗主」祀權——「禘權」之興，乃興於劉歆「終王大禘」之說，最後集成於三禮大家「鄭玄」（詳本章第三節）。

一、《春秋》譏「喪祭」、「喪宴樂」、「喪娶」事例舉隅

（一）譏「喪祭」

《春秋》譏「喪祭」，換言之乃「喪不廢祭」也，春秋諸公不以喪廢祭，時祭如常，故爲聖人所譏，刺其非禮也。但透過以下三例：宣八年大夫仲遂、昭九年晉大夫荀盈（詳後譏宴樂條）、昭十五年大夫叔弓之卒例，得以顯見諸侯對於大夫世卿之死的態度，在宗廟祭祀與喪禮示哀之間，諸公之應對作法值得觀察，並且是對家門強宗之另一種觀察。也就是說：喪禮絕非僅止是一種社會或宗教上的行爲，它更是一種政治上的勢力展演，因此，無關哀情。此外，在襄十六年晉悼公卒例中，顯見春秋諸公多速葬：「去五以三」（諸侯五月而葬，大夫三月而葬），從「大夫葬期」，葬訖從吉，未待三年，而就君政（詳第三章第二節）；當然，是否與世卿專政有關，以致速葬省禮，這都還有待觀察。

1、宣八年：魯大夫仲遂卒例

「魯仲遂卒」，事見於《春秋》，宣公八年：

> 夏六月，辛巳，有事於大廟，仲遂卒於垂。壬午，猶繹，萬入去籥。

〔註59〕

仲遂是僖公之子東門襄仲，〔註60〕辛巳，卒於齊國垂地，適逢宗廟時禘，宣公於魯已聞世卿強宗死訊。然而，宣公的作法是：「不廢時禘」，〔註61〕明日壬午酬尸亦「不廢繹祭」，〔註62〕繹祭之禮唯省部分樂舞，示以「萬入去籥」。〔註63〕此謂：武舞依舊，唯廢去有聲之絲竹籥樂，「廢籥示哀」。宣公的作法，孔子錄之，確有貶抑。《禮記‧檀弓》亦將孔子對此事的歷史評論作了記述：

> 仲遂卒於垂。壬午，猶繹，萬入去籥。仲尼曰：非禮也，卿卒不繹。

〔註64〕

孔子以「卿卒不繹」爲其禮對。也就是說：大夫卒，不廢正祭，以其哀輕，故不奪宗廟時祭，以祭祖爲重。〔註65〕但宣公僅僅以「廢去繹籥」示哀的作

〔註59〕《左傳》，卷二十二，宣公八年，頁616〜617。《禮記》，卷十，〈檀弓下〉，鄭玄注曰：「仲遂，魯莊公之子東門襄仲。」頁296。按：東門襄仲若是莊公之子則去宣公之世已有五代遠，鄭玄注或恐有誤，我從李宗侗先生意見。李宗侗：《中國古代社會史》，第十二章〈春秋後期各國階級的升降〉：「東門襄仲就是仲遂，或稱公子遂，是『魯僖公』之子，與文公是同父的弟兄。在文公十六年裡面，他與三桓互掌政權，……皆屬三桓。他們率兵或者出國聘問會盟，共十九次；而公子遂八次。另有一次是叔孫得臣與公子遂同行的，所以說，公子遂同三桓互掌政權，也可以說平等的共掌政權。」頁233〜235。

〔註60〕詳李宗侗：《中國古代社會史》，第十二章〈春秋後期各國階級的升降〉，頁233〜237。

〔註61〕《左傳》，卷二十二，宣公八年，孔穎達正義：「有事，祭也者，謂禘祭也。《釋例》以昭十五年，有事於武宮，傳稱「禘於武宮」，則知此言有事，亦是禘也。祭之日仲遂卒，不言禘，而略言有事者，禘事得常，不主書禘，爲下繹祭張本耳。」頁617。按：辛巳乃宣公聞仲遂之卒，而非其卒日也。仲遂卒於齊，齊魯有距，通報有時，因此孔氏之說蓋非也。

〔註62〕同上注，孔穎達正義：「『繹，又祭。』《釋天》文。孫炎云：『祭之明日，尋繹復祭』也。《公羊傳》曰：『繹者何？祭之明日也。』《穀梁傳》云：『繹者，祭之旦日之享賓也。』天子、諸侯謂之爲繹，少牢饋食：大夫之禮也，謂之賓尸。《釋詁》云：『繹，陳也。』是陳昨日之禮，以賓敬此尸也。」頁617。

〔註63〕按：「萬」、「籥」有無分別？見《左傳》，卷二十二，宣公八年，孔穎達正義，杜預不以萬籥爲二舞（文舞、武舞），這看法與何休有別。頁617〜618。或見朱彬：《禮記訓纂》卷四〈檀弓下〉，頁145。

〔註64〕《禮記》，卷十，〈檀弓下〉，頁296。

〔註65〕《周禮》，卷二十二〈春官‧大司樂〉，賈公彥疏：「宣八年左氏云：『辛巳，

法，在孔子看來是禮有餘而哀不足，故倡以「廢繹示哀」。

　　此外，三《傳》與注疏家的看法值得關注與比較。先看《公羊》如何解經：

> 繹者何？祭之明日也。萬者何？干舞也。其言萬入去籥何？去其有
> 聲者，廢其無聲者，存其心焉爾。存其心焉爾者何？知其不可而爲
> 之也。猶者何？通可以已也。〔註66〕

依意公羊氏僅就名物作一訓詁，解釋了「繹」、「萬」、「籥」三個專有名詞，唯僅說明「去籥」乃出於「知其不可而爲之」的原因。大夫死，魯公知道不宜作樂故廢去不舉。經書「猶」乃非禮之辭，爲一常見貶抑用語也。要之，公羊氏仍從孔子原意，認爲「大夫死，廢繹示哀」。然而，何休注則另有興發：

> 禮，大夫死，爲廢一時之祭；有事於廟而聞之者，去樂卒事；卒事
> 而聞之者，廢繹。日者，起明日也。言入者，據未奏去樂時書。凡
> 祭自三年喪巳下，各以日月廢時祭，唯郊社越紼而行事可。〔註67〕

何氏這席話分析了三種狀況，也同時表達他個人的主張：一，除了「郊」、「社」大祭之外，其餘祭事於祭日前若有大夫死，則「廢祭示哀」；宣公聞仲遂卒與廟祭同日，若依何氏之意則應廢祭示哀（雖然公羊學者反對世卿，但與禮賢下士的要求並不衝突，因此，對於卿喪，何休主張廢祭示哀）。二，祭事舉行當中，傳來大夫死訊，則「去樂卒事」，於祭事舉行過程中，俱不興舞作樂，「廢樂示哀」。三，祭事已畢，方傳來大夫死訊，則明日酬尸之繹祭不行，「廢繹示哀」。這個主張，對於《左傳》家南朝宋儒沈文阿而言，顯然並不贊同，沈氏云：

> 案〈曾子問〉『嘗禘郊社，盡籩既陳，天子崩，后之喪，廢。』則卿
> 喪不廢正祭。繹是又祭，爲輕，故當廢之。〔註68〕

沈氏的駁正有二：一，引〈曾子問〉爲證，認爲「嘗」、「禘」、「郊」、「社」縱使祭事將行，若聞「天子崩」、「后之喪」，諸此宗廟時祭、郊天祭土之大祭

> 有事於大廟，仲遂卒於垂。壬午，猶繹，萬入去籥。』但卿佐卒，輕於正祭，
> 故辛巳日不廢正祭，重於繹祭，當廢之。宣公不廢繹故加『猶』以尤之。」
> 頁698。

〔註66〕《公羊》，卷十五，宣公八年，頁338～339。句中「廢其無聲者」。何休注曰：
　　　　「廢，置也。置者，不去也，齊人語。」頁339；或詳陳立：《公羊義疏》，卷
　　　　四十六，宣公八年，頁388。

〔註67〕《公羊》，卷十五，宣公八年，頁339。

〔註68〕《左傳》，卷二十二，宣公八年，孔穎達正義引，頁618。

適逢大喪應廢而不舉，因哀重之故（何休引〈郊特牲〉認爲唯「郊」、「社」大祭得越紼而祭，不因大喪廢祭）；然大夫位卑哀輕，「嘗」、「禘」等宗廟時祭，豈能因輕喪廢事，故沈氏曰「卿喪不廢正祭」也。二，何休主張「大夫死，廢一時之祭」（禮經無文），也就是說：四時祭祖之日若適逢大夫死，則廢祭示哀。這引發的爭論在於：「祭祖」與「卿喪」孰輕孰重？沈氏據以駁正，主張：卿佐之喪，不廢宗廟時祭，但繹祭可廢也。與沈氏主張相同的，另有唐儒賈公彥，賈氏曰：「卿佐卒，輕於正祭，不合廢。但繹祭禮輕，宜廢而不廢，故譏之」。〔註69〕顯然，大臣死，「廢繹示哀」是孔學之正論；若循何休之論，廢宗廟時祭，則進卿卻祖，隆義殺恩，於禮太過也。

　　這件事漢晉之《左傳》家與《公羊》家的主張截然不同，左氏傳曰：「有事於大廟，襄仲卒而繹，非禮也。」〔註70〕與孔子的意見是相同的，認爲應「廢繹示哀」；但杜預的經解卻很有意思：

　　　　猶，可止之辭。魯人知卿佐之喪不宜作樂，而不知廢繹，故內（納）
　　　　舞去籥，惡其聲聞。〔註71〕

杜氏提出一個獨到的說詞：「魯人知卿佐之喪不宜作樂，而不知廢繹」直言魯國不以卿喪廢祭，縱使是繹祭賓尸之祭亦不廢也，故宣公唯以廢去籥樂爲其禮對。按杜氏之說「廢樂不作」乃魯公們一致的作法，此說未見理據，恐有寄言出意之嫌，藉此以申己見。

　　再看看《穀梁》傳曰：

　　　　……則其卒之何也？以譏乎宣也。其譏乎宣何也？聞大夫之喪，則
　　　　去樂卒事。猶者，可以已之辭也。繹者，祭之旦日之享賓也。萬入
　　　　去籥，以其爲之變，譏之也。〔註72〕

依傳意，穀梁氏認爲「聞大夫之喪，則去樂卒事」，故范甯解曰：「去籥萬，卒祭事，言今不然。」〔註73〕此謂宣公作法之不合禮制，依禮終其祭事必須一併

〔註69〕《儀禮》，見李學勤主編：《十三經注疏·儀禮注疏》（漢·鄭玄注、唐·賈公彥疏，北京：北京大學，1999）卷四十九，〈有司徹〉，賈公彥疏，頁933。同此論者，見竹添光鴻：《左傳會箋》，第十，宣八，箋曰：「禮，大夫卒，當祭，則不告；終事而聞，則不祭。不告者，恐君哀戚，所以重宗廟也；不繹者，以厚股肱，所以勸臣節也。」頁719。
〔註70〕《左傳》，卷二十二，宣公八年，頁618。
〔註71〕同上注，頁617。
〔註72〕《穀梁》，卷十二，宣公八年，頁195。
〔註73〕同上注。

「廢去萬籥」，然宣公卻僅僅「廢去繹籥」，撤去有聲之祭樂，而無聲之武舞依舊，[註74] 未能存哀於心。因此，范氏稱宣公「今以萬入去籥」的作法是一種「變禮」，故經譏之。本例，范氏傳注未有多言；然而，唐儒楊士勛卻自我自古，斷言范甯與何休的意見是相同的，一概認爲應「廢祭示哀」（去樂卒事）。[註75] 楊氏如是說：「何休又云，禮：大夫死，爲廢一時之祭；有事於廟而聞之者，去樂卒事；至卒事而聞之者，廢繹。今魯不以爲譏。范意當亦然也。」[註76] 此疏，我有不同想法，事實上，范甯是別有主張的，解曰：

> 內（納）舞去籥，惡其聲聞，此爲卿變于常禮，是知其不可而爲之。
>
> [註77]

范氏認爲祭事省禮，廢去籥樂，是因爲卿卒之不得已的狀況所致。喪以「君於卿大夫，比葬不食肉，比卒哭不舉樂」，[註78] 依禮廟祭用樂饗享，祭事爲大，卻因大夫喪而省籥廢去，於禮有變，故謂之「卿變於常禮」也（另證於昭十五年例，詳後）。對照時人杜預的看法，顯然是十分雷同的，范說實近杜預，不與漢季之何休同也。要之，杜、范二氏「不以卿喪廢祭」，唯主張「去樂卒事」示哀也。

2、昭十五年：魯大夫叔弓卒例

宣八年與昭十五年，各記載了舉行宗廟時祭卻適聞大夫喪的事件。二事看似雷同，但解讀善以一字褒貶的《春秋》，其中字句便有研究與比較的空間，藉此一窺諸家注疏解經的端倪。《春秋》，昭公十五曰：

> 二月，癸酉，有事于武宮，籥入，叔弓卒，去樂卒事。[註79]

[註74] 竹添光鴻：《左傳會箋》，第十，宣八，箋曰：「其舞萬去籥者，以武舞用干戚，文舞用籥翟，文近吉而舞近凶，故稍去文，以示凶喪之意。」頁718。

[註75] 案：宣公於辛巳日已聞仲遂卒，仲遂卒於齊地，於魯有距，以古度之，來人通報尚須時日，因此，辛巳日自非仲遂之卒日，而是宣公聞大夫喪之日也。辛巳廟祭時饗先王，若是祭牲諸器已陳，依禮應當「去樂卒事」，但何休主張「禮，大夫死，廢一時之祭；有事於廟而聞之者，去樂卒事」尋其意，顯然主張宣公應「權廢時祭」以示哀也，否則其下注：「凡祭自三年喪已下，各以日月廢時祭，爲郊社越紼而行事可」就成爲無頭文了。

[註76] 《穀梁》，卷十二，宣公八年，楊士勛疏曰：「何休又云，禮：大夫死，爲廢一時之祭。有事於廟而聞之者，去樂卒事，至卒事而聞之者，廢繹。今魯不以爲譏。范意當亦然也。」頁195。

[註77] 同上注。

[註78] 《禮記》，卷四十三〈雜記下〉，頁1218。

[註79] 《左傳》，卷四十七，昭公十五年，頁1341。竹添光鴻：《左氏會箋》，第二十

《左傳》云：「二月，癸酉，禘，叔弓蒞事，籥入而卒，去樂卒事，禮也。」
〔註80〕左氏以「叔弓蒞事」，意謂：叔弓參與了宗廟禘祭卻於祭典舉行當中，
突然暴斃而死，昭公「盡廢祭樂」終其祭事以示哀，左氏認爲這是合乎禮制
與禮情的作法。杜預但以片言「大臣卒，故爲之去樂」〔註81〕注之，其《釋
例》便有詳說：

> 君之卿佐，是謂股肱。股肱或虧，何痛如之！疾則親問焉；死則親
> 其小歛、大歛，愼終歸厚之義也。故仲尼修春秋，卿佐之喪，公不
> 與小歛、大歛，則不書日，示薄厚戒將來也。〔註82〕

對仲遂、叔弓之喪，杜氏尊傳，俱從傳意；但仍見杜氏發明己意：一，大
夫乃君之股肱，依禮卿佐之疾或喪，君王都應「親臨問弔」（未主張「卿喪
廢祭」）。〔註83〕又卿佐之死，對於國家與君王來說都是何其悲痛的一件大

三，昭十五，箋曰：「曾子問：『既設籩豆，而聞君與后夫人之喪，如之何？』
夫但云聞君、后夫人喪，則惟君與后夫人之卒，廢事。卿大夫之卒，無廢事
也，故曰卒事去樂，與宣八年不同。去籥者，但去籥舞，非去樂也；叔弓之
死，則并樂而盡去之，以目睹其死而不忍樂也。然樂則去而禮事必終，重公
祀而輕卿喪也。」頁1562。

〔註80〕《左傳》，卷四十七，昭公十五年：「春，將禘於武公，戒百官。梓愼曰：禘
之日，其有咎乎！吾見赤黑之祲，非祥祭也，喪氣也。其在蒞事乎？」頁1340
～1341。陳立：《公羊義疏》卷六十三，疏引熊氏（安生）云：「若喪祭及禘
祫祭，雖過時猶追而祭之，故禘祫志云：昭十一年齊歸薨，十三年會於平丘，
冬，公如晉，不得祫，至十四年乃追而祫之，十五年乃禘也。」頁528。按：
熊氏認爲此「禘」非「時祭」而是「五年一禘」，禘以別昭穆，其祭在夏至，
熊氏所言非也，當從鄭注，乃時祭也。左氏與二傳記載不同。或詳清・鍾文
烝：《穀梁補注》（清人注疏十三經，北京：中華書局，1998），卷二十一，頁
197。

〔註81〕《左傳》，卷四十七，昭公十五年，頁1341。

〔註82〕晉・杜預：《春秋釋例》，見清・紀昀等編：《欽定四庫全書・春秋類》（景印
文淵閣四庫全書，經部一四六，台北：台灣商務印書館，1983），卷一〈大夫
卒例第六〉：「（續上引文）……仲遂、叔弓皆遇事而卒，得失之義，存於所書
之辭，各如故事，故傳得直言舉禮以正之也。今仲遂至黃而復道死於垂，明
不以尸將事也。垂，實齊地也，故書之，魯大夫卒其境內，則不書地，傳稱
季平子行東野，卒於房是也。其或公疾在外，大夫不卒于國而猶存其日者，
君子不責人以所不得備，非不欲臨也。」頁146（冊）-25。或詳《左傳》，卷
二，隱公元年，孔穎達正義，頁47。

〔註83〕《禮記》，卷四十三〈雜記下〉：「卿大夫疾，君問之無算。士，壹問之。君於
卿大夫，比葬不食肉，比卒哭不舉樂。爲士，比殯不舉樂。」孔穎達正義：「按：
〈喪大記〉『君於大夫疾，三問之』，此云無算，謂有師保恩舊之親，故問之
無算。或可〈喪大記〉云『三問』者，謂君自行。此云『無算』，爲遣使也。」

事，〔註84〕而這就是孔子修春秋寓褒貶戒將來的目的之一。故仲遂、叔弓卒而「書日」，〔註85〕以見宣、昭二公之重臣也。二，大夫地位以「股肱」名之再三，「君爲元首，臣爲股肱，股肱元首，同體合用，相須而成」。〔註86〕透過《春秋》經傳意使「大夫階層」成爲國之四體綱維，和君國休戚與共。這目的很顯然是將政權中心轉移至「世家大族」的「共治時代」，不再是皇族一家獨大的霸權局面。杜氏以古鑒今，告誡君王持事應無偏無頗，以「誠」待臣，則臣自「忠」，如此則能永保社稷。〔註87〕杜氏左傳學之影響如何，在酬庸分治的兩晉南朝時代，並非無跡可循。

承上，再看孔穎達的解釋：

> 祭必有樂，樂有文舞、武舞。文執羽籥，武執干鏚。其入廟也，必先文而後武。當籥始入，叔弓暴卒，故於是去樂不用，而終卒祭事也。叔弓之卒，當籥入之時，故舉籥入也。及其去之，則諸樂皆去，故云去樂，鐘、鼓、管、磬悉皆去之，非獨去籥舞也。祭禮，鼎俎既陳，籩豆既設，然後樂舞始入。緣先祖之心，以大臣之卒必聞樂不樂，又孝子之心不忍徹已設之饌，故去樂卒事。〔註88〕

頁1218。卷四十五〈喪大記〉曰：「大夫之喪，將大斂，……君至，主人迎，先入門右，巫止於門外。……君即位於序端，卿、大夫即位於堂廉楹西北面，東上。」鄭玄注：「禮：君非問疾、弔喪不入諸臣之家也。」頁1268～1269。

〔註84〕按：杜預「君之卿佐，是謂股肱。股肱或虧，何痛如之！」一語實源自左氏，時晉大夫荀盈卒，晉平公卻仍與樂工師曠、嬖臣李調共飲酒作樂，膳宰屠蒯所諫諍之語，詳見《左傳》，卷四十五，昭公九年，頁1273～1275。

〔註85〕承上注。按：杜預以經「書日」的褒貶是在於魯公是否「親臨」大夫之「大斂小斂」；但事實上，宣公並未親臨仲遂之殯，卻依然書日，杜預《釋例》則有這番解釋：「其或公疾在外，大夫不卒于國而猶存其日者，君子不責人以所不得備，非不欲臨也。」認爲如果仲遂卒於魯境，宣公必然親臨問弔，今卻遠在齊地，宣公爲魯君，豈能離境問弔，心有莫逮也，非禮不足也。按：此乃杜預藉經傳「示君尊臣」也，尤以「大夫卿佐之世臣」乃國之股肱四體也，不可不重，因此，主張卿喪廢樂示哀也。

〔註86〕杜預：《春秋釋例》，卷三〈王侯夫人出奔例第二十五〉：「君爲元首，臣爲股肱，股肱元首，同體合用，相須而成。然假異氣以合德，執名義以相服，非忠誠之感，和理之應，則四體交競，元首失德。燕款以多寵見逐；鄭突以專臣失位；蔡朱以外讒出奔；莒展以棄人不立。由此觀之，君臣之間，有釁多矣，唯秉德而志公者，博聽而遠覽，無常親也，無常疎也，有親必有疎，有常必致非常也，此人君之安危，今古之成敗也。」頁146（冊）-64。

〔註87〕見上注。

〔註88〕《左傳》，卷四十七，昭公十五年，頁1339～1340。

孔氏觀點撮之有二：

一，「去樂」乃「鐘、鼓、管、磬悉皆去之」：此謂所有祭樂祭舞，終其祭事悉去不舉，故謂「非獨去籥舞也」。然而，依《周禮・大司樂》，顯然與《春秋》學家以「去樂卒事」之禮對有所出入：

> 凡日月食，四鎮五嶽崩，大傀異烖，諸侯薨，令去樂。大札、大凶、
> 大烖、大臣死，凡國之大憂，令弛縣。〔註89〕

天子對於卿佐喪之禮對，乃「弛縣」而非「去樂」，「去樂」乃「諸侯薨」舉哀之禮也。這段引文所及甚廣且爲重要，留後詳究。關乎本節者，應究明兩個禮學詞彙：「去樂」、「弛縣」，清儒孫詒讓的解釋，可資參酌：

> 云「去樂，藏之也」者，惠棟云：「古人皆謂藏爲去。……蓋去之云
> 者，舉內外大小樂器盡藏之。……案：春秋經去籥爲祭樂，故賈（公
> 彥）後疏謂此經據廟中之樂。玟曲禮云：「天子之哭諸侯也，爲之不
> 樂食。」王食在寢，則路寢常縣亦去之矣。鄭（玄）以彼云去，與
> 此同，舉以證義耳，不定指去廟樂也。〔註90〕

孫氏認爲「去樂」是指：一是，撤去所有音樂（舞），包括懸虡鐘磬之金石雅樂（舞），以及絲竹管弦等酬賓之燕樂（舞），一概廢去藏之器室。一是，廟中祭樂與天子日常之食舉樂，無論宗廟或路寢等場所，一概廢去藏之器室。孫氏解釋得十分詳切；但我認爲賈公彥「去籥」的看法是正確的，宣公唯去宗廟祭樂，出了大廟，宮中諸樂不廢也，這在下文「荀盈卒」、「杞公卒」的事例中可得證明。

二，大夫卒，不廢祭：孔氏不以大夫卒爲國之重哀。因此，無須因卿喪而廢祭，唯以「去樂卒事」便是對大夫卿佐之致哀也。顯然，宗廟祖祭是更甚於大夫之喪也。

再看《公羊》：「其言去樂卒事何？禮也。君有事於廟，聞大夫之喪，去樂卒事。大夫聞君之喪，攝主而往。大夫聞大夫之喪，尸事畢而往。」〔註91〕公羊氏以三個層次狀況來解經，亦與左氏同，肯定昭公「去樂卒事」示哀的作法。但何休解詁則以二事爲要：一，「去樂卒事」：

〔註89〕《周禮》，卷二十二〈春官・大司樂〉，頁699。
〔註90〕清・孫詒讓：《周禮正義》（北京：中華書局，2000），卷四十三〈春官・大司樂〉，頁1790。
〔註91〕《公羊》，卷二十三，昭公十五年，頁503～504。

以加錄「卒事」，即非禮，但當言去樂而已，若去籥矣，總言樂者，

明悉去也。〔註92〕

何氏認為：一字之差，禮意哀情差距則遠矣。孔子於宣八年載以「去籥」；昭十五年載以「去樂」。其言「去籥」乃廢去文舞文樂，諸此絲竹管弦，僅是祭樂中的一部份而已；若言「去樂」，則是廢去所有的樂（舞），不論是武樂（舞）或文樂（舞），諸此金石、絲竹等大樂一概廢去不演奏亦不興舞，故孔子加以「卒事」就是為了說明：直到祭典結束，諸樂諸舞悉去不舉。何氏的解釋正透露出他對「大夫卒，廢祭廢樂」的主張，而他的言論可說是兩晉廢祭禮議的先聲與前導。

在此，重申上述何氏的觀點：一，祭日前，或祭日之日，聞大夫卒，則「廢一時之祭」，見宣八年例。二，祭事舉行當中，聞大夫卒，則「去樂卒事」，如昭十五年例。綜上二例，何氏依從〈郊特牲〉之論，認為唯有「郊天」、「祭社」二項國家大典，是先於所有一切的喪事，不因大喪廢祭。而在「宗廟」祭典方面，同祀人鬼，因此，新鬼與舊鬼之間，則以新死為貴。雖大夫喪，天子無服，但大夫乃國體股肱也，故主張卿佐之喪，應廢宗廟時祭以示哀重也，此見於宣八年注。

二，「大夫聞君之喪，攝主而往」的解釋：

主，謂己主祭者。臣聞君之喪，義不可以不即行，故使兄弟若宗人，

攝行主事而往，不廢祭者，古禮也。古有分土無分民，大夫不世，

己父未必今君臣也。《孝經》曰：「資於事父以事君，而敬同」。〔註93〕

何氏此注甚具爭議，自北魏皇族王懌以來多有駁證。〔註94〕何以「臣喪，君

〔註92〕同上注，頁504。

〔註93〕同上注。

〔註94〕陳立：《公羊義疏》，卷六十三，昭公十五年，疏曰：「禮記曾子問曰：大夫之祭，鼎俎既陳，籩豆既設，不得成禮，廢者幾？孔子曰：九。請問之：天子崩、后之喪、君薨、夫人之喪、君之太廟火、日食、三年之喪、齊衰、大功，皆廢。故何氏謂主為己主祭者也，君夫人之喪，皆宜即往，祭不可廢，故使家人攝主卒事，恩義兩盡矣。通義云：『後魏清河王懌曰：攝主者，攝斂神主而已，不暇待徹祭也。何休云：宗人攝行主事而往，意謂不然，君聞臣喪，尚為之不繹，況臣聞君喪，豈得安然代主終祭也。(孔)廣森謂：大夫聞君之喪，不得終祭。……禮曰：士不攝大夫，若兄弟宗人為士者，即不可使攝，若同為大夫，同當奔喪，又孰相為攝，益知解詁錯誤。……凌先生禮說云：大夫不終事而往，所以盡君臣之義，使人攝主而祭，所以全子姓之恩，恩義兩盡，未得厚非也。若祭無使人代之者，饋食疏大夫以上尊時至，唯有喪故

應廢繹祭」,「君喪,卿不廢廟祭」?正因爲如此矛盾不合理,我們始得一窺何氏巧寄於注疏中的主張。何休認爲:大夫於自家宗廟祭事中,「適聞君喪」,則委請兄弟或同姓族人代爲主持祭事,「不因君喪廢祭」也,引據證之有三:一,「不廢祭者,古禮也」(非也,見〈曾子問〉);二,大夫官祿不世襲,亡父與今君不具君臣關係,故不廢祭也,唯使人代攝之;三,《孝經》,移孝作忠,君喪亦不棄先父,能敬父則能敬君。這是饒富興意且至關重要的一席話,何休藉此意在:一,提高「大夫」卿佐之地位,如仲遂、叔弓卒二例俱見之,認爲「君聞臣喪」,應「廢祭去樂」示哀。二,今天下之民,「稱民」無有「稱臣」者,唯分土列國者稱之。因此,大夫之父,若乃一介平民,則非今君之臣,毋需守此君臣之儀,故不廢祭也。顯然,君臣關係僅是一種任命從屬關係,非屬永久不可切割之關係,否定批判西漢以來董仲舒的三綱五常說。當然這是源自對漢末政治的失望,也點出了士階層的君臣觀已出現動搖與新思維。〔註95〕三,提出「家」、「國」;「父」、「君」;「恩」、「義」;「孝」、「忠」的並連關係,並將二者放在同一地位,顯示大夫的宗廟祭祀是大於君喪;也就是:士族階層的抬頭。在何氏的觀感中,「士大夫」是一朝之君必須尊重與倚重的棟樑,一如戰國稷下學宮,知識份子得以「不治而議論」享有言論免責權,位列上大夫,受國朝師友之禮。〔註96〕這席言論正正實實地與漢季「黨

不祭,餘吉事皆不廢祭,若有公事及病,使人攝祭。』」頁 529。

〔註95〕 余英時:《中國知識階層史論(古代篇)》(台北:聯經,1980)〈名教危機與魏晉士風的演變〉:「漢代去古代『封建』之世不遠,地方官(如郡守)和他所辟用的僚屬之間本來就有一種君臣的名份。東漢以後更由於察舉制的長期推行,門生與舉主之間也同樣有君臣之義。這些所謂『門生故吏』便形成了門第的社會基礎。這些士人在未直接受命於朝廷之前,祇是地方官長或舉主的臣下,而不是『天子之臣』即使以後進身於朝廷,依當時的道德觀念,他們仍然要忠於『故主』。因此一般士大夫之於皇帝最多祇有一種間接的君臣觀念,但並不必然有實質的君臣關係。」頁 333。《南史》,卷三十六,〈江夷傳附戩傳〉引紀僧真告齊武帝曰:「士大夫故非天子所命。」頁 943。按:顯然何休的說詞並非完全受到黨錮事件迫害而有的情緒之言,而是漢末以來逐漸深入士大夫階層的君臣觀念已有變化,如余先生所論,門生故吏間的君臣關係本是建立在知遇之恩與鄉黨或師生的關係上,因此,自漢末以來爲「舊君」(昔日的老長官)服喪、收葬的事例便屢見不鮮,正是「君臣」意義與關係的改變而產生的風尚。

〔註96〕 按:何休或許希冀能如戰國末期「稷下學宮」那批士人可以「皆賜列第,爲上大夫,不治而議論」(《史記》,卷四十六〈田敬仲完世家〉:「宣王喜文學游說之士,自如騶衍、淳于髡、田駢、接予、慎到、環淵之徒七十六人,皆賜列第,爲上大夫,不治而議論。是以齊稷下學士復盛,且數百千人。」頁 720),

鋼」有關，《後漢書‧何休傳》載：「太傅陳蕃辟之，參與政事。蕃敗，休坐廢錮，乃作《春秋公羊解詁》。覃思不闚門，十有七年。」〔註97〕陳蕃乃士大夫們的領袖之一，黨錮對士大夫們而言，是極其污辱與迫害的事件，逼得士人們越發激情團結，也因此更慘遭宦官、外戚集團的打壓殺戮。何休正是受難的一員，而《公羊解詁》亦在廢錮之後寫成。由此可見：兩晉廢祭禮議的沸騰，是與漢季士家宗族的興起與鞏固有其至大的關連，這也與「何休公羊學」的主張有明確不可切割的關係，這絕對是研究兩晉禮學必須注意與關切的一個學派與事件。

再看《穀梁》：「君在祭樂之中，聞大夫之喪，則去樂卒事，禮也。君在祭樂之中，大夫有變，以聞，可乎？大夫，國體也。古之人重死，君命無所不通。」〔註98〕穀梁氏認為君聞臣喪，祭事則去樂卒事；又大夫乃國之體也，故君於祭事中，大夫卒亦得通報，不掩聞也。此事，范甯的經解則是：

> 祭祀禮重，國之大事，一物不具，則為失所，以卿佐之卒，而闕先
> 君之樂而不止祭，嫌有失禮。〔註99〕

解讀范氏之意：所謂「闕先君之樂」即「去樂」也；「不止祭」，乃不終止祭事，即「卒事」也。完整的文句即是：「祭祀禮重，國之大事，一物不具，則為失所，以卿佐之卒，『去樂卒事』，嫌有失禮」；也就是說：卿喪不足以廢其廟祭。依禮「去樂卒事」簡省禮數以致哀，使得先祖未能盡享樂舞之歡娛，祭有不周，有失常禮。這個觀點十分獨特，值得注意。當然，這也純粹是范氏的主張，透過經解傳達己意。要之，范氏以「宗廟祭事」為重，卿佐之喪，不足省之廢之。而楊士勛的經解則顯得有趣：

> 大夫與君一體，情無疑二，祭祀雖重，以卒告君，君當哀其喪而止

有言論免責權，並受君王高度禮敬，不以君臣而以師友關係相待，詳余英時：《士與中國文化》（上海：上海人民，2008），頁 36。《漢書》，卷六十七〈梅福傳〉曰：「士者，國之重器；得士則重，失士則輕。」頁 2919，又卷七十五〈李尋傳〉，尋謂王根曰：「夫士者，國家之大寶，功名之本也。」頁 3180、《後漢紀》（晉‧袁宏，北京：中華書局，2005）卷一〈光武皇帝紀〉，光武謂王霸曰：「今天下散亂，兵革並興。得士者昌，失士者亡。夢想賢士共成功業，豈有二哉！」頁 8。按：這與杜預常以「股肱」、「四體」、「棟樑」比喻士大夫對國家之重要是一樣的。而春秋至兩漢之權力集團的變化是「氏族」（卿大夫）→「士族」（士大夫）集團權力代之而起。

〔註97〕《後漢書》，卷七十九下〈儒林列傳‧何休〉，頁 2583。
〔註98〕《穀梁》，卷十八，昭公十五年，頁 296～297。
〔註99〕同上注，楊士勛疏引，頁 297。

祭，不得以輕廢重，故死可以聞也。〔註100〕

楊氏從《傳》意以大夫爲國體股肱之故，因此卿佐之喪縱使於國家祭典舉行當中，仍必須通報給君王知道，毋有隱瞞。後文乃楊氏自發己意，與范甯注正好相反，解以「君當哀其喪而止祭」，意謂：卿喪應「廢祭示哀」也。這個觀點大抵是受兩晉以來「廢祭」禮議的影響，大唐開元禮亦因此而有所新定。事實上，楊氏之見反映了唐朝禮制與觀感，於此楊氏卻又必須尊從經傳，續以「不得以輕廢重」作解，前後兩句的矛盾，正凸顯了兩晉禮議對大唐禮制的沿革與影響。

綜上，三《傳》俱以「大夫卒，去樂卒事」爲其禮對，觀點一致無二。但，精彩而可觀的則是三傳的注解本，各自在筆鋒警語之間寄寓了自我主張，摭其大要如下：

一，「大夫喪，廢樂」：杜預本注缺，或可以宣八年「魯人知卿佐之喪不宜作樂，而不知廢繹」觀之，主張「大夫喪，廢樂」也，孔穎達經解亦同，並詳疏了「廢樂」之意。

二，「君喪，大夫不廢廟祭」、「大夫喪，廢祭廢樂」：何休認爲大夫行廟祭之中若適聞君喪，則使人攝祭，不因君喪廢祭也；參照宣八年的注解何氏認爲君聞臣喪在「祭日前則廢祭」，若「祭事中則廢樂」示哀也。

三，「大夫喪，不廢樂」：范甯認爲大夫喪，去樂卒事，對先王之時饗，於禮不周，有所不備，故言「祭祀禮重，國之大事，一物不具，則爲失所，以卿佐之卒，而闕先君之樂而不止祭（去樂卒事），嫌有失禮」；宣八年注更以「卿變於常禮」解之，蓋有「大夫喪，不廢樂」之旨也。

四，「大夫喪，廢祭」：楊士勛以一期望語氣（非武斷之詞）認爲君王舉行廟祭時，若適聞大夫喪，「君當哀其喪而止祭」，期以「廢祭示哀」，但又「不以輕廢重」，故使聞之而不廢祭也。竊以爲：楊氏藉此期望語氣或有所寄託，一方面必須尊經從傳，一方面卻又不苟同經傳「去樂卒事」的觀點，故巧以一矛盾語句凸顯其意也。

3、襄十六年：晉悼公卒例

這是「晉國」的案例，相較於「魯國」對於「大夫喪」之禮，顯然是有別的。魯宣公對於大夫仲遂之卒則以「萬入去籥」示哀；昭公對大夫叔弓之喪更以「去樂卒事」致哀；然晉平公對於自己君父悼公之喪，不僅速葬，更

〔註100〕《穀梁》，卷十八，昭公十五年，頁297。

不廢時祭、不廢會同、不廢宴樂。〔註101〕《春秋》襄公十五年載：「冬，十有一月，癸亥，晉侯周卒。十有六年，春，王正月，葬晉悼公」。〔註102〕此事唯詳諸《左傳》：

> 十六年春，葬晉悼公。平公即位。……改服、脩官，烝於曲沃。（三月）警守而下，會於溴梁。……晉侯與諸侯宴於溫，使諸大夫舞，曰：歌詩必類。〔註103〕

《禮記‧雜記下》以：「諸侯五月葬，七月卒哭」。〔註104〕喪儀，既葬而虞，虞而卒哭作主。春秋家以諸侯七虞，卒哭作主乃在葬後十四日，意即葬日與除喪同在一月之內也。這個說法與《禮記》截然不同。〔註105〕這麼看來，「癸亥」乃十一月三十，已是月末，平公在未足二月的情況下於翌年正月便葬，在禮制上自然不符合孔子的期待。〔註106〕「速葬亟吉」乃平公獲譏之因也。就其「速葬亟吉」之因，杜預則有明白的說解：

> 既葬，改喪服。脩官，選賢能。曲沃，晉祖廟。烝，冬祭也。諸侯五月而葬，既葬，卒哭作主，然後烝嘗於廟。今晉逾月葬，作主而烝祭。傳言晉將有溴梁之會，故速葬。〔註107〕

足見：第一，速葬亟吉，是基於三月的溴梁之會，故除服從吉。第二，「三年

〔註101〕 竹添光鴻：《左傳會箋》，第二十三，昭十五年，箋曰：「正義引襄九年八月葬穆姜，十二月晉侯以公宴於河上；十六年正月葬晉悼公，三月公會於溴梁與諸侯宴。云卒哭之後得宴樂。殊不知二傳所記，皆諸侯之事也。襄公不得辭悼公之命，溴梁有故大會諸侯，不得以私親失好於列國。」頁1569。《左傳》，卷四十二，昭公三年，傳曰：「諸侯三歲而聘，五歲而朝，有事而會，不協而盟。」頁1179。

〔註102〕 《左傳》，卷三十二，襄公十五年，頁933、卷三十三，襄公十六年，頁937。

〔註103〕 《左傳》，卷三十三，襄公十六年，頁938～939。

〔註104〕 《禮記》，卷四十三〈雜記下〉：「士三月而葬，是月也卒哭。大夫三月而葬，五月而卒哭。諸侯五月而葬，七月而卒哭。士三虞；大夫五；諸侯七。」頁1217。

〔註105〕 《左傳》，卷十七，僖公三十三年，孔穎達正義：「如士虞之禮，諸侯七虞，其六虞用柔日，最後虞則改用剛日，間一日乃卒哭，卒哭亦用剛日，則諸侯卒哭在葬後十四日也。然始免喪與葬不得相遠，共在一月之內，故杜每云：『既葬，卒哭，衰麻除』，是其不甚相遠。……〈雜記〉曰：『天子七月而葬，九月而卒哭。諸侯五月而葬，七月而卒哭』。（杜預）《釋例》云：『《禮記》後人所作，不與《春秋》同』是七虞九虞，杜所不用。」頁480。

〔註106〕 《通典》，卷八十〈禮四十‧凶二〉：「諸侯五月而葬，今晉悼三月便葬，遂合諸侯燕會，使大夫歌舞，皆非喪禮也。」頁1111。

〔註107〕 《左傳》，卷三十三，襄公十六年，頁939。

無改於父之道」，嗣君不自專，但平公於葬後除服「修官選賢」，代表一切政由己出，無有三年衰麻之服，亦無三年聽於冢宰，諒闇心喪，遏密八音等喪制。第三，君喪，既葬除服，不廢祭事，不廢會同，不廢宴樂，諸儀如常。「速葬」或爲晉國之常制；竹添光鴻以《春秋》所書唯晉文公五月而葬，其餘「三月速葬」見於襄公、悼公、平公、昭公、頃公等（第三章第二節）。〔註108〕上列第二、三，蓋爲晉國之喪制，不因大喪而廢事，一切以葬訖爲節。

　　杜氏注將平公「烝於曲沃」一事，定調爲「冬烝時祭」。平公有君父斬衰三年之喪，爲「不廢時祭」故而趕於烝祭下限「節卻月前」，也就是正月中旬以前將悼公下葬，否則過涉次節便是過時，禮以過時不祭也。又祭必有十日的齋戒，故杜預曰：「今晉逾月葬」，顯然從癸亥（十一月三十）至正月葬，停殯僅一月略許也，便卒哭成事從吉。又禮以「新主特祀於寢」，以喪禮祭之，不同於宗廟之吉祭，唯待三年喪畢禘祭始入宗廟以別昭穆。〔註109〕因此，平公烝於曲沃，「曲沃」乃晉國太廟的所在地，此「烝祭」乃一「時祭」也。孔穎達如是引證：

> 《周禮》、《禮記》諸文皆有之也，新主既特祀於寢，則其餘宗廟四時常祀自如舊，不廢也。……《釋例》曰：「舊說以爲諸侯喪三年之後乃烝嘗。案傳襄公十五年冬十一月，晉侯周卒，十六年春，葬晉悼公，改服、修官、烝於曲沃，會於湨梁。其冬，穆叔如晉，且言齊故，晉人答以『寡君未禘祀』。其後晉人征朝於鄭，鄭公孫僑云：『湨梁明年，公孫夏從寡君以朝於君，見於嘗酎，與執燔焉。』此皆《春秋》明證也。」是言知諸侯卒哭以後，時祭不廢之事也。〔註110〕

正義引《釋例》爲證，此乃杜預所著之《春秋釋例》，在《集解》之外，更將

〔註108〕竹添光鴻：《左傳會箋》，第二十三，昭十六，經曰：「季孫意如如晉，冬十月，葬晉昭公。」杜預注曰：「三月而葬，速。」箋曰：「晉，伯國也。三月而葬，蓋其權宜之制也。書晉葬者，唯文公五月而葬，其後襄公、悼公、平公、昭公、頃公等三月而葬。」頁1570。

〔註109〕《左傳》，卷十七，僖公三十三年：「君薨，卒哭而祔，祔而作主，特祀於主，烝、嘗、禘於廟。」杜預注曰：「既葬，反虞則免喪，故曰『卒哭』止也。以新死者之神祔之於祖，尸柩已遠，孝子思慕，故造木主立几筵焉，特用喪禮祭祀於寢，不同於宗廟。」孔穎達正義引（杜預）《釋例》云：「特用喪禮祭祀於寢，不同之於宗廟。宗廟則復用四時烝、嘗之禮也。三年喪畢，致新死者之主以進於廟，廟之遠主當遷入祧，於是乃大祭於大廟，以審定昭穆，謂之禘。此皆自諸侯上達天子之制也。」頁479。

〔註110〕《左傳》，卷十七，僖公三十三年，孔穎達正義，頁480。杜預云云詳見《春秋釋例‧作主禘例第三十七》，頁146（冊）-79。

自己異於先儒之見另闢於此。〔註111〕杜氏顯然對於春秋以來諸侯守喪三年的
制度提出質疑，故而提出四項例證：晉平公烝於曲沃、會盟溴梁、君喪未褅
出兵援魯、接受鄭君之嘗酬，力駁「舊說」之非。杜氏以諸侯「既葬，宗廟
烝嘗如常」，不因三年喪而廢宗廟時祭，故特別強調「新主特祀於寢」之說，
以此證明喪祭不與宗廟時祭吉凶相混，則無礙於宗廟烝嘗也。可見，「舊說」
認為「大喪」應「廢宗廟時祭」；事實上，這是「禮家之說」，源自《禮記・
王制》條例：「喪三年不祭，唯祭天地社稷，為越紼而行事」、〈曾子問〉條例：
「天子崩，未殯，五祀之祭不行。既殯而祭。自啓至於反哭，五祀之祭不行。
已葬而祭」云云，鄭玄以「郊社亦然，惟嘗褅宗廟俟吉也」這就是杜預口中
的「（禮家）舊說」。〔註112〕很清楚地，杜預意圖透過《春秋》的經解與釋例，
提高「宗廟祭祀」的地位（如王莽之論），以敬親尊祖乃重於三年喪，不可因
喪廢事，並以此為天子諸侯之定制，不與士庶同禮也。誠然，杜預的論述所
揭開的是《左傳》與《三禮》的爭端，在唐儒劉賁序中言之甚明：

> 漢興帝制立賢良文學之士，率以《春秋》治天下。晉主中國，元凱
> 以《春秋》為安危，故述茲凡例，意欲安中國而御四夷，釋權義以
> 正禮經，後儒以知。〔註113〕

〔註111〕清・紀昀等編：《欽定四庫全書・春秋類》（景印文淵閣四庫全書，第一四六
　　　　冊，台北：台灣商務印書館，1983）《春秋釋例・提要》曰：「臣等謹案：《春
　　　　秋釋例》，十五卷，晉・杜預撰。預事跡詳《晉書》本傳。是書以經之條貫出
　　　　必於傳，傳之義例總歸於『凡』。《左傳》稱『凡』者五十，其別四十有九，
　　　　皆周公之垂法。史書舊章，仲尼因之，而修之以成一經之通體。諸稱書、不
　　　　書、先書、故書、不言、不稱書曰之類，皆所以起新舊發大義，謂之『變例』。
　　　　亦有舊史所不書，適合仲尼之意者，仲尼即以為義，非互相比較，則褒貶不
　　　　明，故別集諸例，及地名、譜第、歷數相與為部，先列經傳數條，以包通其
　　　　餘，而傳所述之凡繫焉，更以己意申之，名曰『釋例』。」頁146（冊）-1。
〔註112〕《禮記》，卷十二〈王制〉，頁376～377、卷十九〈曾子問〉，頁595。元・馬
　　　　端臨《文獻通考》（台北：新興書局，1965），卷九十八〈宗廟考八・祭祀時
　　　　享宋一〉引宋人李謙的疏文曰：「議禮之家各持一說，不致其辯，禮意無自而
　　　　明。夫嘉禮之與凶禮不可以並行，舉一必廢一，故在禮經『喪三年不祭，唯
　　　　祭天地社稷，為越紼而行事』。蓋不敢以卑廢尊也。夫天地以尊而不廢，宗
　　　　廟以親，豈獨可廢乎？〈王制〉三年不祭之說、諸儒之論亦自不同杜預之說，
　　　　以為既祔以後宗廟得四時常祭，蓋杜氏之意不以三年不祭宗廟為是也。」頁
　　　　893。
〔註113〕《欽定四庫全書・春秋類》，第一四六冊《春秋釋例・原序》劉賁序曰：「孔
　　　　子之衛，至十一年，自衛反魯，聖經修成，後二年，泰山其頹，三桓勝魯，
　　　　聖人斯文，于是掃地矣。漢興，帝制立賢良文學之士，率以春秋治天下。晉

這是一席極其重要的談話，揭露了杜預的意圖。杜預欲以《春秋》匡政天下，更要以《春秋》大義「以正禮經」。也就是說：《禮經》與《春秋》文多歧異，但能代表孔聖微言，行事之深切著明者，必稱《春秋》；因此，一切禮學疑議俱以——《春秋》爲斷。〔註114〕顯然，在伐吳之後，一統江山的晉世，杜預有意藉由學術上的解釋權威以古文經《左氏春秋》作爲晉世朝儀與治政綱領的基石開創一大新時代，一如董仲舒成功建造了今文經《公羊春秋》以學領政的大漢帝國。他的雄心大略，劉賁確實看見了，也爲我們證實了。

承上，不同於杜預的看法，則是同時代的段暢，段氏認爲「烝於曲沃」乃平公「即位告廟」之禮。氏曰：

> 《春秋》僖七年（冬）閏月，惠王崩。九年夏，王使宰孔賜齊侯胙，曰「天子有事于文武」。以爲王喪再周少五月，而猶事文武，明王者卒哭除喪，即位而祭廟矣，所謂烝嘗禘於廟也。〔註115〕

「即位告廟」〔註116〕與「不廢時祭」這有很大的差別。前者是不得已的作法，爲穩定國家政局，先王既葬，除服從吉，故段氏引惠王崩爲例。依禮天子七月而葬，新王「踰年即位」；但襄王因有大叔帶之難，恐危及王位，遲至八年冬始發喪，於九年正月即位，告廟於文武。〔註117〕《禮記·曲禮下》以：「君天下曰天子，朝諸侯、分職、授政、任功，曰予一人，天子未

主中國，元凱以春秋爲安危，故述茲凡例，意欲安中國而御四夷，釋權義以正禮經，後儒以知。可例者，文也；可釋者，志也。善言春秋者，不以文害志，故志定而後斷物，物得其斷，則例可得焉，可忘焉，故序。」頁146（冊）-5。

〔註114〕《禮記》，卷十二〈王制〉，孔穎達正義：「杜注云『新主既特祀於廟，則宗廟四時常祀，三年禮畢，又大禘，乃皆同於吉。』如杜之意，與三年不祭違者，按《釋例》云：『《禮記》後儒所作，不正與《春秋》同。』是杜不盡用《禮記》也。」頁378。

〔註115〕《通典》，卷八十〈禮四十·凶二〉，頁1110。

〔註116〕黃以周：《禮書通故》，第三十一〈即位改元禮通故一〉引「（桓公元年）何休云：『即位先謁宗廟，明繼祖也。還之朝，正君臣之位也。事畢而反凶服爲。』馬端臨云：『即位告廟，自舜禹受終，以至太甲之見祖，成王之見廟，皆是也。雖西漢時，人主每嗣位，亦必有見高廟之禮。而自唐以來則否，以喪三年不祭之說爲拘也。』」頁1301。

〔註117〕《左傳》，卷十三，僖公七年，傳曰：「冬，閏月，惠王崩。」頁351。八年經：「冬，十二月，丁未，天王崩。」傳曰：「冬，王人來告喪。難故也，是以緩。」杜預注曰：「實以前年閏月崩，以今年十二月丁未告。……有大叔帶之難。」頁352～353。九年，傳曰：「夏，會於葵丘。尋盟，且修好，禮也。王使宰孔賜齊侯胙。曰：『天子有事於文武，使孔賜伯舅胙。』」頁357。

除喪曰余小子」〔註118〕故《左傳》稱「王使宰孔」、「天子有事」云云。顯見，襄王除喪當政，君臨天下，故使宰孔將文武廟祭的胙肉賜予齊侯，以示尊齊。這表示天子即位後，一切如常，儀無省廢。段暢以諸侯「卒哭即位」，〔註119〕因此悼公既葬，平公卒哭即位，「類見」〔註120〕於天子，便行「告廟」之禮，以昭告自己是合法的政權繼承者與擁有者；而天子則藉由「郊天」大典，宣示自己就是名正言順的「上天之子」。因此，天子即位改元親行告廟、郊天；諸侯則親行告廟、社稷，並以最新鮮豐厚的烝嘗祭儀殽享先祖，燕樂侑食，祈佑蒼生。段氏以此「即位告廟」作解「烝於曲沃」的典禮意義，否定平公「正月烝」是「冬祭宗廟」，因爲《禮記・王制》以「天地社稷」爲「越紼行事」，除了祭祀「天地」、「社稷」大儀之外，一切諸儀都應權廢不行，以待大喪哀漸。也就是說：大喪，應廢宗廟時祭；若是即位而行告廟烝祭，此乃新君登基必然之程序，不當有廢。

　　在本例經解當中，有三點端倪應申：一，春秋以「卒哭」爲節，卒哭成事後，一切從吉，諸事如常，無有廢省。二，《禮記・王制》以大喪廢宗廟時

〔註118〕《禮記》，卷四〈曲禮下〉，頁122。

〔註119〕段暢以「諸侯卒哭即位」，詳見《通典》，卷八十〈禮四十・凶二〉，頁1110。黃以周：《禮書通故》，第三十一〈即位改元禮通故一〉引《春秋傳》曰：『以諸侯踰年即位，亦知天子踰年即位也。』王者改元即事天地，諸侯改元即事社稷。……然據《白虎論》，既殯即繼體之位，踰年即改元之位，三年即踐阼之位，是即位之別有三。」頁1299、又引「《春秋》定公於柩前即位，改稱元年，本非典禮。《公羊傳》云『正棺于兩楹間，然後即位』何注云：『危，不得以踰年正月即位。』蓋本例即位應在踰年正月，因定哀多微辭，故從其實，于即位之日書之，以明其篡。自此義不明，後世遂于殯前即位，而踰年即位之禮不聞矣，甚且先君之骨未寒而自改稱元年矣。」頁1302、又引「蔡沈云：『《春秋》國君皆以遭喪明年正月即位于廟而改元。』頁1302。按：宋儒朱熹弟子蔡沈所言當是。

〔註120〕《禮記》，卷五〈曲禮下〉：「諸侯見天子，曰『臣某侯某』，……既葬，見天子，曰『類見』。」鄭玄注曰：「代父受國。」孔穎達正義曰：「此諸侯世子父死葬畢，而見於天子禮也。類，象也。言葬後爲執玉而執皮帛，以象諸侯見，故曰類見。然《春秋》之義，三年除喪之後乃見，而今云『既葬』者，謂天子或巡守至境，故得見也。若未葬，未正君臣，故雖天子巡守，亦不見也。」頁143、145。按：孔氏認爲《春秋》以三年除喪後嗣君始得類見天子，以此認證諸侯繼位之合法，然就春秋史來看，晉國以速葬亟吉爲常，魯公以既葬除服，不行三年喪明矣：蓋曲禮以「既葬類見」筆者認爲是符合春秋國際史實的，諸公具以「卒哭爲節」，除服從吉，諸事各如常儀，因此，嗣君亦不待三年喪除，既葬則即位專政也。

祭，唯「天地」、「社稷」之祀不廢。三，杜預《春秋集解》、《春秋釋例》主張「大喪不廢宗廟時祭」，提高「宗廟」的祭祀地位與「天地」、「社稷」並比為三（受王莽改字添經：「喪三年不祭，唯『宗廟社稷』，越紼而行事」之影響）。

（二）譏「喪宴樂」

《春秋》因喪譏宴樂，見諸昭九年，晉大夫荀盈卒例、昭十一年，魯小君齊歸喪例。從這二大卒例中可見：喪禮乃一政治行為，而非純為社群關係或宗教上之送終儀式，而是關乎權力的消長。從荀盈例中，足見家門侈大之勢，平公終以撤膳止宴，廢樂示哀，但這絕非因奉行儒教而舉哀之，而是對一強宗世族的低頭。作為對比的是，昭十一年，魯小君齊歸喪例。昭公之世，政在三桓，誠如《春秋繁露·楚莊王》所言：「今春秋恥之者，昭公有以取之也。臣陵其君，始於文而甚於昭。」〔註121〕因此，季氏不待葬而喪蒐、喪盟，無視國哀，諸事如常，此乃公室之卑所形成的結果。以下，就此二例作一分析。

1、昭九年：晉大夫荀盈卒例

晉大夫荀盈（知罃、知悼子）卒而未葬，平公飲酒作樂，經杜蕢（屠蒯）糾諫便撤膳去樂，這件事在《禮記》與《左傳》（經無文）中都有詳略不等的記載，先看《禮記·檀弓下》載：

> 知悼子卒，未葬。平公飲酒，師曠、李調侍，鼓鐘。杜蕢（屠蒯）自外來，聞鐘聲，曰：「安在？」曰：「在寢。」杜蕢入寢，歷階而升，酌，曰：「曠飲斯。」又酌，堂上北面坐飲之。降，趨而出。平公呼而進之曰：「蕢，曩者爾心或開予，是以不與爾言。爾飲曠何也？」曰：「子卯不樂，知悼子在堂，斯其為子卯也大矣。曠大師也，不以詔，是以飲之也。」「爾飲調何也。」曰：「調也，君之褻臣也，為一飲一食。亡君之疾，是以飲之也。」「爾飲何也？」曰：「蕢也，宰夫也。非刀匕是共，又敢與知防，是以飲之也。」平公曰：「寡人亦有過焉，酌而飲寡人。」杜蕢洗而揚觶。公謂侍者曰：「如我死，則必無廢斯爵也。」至於今，既畢獻，斯揚觶，謂之杜舉。〔註122〕

〔註121〕《春秋繁露》，卷一〈楚莊王〉，頁8。
〔註122〕《禮記》，卷九〈檀弓下〉，頁288～289。

《禮記》主要針對平公失禮聞諫而悛改尊賢的角度上來做書寫，嘉君美臣冀此成為後世典範。文中亦見身為宰夫的杜蕢（屠蒯）對於二位同僚「師曠」與「李調」共與宴樂卻不知非禮行諫的作為當面予以嚴正的譴責，無懼無畏，無諂無媚，只求問心無愧，做好一個臣子應有的責任，規正諫諍以補君過。杜蕢指桑罵槐，平公心知肚明所為何事，立即空其爵以示受諍，並以此爵為誡，此事更成為後世宴飲結束時主客「揚觶空爵」一飲而盡，不留杯酒的來由；又這個動作起因於杜蕢，所以叫做「杜舉」。《禮記》畢竟是記禮示儀之書，相對於《左傳》紀錄的重點則在政治，禮制都是在政治面上進行考量的，昭公九年載：

> 夏，晉荀盈如齊迎女，還，六月，卒於戲陽。殯於絳，未葬。晉侯飲酒樂。膳宰屠蒯趨入，請佐公使尊，許之，而遂酌以飲工，曰：「女為君耳，將司聰也。辰在子卯，謂之疾日。君徹宴樂，學人捨業，為疾故也。君之卿佐，是謂股肱。股肱或虧，何痛如之！女弗聞而樂，是不聰也」。又飲外嬖嬖叔，曰：「女為君目，將司明也。服以旌禮，禮以行事，事有其物，物有其容。今君之容，非其物也，而女不見，是不明也」。亦自飲也，曰：「味以行氣，氣以實志，言以出令。臣實司味，二御失官，而君弗命，臣之罪也」。公說，徹酒。初，公欲廢知氏而立其外嬖，為是悛而止。秋，八月，使荀躒佐下軍以說焉。〔註123〕

這段史料雖冗卻何其重要，從三點分析：一，從禮制上看：大夫荀盈卒於魏境戲陽，歸殯於國都絳城。大夫「殯而未葬」，平公卻飲酒作樂，依禮「大夫三月而葬，五月而卒哭」、〔註124〕「君於卿大夫，比葬不食肉，比卒哭不舉樂」〔註125〕意即大夫既葬，君可飲酒食肉，但不得作樂興舞，必須等到五月卒哭成事，一切從吉之後。但本例荀盈「殯而未葬」，平公飲酒（食肉）或作樂（興舞）二不可也，〔註126〕故傳譏之，此其一也。又《禮記・檀弓上》說：「大功

〔註123〕《左傳》，卷四十五，昭公九年，頁1273～1275。

〔註124〕《禮記》，卷四十三〈雜記下〉：「士三月而葬，是月也卒哭。大夫三月而葬，五月而卒哭。諸侯五月而葬，七月而卒哭。士三虞，大夫五，諸侯七。」頁1217。

〔註125〕同上注，〈雜記下〉：「卿大夫疾，君問之無算。士，壹問之。君於卿大夫，比葬不食肉，比卒哭不舉樂。衛士，比殯不舉樂。」頁1218。

〔註126〕竹添光鴻：《左氏會箋》，第二十二，昭九，傳曰：「事有其物，物有其容。今君之容，非其物也。」杜預注曰：「有卿佐之喪，而作樂歡會，故曰非其物。」

廢業」，孔穎達訓「業」爲「學業」，遭喪則暫廢學業，因爲「喪不貳事，故廢業也」，心唯存喪，不以他事干擾；但朱熹則以：「業謂簨簴上板。廢業，謂不作樂」。〔註127〕〈曲禮下〉以「大夫無故不徹縣，士無故不去琴瑟」，〔註128〕「遭喪」乃謂「有故」也，自天子達於庶人，雖天子諸侯「絕期」，但於情意上則應廢樂。〈曲禮下〉又言：「居喪，未葬，讀喪禮。既葬，讀祭禮。喪復常，讀樂章。居喪不言樂，祭事不言凶，公庭不言婦女」〔註129〕雖然這是針對「喪主」規範的儀則，但很清楚地「喪復常，讀樂章」、「居喪不言樂」都是指稱「音樂」，不論對樂理的研讀或實際操琴作樂甚而聽樂取樂，都非居喪應有的行爲。《周禮》更以「大臣死，凡國之大憂，令弛縣」〔註130〕無不是基於憂樂不相干、吉凶兩相妨所訂定的儀則；且大臣乃國之四體，君之股肱，故卿佐大夫之喪，應廢樂弛縣示哀，朱說至碻可依。因此，平公於大夫喪宴樂忘哀，故傳譏之，此其二也。又師曠、李調與荀盈有同僚朋友之誼，依禮乃有弔喪之義，《儀禮・喪服》以：「朋友，麻」鄭玄注曰：「朋友雖無親，有同道之恩，相爲服緦之絰帶」，〔註131〕此外平公對於大夫亦有「錫衰問弔」之義，荀盈未葬，弔服當在，逮既葬則除。〔註132〕因此，二臣怠職樂喪，助平

笺曰：「哀有哭泣，樂有歌舞，其物也。衰麻有哀色，端冕有敬色，其容也。獻酬之容，俎豆之薦，皆非臣喪所宜爲。」頁1490。

〔註127〕《禮記》，卷七〈檀弓上〉，孔穎達正義：「『大功廢業』者，業謂所學。習業則身有外營，思慮他事，恐其忘哀，故廢業也。」頁197。按：朱熹則以「業爲音樂」，與孔說異矣！見黃以周：《禮書通故》，第十〈喪禮通故五〉，頁548引；又竹添光鴻亦以「業爲習樂」也，見《左氏會笺》，第二十二，昭九，笺曰：「〈月令〉：孟春，命樂正入學習舞。仲春，命樂正入學習樂。季春，命樂正入學習吹。故謂習樂者爲學人。舍業，謂不習學。」頁1490。

〔註128〕《禮記》，卷四〈曲禮下〉，頁120。

〔註129〕同上注，頁111。

〔註130〕《周禮》，卷二十二〈春官・大司樂〉：「凡日月食，四鎮五嶽崩，大傀異烖，諸侯薨，令去樂。大札、大凶、大烖、大臣死，凡國之大憂，令弛縣。」頁699。

〔註131〕《儀禮》，卷三十四〈喪服〉，頁638～639。

〔註132〕《周禮》，卷二十一〈春官・司服〉：「凡弔事，弁絰服。」鄭玄注曰：「弁絰者，如爵弁而素加環絰。……其服錫衰、緦衰、疑衰。諸侯及卿大夫亦以錫衰爲弔服。……國君於其臣弁絰，他國之臣則皮弁。大夫士有朋友之恩，亦弁絰。」賈公彥疏曰：「按：〈士喪禮〉注云：『君弔必錫衰』者，蓋士有有朋友之恩者，加之與大夫同用錫衰耳。大夫相於必用錫衰者。……凡弔服，皆既葬除之。」頁652～653。《禮記》，卷五十七〈服問〉：「公爲卿大夫錫衰以居，出亦如之，當事則弁絰，大夫相爲亦然。」頁1542。

公恣情逸樂，無顧道義，故指斥二人「不聰不明」也，傳亦譏之，此其三也。

二，從慣例上看：「辰在子卯，謂之疾日」，「子卯不樂」的慣例，乃源自於桀紂「亡國之日」（乙卯、甲子）所引起的戒愼恐懼，周人將此「子卯」二日視之爲「疾日」、「惡日」、「忌日」。而每六十天遇此惡日二也，如何應對，禮有規範。在行事方面，凡遇日則喪事不避，吉事不舉，在位者「肆大省」自我省敕，規正補過。〔註133〕因此《禮記‧檀弓上》以：「忌日不樂」、〔註134〕《儀禮‧士喪禮》說：「朝夕哭，不辟子卯」，鄭玄認爲「子卯，桀紂亡日，凶事不辟，吉事闕焉」，〔註135〕賈公彥以子卯不避凶喪之事，因爲都是惡日，性質相同不相回避；然吉事「用樂」，與凶喪相妨，陰陽相干，故應「撤樂避凶」。傳引屠蒯言曰：「君徹宴樂，學人舍業，爲疾故也」正是此一道理也。又平公宴樂，師曠奏樂，李調與樂，都爲傳所譏也。另外，在飲食方面，《禮記‧玉藻》如是說：「子卯，稷食菜羹，夫人與君同庖」，鄭玄以「忌日，貶也，不特殺也」。〔註136〕慣例「子卯」與「忌日」同質，喪主於忌日「減膳粗食」，食稷穀喝菜羹，膳無鮮肉（或有乾肉），此日不得殺牲，夫妻同牢共食，

〔註133〕《左傳》，卷四十五，昭公九年，傳曰：「辰在子卯，謂之疾日。」杜預注曰：「疾，惡也。紂以甲子喪，桀以乙卯亡，故國君以爲忌日。」孔穎達正義：「訓疾爲惡，言王者惡此日，不以舉吉事也。《尚書‧武成》篇云：時『甲子昧爽，受率其旅若林，會於牧野。周有敵於我師，前徒倒戈，攻於後以北，血流漂杵』。是紂以甲子喪。《詩》云：『韋顧既伐，昆吾夏桀』，言昆吾與桀同時死也。十八年傳『二月乙卯，周毛得殺毛伯過而代之。……』以此二王之亡爲天誅之日，故國君以爲忌日，惡此日也。〈檀弓〉云：『君子有終身之憂，故忌日不樂。』鄭玄云：『謂死日也。』彼謂親亡之日，至此日而念親，故忌此日，不用舉吉事，非是惡此日也。此與忌日名同意異。」頁1273～1274。《公羊》，卷八，莊公二十二年，經曰：「二十有二年，春，王正月，肆大省。」傳曰：「肆者何，跌也。大省者何？災省也。」何休注曰：「謂子卯日也。夏以卯日亡，殷以子日亡，先王常以此日省吉事，不忍舉，又大自省敕，得無獨有此行乎？常若聞災自省，故曰災省也。」頁161。按：何休以「子卯如災」故君王應內自省，徹樂減膳，不殺牲舉樂，以凶喪之事處之。

〔註134〕《禮記》，卷六〈檀弓上〉：「君子有終身之憂，而無一朝之患，故忌日不樂」頁175。

〔註135〕《儀禮》，卷三十七〈士喪禮〉，賈公彥疏曰：「云『凶事不辟』者，即此經是也。云『吉事闕焉』者，〈檀弓〉云：『子卯不樂。』是吉事闕也。」頁710。竹添光鴻：《左傳會箋》，第二十二，昭九，箋曰：「士喪禮，朝夕哭，不避子卯。則知他人預凶事弔哭，亦避此日也。」頁1488。按：竹添氏此說謬矣！鄭、賈之說，至碻可依，毋可刊也。

〔註136〕《禮記》，卷二十九〈玉藻〉，頁879。

〔註137〕撙節常度。相較於天子諸侯日常用膳規格，《周禮‧膳夫》如是言：「王日一舉，鼎十有二，物皆有俎。以樂侑食」；〔註138〕《禮記‧玉藻》又云：「天子日食少牢，朔月太牢；諸侯日食特牲，朔月少牢」。〔註139〕諸此訊息告訴我們：一，天子日殺一羊，以五牲（羊豬犬鴈魚）備膳，謂之「少牢」。唯朔月（每月初一、十五），再殺一牛，以六牲（牛羊豬犬鴈魚）盛其美饌，謂之「太牢」。〔註140〕而諸侯則日殺一豬，謂之「特牲」。朔月增食一羊，謂之「少牢」。顯見，今以子卯（忌日）如喪，減損珍饈，不滿足口腹之慾，聊以飽食便罷。二，「食舉樂」，天子諸侯用膳，旁有樂官奏樂，〔註141〕以樂侑食，讓心情輕

〔註137〕清‧孫詒讓：《周禮正義》（十三經清人注疏，北京：中華書局，2000），卷七〈天官‧膳夫〉，孫詒讓正義曰：「大戴禮記保傅篇引青史氏記，説『王后就燕室，大師持銅而御戶左，太宰持斗而御戶右』。盧注云：『大師，瞽者。大宰，膳夫也。』以相推約，王舉在寢，亦宜此官與瞽師同御左右。若然，王日三食，朝食最盛，其宥樂既大司樂令奏；日中、夕食禮稍殺。或大師令奏與？又王后與世子大食亦當有樂宥，經文不具也。」頁245。按：唯忌日則王與后同牢共食，不舉樂不殺牲以避惡日。

〔註138〕《周禮》，卷四〈膳夫〉，頁96～98。

〔註139〕《禮記》，卷二十九〈玉藻〉：「天子皮弁以日視朝，遂以食。日中而餕，奏而食。日少牢，朔月太牢。……（諸侯）又朝服以食，特牲，三俎，祭肺，夕深衣，祭牢肉。朔月少牢，五俎四簋。子卯，稷食菜羹，夫人與君同庖。」頁876～877。

〔註140〕同上注，〈玉藻〉：「君無故不殺牛，大夫無故不殺羊，士無故不殺犬豕。」鄭玄注：「故，謂祭祀之屬。」；孔穎達正義：「據作《記》之時言之，此君得兼天子，以天子日食少牢；若據《周禮》正法言之，此君爲據諸侯，以天子日食大牢，無故得殺牛也。」頁881。按：孔穎達認爲《禮記》乃後人所作，故謂天子日食「少牢」此乃後王之法，而非周制，據《周禮》天子乃日食「太牢」也（鄭玄、賈公彥皆有此説，見《周禮》，卷四，《天官‧膳夫》，頁97），因此「無故亦得殺牛」，以備天子之膳；所謂「有故得殺牛」乃指「郊天」或「大旱」饑饉薦臻之時，爲弭平旱災，無不索鬼神遍祭之，用盡犧牲圭璧，正如《詩經》，卷十八〈大雅‧雲漢〉所言：「靡神不舉，靡愛斯牲。圭璧既卒，寧莫我聽。不殄禋祀，自郊徂宮。上下奠瘞，靡神不宗。」（頁1194）。「六牲」，見孫詒讓：《周禮正義》，卷七〈天官‧膳夫〉，頁236～237。

〔註141〕又《周禮》，卷四〈天官‧膳夫〉，賈公彥疏：「〈王制〉『天子食，舉以樂』。案《論語‧微子》云：亞飯、三飯、四飯，鄭云皆舉食之樂。彼諸侯禮，尚有舉食之樂。明天子日食有舉食之樂可知。案〈大司樂〉云：『王大食皆令奏鐘鼓。』彼大食自是朔食。日舉之樂，大司樂或不令奏，或不言矣，無妨日食自有舉食之樂。」頁97～98。《左傳》，卷五十九，哀公十四年，傳曰：「左師（宋大夫向巢）每食擊鐘。聞鐘聲，公（宋景公）曰：『夫子將食。』既食，又奏。公曰：『可矣』頁1680。按：諸侯之卿食亦舉樂，此乃僭禮之甚也。又王后、世子大食亦舉樂，詳見清‧孫詒讓：《周禮正義》，卷七〈天

鬆愉快，吃食便能好消化以養身體。以此推知「子卯」既以「忌日」視之，凶日不樂，故食必無樂，徹樂以食，諸儀各省其常也。要之，屠蒯以「大夫之喪」，「更甚子卯」，然平公宴樂，棲心事外，「大食」、「舉樂」，不以卿喪（子卯日）爲憂，都爲傳譏之甚也。

三，從政治面看：「卿佐之喪，何痛如之」！透過屠蒯的視角，「卿佐之喪」被視爲國家大事，雖有弔服之義，在天子諸侯「絕期」與尊卑的體制下，本來就沒有爲下臣服喪之理；但在情意上國君被強烈要求展現哀戚忉怛之色。足可證明：「世卿大族」勢力與地位的上升與不可小覷的政治影響力，恰恰說中了平公尾大不掉的痛處與自己軍政上的弱勢。魯大夫穆叔直言「晉室公卑，政在侈家」；鄭大夫子產亦稱「晉政多門」；晉大夫叔向更慨嘆「政在家門」。〔註142〕「家門」的勢力主要集權於六卿，故史稱「六卿專政」。荀氏家族乃晉國六大家族之一（韓、趙、魏、范、知（荀）、中行（荀））。春秋初期本爲附庸周室的小國，擁有山西新絳東北一地，後爲晉武公兼併，成爲晉國公卿之一，並長期握有晉國軍政大權。〔註143〕以致屠蒯一語「初，公欲廢知氏而立其外嬖，爲是悛而止。秋，八月，使荀躒佐下軍以說焉」〔註144〕正

官・膳夫〉，頁245。另外，晉大夫僭禮樂之事，晉靈公時期趙盾首開大夫主盟，越君之甚：《禮記》，卷二十五〈郊特牲〉：「庭燎之百，由齊桓公始也。大夫之奏《肆夏》也，由趙文子始也。」（頁779）肆夏乃天子納賓之樂，晉侯僭越（左傳襄四年），大夫趙文子（趙武）亦僭。

〔註142〕《左傳》，卷四十，襄公三十一年，傳曰：「若趙孟死，爲政者其韓子乎！……晉君將失政矣，若不樹焉，使早備魯。既而政在大夫，韓子懦弱，大夫多貪，求欲無厭，……晉公室卑，政在侈家。」頁1124。卷四十六，昭公十三年，傳曰：「子產曰『晉政多門，貳偷之不暇，何暇討？』」頁1392；卷二十八，成公十六年，傳曰：「宣伯使告郤犨曰『魯之有季、孟，猶晉之有欒、范也，政令於是乎成。今其謀曰：晉政多門，不可從也。寧事齊、楚，有亡而已，蔑從晉矣！』」頁789。按：政權移於大夫之家，公族舊臣的凋落，齊晉大夫晏嬰、叔向都有此慨，《左傳》，卷四十二，昭公三年，傳曰：「叔向從之宴，相與語。叔向曰：『齊其何如？』晏子曰：『此季世也，吾弗知民而歸於陳氏。』叔向曰：『然。雖吾公室，今亦季世也。欒、郤、胥、原、狐、續、慶、伯，降在皁隸。政在家門，民無所依，君日不悛，以樂慆憂。公室之卑，何日之有？』」頁1181～1184。

〔註143〕朱順龍、顧德融：《春秋史》（上海：上海人民出版社，2003），頁88～147。或詳李宗侗：《中國古代社會史》，第十二章〈春秋後期各國階級的升降〉，頁241～245。

〔註144〕《左傳》，卷四十五，昭公九年，孔穎達正義：「公心欲廢知氏，故輕悼子之喪，不廢飲酒，得蒯以禮責之，乃知君臣義重，不可輕廢，爲是悛而止。」

道破晉國的政局，同時也提醒平公莽撞的剷除知氏（荀盈宗族）軍權，勢必引起內亂。荀氏等六卿家門佐軍政其來有自，平公強行奪權，絕非易事，恐釀更大危機。〔註145〕因此「公說，徹酒」、「悛而止」、「（使荀躒佐下軍）以說焉」這是很有意思的筆法，隱諱了平公的極大弱勢與大夫挾權以恃，故平公畏而尊之，立即徹去酒樂，同心示哀。顯然，平公藉由悛改從禮的方式，展現對大夫卿佐的尊重。這樣的尊重，事實上，是對大夫權勢的妥協，無形中，權臣是更加跋扈無主；這便是春秋末世各國大夫世家崛起的縮影。

　　另外，值得注意的是：「屠蒯」的角色，爲何而來，爲何事而諫諍？其諫是否眞有目的？是晉國之「眞賢臣」嗎？關於屠蒯，史僅以「膳宰」說明其身份，這身份當然並非小臣，而是掌握著平公飲食大權的「上士」，〔註146〕若非寵臣心腹亦難爲之，因爲天子諸侯飲食前都由膳夫授祭先嘗，若是有意毒殺，亦非難事。因此其權勢地位絕不在一般「大夫」之下，故而無須上奏稟告便直搗內寢，前引〈檀弓下〉說得很清楚：「杜蕢（屠蒯）自外來，聞鐘聲，曰：安在？曰：在寢。杜蕢入寢」；《左傳》亦說「膳宰屠蒯趨入」，這些都證明了，這是一個權臣對弱勢君主的一席談話，席間當衆指責嬖臣李調，樂工師曠，這都是平公深寵的二位內臣，但平公卻像孩子似的聽他教訓同僚，也拐彎抹角地教訓自己，這些都是細微的訊息，而我們也較容易受到《禮記》對他的讚揚，而忘了這一切的眞實。事實上，「屠蒯」無不是站在集團的利益下前來諫止，或爲荀氏的政治說客，藉由平公宴樂自知非禮的狀況下，直趨入寢，巧妙的轉圜了一場權力的變盤，屠蒯之用心，「悛止平公，以說荀躒」

　　　　頁1275。按：孔氏的說解殆從禮制上訓釋，未能深入剖析晉國之政局與大夫
　　　　家族勢力之崛起與影響，屠蒯的一席話點醒了平公，平公畏其勢力倒戈，故
　　　　不敢遽廢之，立即徹去酒樂，以示荀氏與諸大夫。
〔註145〕李宗侗：《中國古代社會史》，第十二章〈春秋後期各國階級的升降〉：「晉國
　　　　的中軍，在將兵時是元帥，在平時是首席執政者，攬軍權政權於一手，他的
　　　　地位的重要可以知道。……《左傳》對於由晉悼公元年一直到晉出公元年，
　　　　擔任晉國中軍的人所記如下：韓厥、知罃、荀偃、士匄、趙武、韓起、魏舒、
　　　　范鞅、知瑤，共十人。士匄的士氏即范氏，就是獻策去桓莊之族的士蔿的後
　　　　人，荀偃的荀氏即中行氏，可見這十人未曾出於六家以外。」頁243。
〔註146〕《周禮》，卷一〈天官‧冢宰〉：「膳夫，上士二人，中士四人，下士八人，府
　　　　二人，史四人，胥十有二人，徒百有二十人。」鄭玄注：「膳夫，食官之長也。」
　　　　賈公彥疏曰：「『膳夫，食官之長』者，謂與下庖人、內外饔、亨人等爲長也。」
　　　　頁12。按：賈氏此謂「膳夫」乃所有食官之長也，因此「膳夫」之權力地位
　　　　實不在「大夫」之下，因此屠蒯得以長驅直入進諫之。

之謀術，非「眞賢臣」也，蓋爲傳譏也；這個假設竹添氏亦有略同。〔註147〕

　　要之，「世卿大族」集團勢力的抬頭與崛起，已爲霸國尾大不掉的事實。爲了避免觸怒這些集團中的世家大族，國君尊臣的態度就體現在「大夫之喪」禮儀的應對上。也就是說：禮以天子諸侯絕期，自然對大夫之喪，可以置之不理；但「大夫之喪」卻在春秋末世形成一大議題，這凸顯出：「大夫階層」在政權中成爲主事者的大局已然成形，叔向「政在家門」一語中的。因此「大夫之喪」並不在訴諸哀情輕重，或國君應如何守禮示哀；而是一場政治權力的風向球，對勢族家門國君不得不展現的低眉與尊重。

2、昭十一年：魯小君齊歸喪例

事在昭公十一年，經曰：

> 五月，甲申，夫人歸氏薨。大蒐于比蒲。仲孫貜會邾子盟于侵羊。
>
> 秋，季孫意如會晉韓起、齊國弱、宋華亥、衛北宮佗、鄭罕虎、曹人、杞人于厥憖。九月，己亥，葬我小君齊歸。〔註148〕

「齊歸」乃昭公的母親，〔註149〕昭公以媵娣之子入繼大統，〔註150〕以夫人爵命其母，雖居母喪毫無哀容，但以小君服制之。〔註151〕昭公在位權落三桓（詳

〔註147〕竹添光鴻：《左氏會箋》，第二十二，昭九，箋曰：「晉平公欲廢知氏立其外嬖，屠蒯欲諫，而不敢侵官，適公飲酒，請佐使尊，遂將一篇諫章，劃作三人寫出，並不爲平公科罰，而公之罪即在三人罪中，知氏之不可廢，自在言外。此工於用諫者，遂爲滑稽之祖，後世如優孟、優斿、東方朔，皆其耳孫也。」頁1491。關於俳幽滑稽之淵源與角色，可參余英時：《士與中國文化》（上海：上海人民出版社，2008）〈中國知識份子的古代傳統──兼論「俳優」與「修身」〉，頁103～106。

〔註148〕《左傳》，卷四十五，昭公十一年，頁1283～1284。

〔註149〕同上注，杜預注曰：「昭公母，胡女，歸姓。」頁1283。《穀梁》，卷十七，昭公十一年，范甯注曰：「齊，諡。」頁290。《公羊》，卷二十二，，昭公十一年何休注以齊歸爲「歸氏，胡女，襄公適夫人。」頁491。按：何休之「適夫人」乃指「敬歸」，而昭公的母親齊歸乃敬歸之媵娣，雖爲貴妾，但穆叔仍以姬禍非適嗣繼位而有意見。《通典》，卷九十三，〈凶禮十五・諸侯爲所生母服議〉（後漢）薛公謀議曰：「按春秋，庶子爲君，則母稱夫人。故昭公之母齊歸卒，經書曰『夫人歸氏薨』，言母以子貴也。」頁1331～1312。

〔註150〕《左傳》，卷四十，襄三十一年：「立胡女敬歸之子子野，次於季氏。秋，九月，癸巳，卒，毀也。……立敬歸之娣齊歸之子公子裯。穆叔不欲，曰：『大子死，有母弟則立之，無則長立，年鈞擇賢，義鈞則卜，古之道也。非適嗣，何必娣之子。』」頁1126。

〔註151〕《左傳》，卷二，隱公二年，經曰：「十有二月，乙卯，夫人子氏薨。」孔穎達正義：「妾子爲君，其母成爲夫人，敬嬴、齊歸是也。」頁66～67。《禮記》，

第三章第一節），〔註152〕以致季平子無忌於小君之喪，大行軍獵，蒐於比蒲；同月孟僖子（仲孫貜）會盟於諸侯；秋，季孫意如又與七國會盟於厥愁商討救蔡之事。這三件事：「喪蒐」、「喪盟」（二次會盟）孔子都做了紀錄，筆削褒貶，先看《左傳》如何說：

> 五月，齊歸薨。大蒐於比蒲，非禮也。孟僖子會邾莊公盟于侵祥，脩好，禮也。……九月，葬齊歸，公不慼。晉士之送葬者，歸以語史趙。史趙曰：『必爲魯郊。』侍者曰：『何故？』曰：『歸，姓也。不思親，祖不歸也。』叔向曰：『魯公室其卑乎！君有大喪，國不廢蒐。有三年之喪，而無一日之慼，國不恤喪，不忌君也；君無慼容，不顧親也。國不忌君，君不顧親，能無卑乎？殆失其國。』」〔註153〕

> 卷五十七，〈服問〉：「君之母非夫人，則群臣無服，唯近臣及僕、驂乘從服，唯君所服服也。」鄭玄注：「妾，先君所不服也。禮，庶子爲後，爲其母緦。言『唯君所服』，伸君也。《春秋》之義，有以小君服之者。時若小君在，則益不可。」頁1541～1542；孔穎達正義：「『禮，庶子爲後，爲其母緦』……《春秋》之時不依正禮者，有以爲小君之服服其妾母者，是文公四年『夫人風氏薨』，是僖公之母成風也。又昭十一年夫人歸氏薨，是昭公之母齊歸也。皆亂世之法，非正禮也。」頁1547。按：《左氏》、《公羊》俱從經文無譏，認爲妾母以子貴，得立爲夫人，如成風、齊歸，乃禮也；唯《穀梁》以「子爵命母」、以「小君之服服妾母」皆亂法非禮而譏之也。

〔註152〕《左傳》，卷五十一，昭公二十五年，傳曰：「如是，魯君必出。政在季氏三世矣，魯君喪政四公矣。」杜預注曰：「（三世）文子、武子、平子。（四公）宣、成、襄、昭。」孔穎達正義：「武子生悼子，悼子生平子，政在季氏。唯云『三世』不數悼子者，悼子未爲卿而卒，不執魯政，故不數也。……是悼子先武子而卒，平子以孫繼祖也。」頁1447。《春秋繁露》，卷一〈楚莊王〉：「今春秋恥之者，昭公有以取之也。臣陵其君，始於文而甚於昭。」蘇輿義證曰：「文之失由於厭政，專行任父。案傳三十年傳：『公子遂如京師，遂如晉。』傳云：『公不得爲政爾。』是公羊以爲始於僖也。《後漢·樂恢傳》：『政在大夫，孔子所疾，世卿持權，春秋以戒。聖人懇惻，不虛言也。』」頁8。

〔註153〕《左傳》，卷四十五，昭公十一年，頁1285～1289。竹添光鴻：《左傳會箋》，第二十二，昭十一，箋曰：「惡三家也。斯時車馬卒乘皆爲三家也，此大蒐其實三家講武也。齊歸於是月卒，視君之大喪，漠不相關，何怪後此之朋比逐君乎！然皆公致之也。公無慼容，己不顧其親矣。」頁1503。經曰：「仲孫貜會邾子盟于侵祥。秋，季孫意如會晉韓起、齊國弱、宋華亥、衛北宮佗、鄭罕虎、曹人、杞人于厥愁。」箋曰：「小君未葬，而仲孫出盟，諸侯之事也，傳曰：禮也。季孫出會，亦諸侯之事也，故無貶焉。書八國會於（楚師）圍蔡之後，滅蔡之前，則失救患之義，著矣！」頁1500。按：此次會盟乃商討救蔡之事，故傳曰：「秋，會於厥愁，謀救蔡也。鄭子皮將行，子產曰：行不遠，不能救蔡也，蔡小而不順」云云，見頁1504。傳曰：「孟僖子會邾莊公盟榿

左氏詳細的記載了此時的政局，齊歸貴爲君母，這本是國之大喪，但因政權早已旁落，各國蠶食弒君已成常態，君母之死，顯得微不足道。因此季平子大蒐，傳稱「不忌于君」則可應證昭公名存實亡，僅僅是個政治傀儡，縱使有心亦無力阻止。晉國賢士叔向與史趙更從雜占卜姓的方式鐵口直斷昭公必失其國，流亡在外，〔註154〕這番預言，果不其然，二十五年昭公出奔，穀梁氏稱「民如釋重負」也。〔註155〕顯然，左氏藉此撻伐昭公不哀母喪之等閒峻漠，一如先前，居君父大喪嬉戲無度，了無感容是一樣的，這在《左傳》的記錄中，是極其詳細的，襄三十一年傳曰：

> 穆叔曰：「……且是人也，居喪而不哀，在慼而有嘉容，是謂不度。
> 不度之人，鮮不爲患。若果立之，必爲季氏憂。」武子不聽，卒立
> 之。比及葬，三易衰，衰衽如故衰。於是昭公十九年矣，猶有童心。
> 君子是以知其不能終也。〔註156〕

很清楚地，昭公之所以被季氏立爲嗣君，是因「妾子非適」又「童心不度」，愚昧易欺難與權臣抗衡，傀儡態勢已定。而敬歸子姬野或有大志，嗣位未久卻因父喪哀毀而死；死因當然不單純，竹添氏認爲這是季氏策動的謀殺事件，經書以「次於季氏」直指季氏是兇手，故而左氏以「毀」字諱之，隱藏弒君

祥，脩好，禮也。」箋曰：「禮也與非禮也對，示小君之喪不廢諸侯之事也。」頁1503。

〔註154〕竹添光鴻：《左傳會箋》，第二十二，昭十一，箋曰：「此以母姓爲占，乃所謂雜占，古蓋有此法。歸，姓也。猶曰歸姓之子也，姓字不必訓生（按：此乃駁正杜預注：「姓，生也。言不思親，則不爲祖考所歸祐」），言歸姓所生，而不思其親，是自背其所以生，故祖考亦棄之而不歸依也。金縢：『我先王亦永有依歸。』歸姓而祖不歸，故以占其不能守宗廟焉。」頁1506。

〔註155〕《左傳》，卷五十一，昭公二十五年：宋樂祁曰：「魯君必出，政在季氏三世矣。魯君喪政四公矣。無民而能逞其志者，未之有也。」頁1447、子家懿伯又說：「政自之出久矣，隱民多取食（於季氏）焉，爲之徒者眾矣。」頁1459、「九月，己亥，公孫於齊，次於陽州。」杜預注曰：「諱奔，故曰孫，若自孫讓而去位者。」頁1445。《穀梁》，卷十八，昭公二十九年，傳曰：「昭公出奔，民如釋重負。」范甯注曰：「傳明昭公有過，非但季氏之罪。」頁310。《春秋繁露》，卷一，〈楚莊王〉：「今春秋恥之者，昭公有以取之也。臣陵其君，始於文而甚於昭。……是故季孫專其位，而大國莫之正。出走八年，死乃得歸。」蘇輿義證引凌曙曰：「自二十五年九月孫於齊，至三十二年薨於乾侯，凡八年。」頁8～9。

〔註156〕《左傳》，卷四十，襄公三十一年，頁1126；文亦見《史記》，卷三十三〈魯周公世家第三〉，頁561。竹添光鴻：《左氏會箋》，第十九，襄三十一，箋曰：「嘉容二字妙，時人以昭公爲知禮正在此。不度，不遵禮度。」頁1316。

之醜聞。〔註157〕在穆叔的話裡：「若果立之，必爲季氏憂」是句正言若反的警語，因爲姬裯乃季氏之不二人選，穆叔之言，乃正中下懷，道出季氏的計謀。〔註158〕父母大喪，無一哀慟，以親親論，父不如母，居喪嬉戲，哭不出來，不造作僞以形式，尚且言說；然母親生我，縱無乳母之親，〔註159〕亦當有十月之懷，昭公無情冷漠，左氏以不小的篇幅來描寫，其批判意味是極爲濃烈的（相較於十五年叔弓之死，昭公去樂卒事以哀卿喪，或可說春秋中後期大夫政治地位的躍升，往往成爲一國之權臣大姓，國君不得不禮遇之，又如田齊、三家分晉），〔註160〕或更甚於三桓的肆無忌憚，故假他人（史趙、穆叔）

〔註157〕《左傳》，卷四十，襄公三十一年：「立胡女敬歸之子子野，次於季氏。秋，九月，癸巳，卒，毀也。」頁1126。按：子野之死，竹添氏認爲是被季氏謀殺，可從經書「次」字例，左氏以「毀」字見其所隱。竹添光鴻：《左氏會箋》，第十九，襄三十一，箋曰：「顧棟高曰：『春秋子野卒，望溪方氏斥之爲弑，與子般子赤一例。』余反覆觀之，而知其說不可易也。隱之遇弑也，傳稱『館於寪氏』，壬辰，羽父使賊弑公於寪氏；子般之遇弑也，傳稱『次於黨氏』。……況此傳更明云：『次於季氏，秋九月，癸巳卒。』入大臣之家而不得反，則弑逆之罪，季氏將誰逃乎！左氏乃云『毀』，此正季之欲蓋而彌彰也。……季之謀曰，子之喪親，禮當哀毀，可以毀卒飾，加至美之名于君，以惑群聽，立其親娣之子，以釋群疑，舉朝莫得知，通國莫敢議，是其謀更巧，而心更毒，烏得逭于弑逆之誅乎哉！」頁1315～1316。

〔註158〕竹添光鴻：《左氏會箋》，第十九，襄三十一，箋曰：「立裯之權在季氏，故穆叔以此言動之，其後事適合耳，穆叔豈助季氏者乎！抑君德之賢明咸重，權臣所畏，故每擇昏庸易欺，便翻易制者君之。……大權歸己，惟意所爲，千古一轍。子野卒而裯有童心，是季氏之所利也。季氏之憂在賢明，不在昏懦。則知宿早有立裯之心，子野豈眞不勝喪而卒哉？」頁1317。

〔註159〕《禮記》，卷十八〈曾子問〉：「昔者魯昭公少喪其母，有慈母良，及其死也，公弗忍也，欲喪之。有司以聞曰：『古之禮，慈母無服，今也君爲之服，是逆古之禮而亂國法也。若終行之，則有司將書之，以遺後世，無乃不可乎？』公曰：『古者天子練冠以燕居。』公弗忍，遂練冠以喪慈母。喪慈母自魯昭公也。」孔穎達正義：「昭公年三十，乃喪齊歸，猶無感容，是不少，又安能不忍於慈母。此非昭公明矣，未知何公也。」頁589～590。按：因昭公於父母二喪中都無感容，嬉戲無度，甚爲《春秋》所譏。因此，孔氏認爲昭公對父母之無情，怎會因毫無血緣關係的慈母之喪而備極哀感，並且開禮制之先例。然，筆者卻認爲乳母從小照顧他長大，朝夕相依，其情或更甚親生父母，這是實質上的親情感受，眞摯的感受是無法欺瞞自己的眼淚的。襄公與齊歸或許都未盡父母應有的責任，姬裯自小亦未深感來自父母的溫情，有此而發，今日看來，誠不足怪也。

〔註160〕《史記》，卷三十一〈吳太伯世家〉：「適晉，說趙文子、韓宣子、魏獻子曰：『晉國其萃於三家乎！』將去，謂叔向曰：『吾子勉之！君侈而多良大夫，皆富，政將在三家。吾子直，必思自勉於難。』」頁527。又卷三十二〈齊太公

之口譴責三桓更罪昭公也。要之，《傳》以國喪「大蒐」爲非，「會盟」爲是。
杜預注循之：

　　蒐非存亡之由，故臨喪不宜爲之。盟會以安社稷，故喪盟謂之禮也。
　　〔註161〕

在此，杜氏做了簡明的解釋，認爲：一，小君之喪未葬，大蒐不宜，因爲軍
禮作樂，軍獵不謹則有娛樂戲獵之嫌，少或多一次演習，並不攸關國家興亡，
因此小君未葬宜哀不宜樂。二，會盟諸侯，其期前定不可更改，國際詭譎多
變亟需友邦的支援，前有孟僖子與邾子之盟，後有八國會盟，此時正當楚師
圍蔡存亡之際，八國共事商討救蔡一事，因此會盟諸侯正是鞏固友邦情誼與
聯盟捍衛疆土的的最佳機會，不容有誤，縱使小君喪而未葬，亦不因喪廢盟
也。事實上，這也是春秋以來一貫的作法，〔註162〕同時也說明了：母喪輕於
父喪君喪，母喪殯而未葬，一切便宜行事（或可解釋爲何鄭玄以「殯而未葬」
這段時日稱爲「無事」的原因）；君父之喪則葬訖服除而後舉也。

　　再看《公羊》：「大蒐者何？簡車徒也。何以書？蓋以罕，書也」〔註163〕
何休的注，見於桓公六年：

　　孔子曰「以不教民戰，是謂棄之。」故比年簡徒謂之蒐，三年簡車
　　謂之大閱，五年大簡車徒謂之大蒐，存不忘亡，安不忘危。〔註164〕

何氏以軍事校獵爲維護國土安全之必要演習，因此開宗明義便引用孔聖之
教，國家存亡之責就在教戰於民，除了訓練人民強身健體外，更重要的是愛
國思維的養成，團結一心保家衛國，所謂國家興亡匹夫有責也。蓋何休不以
「喪蒐」爲譏，亦不譏「喪盟」也，下文氏注曰：「不日者，蓋諱喪盟，使若
議結善事」可證也。〔註165〕然徐彥的疏顯然是破注自說了：

　　上文五月「夫人歸氏薨」，君居喪，居喪而與人盟，至十三年秋平丘
　　之會，邾婁子與晉爲議，不容公盟而執季孫，理宜書日，見其不信。

　　世家〉：「九年，景公使晏嬰之晉，與叔向私語曰：『齊政卒歸田氏。田氏雖無
　　大德，以公權私，有德於民，民愛之。』」頁546。
〔註161〕《左傳》，卷四十五，昭公十一年，頁1285。
〔註162〕《公羊》，卷十八，成公十八年；《穀梁》，卷二，隱公八年、卷十四，成公十
　　　　八年。
〔註163〕《公羊》，卷二十二，昭公十一年，頁490。
〔註164〕《公羊》，卷四，桓公六年，經曰：「秋，八月，壬午，大閱。」傳曰：「大閱
　　　　者何？簡車徒也。」頁86。
〔註165〕《公羊》，卷二十二，昭公十一年，頁491。

　　　　而不書日者，正以身居大喪而不以爲憂，是內惡可諱之限，故爲信

　　　　辭，使若此盟方欲議論，結其善事然。〔註166〕

首先，徐彥的焦點是在「書日」的史筆上，認爲諸侯「會」、「盟」照例都會

寫上日期，但十一年五月的侵祥會盟、秋天的八國之會，一直到十三年秋的

平丘之會，〔註167〕《春秋》都不書日，這便是孔子譏其「喪盟」的直接證據。

其次，我們可以清楚地閱讀到「君居喪，居喪而與人盟」、「正以身居大喪而

不以爲憂」這些義正辭嚴甚具譴責性的文字，可知「喪而會盟」，怎麼基於國

土安全之考量，都是不應該的。最後，再看看「喪蒐」這件事，徐彥的作解：

　　　　孔子曰：……，（引何休注），安不忘危。然則大蒐之法，五年一爲，

　　　　今此不然，故曰以罕書也。……正以蒐與大蒐希數大異，禮亦不同，

　　　　是不得相因。〔註168〕

依照制度「五年」進行一次大規模的軍演，這叫做「大蒐」，而徐氏以「今此

不然」疏之，〔註169〕說明《傳》何以「罕書」注之。顯見，「大蒐」之少見，

在人力財力物力相對耗損的前提下，這是不輕易啟動的超大型校獵，反而凸

顯三桓之「嗜蒐」，常蒐的排場難以滿足，故以盛大隆重的排場來展示軍威軍

容，這樣的心態或可見之：第一是對至高權力的宣揚與慾望的滿足；第二是

對戲獵馳騁的娛樂享受；第三是對血腥暴力的征服快感。一言蔽之，徐彥破

注自說，以「喪盟」、「喪蒐」爲譏。當然，這是從大一統的唐朝其時空背景

與禮制來審視的觀點，凡喪三年未畢，諸事不宜，若所權便，則得下禮官群

臣朝議，再行定奪，實與春秋有別，故《傳》不譏也。

　　《穀梁》無傳，范甯注如是說：

　　　　比月大蒐，人眾，器械有逾常禮。時有小君之喪，不譏喪蒐者，重

　　　　守國之衛，安不忘危。〔註170〕

此注范氏似以經不譏「喪蒐」，是基於捍衛國土安全的考量，穀梁氏在昭公八

如是說：「蒐狩以習用武事，禮之大者也」，〔註171〕既是大禮豈可言廢，有國

〔註166〕同上注。

〔註167〕《公羊》，卷二十三，昭公十三年，頁499。

〔註168〕《公羊》，卷二十二，昭公十一年，頁491。

〔註169〕同上注。又卷二十六，定公十三年亦載：「夏，大蒐於比蒲。」頁581。按：

　　　　此亦三桓攬權專政之時也。

〔註170〕《穀梁》，卷十七，昭公十一年，頁289。

〔註171〕《穀梁》，卷十七，昭公八年，頁284～285。

才有家，有土才有民，鑑於春秋蠶食鯨吞的詭譎局勢，一人之死，確實與國之重器無法相權，故三《傳》皆不以「大蒐」爲譏。雖是如此，范氏以一而再的軍演，五月大蒐，旋即秋又蒐，失禮亦失其時也。大舉勞師動眾，校獵實戰以展軍國之威，這等作法或有收國際之效，但百姓的辛苦錢都應花在刀口上，軍事演習不論古往今來，在在都是國家財政上巨大的支出與負擔。因此范氏以「人眾，器械有逾常禮」解釋「大蒐」之「大」的意義，〔註172〕並以此刺之，發動這麼盛大而高規格的蒐獵怎能不謹慎節度，否則敵人尙未壓境國土未滅，百姓則先被自家政府橫徵賦斂給逼得叛逃了，是有國者得慎思再三的事了。特此一提的是，范甯認爲凡經所書者，無不譏也，這在昭公八年的疏文中，楊士勛有詳盡的引述，〔註173〕這又似乎推翻上文范氏溫婉的意見，與他注不同調，唯前引徐彥公羊疏友之；這是否有感於兩晉的樂游侈靡之風，有待細究。

〔註172〕按：「大蒐」之「大」釋義，竹添氏認爲「外災則稱大」，且經書「蒐」即「大蒐」也，此與范氏解釋不同，可資參酌。竹添光鴻：《左傳會箋》，第二十二，昭八，箋曰：「蒐始書，此後四出，皆稱大蒐，故杜（預）云：不言大，經闕。然傳曰大蒐，則蒐即大蒐也，書外災者：始曰齊大災，而後不復言大，非大災則不告，故災即大災也，如宋、衛、陳、鄭四國災，天下之大災也，猶不言大。例而考之，蒐則始不言大，而後必稱大，外災則始稱大，而後必不言大，蓋脩辭之道，而非義例所關也。」頁1473。按：竹添氏的意見當從昭、定、哀三公政權旁落於三桓的角度來看經書「蒐」（昭八年）與「大蒐」（昭十一年、二十二年、定十三年、十四年）之例也，因此，氏謂「外災」乃指「三桓」之災也。

〔註173〕《穀梁》，卷十七，昭公八年，經曰：「秋，蒐於紅。」楊士勛疏曰：「范氏例云：蒐狩書時，其例有九。書狩有四，言蒐有五。」稱狩有四者，桓四年『狩於郎』，一也；莊四年『狩於禚』，二也；僖二十八年『狩於河陽』，三也；哀十四年『西狩獲麟』，四也。蒐有五者，此『蒐於紅』，一也；十一年『大蒐於比蒲』，二也；二十二年『大蒐於昌間』，三也；定十三年『大蒐於比蒲』，四也；定十四年又『大蒐於比蒲』，五也。范又云：『凡書者，皆譏也。』……范例又云：『器械皆常，故不云大。言大者，則器械過常。』狩言公，此不云公者，狩則主爲游戲，故言公；蒐是國家常禮，故例不言公也。然則蒐狩書者皆譏，而傳云『因蒐狩以習用武事，禮之大者也』據得禮者言之，范云比年失禮，謂器械過常，又失時是也。」頁284。按：對於「蒐不言公」一語，竹添氏則有不同看法，可資參酌。竹添光鴻：《左傳會箋》，第二十二，昭八，箋曰：「說者或謂蒐不書公者，三桓僭行而公不與焉。此不然也。定十四年大蒐比蒲，邾子來會公，則公在蒐可知。此不書公，與桓六年大閱之不書公同。若以爲昭定之間軍政不在公，故不書公，然則桓之世，豈軍政不在公，而大閱不書公耶！」頁1473。

3、昭十五年：周景王二喪（妻、子二喪）例

此事，《春秋》無文，《公》、《穀》無傳，唯《左傳》昭十五年載之：

> 六月，乙丑，王大子壽卒。秋，八月，戊寅，王穆后崩。……十二
> 月，晉荀躒如周葬穆后，籍談爲介，既葬除喪。……叔向曰：「王其
> 不終乎！吾聞之，所樂必卒焉。今王樂憂，若卒以憂，不可謂終。
> 王一歲而有三年之喪二焉，於是乎以喪賓宴，又求彝器，樂憂甚矣！
> 且非禮也。彝器之來，嘉功之由，非由喪也。三年之喪，雖貴遂服，
> 禮也；王雖弗遂，宴樂以早，亦非禮也。禮，王之大經也，一動而
> 失二禮，無大經矣！〔註174〕

引文摭要刪節，概述於下：昭公十五年（周景王十八年）六月、八月，不過
二月時間，景王太子與王后相繼而亡，依禮諸侯遣卿共弔葬，〔註175〕因此晉
國派遣了二卿：荀躒、籍談往弔，籍氏同時也擔任了喪儀中的介者。十二月，
在停殯五個月之後便葬穆后，景王葬訖除服，大宴遠道而來送葬的各國使節，
席間特別責難晉國何以「空手」而來，進獻於王的這些彝器怎麼半件也沒見
到，荀躒無言，轉而使眼色要籍談來回答，籍氏的一段應答，顯示了晉國的
強悍，並證明了周王的弱勢，雖尊位仍在，卻駕馭不了大國之霸。〔註176〕回

〔註174〕《左傳》，卷四十七，昭公十五年，頁1342～1346。

〔註175〕《左傳》，卷二，隱公元年，孔穎達正義：「（杜預）《釋例》曰：『萬國之數至
眾，封疆之守至重，故天子之喪，諸侯不得越境而奔，修服于其國，卿共弔
葬之禮。魯侯無故而穆伯如周弔，此天子崩，諸侯遣卿共弔葬之經傳也。』
是言禮天子之喪，諸侯不親奔也。其諸侯相弔，則昭三十年傳云『先王之制，
諸侯之喪，士弔，大夫送葬』，是正禮也。」頁58。

〔註176〕《左傳》，卷四十七，昭公十五年，傳曰：「王曰：『伯氏（文伯：荀躒）諸侯
皆有以鎮撫王室，晉獨無有，何也？』文伯揖籍談，對曰：『諸侯之封也，皆
受明器於王室，以鎮撫其社稷，故能薦彝器於王。晉居深山，戎狄之與鄰，
而遠於王室。王靈不及，拜戎不暇，其何以獻器？』王曰：『叔氏，而忘諸乎？
叔父唐叔，成王之母弟也，其反無分乎？密須之鼓，與其大路，文所以大蒐
也。闕鞏之甲，武所以克商也，唐叔受之，以處參虛，匡有戎狄。其後襄之
二路，鏚鉞秬鬯，彤弓虎賁，文公受之，以有南陽之田，撫征東夏，非分而
何？夫有勳而不廢，有績而載，奉之以土田，撫之以彝器，旌之以車服，明
之以文章，子孫不忘，所謂福也。……且昔而高祖孫伯黶，司晉之典籍，以
爲大政，故曰籍氏。……女司典之後，何故忘之？籍不能對。賓出，王曰：『籍
父其無後乎！數典而忘其祖。』」頁1343。按：景王雖感性的追溯起晉國受
封而享此大祚之過去總總，轉而要籍談不要忘了籍氏之能掌國之大政，司典
至今，何嘗不是受歷代先王之恩寵才有今天的地勢，表面上，讓籍談羞愧得
無言以對，但景王卻只能在所有賓客散去後，對著自己家臣嘟嚷斥責籍談「數

國後，籍氏將事情轉述給叔向知道，叔向的一段話更是左氏藉以譏刺景王樂喪的不是。此例，杜預的傳注是爲馬首，氏曰：

> 天子諸侯除喪當在卒哭，今王既葬而除，故譏其不遂。言今雖不能遂服，猶當靜嘿，而便宴樂，又失禮也。〔註177〕

杜預解釋叔向這段話認爲景王「一動而失二禮」之因在於：一，譏景王「不遂服」，喪以「卒哭」爲節，〔註178〕卒哭成事，始得爲吉；但景王卻於葬訖立即除服，絕妻期服，大宴賓客，「未待卒哭」之後，故傳譏「不遂服」。〔註179〕二，父爲嫡子三年，因以繼體爲重，〔註180〕叔向以「三年之喪，雖貴遂服」，但不遂服（未能制服三年）也是合乎禮制的，因爲三年喪確實難以付諸實現

典忘祖」，不敢下令逮捕放肆囂張的籍談，這當然是出自於「畏晉而尊」的怯懦心態與顧忌。

〔註177〕《左傳》，卷四十七，昭公十五年，頁1345。

〔註178〕同上注，孔穎達正義：「禮，葬日爲虞。既虞之後，乃爲卒哭之祭。……傳稱『既葬除喪』，譏王不遂其服。知天子、諸侯除喪，當在卒哭。今王既葬而除，故譏其不遂也。杜云『卒，止也，止哭』，與鄭（朝夕哭，《儀禮·士喪禮》注）不同。若如此言，除喪當在卒哭。而上下杜注多云『既葬除喪』者，以葬日即虞，虞即卒哭，卒哭去葬，相去不遠，共在一月（與〈雜記〉：『諸侯五月而葬，七月而卒哭』不同）。……故杜云『既葬則衰麻除』，或云『既葬卒哭衰麻除』，以其相近故也。」頁1346。按：杜預以「葬月」（葬日、虞祭、卒哭之祭、除服，共在一月）不當宴會以樂喪也，因哀情尚在，何能忘哀作樂，當「心喪」（諒闇靜嘿）以終三年。《禮記》，卷九，〈檀弓下〉：「葬日虞，弗忍一日離也卒哭曰成事。是日也，以吉祭易喪祭。明日，祔於祖父。其變而之爲吉祭也。」頁273～274。

〔註179〕竹添光鴻：《左傳會箋》，第二十三，昭十五，杜預注曰：「失二禮謂：既不遂服，又設宴樂。」箋曰：「上文云於是乎以喪賓宴，又求彝器，樂憂甚矣！且非禮也。又云宴樂以早，亦非禮也。失禮之指：因喪求器，又宴樂以早，甚明。弗遂服乃禮之正法，杜舍求器而以此當失禮之一，謬矣！」頁1569。按：周景王有二喪，「宴樂以早」爲共同譴責的行爲之一；但竹添氏以「因喪求器」是左氏指責的另一行爲，這與杜預將「不遂服」解釋爲「未逮卒哭成事」而宴樂的觀點不同，竹添氏的駁正允當至碻，杜氏解春秋經傳本來就是藉此而爲有晉新禮做一歷的公斷，二氏論見不同，引以參之。

〔註180〕《左傳》，卷四十七，昭公十五年，杜預注曰：「天子絕期，唯服三年。故后雖期，通謂之三年。」孔穎達正義曰：「……父以其子有三年之戚，爲之三年不娶，則夫之於妻有三年之義，故可通謂之三年之喪。」頁1345。按：叔向稱「王一歲而有三年之喪二焉」，事實上，依《儀禮》，卷二十九〈喪服·斬衰章〉：「父爲長子。傳曰：何以三年也？正體於上，又乃將所傳重也。」（頁554）、卷三十〈喪服·齊衰章〉：「妻。傳曰：爲妻何以期也？妻至親也。」（頁570）父爲嫡子斬衰三年，夫爲妻齊衰期，雖非眞有二個三年大喪，然孔氏之說，甚可準也。

的，對天子諸侯這等治國掌政者尤是；因此葬訖卒哭便當釋服，改以「靜嘿」
（心喪）居之，不該宴客樂喪，故有「宴樂以早」之譏，此二譏也。足見，
杜氏主張「卒哭除服」，剩下的喪期喪主則以「諒闇心喪」的嚴肅態度居喪以
終三年，並非就此可宴樂純吉（但不廢宗廟時祭，去樂卒事），故傳譏之。

對於景王向晉國「責求彝器」一事，杜預並無說解或譏辭，反倒是孔穎
達說了重話：

> 弔喪送葬之賓，不合與之宴樂。王於是乎以喪賓共宴樂，又求常彝
> 之器。在憂而爲此樂，其爲樂憂甚矣。且求器又非禮也。諸侯有常
> 器之來獻王者，乃爲嘉功之由。諸侯自有善功，乃作常器以獻其功。
> 獻非由喪也，言王不可責喪賓獻器也。〔註181〕

孔氏的話有二點：一，景王大宴喪賓，與葬的賓客們事實上是可以拒絕的，
如「子產辭享」〔註182〕以成後世典範，因此賓客與之共宴樂，助人樂喪，亦
爲傳譏也。二，景王對前來會葬的晉國使節責求彝器，吉凶事類不分，自亂
禮制，因爲「諸侯有常器之來獻者，乃爲嘉功之由」，今此送葬，乃凶事非吉
事，景王卻千懸萬念彝器之有無，心不在喪，是事實，故傳譏也。

此例（和齊歸喪）凸顯另一個事實：妻與子的從屬地位。事實上，春秋
天子諸侯「絕期」，〔註183〕包括了直親與旁親，而非僅於「旁期」。景王未服

〔註181〕《左傳》，卷四十七，昭公十五年，1345。
〔註182〕《左傳》，卷四十五，昭公十二年，傳曰：「三月，鄭簡公卒，……夏，齊侯、
衛侯、鄭伯如晉，朝嗣君也。……晉有平公之喪，未之治也，……晉侯享諸
侯，子產相鄭伯，辭於享，請免喪而後聽命。晉人許之，禮也。」孔穎達正
義：「僖九年，『宋桓公卒，未葬，襄公會諸侯，故曰子。』是先君未葬，有
從會之禮也。鄭逼於楚，以固事晉，故父雖未葬，朝晉嗣君，不得已而行，
於情可許也。諸侯相享，享必有樂，未葬不可以從吉，故辭享爲得禮。」頁
1295。按：「子產辭享」的原因是因爲鄭簡公三月卒，五月（經書五月，頁
1292；傳書六月，頁1296）而速葬之，且晉嗣君（晉昭公）之父平公於昭十
年秋七月戊子卒，九月便葬速之（頁1281），天子諸侯絕期，雖三年大喪，
葬訖則釋服從吉，但傳意似乎以「子產辭享」一事，反譏晉嗣君與鄭伯忘哀
樂喪，而與會的使節們亦難咎助人樂喪之譏也。，
〔註183〕《公羊》，卷六，莊公四年：「三月，紀伯姬卒。」何休注曰：「禮，天子、諸
侯絕期；大夫絕緦。天子唯女之適二王後者，諸侯唯女之爲諸侯夫人者，恩
得申，故卒之。」頁121。按：依《儀禮》，卷三十一，〈喪服·大功章〉：「姑、
姊妹、女子子適人者。」鄭玄注：「此等并是本期，出，降大功，故次在此。」
（頁602～603）。何氏所言乃以天子諸侯「不絕旁期」唯天子嫁女於二王（夏、
商）王室之後裔者（杞、宋二國），又諸侯嫁女於他國貴爲夫人者，唯此身份
尊貴同天子諸侯而得申，故不絕旁期之服也。

妻服：齊衰杖期，亦未服嫡子服：斬衰三年。「速葬」大抵是春秋慣例（詳第
三章第二節），在喪儀程序中顯然是以「葬訖」爲節，與今日台灣喪俗是相同
的，已無「卒哭」之儀，繁文縟節依例從簡。這也就是杜預作注或云「既葬
則衰麻除」，或云「既葬卒哭衰麻除」的兩種說詞，並將葬日與卒哭緊縮於同
月，實與「士禮」相同，「除服」亦僅僅數日之差，這是相當大的改革和主張。
〔註184〕杜氏徹底顛覆了《禮記》大夫以上葬日與卒哭「二月之差」的慣例，
將天子諸侯卿大夫「卒哭」之禮與「士禮」等同起來，並俱以「士之三虞」
爲節，去其禮經繁文縟節，以《春秋》爲斷。〔註185〕此外，必須提醒的是：
杜預以「既葬」或「既卒哭」釋服的主張與《公羊》及鄭玄注《禮》的說詞
都不同，而這也引起了兩漢「公除」之議（詳第六章第四節）。

　　但此例，孔穎達破注自說，從《禮》經垂訓，故有「除喪大速」的嚴屬
批判，孔氏曰：

> 遂由申也，竟也。其意言三年之喪，雖貴爲天子，由當申遂其服，
> 使終日月，乃是禮也。除喪大速，是非禮也。〔註186〕

孔氏的疏解是非常具有時代感的，正代表一時代思維的形成與其間的流變。
孔氏認爲三年大喪，縱使貴爲天子都應「遂服」，因此特別對「遂」字做了訓
解，得服完二十五月的喪期，待二十七月禫祭之後，〔註187〕諸事從吉，始得

〔註184〕《左傳》，卷二，隱公元年，孔穎達正義：「案僖三十三傳云『卒哭而祔』，杜
　　　　云『既葬反虞則免喪，故曰卒哭，哭止也。』如杜此言，則卒哭與葬相去非
　　　　遠，同在一月。《儀禮》士三虞，則天子諸侯皆同於此。必知然者，比卒哭是
　　　　葬之餘事，共在一月之中，故杜云『既葬則衰麻除』，或云『既葬卒哭而衰麻
　　　　除』，以其相近故也。」頁 59。按：杜預以「天子諸侯」之「葬日」與「卒
　　　　哭」俱與「士禮」同也，並以「士之三虞」爲節，共在一月而畢，省其繁文
　　　　縟節，此乃喪制之變也。
〔註185〕《禮記》，卷四十三〈雜記下〉：「士三月而葬，是月也卒哭。大夫三月而葬，
　　　　五月而卒哭。諸侯五月而葬，七月而卒哭。士三虞，大夫五，諸侯七。」頁
　　　　1217。卷十二，〈王制〉：「天子七日而殯，七月而葬；諸侯五日而殯，五月而
　　　　葬；大夫、士、庶人三日而殯，三月而葬。」頁 379。《左傳》，卷二，隱公
　　　　元年，傳曰：「天子七月而葬，同軌畢至；諸侯五月，同盟至；大夫三月，同
　　　　位至；士踰月，外姻至。」頁57。按：《左傳》以「士踰月葬」與《禮記》「士
　　　　三月葬」的說詞迥然有別，魏晉天子葬期亦以《左氏》爲準，「踰月而葬」，
　　　　乃從「士禮」也。這在在都是杜預借《左傳》斷事與其禮制改革的明證。
〔註186〕《左傳》，卷四十七，昭公十五年，1345。
〔註187〕按：「大祥」與「禫祭」鄭玄與王肅各有說法：鄭玄以大祥在二十五月、禫祭
　　　　在二十七月；王肅則以二者同在二十五月。按：《禮記》，卷六〈檀弓上〉記
　　　　載了「孟獻子」一例可資參考：「孟獻子禫，縣而不樂，比御而不入。夫子曰：

宴樂如常，故曰「雖貴爲天子，由當申遂其服，使終日月，乃是禮也」，「乃是禮也」口氣之嚴正剛烈，連天子也不在禮外，依喪就事。此外，孔氏更以四個侉大「除喪大速」的嚴峻字眼譴責景王的無情，尤以「大速」的用語更是前所未見，似有端正視聽，欲以禮經論斷春秋之非的態勢，與杜預主張兩相頡頏。事實上，「葬訖宴飲喪賓」的作法與今日台灣的喪俗是一樣的，或爲景王所開之先例，流衍至今。

4、襄二十三年：杞孝公卒例

此事經僅「二十三年，夏，葬杞孝公。」一語，三《傳》無說，唯《左傳》於春下記曰：

> 春，杞孝公卒，晉悼夫人喪之。平公不徹樂，非禮也。禮，爲鄰國闕。〔註188〕

顯見傳意不在孝公「速葬」的問題上，因爲這已是春秋諸國的普遍作法，故不非「夏杞」而非「平公」。先看杜預如何作解：

> 悼夫人，晉平公母，杞孝公姊妹。《禮》：諸侯絕期，故以鄰國責之。〔註189〕

且分二個斷面來看：一，居喪作樂：平公母有兄弟之喪，母居喪平公爲歡作樂，傳以「非禮」譏之。古人族居而同宮，與亡者親疏有別，祿位有等，服則有差，爲了體恤喪主，不干擾其喪親之慟，亦不樂人之憂，因此禮有範制。《禮記‧雜記下》云：「父有服，宮中子不與於樂。母有服，聲聞焉，不舉樂。妻有服，不舉樂於其側。大功將至，辟琴瑟。小功至，不絕樂。」〔註190〕由於「樂」與「喪」理論上被界定爲一吉一凶，一陽一陰，二事不可相干（東漢「凶事鹵簿」的創制已然改變這個定理），樂之所以爲樂，乃怡人心脾，開人眼眉，在「喪不貳事」的原則之下，「爲歡作樂」自來就比「未能竟服」的

『獻子加於人一等矣。』孔穎達正義：「此一節論獻子（魯大夫仲孫蔑）除喪作樂，得禮之宜也。依禮，禫祭暫縣省樂而不恒作也。至二十八月，乃始作樂。又依禮，禫後吉祭，乃始復寢（與妻子同房）。當時人禫祭之後，則恒作樂，未至吉祭而復寢。今孟獻子既禫，暫縣省樂而不恒作，比可以御婦人而不入寢，雖於禮是常，而特異於人，故夫子善之。……祥禫之月，先儒不同，王肅以二十五月大祥，其月爲禫，二十六作樂。……鄭康成則二十五月大祥，二十七月而禫，二十八月而作樂，復平常。」頁190～191。

〔註188〕《左傳》，卷三十五，襄公二十三年，頁986。

〔註189〕同上注。

〔註190〕《禮記》，卷四十三〈雜記下〉，頁1215。

批評聲浪來得大，禮因情而設，情爲禮本。〔註191〕平公無須爲其舅孝公服喪，然母親有期服之哀（詳後），母子不同室，然樂音並非關起門來就聽不見的，聲音未必傳千里，但左右鄰居多少都會耳聞的，所以《禮記・檀弓上》如是說：「臨有喪，舂不相；里有殯，不巷歌。」〔註192〕鄰里之喪本與自己無關，但基於體恤和同理心，鄰人舂米但不相互吆喝以歌；里人亦不歌，歌或有樂有舞，徒歌無樂或有舞，都爲快樂輕揚之事，故禮以「不舉樂」範之，凡似樂的舂米之音；似舞的舂米之蹈；歌或徒歌徒舞都在這些範限之內；鄰里之喪，尚須如此避人之憂，更何況親喪，雖服可絕，平公作樂，無視親慟，樂母之憂，無情之甚，故傳譏之。〔註193〕

　　當然，一個人的個性不是說改就能改的，平公好樂，是《春秋》著墨甚多的人物，或因國內有享譽國際的音樂大師「師曠」之故，所以特別愛樂，也喜歡在國際聚會獻樂以享友邦。文獻記載平公強行要師曠演奏〈清角〉一曲，曲子初聞甚好，再聽則鬼哭神號，屋瓦齊飛，平公與眾人破膽逃散，晉國因此赤地千里，大旱三年。〔註194〕

　　二，「禮，爲鄰國闕」，傳意不詳，其「闕」何也？杜預以「諸侯絕期」來解釋這個「闕」字，孔穎達則以「絕旁期」釋之，但服虔則以「闕樂」解之。〔註195〕到底誰的解釋才符合傳意？從孔穎達正義看起：

〔註191〕《論語》，卷三〈八佾〉：「林放問禮之本，子曰：『大哉問！禮，與其奢也，寧儉。喪，與其易也，寧戚。』」頁30。《禮記》，卷七〈檀弓上〉：「子路曰：『吾聞諸夫子：喪禮，與其哀不足而禮有餘也，不若禮不足而哀有餘也。』」頁214。

〔註192〕《禮記》，卷六〈檀弓上〉，頁176。

〔註193〕竹添光鴻：《左氏會箋》，第十七，襄二十三，箋曰：「平公好音，故師涓奏濮水之聲，子野彈清角之操，慆堙心耳！秦醫之所爲戒也。卿佐虖而設樂，尚從屠蒯之言。今居母家喪而不徹樂，固平公之涼德，亦由時無諍臣也。」頁1156。

〔註194〕《淮南子》，卷六〈覽冥訓〉：「昔者，師曠奏白雪之音，而神物爲之下降，風雨暴至，平公癃病，晉國赤地。」頁443。又《論衡》，卷五〈感虛〉載：「師曠清角一曲，一奏之，有白雲從西北起；再奏之，大風至，大雨隨之，裂帷幕，破俎豆，墮廊瓦。坐者散走，平公恐懼，伏乎廊室。晉國大旱，赤地三年，平公癃病。」頁242。

〔註195〕《儀禮》，卷二十三〈聘禮〉，賈公彥疏：「服（虔）注云：『鄰國尚爲之闕樂，況舅甥之親乎？』若然，赴者至，主國君使者衰而出，則主國可以闕樂。」頁444。按：賈氏意指，主國遭喪，邦國使者來訪，主國以衰服行之，聘享不樂，因喪而闕，故引杞孝公卒一例服虔之說，認爲「禮爲鄰國闕」，乃指「闕樂」也。又竹添光鴻亦同服氏之見，氏著：《左傳會箋》，第十七，襄二十三，

杞孝公，晉平公之舅也。尊同則為不降，平公於禮為舅，當服緦麻三月。但緦麻既輕，其恩不過鄰國，故傳言「禮，為鄰國闕」也。杜言「諸侯絕期」者，據禮之正法，言諸侯尊降其親，雖有本服賜（期）者，亦當為之闕，故以鄰國責之。禮，父在，為母服期；喪絕旁期，非母也。〔註196〕

杜預以禮天子（王后）、諸侯（夫人）「絕期」；但孔穎達以禮「為母服期」，最後一句話乃其關鍵：「禮，父在，為母服期；喪絕旁期，非母也」。孔氏正義要點有二：一，天子諸侯僅「絕旁期」，故曰「父在，為母服期」，不絕母服，因是期服。二，「絕旁期」是因應「天子諸侯」的變禮而非正法，「王后」、「夫人」雖從夫爵，但「不絕母黨」，故曰「喪絕旁期，非母也」。也就是說：「絕旁期」之「變禮」非為「王后夫人」設也。因此，晉悼夫人（平公母）應為兄弟杞孝公服喪，不絕旁親。

　　事實上，孔穎達點出了一大關鍵，也正是《禮》家與《春秋》家的一大爭議。到底「天子諸侯」是「絕期」？還是「絕旁期」？抑或與士庶同禮？這個問題，必須先從三個諸侯「不絕服」的變例切入：一，殷滕伯文為叔父侄子齊衰。二，魯莊公為齊王姬大功。三，魯哀公為貴妾齊衰（附論昭公為慈母服）。

（1）殷滕伯文為叔父侄子齊衰例

事見《禮記・檀弓上》載：

　　縣子瑣曰：吾聞之，古者不降，上下各以其親。滕伯文為孟虎齊衰，其叔父也。為孟皮齊衰，其叔父也。〔註197〕

「滕伯文」是「殷商」時代滕國之君，為其「叔父孟虎」及「侄子孟皮」悉服「齊衰」。〔註198〕當然論喪服制度，必須知道「喪服」與「喪期」是有別的，「齊衰」有三年、期年、九月、三月不等的喪期。本則依《儀禮・喪服・不

箋曰：「闕即指上徹樂言。凡鄰國有喪，非親猶闕樂事，禮也。」頁1156。

〔註196〕《左傳》，卷三十五，襄公二十三年。又阮元校注⑤：「『賜』，宋本作『期』。」頁986。

〔註197〕《禮記》，卷八〈檀弓上〉，頁233。

〔註198〕同上注，鄭玄注曰：「伯文，殷時滕君也。爵為伯，名文。」孔穎達正義：「滕國之伯名文，為叔父孟虎著齊衰之服，其虎是滕伯文叔父也。『為孟皮齊衰，其叔父也』，謂滕伯為兄弟之子孟皮著齊之服，其滕伯是皮之叔父也。言滕伯上為叔父，下為兄弟之子，皆著齊衰，是『上不降遠，下不降卑』也。」頁233。

杖期章》制：

> 世父母、叔父母。傳曰：世父、叔父何以期也？與尊者一體也。然
> 則昆弟之子何以亦期也？旁尊也。不足以加尊焉，故報之也。父子
> 一體也，夫妻一體也，昆弟一體也。〔註199〕

有周喪制雖以「齊衰不杖期」服「叔父」與「昆弟之子」，因世父、叔父乃父親之兄弟，與父親有手足之義，故謂「昆弟一體」，尊不二斬，以期服諸父；又兄弟之子，於己亦當情同父子，故謂「父子一體」，亦以期服報之。〔註200〕但在天子諸侯「絕期」的制度下，尊不服卑，故絕服也。顯見，此儀並不用以規範天子諸侯的。

推敲縣子瑣意在凸顯：殷道親親，諸侯不絕旁期，較之於周道尊尊，諸侯絕其旁期的事實。因此，我們可大膽作此推斷：縣子瑣稱美殷商滕君能爲叔父（孟虎）與昆弟之子（孟皮）服齊衰期服，恰恰反應了春秋戰國時期諸侯並不爲此三、四等的旁親服喪的事實，誠可證明「周制」天子諸侯「絕旁期」，不與「殷制服旁期」同也。事實上，春秋天子諸侯乃「絕期」，非僅「絕旁期」而已；若要說得徹底，爲君父亦「絕三年」，悉以葬訖卒哭而除服從吉（詳後例證）。

當然，滕伯文是個孤證嗎？這個懷疑絕對是可以成立的，文獻不足詳徵，但若從孔子屢稱殷人喪制之美或從殷禮的事實上來思考，如哭兄弟於廟、哭師於寢；〔註201〕殯於兩楹之間；〔註202〕居三年之喪等，〔註203〕滕伯文的例

〔註199〕《儀禮》，卷三十〈喪服‧不杖期章〉，頁572～573。

〔註200〕同上注，〈喪服‧不杖期章〉：「昆弟之子。傳曰：『何以期也。報之也。』」鄭玄注曰：「〈檀弓〉曰：『喪服，兄弟之子猶子也。』蓋引而進之。」賈公彥疏曰：「昆弟之子疏於親子，故次之。世叔父爲之，此兩相爲報不言報者，引同己子，與親子同，故不言報，是以〈檀弓〉爲證，言『進』者，進同己子故也。」頁576。

〔註201〕《禮記》，卷七〈檀弓上〉：「兄弟，吾哭諸廟；師，吾哭諸寢」。孔穎達正義曰：「兄弟是先祖子孫，則哭之於廟，此殷禮。周則哭於寢，故〈雜記〉云：『有殯，聞遠兄弟之喪，哭之側室；若無殯，當哭諸正寢。』。師友爲重，所知爲輕，所以哭師於寢，寢是己之所居，師又成就於己，故哭之在正寢，此爲殷禮。若周禮，則〈奔喪〉云：『師哭諸廟門外。』」頁201～202。

〔註202〕《禮記》，卷七〈檀弓上〉：「夏后氏殯於東階之上，則猶在阼也。殷人殯於兩楹之間，則與賓主夾之也。周人殯於西階之上，則猶賓之也。而丘也，殷人也。予疇昔之夜，夢坐奠於兩楹之間。夫明王不興，而天下其孰能宗予？予殆將死也。蓋寢疾七日而沒。」頁207。

〔註203〕《論語》，卷十四〈憲問〉：「子張曰：『書云：「高宗諒陰，三年不言。」何謂

證就顯得可靠了。於此，更可充分說明：孔子藉古之美苦心提倡的喪服禮儀，放諸春秋四海，曲高和寡。

（2）魯莊公爲齊王姬大功例

事見於《春秋》莊二年，及《禮記・檀弓下》。先看《禮記・檀弓下》的記載：

> 齊穀王姬之喪，魯莊公爲之大功。或曰：「由魯嫁，故爲之服姊妹服。」
>
> 或曰：「外祖母也，故爲之服。」〔註204〕

彼此關係，依鄭玄：王姬乃周女，經魯道嫁給齊襄公，貴爲夫人，魯莊公又是齊襄公妹妹的兒子，因此王姬是他的舅媽，而非外祖母。本例「舅母服」非其重點，舅媽乃外親，服制不過「緦麻」，〔註205〕在諸侯絕期的禮制下，莊公無服；但重點是：莊公何以不絕服而爲之「大功」？何以由「魯嫁，爲之服姊妹服」呢？這問題就得由《春秋》傳注來解讀了，莊二年，經曰：

> 秋，七月，齊王姬卒。〔註206〕

左氏無傳，杜預注曰：「魯爲之主，比之內女」；〔註207〕又其《釋例》曰：「內女唯諸侯夫人卒乃書，恩成於敵體；其非適諸侯，則略之。以服制相準也。

也？』子曰：『何必高宗。古之人皆然。君薨，百官總己，以聽于冢宰三年。』」頁202、《禮記》，卷四十二〈雜記下〉：「孔子曰：『少連、大連善居喪，三日不怠，三月不解，期悲哀，三年憂，東夷之子也。』」頁1200。按：孔師德成（台灣大學《三禮研究》，93年6月11日授課中所言）對本段的看法是：「古奄國乃先秦時期的魯國，于殷商時期便是一個文化發展較優越的國家，三年喪乃奄國的當地習俗，後爲孔子作爲其宣揚孝道仁愛的依據。」又《尚書》，卷十八〈周官〉：「成王旣伐東夷，肅慎來賀。」孔穎達正義曰：「成王伐淮夷，滅徐奄，指言其國之名。此傳言『東夷』，非徒淮水之上夷也，故以爲『海東諸夷駒麗、扶餘、馯貊之屬』，此皆於孔君之時有此名也。」頁576。《史記》，卷三十三〈魯周公世家〉：「魯公伯禽之初受封之魯，三年而後報政周公。周公曰：『何遲也？』伯禽曰：『變其俗，革其禮，喪三年然後除之，故遲。』」頁555。按：周公封於魯，伯禽代父就國，卻於三年後執政，顯然，紂王新死，新侯有爲舊君服喪之義，雖然這已改朝換代，但伯禽入境隨俗，三年而後聽政，革禮變俗。

〔註204〕《禮記》，卷九〈檀弓下〉，鄭玄注曰：「穀當爲告，聲之誤也。王姬，周女，齊襄公之夫人。《春秋》周女由魯嫁，卒，服之如內女服姊妹，是也。天子爲之無服，嫁於王者之後乃服之。莊公，齊襄公女弟（妹妹）文姜之子，當爲舅之妻，非外祖母也。外祖母又小功也。」頁261。

〔註205〕《儀禮》，卷三十三〈喪服・小功章〉：「外親之服皆緦也」。鄭玄：「外親異姓，正服不過緦。丈夫婦人，姊妹之子，男女同。」頁620。

〔註206〕《左傳》，卷八，莊公二年，頁220。

〔註207〕同上註。

生書其來，而死不錄其卒，從外大夫之比也。」〔註208〕《公羊》曰：「外夫人不卒，此何以卒？錄焉爾。何爲錄焉爾？我主之也。」〔註209〕《穀梁》曰：「爲之主者，卒之也。」〔註210〕從傳注可知「外夫人」（王后崩亦是）死經「不錄不書」，以別於「內女」。所謂「內女」乃「魯女」或爲借道魯國，魯爲之主婚，則稱「比之內女」，如齊王姬。天子諸侯嫁女，借道待嫁，如同今日台灣婚俗，遠道而嫁，新娘則借宿於鄰近夫家的飯店，趕赴良辰吉時待新郎迎娶。因此，王姬遠嫁齊國，借道待嫁於魯，故「比之內女」，其死經書「卒」錄之。〔註211〕注疏中，何休、范甯、孔穎達的解釋極爲詳盡，另以莊四年，「三月，紀伯姬卒」，三家注疏並比觀之。

何休注曰：

> 莊二年：據王后崩猶不錄。魯主女爲父母道，故卒錄之，明當有恩禮。內女卒例日，外女卒不例日，實不如魯女也。
>
> 莊四年：禮，天子諸侯絕期，大夫絕緦。天子唯女之適二王後者，諸侯唯女之爲諸侯夫人者，恩得申，故卒之。〔註212〕

范甯注曰：

> 莊二年：主其嫁則有兄弟之恩，死則服之。服之，故書卒。《禮記》曰：「齊告王姬之喪，魯莊公爲之大功」。
>
> 莊四年：禮：諸侯絕傍期。姑、姊妹、女子子嫁於國君者，尊與己同，則爲之服大功九月，變不服之例。〔註213〕

孔穎達正義曰：

> 他國夫人之卒，例皆不書，唯魯女爲諸侯之妻書其卒耳。王姬非是內女，亦書其卒，爲比之內女故也。〈檀弓〉曰：「齊告王姬之喪，魯莊公爲之大功，或曰由魯嫁，故爲之服姊妹之服。」是其比內女也。〔註214〕

〔註208〕同上注，孔穎達正義引，頁223。
〔註209〕《公羊》，卷六，莊公二年，頁118。
〔註210〕《穀梁》，卷五，莊公二年，頁64。
〔註211〕《左傳》，卷八，莊公二年，杜預注曰：「魯爲之主，比之內女」。孔穎達正義：「他國夫人之卒，例皆不書，唯魯女爲諸侯之妻書其卒耳。王姬非是內女，亦書其卒，爲比之內女故也。〈檀弓〉曰：『齊告王姬之喪，魯莊公爲之大功，或曰由魯嫁，故爲之服姊妹之服。』是其比內女也。」頁220。
〔註212〕《公羊》，卷六，莊公二年，頁118；同卷，莊公四年，頁121。
〔註213〕《穀梁》，卷五，莊公二年，頁64；同卷，莊公四年，頁67～68。
〔註214〕《左傳》，卷八，莊公二年，頁220。

綜觀三家的焦點是經「書卒」的大義，魯主王姬之嫁，故有「兄弟之恩」，即魯與齊同尊，如兄弟手足，因此「魯公」爲王姬服「大功」示哀（天子無服，周、齊不等）。〔註215〕顯見諸侯「服喪不絕」，乃經「書卒」之大義所在，正如范甯言簡意賅地說「服之，故書卒」也。同時，傳注也爲我們揭示了一春秋條例：凡「天子女」嫁與「二王後」（杞宋二君）；或「諸侯女」、「內女」（魯女）、「比之內女」（借道於魯）嫁與「諸侯」而爲「夫人」者，母（主）國之君則應爲之「大功」，因尊位互等，母（主）國不得降服或絕服，〔註216〕正如《儀禮・喪服・大功章》所制：

> 君爲姑、姊妹、女子子嫁於國君者。〔註217〕

這便是春秋天子諸侯「不絕服」（大功服）的條例和例證也；且本條例同時亦適用於諸侯各國，唯《春秋》乃魯史，故以魯女作例發之，這在范甯及何休莊四年的注中可見。顯然，凡經書「□□姬卒」例，乃諸侯（魯公）「不絕服」之證也。這或許就是東晉唐人反對天子諸侯「絕期」的理由，從春秋案例看，周道尊尊，故嫁女貴爲諸侯夫人，敵體相同而不以絕服。但從《禮記・中庸》：「期之喪，達乎大夫。三年之喪，達乎天子。父母之喪，無貴賤一也。」〔註218〕的說詞來看，也印證了：春秋天子諸侯「絕期」，而非僅「絕旁期」的事實。父卒爲母得申恩「齊衰三年」，但父在爲母亦不過「齊衰期年」，不得申恩，因是既葬卒哭而絕服，雖無貴賤，但確有尊卑差序，母不如父也。〔註219〕然

〔註215〕《禮記》，卷九〈檀弓下〉，鄭玄注曰：「《春秋》周女由魯嫁，卒，服之如內女姊妹服，是也。天子爲之無服，嫁於王者之後乃服之。」頁261。

〔註216〕《左傳》，卷十九下，文公十二年，「二月，庚子，子叔姬卒。」杜預注曰：「既嫁成人，雖見出棄，猶以恩錄其卒。」孔穎達正義曰：「天子諸侯絕期，嫁女於諸侯，則尊同恩成於敵體，其禮不爲降，卒服大功九月。叔姬既爲杞夫人，雖見出棄，猶以恩錄其卒。《喪服》女子既嫁而反在父母之室，從本服爲之齊衰期。此既書其卒，當服其本服。」頁537。按：從本例可見：諸侯夫人反室在家，娘家仍得爲之服，並由嫁女大功服加隆至本服齊衰期服，經書卒錄之，以示其嫁與諸侯同，故不絕服也；顯然，女性貴爲諸侯夫人者，同其夫君享有崇高的國祭地位，亦不因出棄而絕服也。如果經書「卒」就代表這是付諸實行的事，那我們可以說：春秋對女性位尊者的敬重，是從喪服禮儀來昭示表現的，這或許可爲東漢明帝首創以「大行鹵簿」爲「母親」（皇太后）治喪的起因找到有力的根據。

〔註217〕《儀禮》，卷三十二〈喪服・大功章〉，頁610。

〔註218〕《禮記》，卷五十二〈中庸〉，頁1436。

〔註219〕《儀禮》，卷三十〈喪服・齊衰三年章〉：「父卒則爲母。」賈公彥疏曰：「此章專爲母三年，重於期，故在前也。直云父卒爲母足矣，而云『則』者，欲

而在帝制政體實施之後，儒者對皇帝親王之（父在）「母服」、「妻服」之「絕期」必有反思，認爲親親應凌駕於尊尊的體制，故而提出天子諸侯「絕旁期」的主張，透過經解，悄然置入一時代的觀點，誠如范甯《穀梁集解》：「諸侯絕傍期」（前引）、孔穎達《禮記正義》：「天子諸侯絕旁期」、〔註220〕賈公彥《儀禮疏》謂：「國君絕期已下」〔註221〕以諸侯「不絕期」（不絕母服、妻服），而是「絕大功」、「絕旁期」，煥然一新耳目也。若此，天子亦不絕（父在）母服、妻服，一改葬訖從吉之制，服期喪也。

（3）魯哀公爲貴妾齊衰例（附論昭公爲慈母服例）

事見《禮記・檀弓下》：

> 悼公之母死，哀公爲之齊衰。有若曰：「爲妾齊衰，禮與？」公曰：
> 「吾得已乎哉？魯人以妻我。」。〔註222〕

鄭玄以有若如是問，是「譏而問之」。〔註223〕顯見，這是特例，而非平常。有若說悼公之母是「妾」而非夫人，因此「悼公」並非哀公居位時所立的世子。事實上，哀公未立儲君，便因三桓勢力侈大而出亡海外並死於他境，三桓乃立其子姬寧，是爲悼公。〔註224〕

見父卒三年之內而母卒，仍服期，要父服除後，而母死乃得申三年，故云『則』以差其義也。」頁 564。同卷〈齊衰期章〉：「父在爲母。傳曰：何以期也？屈也。至尊在，不敢伸其私尊也。父必三年然娶，達子之志也。」賈公彥疏曰：「爲母期者，由父在厭，故爲母屈至期，故須言『父在爲母』也。」、「子於母屈而期，心喪猶三年，故父雖爲妻期，而除三年乃娶者，通達子之心喪之志故也。」頁 569。按：賈氏藉此以明子「爲母心喪三年」之義，父在爲母雖期，卻不因期年而吉，仍心喪至三年，顯然，這是「新說」，而非經傳本意。

〔註220〕《禮記》，卷十〈檀弓下〉，頁 306。
〔註221〕《儀禮》，卷三十二，〈喪服・大功章〉：「君爲姑、姊妹、女子子嫁於國君者。傳曰：何以大功？尊同也。尊同則得服其親服。」賈公彥疏曰：「國君絕期已下，今爲尊同，故亦不降，依嫁服大功。」頁 610。
〔註222〕《禮記》，卷十〈檀弓下〉，頁 306。
〔註223〕同上注。
〔註224〕《左傳》，卷六十，哀公二十七年，傳曰：「公患三桓之侈也，欲以諸侯去之。三桓亦患公之妄也，故君臣多間。公游於陵阪，遇孟武伯於孟氏之衢，曰：『請有問於子，余及死乎？』對曰：『臣無由而知之。』三問，卒辭不對。公欲以越伐魯，而去三桓。秋，八月，甲戌，公如公孫有陘氏，因孫於邾，乃遂如越。國人施公孫有山氏。」杜預注曰：「有陘氏即有山氏。……終子贛之言，君（哀公）不沒於魯。」孔穎達正義曰：「《魯世家》云：『哀公奔越，國人迎哀公復歸，卒於有山氏。子寧立，是爲悼公。』傳稱國人施罪於有山氏，不得復歸，而卒於其家也，（司）馬遷妄耳。」頁 1717。

要之，哀公居位時，對此寵妾之死難掩哀情，遂以「妻服」:「齊衰期服」喪之。〔註225〕這當然與禮制不合，反向思考有若的話，蓋可推知：哀公對於己妻之喪實未遂服，葬訖絕期，因而引起有若的質問。哀公自知非禮，〔註226〕故特別抬出「魯國」上下來背書，認爲大家都以此貴妾是我的「妻子」，自然就有「如夫人」的地下名號，爲其遂服齊衰，就顯得名正言順多了，這就爲自己找到了合理的立場。從哀公的作法來看，「服喪」，正是對寵妾最親愛的及最後的一種表現方式，跳脫尊尊體制，無視輿論，直接而無諱，回歸最原始的男女之情，感受自己從心底湧出的眞情實感。這種情形其祖父「昭公」便首開爲「慈母」服喪的先例，《禮記‧曾子問》如是記載：

> 子游問曰：「喪慈母如母，禮與？」孔子曰：「非禮也。古者男子外有傅，內有慈母，君命所使教子也，何服之有？昔者魯昭公少喪其母，有慈母良，及其死也，公弗忍也，欲喪之。有司以聞曰：『古之禮，慈母無服，今也君爲之服，是逆古之禮而亂國法也。若終行之，則有司將書之，以遺後世，無乃不可乎？』公曰：『古者天子練冠以燕居。』公弗忍，遂練冠以喪慈母。喪慈母自魯昭公始也。〔註227〕

依引文：孔子認爲「慈母無服」、「爲師無服」，因奉「君命」之故，彼此非親，因而不予制服，不在五服之中。昭公有意爲慈母服喪，有司阻止，更以「逆古之禮」、「自亂國法」、「史筆削之」誡訓昭公，但昭公以一語「古者天子練冠以居」反駁，這句話似乎透露「爲慈母服」是有先例的，因此，昭公決定「依古」行喪。

對此，鄭玄如是駁正：「公之言又非也。天子練冠以燕居，蓋謂庶子王爲其母。」〔註228〕意謂：庶子別祖爲宗，繼體爲王，而王之生母在自己繼別之

〔註225〕《儀禮》，卷三十〈喪服‧齊衰期章〉：「妻。傳曰：『爲妻何以期也？妻至親也。』」頁570。

〔註226〕《禮記》，卷十〈檀弓下〉，鄭玄注曰：「妾之貴者，爲之緦耳。言國人皆名之爲我妻，重服嬖妾，文過，非也。」孔穎達正義曰：「天子諸侯絕旁期，於妾無服，唯大夫貴妾緦。以哀公爲妾著齊衰服，故舉大夫貴妾緦以對之耳。『公曰：吾得已乎哉？魯人以妻我』者公以有若之譏，遂文其過，云：吾豈得休已而不服之乎？所以不得休已者，雖是其妾，魯人以我無夫人，皆以爲我妻，故不得不服。」頁306。

〔註227〕《禮記》，卷十八〈曾子問〉，頁589～590。按：鄭玄不以爲慈母服始自昭公，其提出的理由是：「昭公年三十，乃喪齊歸，猶無感容，是不少，又安能不忍於慈母。此非昭公明矣，未知何公也？」（頁590），但我認爲不應以人廢事，生母不親而慈母親者有之，昭公不依禮而依情的率性誠然可見。

〔註228〕《禮記》，卷十八〈曾子問〉，頁590。

後，宗譜上則成了庶母，而非本親，喪故僅以「練冠緦麻」，既葬除服，不以逐服。〔註229〕因此，鄭玄認為昭公是引喻失當，生母乃骨肉血親卻僅止「緦麻」，何況毫無母子關係的慈母，豈能厭母親慈，抑或以良為母，都非禮法可允。

　　這種衝突的情緒與作法，就是鄭玄忿忿不能接受《禮記》以「喪慈母自昭公始也」的美譽。〔註230〕此乃下開《儀禮·喪服》以「慈母如母」之條例，並可申其恩慈一如生母，〈齊衰三年章〉如是言：

　　　　慈母如母。傳曰：「慈母者何也？」傳曰：「妾之無子者，妾子之無
　　　　母者，父命妾曰：『女以為子。』命子曰：『女以為母。』若是，則
　　　　生養之，終其身如母。死則喪之三年如母，貴父之命也。」。〔註231〕

較之於孔子在〈曾子問〉中的說詞「慈母無服」是兩相衝突的，春秋始自昭公而有慈母服，據此可證《儀禮》以「慈母如母」的喪服條例絕對是後起的，必非孔子之制意也。又注疏以此條例乃針對「大夫」以下，而非天子諸侯之制也。〔註232〕但始自昭公打破成規而漸次改變，喪服一於天子庶人，從士喪禮。這正是宣告人們對五服制的觀感，已經從周制尊尊，轉為殷制親親的定服標準，不再端由宗法血源連接親族的關係，而是來自實質的真情感受，人無不透過自我感受世間人情冷暖，誰對我好，誰對我冷漠，心都知道，眼淚是最直接的證明。以往，我們受教於一板一眼的體制，但若父母對孩子沒那一絲一毫的關愛，父母死喪，孩子捶心頓足，面目黧黑，哀毀骨立，是真孝子？抑或沽名釣譽？捨棄所有形式表象與矯作，為了是看見更深刻的內心，

〔註229〕《儀禮》，卷三十〈喪服·齊衰三年章〉，賈公彥疏曰：「案下記云：『公子為
　　　　其母，練冠，麻衣縓緣。』既葬除之，父沒乃大功。」頁566。按：因此，
　　　　為慈母得伸至齊衰三年，乃大夫士庶人之喪服制，而非天子諸侯之法也。
〔註230〕《禮記》，卷十八〈曾子問〉，鄭玄：「昭公年三十，乃喪齊歸，猶無感容，是
　　　　不少，又安能不忍於慈母。此非昭公明矣，未知何公也。」頁589～590。按：
　　　　因昭公於父母二喪中都無感容，嬉戲無度，甚為《春秋》所譏。因此，鄭氏
　　　　認為昭公對父母之無情，怎會因毫無血緣關係的慈母之喪而備極哀感，並開
　　　　禮制之先。然，筆者卻認為慈母良從小照顧他長大，朝夕相依，其情或更甚
　　　　親生父母，這是實質上的親情感受，真摯的感受是無法欺瞞自己的眼淚的。
　　　　襄公與齊歸或都未能克盡其責，姬裯自小亦未深感來自父母的溫情，有此而
　　　　發，今日看來，誠不足怪也。
〔註231〕《儀禮》，卷三十〈喪服·齊衰三年章〉，頁565～566。
〔註232〕同上注，〈喪服·齊衰三年章〉，鄭玄注曰：「此主謂大夫士之妾，妾子之無母，
　　　　父命為母子者。其使養之，不命為母子，則亦服庶母慈己之服可也。大夫之
　　　　妾子，父在為母大功，則士之妾子為母期矣。父卒則皆得伸也。」頁566。

找到人們最真切熾熱的情感。因此，「慈母」、「為師」、「叔嫂」無服而有服；祖孫（隔代教養，祖代父職）相依為命，孫為祖持重三年，便由此大興於晉世。

　　綜上，三個服例，滕伯文為叔父與侄子服齊衰期，乃殷制親親之美，亦見諸侯不絕旁期。王姬，齊襄公夫人，借道待嫁於魯，其喪，莊公因是而有大功服，此乃周制尊尊之文，故莊公不得絕服，因地位相當，得為襄公夫人王姬服喪。哀公為貴妾以妻服齊衰期示哀親之，打破諸侯不為貴妾服喪之慣例，並開諸侯為貴妾期服的先例；又其祖父昭公更首開為慈母服喪之制度，打破血緣迷思的服制，而以恩慈感受來決定，促使補正五服不盡之處。當然，這些不過是特例，並非常態。事實上，春秋天子諸侯不僅「絕旁期」，為母為妻亦「絕期」，遑論其他；若要說得徹底，為君父亦「絕三年」，悉以「葬訖卒哭」為節，除服從吉，無一逐服。

　　回歸襄二十三年本例，先看平公的服制。依制平公應為舅舅杞孝公服，不當絕服，因是孔穎達說：「尊同則相為不降，平公於禮為舅，當服緦麻三月」〔註233〕這也正呼應了周禮尊尊的體制，上引齊王姬一例，可知諸侯嫁女為諸侯夫人或天子嫁女二王後者，都不得絕服，各依其嫁服大功。因此，平公當然不能絕其舅服緦麻，但《左傳》直接表明了「禮，為鄰國闕」，語意模糊，杜預以「絕期」為說，孔穎達則以「絕旁期」為說，但服虔則以「闕樂」為說，莫衷一是。若要強說，分一道理，竊以為：從上下語意「杞孝公卒，晉悼夫人喪之。平公不徹樂，非禮也。禮，為鄰國闕。」初步分析，服氏「闕樂」之說甚為可採；但仔細玩味，左氏僅僅批評平公不徹樂的大不是，經曰「三月，己巳，杞伯匄卒。夏，葬杞孝公。」〔註234〕顯然平公在舅舅未葬之時，為歡作樂而致譏，而不在為舅服喪的這件事上，孔氏以「絕旁期」釋之，若合傳意。但杜預之說，則確確實實說出了春秋一世不為親卒服，俱以「葬訖為節」的事實，故以「絕期」統括了「悼夫人」為兄弟杞孝公「期服」一事。細究本例敘述的主語是「晉悼夫人喪之」，述語才是「平公不徹樂」，補語則是「禮，為鄰國闕」。依制「婦從夫爵」，因此「晉悼夫人」貴為君國夫人已絕本宗，如「許穆夫人」，〔註235〕父死則無歸宗之義，因是「絕服」。也

〔註233〕《左傳》，卷三十五，襄公二十三年，頁986。
〔註234〕同上注，頁984。
〔註235〕《儀禮》，卷三十〈喪服·不杖期章〉，賈公彥疏曰：「歸宗者，父雖卒猶自歸

就是說：晉悼夫人對於爲父後者的杞孝公本爲期服，〔註236〕但因絕宗而無歸寧之義，因是「絕期」，所以杜預說：「禮，諸侯絕期，故以鄰國責之」，乃針對晉悼夫人言之，而非平公。依禮，服雖可絕，但親情難絕，故聽聞兄弟死訊，不免心慟哀傷，兒子卻樂人心憂毫無惻隱之心，因是左氏隨文記上一筆，諷刺平公好樂無度。〔註237〕簡而言之，杜氏之說，較之服氏與孔氏二家，誠乃正中鵠的，洞見春秋；竹添光鴻以「杜謬甚」爲批評，〔註238〕顯然太過，實未見春秋之喪制也。

（三）譏「喪娶」

「譏喪娶」例見於文公二年、宣公元年。所謂《春秋》「譏喪娶」一說，悉見《公羊》，或見於《穀梁》，《左氏》則無譏辭。然《公》、《左》對經文之解讀可謂南轅北轍，以下就此二例作一分析，以見其微言大義。

文二年冬，經曰：「公子遂如齊納幣。」《公羊》曰：

> 納幣不書，此何以書？譏。何譏爾？譏喪娶也。娶之三年之外，則何譏乎喪娶？三年之內不圖婚。吉禘於莊公，譏。然則曷爲不於祭焉譏？三年之恩疾矣。非虛加之也，以人心爲皆有之。以人心爲皆

宗，知義然者，若父母在，嫁女自當歸寧父母，何須歸宗子。傳言：『婦人雖在外必歸宗』，明是據父母卒者，故鄭據父母卒而言。若然，天子諸侯夫人父母卒，不得歸宗，以其人君絕宗，故許穆夫人，衛侯之女，父死不得歸，賦〈載馳〉詩是也。」頁582。

〔註236〕同上注，〈喪服・不杖期章〉：「女子子適人者，爲其父母、昆弟之爲父後者。傳曰：『爲昆弟之爲父後者，何以亦期也？婦人雖在外，必有歸宗，曰小宗，故服期也。』」頁581。《詩經》，卷一〈周南・葛覃〉，孔穎達正義：「〈喪服傳〉曰：『爲昆弟之爲父後者，何以亦期也？婦人雖在外，必有歸宗。』言父母雖沒，有時來歸，故不降。爲父後者，謂大夫以下也。」頁36。又《禮記》，卷九〈檀弓下〉，孔穎達正義：「若嫁於王者之後，天子以賓禮待之，則亦大功也。其女反爲兄弟爲諸侯者，亦大功。」；「諸侯夫人爲兄弟爲諸侯者，但大功耳，不得服期。熊氏（安生）以爲服期，非也。」頁261～262。按：杞孝公爲父後者繼體爲政，因此，晉悼夫人依制應「期服」，但孔穎達認爲其服乃「大功」，「期服」乃針對「大夫以下」而言，而非「王后夫人」也。對照本例，杜預是以「期服」論的，二人看法截然不同。

〔註237〕竹添光鴻：《左傳會箋》，第十七，襄二十三，箋曰：「平公好音，故師涓奏濮水之聲，子野彈清角之操，慆堙心耳！秦醫之所爲戒也。卿佐虧而設樂，尚從屠蒯之言。今居母家喪而不徹，固平公之涼德，亦由時無諍臣也。」頁1156。

〔註238〕同上注，箋曰：「闕即指上徹樂言。凡鄰國有喪，非親猶闕樂事，禮也。況孝公於母爲大功，於己當服緦麻，非鄰國之比，則其失禮非小也。諸侯絕旁期，以臣下之喪而言，尊同則不降，況敢絕之乎！杜謬甚！」頁1156。

有之，則曷爲獨於娶焉譏？娶者，大吉也。非常吉也。其爲吉者，
主於己。以爲有人心焉者，則宜於此焉變矣。〔註239〕

何以譏喪娶？話得由僖公說起。僖公薨於三十三年十二月乙巳、文公元年夏
四月丁巳葬、〔註240〕二年二月丁丑作僖公主、八月丁卯大事於大廟躋僖公、
冬公子遂如齊納幣。〔註241〕簡而言之，文公致譏有三：一，作僖公神主已逾
時，至二年二月丁丑，已屆十五個月。〔註242〕二，未三年而行吉禘，故以「吉
禘於莊公，譏」論之，因前有莊公受譏之例，故經不二譏而自明也。〔註243〕
三，三年喪未畢（二十三月，待二十五月大祥，第二十六月始得純吉）而娶
婦，非人之常情也。〔註244〕因此《穀梁》范甯注亦曰：「喪制未畢而納幣，書
非禮。」〔註245〕然而，《左傳》的說詞卻是：

襄仲如齊納幣，禮也。凡君即位，好舅甥，修昏姻，娶元妃以奉粢
盛，孝也。孝，禮之始也。〔註246〕

二傳的認知何以南轅北轍？原因在於《左》以僖公的死月在十一月，文公元
年閏了一個三月，〔註247〕所以至二年冬（杜預認爲襄仲如齊納幣乃繫於冬十
二月），〔註248〕已屆二十五月之大祥，依《左》祥、禫乃同月，〔註249〕故除

〔註239〕《公羊》，卷十三，文公二年，頁281。
〔註240〕《左傳》，卷十七，僖公三十三年：「葬僖公，緩。」杜預注曰：「文公元年，
　　　　經書『四月，葬僖公。』僖公實以今年十一月薨，並閏七月乃葬，故傳云『緩』。」
　　　　孔穎達正義曰：「杜以《長曆》推之，十一月十二日有乙巳，乙巳非十二月。
　　　　文元年傳曰『於是閏三月，非禮也』，故至四月，並閏七月。禮當五月而葬，
　　　　今乃七月始葬，故傳曰『緩』也。」頁478～479。按：此與《公羊》記載有
　　　　異。
〔註241〕《公羊》，卷十二，僖公三十三年，頁273、卷十三，文公元年，頁275、二
　　　　年，頁277、279、281。
〔註242〕《穀梁》，卷十，文公二年，傳曰：「作僖公主，譏其後也。」范甯注曰：「僖
　　　　公薨，至此已十五月。」頁158。
〔註243〕《公羊》，卷十三，文公二年，何休注曰：「據吉禘於莊公，譏始不三年，大
　　　　事圖婚，俱不三年。大事猶從吉禘，不復譏。」頁281。
〔註244〕《公羊》，卷十三，文公二年，何休注曰：「僖公以十二月薨，至此未滿二十
　　　　五月，又禮先納采、問名、納吉，乃納幣，此四者皆在三年之內，故云爾。」、
　　　　「以人心皆有，疾痛不忍娶。」頁281。
〔註245〕《穀梁》，卷十，文公二年，無傳，見范甯注，頁161。
〔註246〕《左傳》，卷十八，文公二年，頁498。
〔註247〕詳註240。
〔註248〕《左傳》，卷十八，文公二年，杜預注曰：「傳曰：『禮也。』僖公喪終此
　　　　年十一月，則納幣在十二月也。《士昏》六禮，其一納采，納微始有『玄

服從吉，第二十六月始得婚娶，與禮無違，因而《左》以「襄仲如齊納幣，禮也」解經。要之，《公》、《左》二傳（《穀》無傳，唯見注與《公》同調）經解各述。

宣元年，經曰：「公子遂如齊逆女。三月，遂以夫人婦姜至自齊。」《公羊》曰：記載

> 遂何以不稱公子？一事而再見者，卒名也。夫人何以不稱姜氏？貶。曷為貶？譏喪娶也。喪娶者公也，則曷為貶夫人？內無貶於公之道也。內無貶於公之道，則曷為貶夫人？夫人與公一體也。其稱婦何？有姑之辭也。〔註250〕

文公十八年二月丁丑薨，六月葬。魯陷入權位的爭奪，子赤繼位，冬十月公子遂（東門襄仲）弒之，殺嫡立庶，扶持宣公即位；而襄仲以一家門之威勢弒君，誠乃獲得齊惠公之應允庇護，這在《左傳》裡則記載得十分清楚。〔註251〕故宣公甫一即位便迎娶齊女，且由襄仲親迎之，顯然，這是一樁政治互惠的婚姻。《公羊》以「三年之內不圖婚」，今文公甫葬，新君為權臣所殺，旋即便葬（諸侯五月而葬），故經稱「子卒」以諱弒也；〔註252〕嚴格說來，宣公有二君之喪，然基於政治的算計——親齊迎女，以鞏固邦交，且由襄仲率隊親迎。然在隱惡揚善的前提下，傳以指桑罵槐的方式，以夫妻同體之故，譏夫人齊姜而宣公罪惡自見也。

再看《穀梁》的說法，傳曰：「其不言氏，喪未畢，故略之也。」意謂：齊姜不以氏稱而略之，乃因僖公三年喪未畢，文公喪娶非禮也，有違子道，

繡束帛』，諸侯則謂之納幣。其禮與士禮不同，蓋公為太子時已行昏禮。」頁491。

〔註249〕按：《左》祥、禫乃同月，故二十六月昏娶而不譏，並以「禮也」稱之。可就證於《禮記》，卷六〈檀弓上〉曰：「魯人有朝祥莫歌者，子路笑之。夫子曰：『爾責於人，終無已夫！三年之喪，亦已久矣夫。』子路出，夫子曰：『又多乎哉！踰月則其善也。』」，頁184、又卷六十三〈喪服四制〉曰：「祥之日，鼓素琴。」頁1675。顯見：二十五月大祥除服從吉，故作樂而不譏也。

〔註250〕《公羊》，卷十五，宣公元年，頁318～319。

〔註251〕《左傳》，卷二十，文公十八年：「文公二妃，敬嬴生宣公。敬嬴嬖，而私事襄仲。宣公長，而屬諸襄仲。襄仲欲立之，叔仲曰不可。仲見於齊侯而請之。齊侯新立，而欲親魯，許之。冬，十月，仲殺惡及視，而立宣公。書曰：『子卒』，諱之也。」頁575。

〔註252〕《左傳》，卷二十，文公十八年，經曰：「冬，十月，子卒。」杜預注曰：「先君既葬，不稱君者，魯人諱弒，以未成君書之。子，在喪之稱。」頁573。

因此范甯注曰：「不譏喪娶，不待貶絕，而罪惡自見。」〔註253〕可見，《公》、《穀》在此問題意識上是同一立場的，共同譴責「喪娶」之無道。

但，《左傳》的看法顯然與二傳大異其趣，左氏曰：

　　元年，春，王正月，公子遂如齊逆女。尊君命也。三月，遂以夫人婦姜至自齊。尊夫人也。〔註254〕

先看杜預《釋例》的說法，氏曰：「往必稱族，以示其重，還雖在塗，必捨族以替之，所以成小君之尊，是其義也。」〔註255〕意謂：公子遂前往齊國代公迎娶時，因奉君命之故，故稱「公子遂」以其公族身份尊之；而迎娶後已在回魯道上，齊姜貴爲君婦，與君同體，故尊之爲「夫人」，人無二尊，因此去遂「公子」之稱，以尊夫人也，故傳曰：「稱族，以尊君命；捨族，則尊夫人也。」〔註256〕左氏乃以既葬卒哭成事爲節，文公六月葬，子赤十月便葬，不論是緩葬抑或急葬，宣公已然從吉，昏娶不譏也。但杜預則破傳自說，以喪娶譏之（上引例文二年多乃三年喪畢，故可昏娶），〔註257〕顯見其時代之思維與觀點，故杜預、范甯意見相同。

然而，在各自論述的傳意中，若從「僖公、文公、宣公」作一連接，我們必然想到：僖公因季友之力而即位，三桓勢力就此崛起，又東門襄仲乃僖公之子，二大公族之政爭，文宣時代乃襄仲專政執魯之世。當然，不論季氏，抑或東門氏，悉爲「氏族」——二大公族專魯，威勢下流之時代；於此，孔子有何微言大義寄託於諸此片言之中？這才是值得我們思索的事。

誠然，我們從「譏喪娶」的這件事上，可以理解到孔子敷設的文理在於「東門襄仲」二度如齊迎女的目的，所要彰顯的微言大義就是——「公族家門」勢力左右了公室大權，甚至婚姻都任憑主張，不得自專。因此透過文、

〔註253〕《穀梁》，卷十二，宣公元年，頁186。
〔註254〕《左傳》，卷二十一，宣公元年，頁588。
〔註255〕同上注。
〔註256〕同上注，見孔穎達正義，頁588。
〔註257〕《左傳》，卷二十一，宣公元年，杜預注曰：「不譏喪娶者，不待貶責而自明也。」、孔穎達正義曰：「文公喪未期，此時已娶。違禮不譏者，此事甚惡，言不待貶責而其惡自明也。昭元年《公羊傳》曰：『春秋不待貶絕而罪惡自見者，不貶絕以見罪惡，貶絕然後罪惡見者，貶絕以見罪惡。』，是其義也。」頁585。卷十八，文公二年，杜預注曰：「諒闇既終，嘉好之事通於外內，外內之禮始備。此除凶之即位也。於是遣卿申好舅甥之國，修禮以昏姻也。」頁498。

宣二公「喪娶」的事例，我們已然清楚並可應證：《左》「不譏世卿」，雖然基於一記載之傳的職責而將襄仲弒君並與齊國狼狽爲謀的醜行寫得一清二楚，但在迎娶齊女的這事上則純粹因事而說，無有評論；這和《公》、《穀》二傳，尤以《公》的態度截然不同，也就是說：主張「《春秋》譏世卿」，誠乃《公羊》假經自說之一大政治論述。

二、《春秋》不譏「喪郊」事例舉隅

不譏「喪郊」，換言之乃「喪不廢郊」也。「喪不廢郊」（天王喪、父母喪）的事例在整部二百四十二年的《春秋》中，僅僅找到三例──宣二年匡王崩、成五年定王崩、定十五年哀公父母雙喪。由於「常事不書」之故，我們恰巧在這些變故（卜日不吉、郊牛傷亡）的記載當中，得以清理出三例，文獻資料確實難得而珍貴，以下就此三例作一分析。

（一）周王崩，魯公不廢郊：宣二年匡王崩、成五年定王崩例

宣公二年十月乙亥周匡王崩，三年春正月，停殯未七月便「渴葬」（急葬）匡王，而魯公並不因三年王喪（諸侯爲天子斬衰三年）而廢郊。宣三年經曰：

> 三年，春，王正月，郊牛之口傷，改卜牛。牛死，乃不郊。猶三望。
>
> 葬匡王。〔註258〕

依照經文陳述的先後來看，顯然，匡王新死未葬，宣公已經爲正月郊天的大事張羅，沒想到牲牛卻在卜牲之前發生牛口受傷的事，因此無法以牷牲獻祭，只好改卜稷牛以充郊牲，但最後稷牛亦死，宣公被迫廢郊，但在郊天之後的山川望祭則照常舉行，也就是說：大祀雖廢小祀棄之可惜。杜預注曰：

> （葬匡王）無傳。四月而葬，速。……前年冬，天王崩，未葬而郊者，不以王事廢天事。《禮記‧曾子問》：「天子崩未殯，五祀不行，既殯而祭。」自啓至於反哭，五祀之祭不行，已葬而祭。」〔註259〕

杜氏以「不以王事廢天事」來解讀宣公不因三年王喪而廢郊的舉動，並引述《禮記‧曾子問》這段話作爲不廢郊事的依據。孔穎達亦廣疏此義，認爲「五祀之祭猶尚不廢，郊天必不廢矣」，附和了鄭玄「不敢以卑廢尊」、（五祀不廢）

〔註258〕《左傳》，卷二十一，宣公三年，頁601。
〔註259〕《左傳》，卷二十一，宣公三年，頁601、《公羊》，卷十五，宣公三年，無傳注，頁326、《穀梁》，卷十二，無傳，范甯注：「匡王也。」頁190。

「郊社亦然」的說法。〔註260〕這意謂:「春秋重郊」(春秋重祭),在無事的這段停殯待葬的時間裡,當祭則祭,不因王喪而廢事(五祀、天地、社稷之祀都在其內)。

此見,「郊天」絕對是宣公極其看重的國朝大事,因爲那是魯國獨尊的天子大典。周王失權後,列強諸公對其喪葬並不著心,君臣之禮形同虛設,在此喪制與哀情的表現中是看非常清楚的。同樣的情況,還有成公五年十一月己丑定王崩,六年五月葬,七年正月郊的事例可證。

喪　者	喪者年	喪月日	葬　月	停殯期	事　因	郊天
周匡王	宣公二年	冬十月乙亥	三年春葬〔註261〕	未七月	天王崩	三年正月郊
周定王	成公五年	十一月己酉	(六年五月葬)	七月	天王崩	七年正月郊

(二)父母喪,魯公不廢郊:哀公父喪、母喪例

哀公之父定公薨於十五年夏五月壬申,九月丁巳而葬;又哀公之母於亦十五年秋七月壬申卒,九月辛巳而葬,妻與夫同尊,停殯亦應同五月,卻三月急葬,倉促地將母親一併於九月入葬(父葬先於母葬二十四日)。〔註262〕哀公身負父母雙亡之三年大喪,卻於正月登基便行郊天大禮,郊牛慘爲鼷鼠所食,直至夏四月辛巳而郊。〔註263〕本例顯示:父母大喪,魯不廢郊;凡「公即位」便行郊天大典,而這些都是常例,故常事不書。

喪　者	喪者年	喪月日	葬　月	停殯期	事　因	郊天
魯定公	定公十五年	五月壬申	九月丁巳	五月	哀公父喪	
定　姒	定公十五年	七月壬申	九月辛巳	三月,未五月	哀公母喪	哀元年四月郊

〔註260〕《左傳》,卷二十一,宣公三年,孔穎達正義:「諸侯爲天子斬衰,天王崩未葬,而得郊者,不以王事廢天事也。引〈曾子問〉者,舉輕以明重也。……既殯之後,起殯以前,五祀之祭猶尚不廢,郊天必不廢矣。故鄭注云:『郊社亦然』。〈王制〉云:『喪三年不祭,唯祭天地社稷,爲越紼而行事。』鄭玄云:『不敢以卑廢尊。』紼輴車索,禮天子殯於西序,欑輴車而涂之繫紼,以備火災。言越紼而行事,是在殯得祭也。」頁601～602。

〔註261〕按:天子記崩不記葬,此書「葬匡王」,是因未滿七月而葬故書之。詳《公羊》,卷十五,宣公三年,何休注,頁326。

〔註262〕《左傳》,卷二十六,定公十五年,頁587～589。

〔註263〕《左傳》,卷二十七,哀公元年,頁590。

綜上，宣公有王喪，匡王未葬，宣公便行郊祭；哀公則急葬母親，悉於九月一併入葬雙親，其哀最重，卻於踰年改元告天即位。這兩件事，對後儒來說是孰可忍孰不可忍的事，因此招來宋儒家鉉翁、張元德、明儒華泉等犀利的批判。家鉉翁曰：「此魯宣除喪始郊，而天示之譴也。」、張元德曰：「此因事之變，以明魯郊之非禮也。蓋偕禮之中復有忘哀從吉之罪，春秋所以特書之。」、華泉曰：「若夫宣公三年，王喪未葬而卜郊；哀元年，先公未小祥而郊，忘哀從吉，違禮褻天，莫此爲甚！則比其事而觀之，而惡著矣！」〔註264〕三子批判或言之成理，但話說回來，春秋喪制乃以「卒哭成事，變服從吉」爲則，並不以守喪三年爲風，因而有所謂「不以王事廢天事」之則，更不以「私喪廢天事」爲容緩，此乃春秋之慣例，後儒之批判顯然是受兩晉以來重喪風氣影響所致，蓋非春秋之例也，故三傳與注疏皆無及此論。〔註265〕

三、《春秋》「（廢）郊」事例舉隅

《春秋》重祭，尤以郊事爲大，如上述。然而，經書廢郊者，乃因祭祀之「牲體受傷」、「卜日不吉」，以致廢祭。〔註266〕諸此二事乃爲《春秋》所譏，但這並非意味著郊天可廢。依禮郊天必需順承天意，不可強行舉之，從春秋諸例中，諸公強行執事的狀況屢見，然經書所譏不在強行舉郊，而在行郊之日已過時節，祭之無用，天神不享，故《禮記・曾子問》曰：「先王制禮，過時弗舉，禮也。」〔註267〕但我們必需思考的是：何以魯公強行而祭，明知天神不饗，福祚不至，但卻不可爲而爲之？誠然，郊天大典之於魯公有其不可

〔註264〕秦蕙田：《五禮通考》，卷二十一〈吉禮二十一・祈穀〉，頁135（冊），545～546。

〔註265〕《左傳》，卷五十七，無傳，注不言，頁1608、《公羊》，卷二十七，無傳，注不言，頁590、《穀梁》，卷二十，有傳，但傳注俱不言父母喪而行即位郊天禮，顯見卒哭成事，除服從吉，頁334～337。

〔註266〕《穀梁》，卷二十，哀公元年，楊士勛疏曰：「范例云書郊有九：僖三十一年『夏，四月，四卜郊，不從，乃免牲，猶三望』一也；宣三年（春，王正月）『郊牛之口傷，改卜牛。牛死，乃不郊，猶三望。』二也；成七年（春，王正月）『鼷鼠食郊牛角』三也；襄七年『夏，四月，三卜郊，不從，乃免牲』四也；襄十一年『夏，四月，四卜郊，不從，乃不郊』者，五也；定公、哀公（春，王正月）并有牲變，不言所食處，不敬莫大，二罪不異，并爲一物，六也；定十五年五月郊，七也；成十七年『九月，用郊』八也；及此年『四月辛巳，郊』九也。」頁334～335。

〔註267〕《禮記》，卷十九〈曾子問〉，頁599。

廢之義，其義可由魯郊之受賜或僭祀中得到印證（詳第三章第一節）；也就是說：郊天的象徵意義更大於其祭事意義，能否得天之饗不重要，重要的是：此乃「大魯」、「張魯」之至高祀權，如天子也。諸此事例，分論於下。

（一）卜日不吉

孔穎達認為《春秋》乃一部「魯史」，因此魯公所行郊天之禮，只能說是「魯郊」，而不能斷為「周郊」。周室尊魯乃因周公之故，因此特予隆恩以「郊天」大禮，但這並不包括「祭地」大權。〔註268〕在禮制上，這是僭越天子權限的大儀，因此卜日，以別周魯。然而魯郊之文，卻始見於「僖公」之世（詳第二章第一節）。就《春秋》來看，魯郊「用卜」，問天意願，卜吉則祭，不吉則免。又後世郊天或循魯郊用「辛日」（日有容緩，節卻月前）；或循周郊用「正月」，莫衷一是。以下討論，僅就「魯郊」而言。

「卜日不吉」，例始見於僖公三十一年，經曰：「夏，四月，四卜郊，不從，乃免牲。猶三望」。〔註269〕《左傳》以「卜郊」、「猶三望」皆非禮也，〔註270〕因為魯郊既為天子所賜，必屬「常祀」，當應時而祭；顯然，僖公乃過時而祭，故卜郊以問天意。孔穎達解釋：「卜郊不吉，不復為郊，牲無所用，故免牲」、「魯廢郊天而修其小祀，故曰猶。猶者，可止之辭」。〔註271〕可見，「免牲」乃「廢郊」之同位詞，是《春秋》刻意的筆法。《公羊》以「三望」

〔註268〕《禮記》，卷二十六〈郊特牲〉：「郊之用辛也，周之始郊，日以至。」鄭玄注：「言日以周郊天之月而至，陽氣新用事，順之而用辛日。此說非也。郊天之月而日至，魯禮也。三王之郊，一用夏正。魯以無冬至祭天圜丘之事，是以建子之月郊天，示先有事也。用辛日者，凡為人君，當齋戒自新耳。周衰禮廢，儒者見周禮盡在魯，因推魯禮以言周事。」頁796。按：鄭注約之有四：一，魯郊以「冬至」（周正月，建子之月）乃僭越非禮之舉。二，〈郊特牲〉所載乃魯郊而非周郊也。此可應證《春秋》以周郊無須卜日，魯郊乃卜。三，「郊之用辛」亦為「魯禮」也。四，三代郊天都在「夏正月」，即建寅之月也。孔穎達正義：「但春秋，魯禮也。」頁797。《左傳》，卷六，桓公五年，孔穎達正義：「魯以周公之故，得郊祀上帝，故雩亦祀帝。書傳皆不言魯得祭地，蓋不祭地也。」頁168。

〔註269〕《左傳》，卷十七，僖公三十一年：「『夏，四月，四卜郊，不從，乃免牲』，非禮也。『猶三望』，亦非禮也。禮不卜常祀，而卜其牲、日。牛卜日曰牲。牲成而卜郊，上怠慢也。望，郊之細也。不郊，亦無望可也。」頁465～466。

〔註270〕《左傳》，卷十七，僖公三十一年，傳曰：「夏，四月，四卜郊，不從，乃免牲，非禮也。猶三望，又非禮也。禮不卜常祀，而卜其日。牛卜日曰牲。牲成而卜郊，上怠慢也。望，郊之細也。不郊，亦無望可也。」頁467～468。

〔註271〕《左傳》，卷十七，僖公三十一年，孔穎達正義，頁466。

乃祭「泰山河海」，〔註272〕於每年郊天之後所舉行的祀典，由於泰山、河、海能興風雨，膚潤大地滋養群生，故祀之。但問題是，郊天既廢，三望又附屬在郊天之下，確實應同進退，針貶的理由，何休解釋得很明白：「譏尊者不食，而卑者獨食。書者，惡失禮也」。〔註273〕

　　要之，卜日不吉，正意謂著上天並不應許今年的魯郊；《禮記》稱魯因周公之故，始有郊天之禮。〔註274〕古史以溝通天地之大權，在顓頊「絕地天通」之後已爲「王權」所壟斷，此乃象徵王者之至高權力，執以號令鬼神，發兵遣將，呼風喚雨之法器（詳第一章）。因此，天子所祭，莫重於郊，「郊天」乃「天子」專執的祭祀權，是溝通天地掌握神權的「唯一祭主」。因此，魯郊與周郊必有尊卑差序，郊天乃天子應天之大權，無須卜郊，魯郊實爲變禮，故魯郊用卜，需卜日以問吉凶以明天意，卜吉則郊，不吉則廢；此外，徐彥更指出《春秋》僅言「郊」不敢直言「郊天」，此乃迴避天子至尊的刻意筆法。〔註275〕顯然地，僖公三十一年的祭天大典，未得老天歆饗，四卜都不吉，依禮乃行「免牲」儀式，由禮官將帝牲放養於南郊，廢郊不祭。〔註276〕

〔註272〕《公羊》，卷十二，僖公三十一年，傳曰：「三望者何？望祭也。然則曷祭？祭泰山河海。曷爲祭泰山河海？山川能膚潤於百里者，天子秩而祭之。觸石而出，膚寸而合，不崇朝而遍雨乎天下者，唯泰山爾。河海潤於千里。」頁268～269。竹添光鴻：《左氏會箋》，第七，僖三十一，箋曰：「望則專指山川。尚書望於山川，柴望秩於山川是也。鄭玄謂：三望者，海岱淮也。此爲得之。諸侯有祭域內名山大川之禮，則以望爲僭者非也。但天子方望，無所不通，周禮言四望者，舉其方耳。魯三望，實指其所祭山川之數，四望，去一而三也。春秋書猶三望，譏不郊而望，非譏僭也。」頁534。

〔註273〕《公羊》，卷十二，僖公三十一年，頁266～267。

〔註274〕《禮記》，卷三十一〈明堂位〉載：「武王崩，成王幼弱，周公踐天子之位，以治天下。……成王以周公有勳勞於天下，是以封周公於曲阜，地方七百里，革車千乘。命魯公世世祀周公，以天子禮樂。十有二旒，日月之章，祀帝於郊，配以后稷，天子之禮也。季夏六月，以禘禮祀周公於大廟，牲用白牡，尊用犧、象、山罍……。」頁935～937。卷四十九〈祭統〉亦載：「昔者周公旦有勳勞於天下，周公既沒，成王、康王追念周公之所以勳勞者，而欲尊魯，故賜之以重祭。外祭則郊、社是也；內祭則大嘗禘是也。」頁1366。

〔註275〕《公羊》，卷十二，僖公三十一年，傳曰：「卜郊，非禮也。卜郊何以非禮？魯郊，非禮也。何以非禮？天子祭天，諸侯祭土。」徐彥疏曰：「以魯郊非禮故卜爾。昔武王既沒，成王幼少，周公居攝，行天子事，制禮作樂，致太平，有王功。周公薨，成王以王禮葬之，命魯使郊，以彰周公之德，非正故卜。三卜，吉則用之，不吉則免牲。謂之郊者，天人相與交接之意也。不言『郊天』者，謙不敢斥尊。」頁266。

〔註276〕《穀梁》，卷十三，成公七年，傳曰：「免牲者，爲之緇衣纁裳，有司玄端，

　　同類例子亦見襄公七年，經曰：「夏，四月，三卜郊，乃免牲。」，《左傳》引孟獻子曰：「夫郊祀后稷，以祈農事也。是故啓蟄而郊，郊而後耕。今既耕而卜郊，宜其不從也。」〔註277〕孟獻子認爲「啓蟄」乃在建寅之月（周三月，夏正月），也就是說，襄公卜郊已在周曆的春分之後，已過耕種時節，神不歆其祀，故使卜日不吉也。又十一年亦同，經曰：「夏，四月，四卜郊，不從，乃不郊。」，《穀梁》以：「夏四月，不時也。四卜，非禮也。」〔註278〕二次都過了啓蟄建寅之時，「四月」已過周曆季春，禮以過時不祭，既耕而後祭，慢神不敬，但襄公仍強行卜之，最後三卜、四卜都不吉，亦未依禮放養帝牲於南郊；也就是說：襄公將帝牲殺了，故《春秋》書「乃不郊」，以見其罪。然而值得注意的是，諸例中唯襄公於卜日不吉廢郊，亦「廢祭三望」，於禮合也，故經傳不書「猶三望」，而楊士勛亦僅以淡淡的筆觸說：「不言免牲者，不行免牲之禮，故但言不郊耳。」〔註279〕所謂「不行免牲之禮」就是「殺了帝牲」。再回頭看成公十年的例子就會明白，經曰：「夏，四月，五卜郊，不從，乃不郊。」，《公羊》以「不免牲，故言乃不郊也。」何休則說：「不免牲，當坐盜天牲，失事天之道，故諱使若重難不得郊。」；〔註280〕徐彥更清楚地說：「成公數卜郊不從，怨懟，故不免牲。」〔註281〕意指成公屢卜無果，五次卜卦都得不到上天善意的回應，成公未能自省，竟憤而將郊牛給殺了，以宣洩對天的怨懟，故何氏以「坐盜天牲」嗤之。以上，成公和襄公都是以「不免牲」，憤殺帝牲，無感上天好生之德而致譏，貽笑後世。

　　上述，卜日不吉的事例，《春秋》無不以深長而慨嘆的發語詞「乃」字書之，針貶諸公，其中又以「不郊」更見逆天之罪；「免牛」次之；「免牲」稍輕。《公羊》曰：「免牲，禮也。免牛，非禮也。免牛何以非禮，傷者曰牛」；何休注曰：「魯卜郊不吉，免之。禮，卜郊不吉，則爲牛作玄衣纁裳，使有司玄端，放之於南郊，明本爲天，不敢留天牲。……養牲不謹敬，有災傷，天不歆用，不得復爲天牲，故以本牛名之。非禮者，非天牲不當復見免，但當

　　　　奉送至於南郊。免牛亦然。」范甯集解：「郊者用牲，今言免牲，則不郊顯矣。若言免牛，亦不郊。而經復書不郊者，蓋爲三望起爾，言時既不郊而猶三望，明失禮。」頁222。

〔註277〕《左傳》，卷三十，襄公七年，頁850～851。
〔註278〕《穀梁》，卷十五，襄公十一年，頁254。
〔註279〕同上注。
〔註280〕《公羊》，卷十七，成公十年，頁390～391。
〔註281〕《公羊》，卷十九，襄公十一年，頁432。

內自省責而已。」〔註282〕何氏疏此微言簡明易懂，更顯見《春秋》以三種史筆寄言出意。

（二）牲體傷亡

「牲體受傷」，例見宣公三年，經曰：「春，王正月，郊牛之口傷，改卜牛。牛死，乃不郊。猶三望」〔註283〕這件事可以分做三個層次來看：一是「郊牛受傷」；二是「牛死」；三是「猶三望」。

誠然，廢祭的主因並不在於「郊牛受傷」，郊牛受傷是可以彌補的，因為每年祭天之前的三個月會開始進行牛的選秀，選牛條件是「牛角繭栗」、「騂犢」，〔註284〕如《禮記》〈郊特牲〉之篇名所示，郊天用「特牲」一隻公牛，經告天儀式後，則稱之「帝牲」，特養於滌宮三個月，有專人照顧；〔註285〕又因周人以其祖后稷配天而祀亦有一牛，其牲稱「稷牲」。因此，郊天有二隻公牛，帝牛若受傷，則以稷牛代替，只要卜問過天意之後，便可成牲。若天不受，卜牲不吉，則廢郊；若是天受娆享，后稷則改以「索牛」享之。〔註286〕

〔註282〕《公羊》，卷十二，僖公三十一年，頁267。

〔註283〕《左傳》，卷二十一，宣公三年，頁601。

〔註284〕《禮記》，卷六〈檀弓上〉：「夏后氏尚黑，大事斂用昏，戎事乘驪，牲用玄。殷人尚白，大事斂用日中，戎事乘翰，牲用白。周人尚赤，大事斂用日出，戎事乘騵，牲用騂。」鄭玄注曰：「騂，赤類。」頁179。卷二十六，〈郊特牲〉：「於郊，故謂之郊。牲用騂，尚赤也。用犢，貴誠也。」頁796。又卷十二〈王制〉：「祭天地之牛角繭栗，宗廟之牛角握，賓客之牛角尺。」頁391～392。

〔註285〕《周禮》，卷十三〈地官・牧人〉：「凡祭祀，共其犧牲，以受充人繫之。」賈公彥疏曰：「牧人養牲，臨祭前三月，授與充人繫養之。……云犧牲不云牷，則惟據純毛者而鄭（玄）云完具者，祭祀之牲若直牷，未必純犧，若犧則兼牷可知，故鄭（玄）以完具釋犧。」頁381。

〔註286〕《公羊》，卷十五，宣公三年：「養牲養二卜。帝牲不吉，則扳稷牲而卜之。帝牲在於滌三月。於稷者，唯具是視。郊則曷為必祭稷？王者必以其祖配。」何休注：「先卜帝牲養之，有災，更引稷牲卜之，以為天牲，養之，凡當二卜爾。復不吉，不復郊。」、「滌，宮名，養帝牲三牢之處也。謂之滌者，取其蕩滌潔清。三牢者，各主一月，取三月一時，足以充其天牲。」、「（稷牲）視其身體具無災害而已，不特養於滌宮，所以降稷尊帝。」頁325。若當帝牲有變則以「索牛」，清・陳立：《公羊義疏》（清人注疏十三經，北京：中華書局，1998）曰：「遭災之時，既取稷牲而用之，其祀稷之牲，臨時選其可者，……按〈曲禮〉禮云：大夫以索牛。注：所牛得而用之。蓋稷牛唯具，亦即大夫之索牛。」頁374。黃以周：《禮書通故》，第十二〈郊禮通故一〉：「〈牛人〉『凡祭祀共其享牛、求牛』。……劉敞云：『享牛，帝牛。求牛，稷牛。』以

簡單的說，「帝牲受傷」不過招來養牲「不謹敬」的微詞；若是稷牛再受傷，兩度失養導致「牛死」，這可就是大事了，對天簡慢如此，最終無牲可祭，只好「廢郊不祭」。當然，最爲春秋家批判的是，養牲不謹以致牛口一再受傷，終致牛死廢郊，瀆天簡慢，於禮大大不敬，當受譴責。又三望乃祭泰山河海，位次於天，以卑逾尊，若以人事相副，若臣凌君，有失正教，故郊天既廢，望祭亦當權廢，不應獨厚三望。

再看成公七年，經曰：「春，王正月，鼷鼠食郊牛角，改卜牛。鼷鼠又食其角，乃免牛。……夏，五月，不郊，猶三望。」此事《左氏》、《公羊》都無傳，唯《穀梁》解之甚明：「免牲者，爲之緇衣纁裳，有司玄端，奉送至於南郊。免牛亦然。……免牲不曰不郊，免牛亦然。」范甯曰：「郊者用牲，今言免牲，則不郊顯矣。若言免牛，亦不郊。」〔註287〕孔穎達曰：「免，放也，放不殺，遂不郊也。」〔註288〕二氏看法俱同，牛角爲鼠所食，改以他牛又食其角，以致「廢郊」不祭，卻在五月舉行望祭，廢尊親卑，春秋譏之，如何休所言「尊者不食，而卑者獨食」，〔註289〕故書。

要之，卜日不吉而廢郊，依其輕重，《春秋》書法有三：「免牲」、「免牛」、「不郊」，各具深意，需加以辨別。

書「免牲」者，魯郊用卜，先卜牲再卜日，稱「牲」則表示已告天爲吉，所謂「牛卜日曰牲」，〔註290〕天神應允此牲作爲獻禮，卻因三卜不吉，不敢違天之命，最終是廢郊不祭，銓牲則依禮放養南郊不殺，以示上天有好生之德。

周案：〈曲禮〉『天子以犧牛』，謂牛之中角握繭栗而養之滌者。『大夫以索牛』，謂臨時選擇其毛之純者。享牛即犧牛，以共天地宗廟之大祭。求牛即索牛，以共群祀之選用。『稷牛惟具』，亦其一也。劉說近是。」頁619。

〔註287〕《穀梁》，卷十三，成公七年，范甯集解，頁222。

〔註288〕《左傳》，卷二十六，成公七年，孔穎達正義，頁726。

〔註289〕《公羊》，卷十八，成公十七年，徐彥疏引，頁408。

〔註290〕《左傳》，卷十七，僖公三十一年，孔穎達正義：「卜其牲日，則牲之與日俱卜之也。必當卜牲而後卜日。卜得吉日，則改牛爲牲。然則牛雖卜吉，未得稱牲，牲是成用之名，不可改名爲牲，更卜吉凶，明知卜牛在卜日之前也。此言『免牲』是已得吉日，生既成矣。成七年『乃免牛』，是未得吉日，牲未成也。」頁468。按：孔氏認爲卜牲雖吉，仍不能改牛爲牲，必須卜得吉日，才能成牲，然卜日以三正，卜不過三，四卜不吉，五卜雖吉，禮當廢郊，故稱「免牲」；若數卜不吉而廢郊，則稱「免牛」。這「免牲」、「免牛」的說法與何休解詁顯然不同，何氏以卜郊不吉，曰「免牲」；牛受傷不復爲天牲，故以本牛稱之，曰「免牛」，筆者從何休之說，見《公羊》，頁267。

書「免牛」者，是指郊牲在滌養時，因照顧不周，致使牲口受傷，如經文所載被尖牙利爪的鼷鼠咬傷了牛嘴、牛口，故止稱「郊牛」，不敢稱「郊牲」，因養牛不敬謹，天亦不受，最終還是將牛給放養，廢郊不祭。

書「不郊」者，如宣公三年是因爲帝牲受傷，不可爲牲，故改以稷牛，卻仍受鼠傷致死，「牛死」，故曰「不郊」；而襄公十一年、成公十年例，則是郊牛被殺，襄公四卜、成公五卜未果，憤而殺牲怨懟於天，故《春秋》以「不郊」譏之，以見二公之罪。簡而言之，「牛死」則書「不郊」；「牛傷」則書「免牛」；「卜日不吉」則書「免牲」。

順帶一提的是，鼷鼠到底是何種鼠類？《今俗傳》云：「鼷鼠能入人耳，甘而不知痛，其爲螫毒，不特牛有害矣！」、《世傳》亦言：「亦食人項肥厚皮處亦不覺，或名甘鼠，俗人諱此所囓，衰病之徵，是鼠中之最微者也。」〔註291〕鼷鼠不僅小到足以進入人耳，其利牙更可咬穿肥厚的皮層，傷者不知痛，顯然是一種神經毒性，麻痹知覺，可見此鼠非一般家鼠可擬，我等亦不知其面目。唐朝趙匡對古往鼷鼠的利害亦曾如你我一樣地懷疑過，但若親眼目睹便知鼠害之威，趙氏言：「余早年嘗怪鼷鼠食郊牛致死，上元二年，因避兵旅于會稽，時有水旱疫癘之苦，至明年而牛災，有小鼠噬牛，纔傷其皮膚，乃無有不死者。」〔註292〕這段話清楚而眞切地說明了何以牲牛難養，春秋屢因鼷鼠之害，不得已而廢郊的原因了。

（三）過時而祭：郊天例

《禮記・曾子問》說：「先王制禮，過時弗舉，禮也」。〔註293〕禮以「過時不祭」，同樣地「先時不祭」（詳後，宗廟時祭桓八年例）。要之，過時、先時，都非禮也。

以「郊祭」爲例：春秋時期屢次發生郊牛爲鼠所傷事件，終致「廢郊」，如前引例。在下文當中，仍可見二例：定公、哀公時，亦因鼷鼠咬（死）傷郊牛，並未因此廢祭，而是改卜用稷牲延後舉祭，由於已過郊天之容緩時節

〔註291〕詳陳立：《公羊義疏》，卷五十一，成公七年，頁437。又《左傳》，卷五十六，定公十五年，孔穎達正義引《爾雅》注曰：「（鼷鼠）色黑而小，有毒。」頁1604。又《博物志》卷第三亦載：「春秋書鼷鼠食郊牛，牛死，鼠之類最小者，食物當時不覺痛。《世傳》云亦食人項肥厚處亦不覺。或名甘鼠，俗人諱此所囓，衰病之徵。」頁四。
〔註292〕秦蕙田：《五禮通考》，卷二十一〈吉禮二十一・祈穀〉，頁135（冊）-548。
〔註293〕《禮記》，卷十九〈曾子問〉，頁599。

（三正：周正建子、殷正建丑、夏正建寅），《春秋》則以「過時」譏之。

　　例見定公十五年，經曰：「春，王正月，鼷鼠食郊牛，牛死，改卜牛。夏，五月，辛亥，郊。」、〔註294〕哀公元年，經曰：「春，王正月，鼷鼠食郊牛，改卜牛。夏，四月，辛巳，郊。」〔註295〕孟夏、仲夏始郊，顯然已經過了應祭（周孟春，建子之月）的時間了，因爲「郊天」的目的是爲天下蒼生百姓謀其福祉，應天之瑞是不能等的，正如《穀梁》所言：「郊自正月至於三月，郊之，時也。夏四月郊，不時也。五月郊，不時也。」、「郊，享道也。貴其時，大其禮。」〔註296〕郊天乃國之大事，切切不得怠慢，違逆天時，故杜預、范甯亦以《春秋》意在譏「不時」、「過時」也；但何休則認爲過時則應「廢郊」，雖吉亦不當爲也。〔註297〕要之，二公俱未能於春分之前舉行祭天大典，

〔註294〕《左傳》，卷五十六，定公十五年，杜預注曰：「不言所食處，舉死，重也。改卜，禮也。」1604～1605。《公羊》，卷二十六，定公十五年，傳曰：「曷爲不言其所食？漫也。」何休注曰：「漫者，徧食其身，災不敬也。不舉牛死爲重，復舉食者，内災甚矣，錄内不言火是也。」頁586。

〔註295〕《左傳》，卷五十七，哀公元年，孔穎達正義曰：「桓五年傳例云：『凡祀，啓蟄而郊，過則書。』今以四月始郊，已入春分之氣，故書過也。宣三年『郊牛之口傷』，成七年『鼷鼠食郊牛角』，言其傷食之處。此不言所食處者，所食非一處也。」頁1608。

〔註296〕《穀梁》，卷十九，定公十五年，傳曰：「此該郊之變而道之也。於變之中，又有言焉。鼷鼠食郊牛角，改卜牛，志不敬也。郊牛日展觓角而知傷，展道盡矣。郊，自正月至於三月，郊之時也。夏四月郊，不時也。五月郊，不時也。夏之始可以承春，以秋之末，承春之始，蓋不可矣。九月用郊。用者，不宜用者也。郊三卜，禮也。四卜，非禮也。五卜，強也。卜免牲者，吉則免之，不吉則否。牛傷，不言傷之者，傷自牛作也，故其辭緩。全曰牲，傷曰牛，未牲曰牛，其牛一也，其所以爲牛者異。有變而不郊，故卜免牛也。已牛矣，其尚卜免之，何也？禮，與其它也寧有，嘗置之上帝矣，故卜而後免之，不敢專也。卜之不吉，則如之何。不免。安置之？繫而待，六月上甲，始庀牲，然後左右之。子之所言者，牲之變也，而曰我一該郊之變而道之，何也？我以六月上甲始庀牲，十月上甲始繫牲，十一月、十二月牲雖有變，不道也。待正月，然後言牲之變，此乃所以該郊。郊，享道也。貴其時，大其禮。其養牲，雖小不備可也。子不志三月卜郊，何也？郊自正月至於三月，郊之時也。我以十二月下辛卜正月上辛。如不從，則以正月下辛卜二月上辛。如不從，則以二月下辛卜三月上辛。如不從，則不郊矣。」頁334～337。《禮記》，卷二十六，〈郊特牲〉，鄭玄以夏商周三代皆以「建寅之月」（夏正月）郊天，而魯乃以「冬至之日」（建子之月，夏正十一月）郊天，不與天子同月，又郊天乃非魯禮，故有「卜郊」。王肅以魯有二郊：一爲冬至之日，一爲啓蟄而郊。詳頁796～798。

〔註297〕定公十五年，經曰：「夏，五月，辛亥，郊。」《左傳》，杜預注曰：「無傳，

春乃農節之首，春分入夏，雨水已過，拖延至夏四月、五月，雖郊，亦徒具形式，貽人微詞，如：養牲不敬、過時無禮，老天不應，故譏之以訓後世。

然而，整部《春秋》，尚有一例，令人費解，成公十七年，經曰：「九月，辛丑，用郊。」傳以其譏有二：一，「九月」過時久矣，悖禮甚也；〔註298〕二，「用郊」，郊何以「用」之？〔註299〕孔穎達疑「施之用郊，似若有義，至於用幣，用鄫子，諸若此此，皆當書用，以別所用者也。」〔註300〕孔氏的懷疑，楊伯峻亦以「殺之以祭，殺牲以祭，皆謂之用。」〔註301〕自來「用□」都以「動賓」語式成文，如：用烄、用巫、用羌、用牲、用幣……。春秋「用人爲牲」可考於「用鄫子」、「用俘」、「用隱太子」（蔡世子）、「用邾子」諸例，〔註302〕此例或疑有「用人於郊」之嫌。〔註303〕考之甲骨卜辭「烄」，王襄、

書過。」頁1605；《穀梁》，范甯注曰：「《春秋》書郊終於此，故於此備說郊之變。變謂郊非其時，或牲被災害。」頁334；《公羊》，何休注曰：「已卜春三正不吉，復轉卜夏三月，周五月，得二吉，故五月郊也。《易》曰：『再三瀆，瀆則不告。』不得其事，雖吉猶不當爲也。」頁587。

〔註298〕《左傳》無傳，杜預注云：「九月郊祭，非禮明矣。書用郊，從史文。」頁791。《公羊》：「用者何。用者不宜用也。九月，非所用郊也。」頁407~408。《穀梁》，卷十四，成公十七年：「夏之始，可以承春，以秋之末，承春之始，蓋不可矣。九月用郊，用者，不宜用也。」頁239。

〔註299〕詳周何：《春秋吉禮考辨》（台北：嘉新水泥，1970），第二章〈郊禮〉，頁46~48。

〔註300〕《左傳》，卷二十八，成公十七年，頁791~792。《左傳》，卷十四，僖公十九年經：「已酉，邾人執鄫子用之。」杜預注曰：「稱人以執，宋以罪及民告也。鄫雖失大國會盟之信，然宋用之，爲罰已虐，故直書用之，言若用畜產也。」頁392。

〔註301〕楊伯峻：《春秋左傳注》（台北：漢京，年未詳）僖公十九年，楊氏注曰：「用之者，謂殺之以祭于社也，書法與昭十一年『楚師滅蔡，執蔡世子有以歸，用之』同。用義與『用牲于社』之用同。……《孟子·梁惠王上》言釁鐘，明謂『吾不忍見其觳觫而就死地』，則殺之可知。釁禮尚且殺牲，祭禮斷無不殺牲之理，《周禮·小子》：『掌珥于社稷』，鄭眾云：『珥社稷，以牲頭祭也』，得其義也。」頁380~381。

〔註302〕《左傳》，卷十四，僖公十九年，經曰：「夏，邾人執鄫子，用之。」傳曰：「夏，宋公使邾文公用鄫子於次睢之社，欲以屬東夷。馬子魚曰：『古者六畜不相爲用，小事不用大牲，而況敢用人乎？』」頁392~394、《左傳》，卷四十五，昭公十年，傳曰：「秋七月，平子伐莒，取郠。獻俘，始用人於亳社」頁1280~1281。同卷，昭公十一年，經曰：「冬十一月丁酉，楚師滅蔡，執蔡世子有以歸，用之」、傳曰：「冬十一月，楚子滅蔡，用隱太子（太子有）于岡山。申無宇曰：『五牲不相爲用，況用諸侯乎！』」頁1284、1289。卷五十八，哀公七年，傳曰：「秋，伐邾，……師宵掠，以邾子益（邾隱公）來，獻於亳社。」

郭沫若先生皆以爲「郊」字也。〔註304〕又郊以血祀，〔註305〕魯宋乃殷商之後裔，春秋祀社用人，見於上例；祭郊（烄）用人，唯事例不明，未能遽斷。

要之，《春秋》廢郊、過時而郊，共見九例，略簡於表：

紀　年	事　例	原　因	廢　祭	舉　祭
僖公三十一年	夏，四月，四卜郊，不從，乃免牲，猶三望。	卜日不吉（免牲）	廢　郊	三望
宣公三年	春，王正月，郊牛之口傷。改卜牛，牛死，乃不郊。猶三望。	牛死（不郊）	廢　郊	三望
成公七年	春，王正月，鼷鼠食郊牛角。改卜牛，鼷鼠又食其角，乃免牛。夏，五月，猶三望。	牛傷（免牛）	廢　郊	三望
成公十年	夏，四月，五卜郊，不從，乃不郊。	卜日不吉（不郊）	廢　郊	無
成公十七年	九月，辛丑，用郊。	過時而祭	無	郊天
襄公七年	夏，四月，三卜郊，不從，乃免牲。	卜日不吉（免牲）	廢　郊廢三望	無
襄公十一年	夏，四月，四卜郊，不從，乃不郊。	卜日不吉（不郊）	廢　郊廢三望	無
定公十五年	春，王正月，鼷鼠食郊牛，牛死，改卜牛。夏，五月，辛亥，郊。	過時而祭	無	郊天
哀公元年	春，王正月，鼷鼠食郊牛角，改卜牛。夏，四月，辛巳，郊。	過時而祭	無	郊天

回頭來看，郊祀「卜日用辛」與「祭日容緩」二個問題。先看「卜日用辛」的問題，祭天以「三正」爲卜，也就是說：卜郊以三代之正月爲卜。若一卜（周正，建子上辛）郊日不行，則再卜（殷正，建丑上辛）至三卜（夏

頁 1643。

〔註303〕詳拙論：〈夏社源流疏證〉（呂培成、徐衛民主編：《司馬遷與史記論集第八輯》，西安：陝西人民，2007）頁 456～483；〈湯說演繹〉，《慈濟大學人文社會科學學刊》第六期（2007,06），頁 61～92。

〔註304〕于省吾主編：《甲骨文字詁林》（北京：中華書局，1999）字第 1228「烄」。文引王襄曰：「烄，疑郊天之本字，……之說可證，後世因祭於郊，叚用郊而烄廢。」；郭沫若亦曰：「烄殆假爲郊祀之郊。」頁 1228～1229。

〔註305〕清・孫希旦：《禮記集解》（台北：文史哲，1990），卷二十五〈郊特牲〉：「郊血，大饗腥，三獻爓，一獻孰，至敬不饗味而貴氣臭也。」孫希旦注曰：「郊天以血爲始，血非食味之道，但用氣臭歆神而已。」頁 671。黃以周：《禮書通故》，第十二〈郊禮通故一〉引述梁明山賓說「祭天一獻質。」頁 633。

正，建寅上辛），故其祭最遲得至啓蟄之月（建寅之月，夏正月、周三月），
這也就表示「祭日有容緩」（詳後）。又郊日以三正之「上辛」爲主，鄭玄、
孔穎達等經解以：「陽氣新用事，順之而用辛日」、「郊用辛日者，取齋戒自
新」之意，〔註306〕蓋以冬至爲周人一年之更始，故取其除舊更新以潔之義。
竊以爲：魯乃殷商舊地，郊祀后稷以祭其先王遠祖，或仍遵循殷商舊制用
「辛日」。張光直先生的研究或可參考：「簡單說來，祭日研究的結果，可
有五點：伊尹祭祀在丁日；王亥祭祀常在辛日、夒的祭祀也多在辛日；羔
（岳）的祭祀又多是在辛日；河的祭日分佈則似較雜亂。」、「自帝嚳到王
亥的先公遠祖的祭日以辛爲常。」〔註307〕魯人乃殷商後裔，孔子亦自稱殷
人，〔註308〕就證張先生的論點，「郊祀用辛」蓋循其舊俗，故魯制祭先王
遠祖亦從殷制用「辛日」，經解或恐以音解義的成分居多；而周制祭天是否
亦以辛日，未敢專斷。

　　談「祭日容緩」的問題，可從魯一郊二郊的爭議來看。鄭玄以魯惟一郊
（冬至），王肅則以魯有二郊（冬至、啓蟄），〔註309〕我認爲這個爭端，大抵
是對「祭日容緩」的混淆與不解所致。在祭儀中，有所謂「過時而祭」、「先
時而祭」，皆被經解家以「不時」、「書過」疏之；顯見「常祀有時」，但非僅
以某日唯祭，古人重其時節，不在常日，〔註310〕於〈曾子問〉諸文例中，確

〔註306〕《禮記》，卷二十六〈郊特牲〉，頁796。
〔註307〕張光直：《中國青銅時代》（台北：聯經，2002），八、〈談王亥與伊尹的祭日
　　　　並再論殷商王制〉，頁200、222。
〔註308〕《禮記》，卷七〈檀弓上〉：「夫子曰：『賜，爾來何遲也？夏后氏殯於東階之
　　　　上，則猶在阼也。殷人殯於兩楹之間，則與賓主夾之也。周人殯於西階之上，
　　　　則猶賓之也。而丘也，殷人也。予疇昔之夜，夢坐奠於兩楹之間。夫明王不
　　　　興，而天下其孰能宗予？予殆將死也。』」頁207。
〔註309〕秦蕙田：《五禮通考》卷二十一，〈祈穀〉亦主二祭，但以冬至爲正祭，啓蟄
　　　　乃祈祭也。氏案：「祈穀之禮見於月令，春秋傳郊祀上帝雨冬至圜丘禮同，一
　　　　是正祭，一是祈祭。但圜丘用日至，不卜日；而祈穀則用辛。……魯無冬至
　　　　圜丘之祭，故啓蟄而郊，以祈農事，在建寅之月，蓋即天子祈穀之禮，其言
　　　　是也。自鄭（玄）氏合日至用辛爲一，而郊祭之禮及祈穀之禮俱晦，故自漢
　　　　以後郊必用辛，而二祭不分矣。」頁135（冊）-539。按：秦氏或有不解，
　　　　筆者以爲「啓蟄而郊」亦爲正祭，祈祭乃非常也。
〔註310〕《穀梁》，卷四，桓公八年，孔穎達正義：「（春，正月，己卯，烝）傳曰：『春
　　　　興之，志不時也。』下文『夏，五月，丁丑，烝』傳曰：『志不敬也。』二烝
　　　　并書日以見非禮，此文即是非禮例日之證。……文二年『丁卯，大事於太廟』
　　　　亦是失禮書日也。」頁45。按：上述春秋三例乃過時而祭，史筆以書日識之，
　　　　可證：時祭在時，不在日也。

可見「葬日」﹝註311﹞與「祭日」期日相近，是可互相迴避的情形。

因此，（夏正）冬至（周正月）郊天，乃魯始郊之時，爲郊天之上限；啟蟄而郊，已在（周）季春三月，是播種的最後時節，乃魯郊之下限。考之《春秋》各例，祭祀確有其上限與下限，《左傳》桓五年說得極其明白：「凡祀，啟蟄而郊，龍見而雩，始殺而嘗，閉蟄而烝，過則書。」﹝註312﹞我認爲：「啟蟄而郊」、「龍見而雩」、「始殺而嘗」、「閉蟄而烝」談的都是祭祀的下限，至遲於此「啟蟄」建寅之月；「龍見」建巳之月；「始殺」建酉之月；「閉蟄」建亥之月，舉行「郊祭」、「雩祭」、「嘗祭」、「烝祭」，否則過時，違禮不敬。因此，《左傳》曰「凡祀」（凡例也，﹝註313﹞乃左傳特書之成例）、「過則書」，是其證也。

又孔穎達疑《左傳》襄七年所載孟獻子「啟蟄而郊」與《禮記·雜記》孟獻子「正月日至，可以有事於上帝；七月日至，可以有事於祖。」云云，兩書說詞矛盾不合，孔氏因而認定這一人二文的記載有誤，並以《左氏》爲是，以《禮記》爲非；﹝註314﹞但我認爲二書並無衝突。〈雜記〉孟氏之言，乃論郊天得以舉祀的時間彈性，往前得於冬至（周正月）始祭，故言「可以有事」。又〈郊特牲〉曰：「郊之用辛也，周之始郊，日以至」﹝註315﹞其言「始郊」以「日至」，不言「冬」，而言「日以至」，此乃周春正月，以「日至」（非常日，故擇辛日以祀）爲一年的終始，故祭天於日至之日；而非「冬至」（常日，後人以夏正言周郊之日，非也）之日，言意已出，蓋可證孔氏之偏也。

魯郊用三正，顯示郊祭最遲得至啟蟄之月（建寅之月，夏正月、周三月），誠如《穀梁》哀公元年曰：「郊自正月至於三月，郊之，時也；夏四月郊，不

﹝註311﹞《禮記》，卷三〈曲禮上〉：「喪事先遠日，吉事先近日。」鄭玄注曰：「喪事，葬與練祥也。吉事，祭祀冠取之屬。」頁89。《公羊》，卷十五，宣公八年，經曰：「冬，十月，己丑，葬我小君頃熊，雨不克葬。庚寅，日中而克葬。」傳曰：「頃熊者何。宣公之母也。而者何？難也。乃者何？難也。」何休注曰：「禮，卜葬先遠日。不克葬見難者，臣子重難，不得以正日葬其君。」頁340。按：引本例在於說明：葬日需卜，用遠日以避不懷，宣公葬母，因雨而廢，故不強行在己丑正日葬之，待翌日庚寅雨停乃葬。顯然，在無事之時（殯——葬之間），祭事可行，葬日因用遠日，故可兩相迴避。

﹝註312﹞《左傳》，卷六，桓公五年，頁168～171。

﹝註313﹞詳章權才：《兩漢經學史》（台北：萬卷樓，1995），第四章〈西漢後期世家豪族勢力的發展與古文經學的興起〉，頁210。

﹝註314﹞《左傳》，卷六，桓公五年，孔穎達正義，頁169。

﹝註315﹞《禮記》，卷二十六〈郊特牲〉，頁769。

時也；五月郊，不時也。」〔註316〕因此，針對「僖公、襄公夏四月卜郊」之不時，杜預《春秋釋例》則曰：「但譏其非所宜卜，而不譏其四月不可郊也。」〔註317〕意謂：已過卜郊與郊天之時候，然僖公、襄公仍四卜強以祭天，經傳不譏不可郊天，但譏其「過時不敬」也。又《穀梁》成公十七年曰：「夏之始可以承春，以秋之末承春之始，蓋不可矣！」范甯解曰：「今言可者，方明秋末之不可，故以是為猶可也。」；〔註318〕宋儒葉適亦持此論曰：「周郊之日，以上辛三卜，不從，至建寅之月而止，乃不郊，書于春秋者甚明。」〔註319〕上述引例表明：郊天是以日至（周正月，建子）至啟蟄（周三月，建寅）為其祭祀的上下限，郊天之時候是有彈性的，並且《春秋》經傳所譏在於「過時不敬」而不在於「過時而郊」，更顯見：「過時而祭」仍舊是被接受的（如定公十五年、哀公元年例），除非「郊牛」受傷或死亡，否則不輕易廢郊不祭。

四、《春秋》「宗廟時祭」事例舉隅

宗廟祀位，在春秋之世，雖非郊天可比，但《春秋》「重祭」，以祭為教，祭以正名，誠如衛獻公所說：「政由甯氏，祭則寡人」；〔註320〕又荀躒告訴季平子說：「君怒未怠，子姑歸祭」，杜預以：「歸攝君事」作解，顯然是以「祭（權）」借代「君事」。〔註321〕這說明了：宗廟祭主之阼位乃一朝之君也。諸侯至權唯有宗廟祀權，因而對於衛獻公而言能保有祭主權就能正名其為衛國之主，縱使失其尊尊之體，僅僅作為一象徵性的傀儡國主，卻無法削奪其宗主大權，在親親體制上，衛公實乃宗統之君也。

因此，我們必須思考：「祭祖」這件事對於「宗主權」的意義。《禮記‧郊特牲》曰：「諸侯不敢祖天子，大夫不敢祖諸侯，而公廟之設於私家，非禮也，由三桓始也。」、《禮記‧喪服小記》又言：「庶子不祭祖者，明其宗也。」〔註322〕因此，甯氏、季氏雖得專攬君主權，卻無法專攬宗主權，當然，季氏

〔註316〕《穀梁》，卷二十，哀公元年，頁335。
〔註317〕《左傳》，卷六，桓公五年，孔穎達正義引，頁168～169；亦見卷三十，襄公七年，孔穎達正義引，頁851。
〔註318〕《穀梁》，卷十四，成公十七年，頁239。
〔註319〕秦蕙田：《五禮通考》，卷二十一〈吉禮二十一‧祈穀〉，頁135（冊）-544引。
〔註320〕《左傳》，卷三十七，襄公二十六：「以公命與甯喜言曰，『苟（得）反（國），政由甯氏，祭則寡人。』」頁1032。
〔註321〕《左傳》，卷五十三，昭公三十一年，頁1520。
〔註322〕《禮記》，卷二十五〈郊特牲〉，頁782、卷三十二〈喪服小記〉，頁963。

是桓公之後，以庶子入祭祖廟，並私建桓公廟於家邑（詳第三章第一節），則又和甯氏不同。

簡而言之，魯公對於宗廟時祭之態度如何？是作爲我們觀察《春秋》「重祭」的另一大指標。春秋以郊天爲重，除非牲體傷亡迫而廢郊，其餘諸事俱無礙郊天之行，故魯公四卜、五卜過時而郊、越紼行郊都有見例（詳上）；但宗廟時祭亦有不廢也，如桓十四年御廩災乙亥嘗例、亦有過時而祭，以致同年一祭二舉，如桓八年二烝例。蓋可見：**祭祖對於宗主權之行使，一如祭天對於君主權之行使，對魯公而言是一樣重要，**因而無論任何理由（如先君、小君、大夫死，僅廢樂示哀，不廢時祭），都無礙祭事之舉行。

（一）桓八年：二烝祭例

時祭是有容緩的，《春秋》是一部魯國史錄，最能印證舉祭的情形，唯史例常事不書，僅能在違禮見譏的事例中尋找端倪。祭祀是否有其容緩，這在桓公八年的事例中，可見一二，這也足以說明春秋「廢祭」，除了「廢郊」（郊牛死亡、卜日不吉）之外，其他未見。究其原因就在於祭祀「用卜」，因此，祭日有其容緩，非在一時也。

桓公八年，經曰：「春，正月，己卯，烝。夏，五月，丁丑，烝。」以三《傳》及注疏作一觀察，先看《公羊》：

> 烝者何？冬祭也。春曰祠，夏曰礿，秋曰嘗，冬曰烝。常事不書，此何以書？譏。何譏爾？譏亟也。亟則黷，黷則不敬。君子之祭也，敬而不黷。疏則怠，怠則忘。〔註323〕

對於夏五月復烝一事《公羊》仍以「何以書？譏亟也」解孔子微言。何休解詁：「烝，眾也，氣盛貌。冬萬物畢成，所薦眾多，芬芳備具，故曰烝。」、又「亟，數也。」〔註324〕也就是說：四年十二月已行烝祭，〔註325〕常事不書之故，正月烝、五月烝都非烝祭之宜時，故譏其一而再過度的舉祭。桓公以烝祭所薦進之物眾多豐盛，因爲年冬萬物皆已熟成，各種滋味俱入心脾，挑動口腹之慾，因此，食新必先薦於先祖，桓公薦祖品物之眾，可包四時之物

〔註323〕《公羊》，卷五，桓公八年，頁90～92。

〔註324〕同上注，頁90、91。

〔註325〕同上注，何休注曰：「十二月已烝，今復烝也。不異烝祭名而言烝者，取冬祭所薦眾多，可以包四時之物。」；徐彥：「明去年十二月已有烝，但得常不書。今正月復作烝，故言亟。」頁91。

也，故桓公一而再，再而三，連三次舉烝，似乎逃不掉自我作享的譏刺。顯然，禮不欲數煩，唯敬心便足，過則瀆神。

再看《穀梁》怎麼說：

> 經曰：「春，正月，己卯，烝。」傳曰：「烝，冬事也。春興之，志不時也。」

> 經曰：「夏，五月，丁丑，烝。」傳曰：「烝，冬事也。春夏興之，黷祀也，志不敬也。」〔註326〕

這個觀點和《公羊》解經之微言顯然是不同的。異論有二：一，范、楊二人俱以「正月烝」乃「不時」之祭，也就是說：四年十二月冬無烝，遲至五年正月乃烝，違月隔年，過時之祭也，失禮故書。二，楊氏以二烝乃「逆祀」、「失時」也，在不當祭的時節裡舉烝，春行冬事「正月烝」，夏又行冬事「五月烝」，顛覆時節，倒行逆施，黷祀之重，不敬之甚也。另外，范、楊二氏更見發明，提供了一個很好的觀察指標，范甯以：「失禮，祭祀例日，得禮者時」；楊士勛亦以：「得禮例時，失禮例日」，〔註327〕所以經書日則見失禮。顯然，時祭不重其日而在其節候，故例日見譏也。古人祭祀在時不在日，這點在孔穎達的《左傳正義》桓五年中說得十分清楚（詳後）。

《左傳》對此事不置一詞，然杜預如是說：

> 此夏之仲月，非爲過而書者，爲下五月復烝見瀆也。〔註328〕

對照《穀梁》，二注悉對「五月復烝」之不當，以致「黷而不敬」的批評是一致的；唯杜氏認爲「正月烝」是「夏正仲冬」，何休以時祭乃：「祭以首時，薦以仲月」，〔註329〕也就是說：四時祭各以其首月祭之，以第二個月薦之。桓五年正月烝，正是夏正仲冬，薦烝先祖不違時令，非失禮過時也。當然，何休與杜預觀點還是不同，何氏從「周正」，故以「譏瓲」解詁；杜氏從「夏正」，故不以正月烝之不時也。孔穎達在這點上發揮得淋漓盡致，他的意見並非獨創的，而是依循著東漢穎容、西晉杜預的意見而來，這也是研究《春秋》、《禮記》的難題，談祭祀必涉及三正的問題，尤其是夏正與周正之紛爭，各有所執。在此，僅談二個觀點：一，「祭以首時，薦以仲月」；二，祭之「節前月卻」、「節卻月前」。

〔註326〕《穀梁》，卷四，桓公八年，頁45～46。

〔註327〕按：范甯、楊士勛二氏言論，文繁不引，詳《穀梁》，卷四，桓公八年，頁45。

〔註328〕《左傳》，卷七，桓公八年，頁186。

〔註329〕陳立：《公羊義疏》，卷十四，桓公八年，頁113引。

對於第一點，孔氏以「祭以首時，薦以仲月」乃據「夏正」；然而，鍾文烝則有不同意見，曰：「時祭之名，不以夏制為準也。以春秋言之，桓嘗在八月，文大嘗亦然，建未之月也。然則烝宜用戌亥月，不從夏時之冬矣。」〔註330〕鍾氏認為《春秋》乃以「周正」紀事，嘗祭大抵以建未（周八月）為其常期，烝祭則應在建戌（周十一月、夏九月）或建亥（周十二月、夏十月）二月舉行。顯然這不是「祭以首時，薦以仲月」的條例，而是點出了時祭「容緩」的現象。既是時祭，當然重其時節，祭日需卜，有吉有凶，宗廟之祭，乃天子諸侯親祭之禮，非有故不得代攝行事。〔註331〕因此，為協調祭主於人事物上可能產生的變數，祭日快則於孟月，折衝於仲月，或延緩至季月。《左傳》桓五年如是說：

　　「秋，大雩」。書，不時也。凡祀：啟蟄而郊；龍見而雩；始殺而嘗；

　　閉蟄而烝。過，則書。〔註332〕

左氏十分清楚地指出一個重要訊息：凡過了「啟蟄」、「龍見」、「始殺」、「閉蟄」之時節「而郊」、「而雩」、「而嘗」、「而烝」便是「過時」，時過而祭，經書之以譏其慢也。《穀梁》成七年，范甯解：「傳例云：『月雩，正也。時雩，不正也』非正者，其時未窮，人力未盡，毛澤已竭，不雩則不及事，故月以明之，則經書秋八月雩、九月雩是也。」〔註333〕意謂：在人事可盡力的時節之內，大旱致使毛澤不生，乃人之過也，故經書「秋，大雩」、「秋，八月，大雩」或「秋，九月，大雩」等。凡「例時」或「例時例月」者皆非禮之正者。常雩乃龍見之時：建巳之月（周六月、夏四月），〔註334〕因此，過時而雩乃因旱見而雩，此時已對農稼民生造成嚴重的損失，《春秋考異郵》這段祝禱山川的說詞更見荒年之忉怛：

〔註330〕鍾文烝：《穀梁補注》，卷四，桓公八年，頁47。

〔註331〕《禮記》，卷四十九〈祭統〉：「凡祭有四時，……故曰莫重於禘、嘗。……嘗、禘之義大矣，治國之本，不可不知也。……是故，君子之祭也，必身親蒞之，有故則使人可也。雖使人也，君不失其義者，君明其義故也。……祭而不敬，何以為民父母矣！」鄭玄注：「君雖不自親祭，祭禮無闕，於君德不損也。」案：禮有五經，莫重於祭也。因此，春秋不輕率廢祭；君有故不便主祭，則使人代攝行事，無廢敬祖之典也。頁1360～1361。

〔註332〕《左傳》，卷六，桓公五年，頁168～171。

〔註333〕《穀梁》，卷十三，成公七年，頁222。

〔註334〕按：「常雩」舉行時間各有異說：周三月（季春）、四月（孟夏）、五月（仲夏）皆有學者主之。詳清·劉寶楠：《論語正義》（清人注疏十三經，北京：中華書局，1998）頁130～132。

方今大旱，野無生稼，寡人當死，百姓何依？不敢煩民請命，愿撫
萬民，以身塞無狀。〔註335〕

過時而雩，旱見而雩，顯然於事無補，再多罪己之詞，無力救民於偃蹇。孔
子兩次觀蜡，聞曾點之志，俱喟然而嘆，何嘗不是因禮慨時，有憫天下蒼生。
〔註336〕這也就是荒禮制度中的恤民之道與哀矜之心，故在五服之外，孔子大
倡「無服之喪」以勉君王戮力天下，視民如傷（詳第六章第三節）。因此，值
得我們注意的是：《左傳》特以「二秋」重言復書，先書「秋，王以諸侯」云
云；後書「秋，大雩」。這種書法，唯此桓五年與襄二十六年兩見，顯然，左
氏不僅爲一記載之傳，更有自我的見解穿鑿其中。只是這用意是什麼？左氏
乃孔子七十二門生，孔子深喟慨歎在此「無服之喪」，《春秋》書「大雩」者
二十一，〔註337〕何休曰：「祭言大雩，大旱可知也。」〔註338〕「大雩」首見
於「桓五年」，往後不雨旱蝗薦臻不絕，舞雩說禱，民生困難，路有餓殍，孔
子所重「民、食、喪、祭」，〔註339〕《春秋》重之，一部斷爛朝報，寄言出意

〔註335〕《穀梁》，卷十三，成公七年，頁222。
〔註336〕按：孔子兩次觀蜡祭的紀錄，見於《禮記》，卷二十一〈禮運〉：「昔者仲尼與
　　　　於蜡賓，事畢，出遊於觀之上，喟然而嘆。仲尼之嘆，嘆魯也。……用水火
　　　　金木，飲食必時，……用民必順。故無水旱昆蟲之災，民無凶饑妖孽之疾，……
　　　　故天降膏露，地出醴泉，山出器車，河出馬圖，……則是無故。先王能脩禮
　　　　以達義，體信以達順，故此順之實也。」頁656。又卷四十三〈雜記下〉：「子
　　　　貢觀於蜡，孔子曰：『賜也，樂乎？』對曰：『一國之人。皆若狂，賜未知其
　　　　樂也。』子曰：『百日之蜡，一日之澤，非爾所知也。張而不弛，文武弗能也；
　　　　弛而不張，文武弗爲也。一張一弛，文武之道。』」頁1222～1223。《論語》，
　　　　卷十一〈先進〉載：子路、曾皙、冉有、公西華侍坐，各言爾志，其中曾點：
　　　　「莫春者，春服既成，冠者五六人，童子六七人，浴乎沂，風乎舞雩，詠而
　　　　歸。夫子喟然歎曰：『吾與點也。』」頁153～154。或詳拙論〈漢晉《論語·
　　　　先進》注本──「孔子與點之志」疑問疏證〉，《孔孟月刊》第四十三卷第十
　　　　一、二期（94.08）頁5～18；第四十四卷第一、二期（94.10）頁7～15。
〔註337〕按：春秋二十四旱，據清·黃奭輯《春秋考異郵》（台北：藝文印書館，1971）
　　　　其不數有六：「按春秋，書不雨七、大旱二、大雩二十一。禮正義，以莊三十
　　　　一季，冬不雨，時旱氣已過，不數。又大旱二，災成，不數。昭二十五季，
　　　　一月再雩，定七季，一時再雩，俱祇數一雩。成七季雩，以冬，穀梁云，冬
　　　　無爲雩也，明亦不數。故唯有二十四旱。」頁13b。另元·馬端臨《文獻通
　　　　考》（台北：新興書局，1965），卷七十七，〈雩〉亦引，頁706。
〔註338〕《公羊》，卷四，桓公五年，頁84。
〔註339〕《論語》，卷二十〈堯曰〉，邢昺疏曰：「『所重：民，食，喪，祭』者，言帝
　　　　王所重有此四事：重民，國之本也。重食，民之命也。重喪，所以盡哀。重
　　　　祭，所以致敬。」頁266。

譏刺魯公之簡祀怠慢，無及民生，何有不深喟也！左氏心有戚戚焉，故重言「秋」以諷刺魯公怠政忘民也。要之，左氏認爲祭祀必須及時，天時一過，再多彌補措施都爲時已晚，因此，先時而祭則急躁也；過時而祭則怠慢也，諸此都是孔子批判的事例藉以垂訓後世的教義。時祭亦同，例時例月，災亦例日，都非禮之正者，其失可見。綜上，桓五年傳，左氏意在告訴我們上述郊、雩、嘗、烝的——祭祀下限，凡過了啓蟄、龍見、始殺、閉蟄之時，時過則書，書以見刺，刺其慢天怠祖也。

　　如果上述的解讀與觀察是對的，那麼，孔穎達與左氏並不同調，孔氏俱以夏正爲說而非周正，因此周春正月（夏正仲冬）可祭也，不以正月烝違禮也；唯五月復烝，乃瀆祀也。〔註340〕簡而言之：孔氏以啓蟄而郊乃郊天之始，夏正二月、周正四月、建卯之月可郊，如春秋諸公郊天例。夏正四月、周正六月、建巳之月龍見始雩，周正秋七月、建午可雩，如春秋各例。夏正孟秋七月、周正九月、建申之月始嘗，建酉可嘗，乃嘗祭之下限。夏正十月、周正十二月、建亥之月始烝，夏正十一月、周春正月、建子之月可烝，乃烝祭下限。〔註341〕顯然，祭祀是有容緩的，只不過筆者與孔氏意見稍有不同，孔氏從夏正，筆者從周正，竊以爲：孔氏之下限或僅能說是春秋魯公違禮舉祭之月，蓋非禮制當祭之月。詳下簡表：

孔氏祭月表

地支	子	丑	寅	卯	辰	巳	午	未	申	酉	戌	亥
周曆	春，正月	二月	三月	夏，四月	五月	六月	秋，七月	八月	九月	冬，十月	十一月	十二月
夏曆	十一月	十二月	春，正月	二月	三月	夏，四月	五月	六月	秋，七月	八月	九月	冬，十月
祭事	冬至郊天		啓蟄而郊			龍見而雩	夏至祭地			始殺而嘗		閉蟄而烝
容緩	可烝下限		始郊始祠	可郊下限.可祠下限		始雩始禘	可雩下限.可禘下限	始嘗	可嘗下限		始烝	

〔註340〕《左傳》，卷七，桓公八年，孔穎達正義，頁186。
〔註341〕《左傳》，卷六，桓公五年，孔穎達正義，頁168～172。

筆者祭月表

地支	子	丑	寅	卯	辰	巳	午	未	申	酉	戌	亥
周曆	春，正月	二月	三月	夏，四月	五月	六月	秋，七月	八月	九月	冬，十月	十一月	十二月
夏曆	十一月	十二月	春，正月	二月	三月	夏，四月	五月	六月	秋，七月	八月	九月	冬，十月
祭事	冬至郊天		啓蟄而郊			龍見而雩	夏至祭地		始殺而嘗			閉蟄而烝
容緩	始郊始祠		可郊下限	始禘	大雪帝	可雩下限	始嘗		可嘗下限〔註342〕·始烝			可烝〔註343〕下限

　　再談第二點，孔氏提出祭之容緩有「節前月卻」、「節卻月前」之別。〔註344〕所謂「節前月卻」是指：過了月中且已涉下個時節，則是過時失禮也。時祭乃依準於四季之「春分」、「夏至」、「秋分」、「冬至」，諸節候都在「仲月」月中以後，因此過了春分，雨水已過，再行郊禮則過時也，以此類推。而「節卻月前」是指：在仲月的中旬以前，時節未過，乃合禮也，故孔氏以「建卯之月猶可郊，建子之月猶可烝」。因此「凡候天時，皆不以月為其節，有參差故也」，〔註345〕正如本例「春，正月，己卯，烝」，陳立以「正月己卯」乃「正月十四日」，〔註346〕未過冬至，因而於禮無失。不過孔氏這個看法是為了應證時祭「一從夏正」：「祭以首時，薦以仲月」之說；姑且撇開筆者與孔氏祭月之齟齬，孔氏觀點也正說明祭祀確有其上下限，非在某一常月也。

〔註342〕案：可嘗下限之得以容緩至建酉之月，或可從何休的這句話推測，《公羊》，卷五，桓公八年，何注：「嘗者，先辭也。秋穀成者非一，黍先熟可得薦，故曰嘗。」頁90。

〔註343〕《左傳》，卷六，桓公五年，孔穎達正義：「既以閉蟄為建亥之月，又言十一月則遂閉之，欲見閉蟄以後、冬至以前皆得烝祭也。」頁168。

〔註344〕同上注，孔穎達正義，頁168～171。

〔註345〕同上注，孔穎達正義，頁169。

〔註346〕陳立：《公羊義疏》，卷十四，桓公八年，頁113。又《左傳》，卷六，桓公五年，孔穎達正義曰：「傳稱四者（啓蟄而郊、龍見而雩、始殺而嘗、閉蟄而烝）皆舉中氣，言其至此中氣，則卜此祭，次月初氣仍是祭限，次月中氣乃為過時。既以閉蟄為建亥之月，又言十一月則遂閉之，欲見閉蟄以後、冬至以前皆得烝祭也。」頁168。

（二）桓公十四年：乙亥嘗例

《禮記・祭統》曰：「燔祭有四時，春祭曰礿，夏祭曰禘，秋祭曰嘗，冬祭曰烝，……禘者陽之盛也，嘗者陰之盛也。故曰莫重於禘嘗。……是故君子之祭也，必身親涖之。有故則使人可也」。〔註347〕可知：「禘」、「嘗」二祭乃「時祭」之最重者。「嘗祭」百穀豐熟，故薦新穀於先祖以盡孝道；〔註348〕何休更以：「嘗比四時祭爲大」，〔註349〕因此，嘗祭是否該因災權廢，這在《春秋》中但見一例。

經曰：「秋，八月，壬申，御廩災。乙亥，嘗。」〔註350〕「御廩」〔註351〕是儲藏祭祀宗廟穀粱的糧倉，卻在致齋的首日「壬申」日發生火災，〔註352〕幸運的是，火勢不大及時撲滅，並沒有傷害到穀物，因此，桓公於災後的第三天（壬申、癸酉、甲戌、乙亥）舉行秋嘗，以享先祖。〔註353〕這件事《春秋》書之意在針貶，然其微言大義何在？三《傳》與注疏家的解釋是最好的觀察指標：

此事《公羊》如是說：

　　常事不書，此何以書？譏。何譏爾？譏嘗也。曰：猶嘗乎？御廩災，
　　不如勿嘗而已矣。

何休解釋：

　　譏新有御廩災而嘗之。當廢一時祭，自責以奉天災也。知不以不時
　　者，書，本不當嘗也。〔註354〕

〔註347〕《禮記》，卷四十九〈祭統〉，頁1360～1361。

〔註348〕《春秋繁露》，卷十六〈祭義〉：「故君子未嘗不食新，新天賜至必先薦之，乃取食之，尊天敬宗廟之心也。」頁441。

〔註349〕陳立：《公羊義疏》，卷三十六，僖公三十一年，頁306。

〔註350〕《公羊》，卷五，桓公十四年，頁103～104。

〔註351〕《左傳》，卷七，桓公十四年，孔穎達正義：「《穀梁傳》曰：『天子親耕，以共粢盛。王后親蠶，以共祭服。國非無良農工女也，以爲人之所盡，事其祖禰，不若以己所自親者。』〈月令〉『季秋，乃命冢宰，藏帝藉之收於神倉』，鄭玄云：『重粢盛之委也，帝藉所耕千畝也，藏祭祀之穀，故爲神倉』以此諸文，知御廩，藏公所親耕以奉粢盛之倉也。」頁202～203。

〔註352〕按：或說「壬申」日是致齋齊前三日，鍾文烝：《穀梁補注》引：「趙與權曰：災在致齊三日前也。」頁51。案：本文從孔穎達《左傳正義》認爲是致齋之初日，頁203。

〔註353〕《禮記》，卷四十九〈祭統〉：「燔祭有四時，春祭曰礿，夏祭曰禘，秋祭曰嘗，冬祭曰烝。礿、禘，陽義也。烝、嘗，陰義也。禘者，陽之盛也，嘗者，陰之盛也。故曰：莫重於禘嘗。」頁1360。

〔註354〕《公羊》，卷五，桓公十四年，頁103～104；何休注，頁104。

細味傳文語氣是相當委婉並以一建議的口氣說「御廩災，不如勿嘗而已矣」；但何氏則強烈地認爲御廩之災，此乃天火示警，無論傷穀與否，亦無關災後祭日遠近的諸等問題，凡遭逢此災都應當「廢祭自省」。因此《春秋》書之目的在於譏諷桓公「災而猶嘗」之不當，而非「時與不時」之不當；也就是說：災而後祭是不對的，故書以示法。顯見桓公因災而祭，又未能深切自省，遭到公羊學家嚴厲的指責與批判，這也預示了兩漢對災異的深察戒懼與憑藉而起的政教作用，「因災廢祭」的論議與實踐，誠然與《公羊》學的興起產生連動關係。

再看《穀梁》怎麼說：

> 御廩之災不志。此其志，何也？以爲唯未易災之餘而嘗可也，志不敬也。……何用見其易災之餘而嘗也？曰：甸粟而內之三宮，三宮米而藏之御廩。夫嘗，必有兼旬之事焉。壬申，御廩災。乙亥，嘗，以爲未易災之餘而嘗也。〔註355〕

這段話十分隱晦模糊，不好理解。所謂「甸粟而內之三宮，三宮米而藏之御廩。夫嘗，必有兼旬之事焉」文中「旬」或爲「旬」之訛，故范甯以：「夫人親舂是兼旬之事」。〔註356〕也就是說：在舉行宗廟祭典時，天子親耕以供粢盛，王后親蠶以供祭服；諸侯則國君親割，三宮夫人親舂，皆親躬親爲，以盡孝子誠敬之道，然而這些事都非三兩日便可具備，尚須一旬十日才籌備得了。現在御廩遭火桓公未將倉廩作一清理，便遽然倉促地以火災之餘物薦祖而嘗，誠乃大不敬也。這就是《春秋》書以示法的目的，史例內災不志，御廩乃內災也，依史例不志。〔註357〕因此，問題就在於：桓公未能以潔新之穀孝敬先祖，僅以餘穀薦享。對此，魏儒鄭嗣亦有所批評，氏曰：「唯以未易災之餘而嘗，然後可志也。用火焚之餘以祭宗廟，非人子所以盡其心力，不敬之大也」。〔註358〕顯見，《穀梁》家們認爲孔子所以記載此事的目的在譏刺桓公

〔註355〕《穀梁》，卷四，桓公十四年，頁53~55。

〔註356〕陳立：《公羊義疏》，卷十五，桓公十四年，陳立疏曰：「兼旬當依《釋文》一本作兼旬。十日爲旬，蓋宗廟，之祭，君夫人皆散齋七日，致齋三日，故有兼旬之事，非數日所能備。故鄭嗣曰：壬申、乙亥相去四日，言用日少而功多，明未足，明未足及易而嘗是也。范（甯）云：夫人親舂是兼旬之事。兼旬義難通，自不如作兼旬爲得也。」頁131。

〔註357〕鍾文烝：《穀梁補注》，卷四，桓公十四年引：「徐邈云：（乙亥嘗，御廩之災不志）不足志，謂內災，如御廩者不足志。左傳：司鐸火不志是也，亦史例也。」頁51。

〔註358〕鍾文烝：《穀梁補注》，卷四，桓公十四年，頁51引。

「急嘗不敬」，非人子所當爲也。

《左傳》對這件事但以片言載之：「書，不害也。」而杜預的解釋和看法則是：

> 先其時，亦過也。既戒日致齊，廩雖災，苟不害嘉穀，則祭不應廢，故書以示法。〔註359〕

析之有三：

一，杜氏個人認爲「乙亥」舉行嘗祭「過早」。因爲「壬申」乃致齊之初日，舉祭有十日齋戒，散齋七日致齋三日，壬申既災，必然打亂齋戒之心，對先祖之想容亦必無專，齋戒不全，卻急於災後第三日舉嘗，故有「先時」之過也。顯然，災微無害，桓公不以壬申日廢齋，至乙亥日已足致齋三日之禮，因此舉嘗不廢。不過這個「先時」的看法，唐儒徐彥則不這麼看的，徐氏云：「周之八月，非夏之孟秋，而反爲嘗，故以不時言之。」〔註360〕意謂：嘗祭以薦新穀於祖廟而後天子可食，故孟秋（建午，周七月）可嘗，《禮記‧月令》：「孟秋，農乃登穀，天子嘗新，先薦寢廟。」〔註361〕顯見，周曆七月（孟秋，建午）穀熟可嘗。故徐氏以八月而嘗，顯得遲些，因穀已熟才薦於廟，有不時之嫌。要之，此事可見魯公於八月行嘗祭的事實，〈月令〉以孟秋七月薦新嘗祭，八月亦嘗，因此，「嘗祭」之祭時，確有容緩。

二，無害則祭，有害則廢，這個解釋是忠實的傳達了《左傳》的原意。服虔認爲：「魯以壬申被災至乙亥而嘗，不以災害爲恐。」〔註362〕孔穎達亦從服氏之見，認爲左氏主要的用意是在「有害不害」的這個層次上，〔註363〕以災不害則秋嘗應祭，若火災傷穀，則當廢祭。由於御廩乃儲藏宗廟祭祀之粢盛，害穀則先祖不享，災重當廢祭自省，災微亦毋須恐慌廢事。

〔註359〕《左傳》，卷七，桓公十四年，頁203～204。竹添光鴻：《左傳會箋》，第二，桓十四，箋曰：「周禮大宰，祀五帝，前期十日，帥執事而卜遂戒，享先王亦如之。鄭云：十日者容，散齊七日，致齊三日，壬申在乙亥之前三日，是致齊之初日也。…季桓子將祭，齊三日，而二日鍾鼓之音絕。孔子非之，曰：一日用之，猶恐不敬，二日伐鼓何居？三日齊致齊也。一日用之，祭日也，或謂致齊之末日即祭日，誤矣。……壬申距乙亥甫四日，則粟之出廩久矣，以此知災不及粢盛也。」頁178。

〔註360〕《公羊》，卷五，桓公十四年，頁104。

〔註361〕《禮記》，卷十六〈月令〉，頁522。

〔註362〕清‧洪亮吉：《春秋左傳詁》（清人注疏十三經，北京：中華書局，1998）卷一，桓公十四年，頁5引。

〔註363〕《左傳》，卷七，桓公十四年，孔穎達正義，頁203。

三，「書以示法」這是杜預個人的解讀，這個解讀清儒臧琳是相當不以爲然的，臧氏《經義雜記》云：「左氏當從服（虔）解，杜注謂書以示法最謬。夫遇災而懼，所以敬天也，夙夜小心，潔其祭祀，所以敬祖也。御廩災而嘗，遂書以示法，是聖人勸災也？」〔註364〕臧氏的質問不無道理，當然，杜氏的立場何嘗不是與何休解經的心態一樣，各以自我的意識主張作解，這裡增一點那兒補一些，就在這增補的言詞中，我們才得以比較彙整出諸家於注疏中的自我立場與主張，從中自可見其時代本色；進一步地說，或許是一個時代主流學說的中心思想，抑或某一學派的要歸旨趣。對我們來說都是彌足珍貴的材料，所謂見微知著：何休（兩漢、公羊）與杜預（兩晉、左傳）對天災廢不廢祭的看法是迥然不同的。

綜上，顯然《左傳》與《公羊》不同調，《穀梁》則折中於二傳。《公羊》主張「廢祭」，不論害穀與否，天災既起，廢祭以責躬自省才是應天之策，然桓公仍強行舉祭，故《春秋》譏其不當嘗祭也。《穀梁》認爲災後三日舉祭過於倉促，又以火災之餘物（雖未傷及）進獻先祖，祭事未備，「急嘗不敬」，應敬卜他日容後再祭，故《春秋》書之以戒。《左傳》僅以災不害穀，無妨於祭，故對「乙亥嘗祭」之妥與不妥未置一詞。杜預認同《穀梁》舉祭過急的經解，但不同意《公羊》「廢祭」的主張，以爲災不害穀則「不當廢祭」也，故《春秋》書以示法，以示：不當隨意因小災微事而廢宗廟之祭。此見「宗廟祭祀」的地位已被《左傳》家視爲大事，這與王莽尊隆「宗廟」地位確實有關，《左傳》立爲學官，古文一時而興，亦爲劉歆之力。

綜觀上述，本節談及了許多《春秋》事例，從兩方面作一要點整理：一，祭例。二，喪例。

（一）祭例

祭例有二：一，郊祭、二，宗廟時祭。

1，在「郊祭」方面：《春秋》譏「不郊」亦譏「過時」，事天不謹，怠慢不敬，都非民福。足以證明：「春秋」時期，「廢祭」情況是存在的，並且權廢不舉的是祭禮中首重的「郊祭」。然而，是什麼原因導致「祭之盛者，莫大於郊」〔註365〕的郊天大禮因此而廢呢？以《春秋》爲觀察其「廢郊」原因有

〔註364〕陳立：《公羊義疏》，卷十五，桓公十四年，頁131引。

〔註365〕《穀梁》，卷十四，成公十七年，楊士勛疏曰：「禮有五經，莫重於祭。祭之盛者，莫大於郊。」頁239。

二：一是順天之意，「卜日不吉」，三卜不吉，無得吉日，天不受享，不當祭而廢之。然而從實際的情況來看，魯公仍於四卜五卜不吉後猶郊，顯示：卜日不吉非絕對因素，魯公寧受非禮之譏，仍「過時猶郊」，不廢祭也。一是逆天之意，「郊牛傷亡」乃人事豢養不周，致使郊牛為鼷鼠咬傷死亡，敬天不謹而廢之，對於這點魯公用盡二牛（帝牲、稷牲）仍無能盡天事，唯廢郊自省以待來年。因是之故，董仲舒論郊天則避免了春秋這兩項廢郊因素。「牲體傷亡」屬於意外因素，可以從技術面進行改善，故未見氏說。而「卜日不吉」一事，董子以郊天乃以每年正月上辛為日，毋須用卜，而是遵行一正始起新之宇宙創生之思維，《禮記·郊特牲》所謂：「郊之祭也，大報本反始」每一新年，天序都進行一正始起新之動作，天子應天而郊，因此，無論任何因素，如：三年大喪，董子唱言「越喪行郊」，無一因素可廢郊不祭。這是董子堅決的主張，其目的在於「嚴禮正名」，冀以透過祭祀此一寶器建立君威與神聖，因而建構了天與天子之父子關係，故祭之本在孝，孔子以祭為教，此乃董子對《春秋》郊天祀權之最大的發揚，凡受命天子即位必「告代而郊」。

2，在「宗廟時祭」方面：《春秋》所見例乃桓十四年「御廩災」，《公羊》認為最適當的作法是：「因災廢嘗」、「責躬自省」以對天災，故譏其「災而猶嘗」之不當。《穀梁》譏其「急嘗不敬」，將火災之餘物薦獻給先祖，未能保持黍稷之潔淨，急促舉祭，於禮大不敬也。《左傳》的觀點則是：不因微災而廢嘗；杜預以「壬申火災」乃致齋之初日，桓公並未因此「廢齋」，故「甲戌齋成」，次日「乙亥舉嘗」，可見桓公不以細事廢祭也。這或許是春秋魯公一致的作法，故杜氏以「書以示法」解之。顯然，唯獨《公羊》主張「因災廢祭」，這也是在《春秋》祭事中唯見《公羊》與《左傳》對於「廢祭」兩相齟齬之例也。當然這是一個值得注意的風向球，用以觀察《公羊》與《左傳》對「宗廟」祭事的態度與主張，並且延伸思考：「聖人無父」（今文經）與「聖人同祖」（古文經）的思想論述對「宗廟」祀位的改變（詳本章第三節）。

要之，在《春秋》諸祭例中，並沒有看見因「天子大喪」而廢郊的例子，「廢郊」純粹是因為「郊牛傷亡」或「卜日不吉」兩大因素所致，尤以前者為廢郊之絕對因素。同時，也沒有找到「因災廢祭」的例子，如桓十四年「御廩災，乙亥嘗」；抑或「過時廢祭」的例子，如桓八年「二烝」祭。足以顯示：魯公不廢宗廟時祭。蓋可見：祭祖對於宗主權之行使，一如祭天對於君主權之行使，對魯公而言悉為不可見廢之國朝大事，故《左傳》成十三年曰：「國之大事，在

祀與戎也。」〔註366〕祀權之作爲器之大寶，魯公深知此理也，衛獻公是其驗也。

（二）喪例

本節談了許多喪例，有：天王崩、父母喪；大夫仲遂、叔弓、荀盈；亦有周景王太子、王后、悼公、杞孝公、小君齊歸之喪例。這些例子的討論將有承先啓後的歷史意義，歸納要點，有六點再申：

1，雖然可以求證的春秋事例極爲不足，但大抵可知魯公並不因爲「天王崩」或者「父母喪」而「廢郊行喪」，這顯示：郊天之事重於三年大喪，春秋奉守了先進天事而後人事的天人法則，故董子重申《春秋》郊天大義，引爲天子之至高祀權，不可下流或假人攝事；當然重喪主義「無服之喪」的實踐則有待后倉學派的崛起與影響，始與董子「越喪行郊」的主張產生衝突，亦即：「喪主權」的伸張與「祭主權」的主張，二權之衝突，誠乃《禮》家與《春秋》家之衝突也（詳第六章）。

2，「卿大夫」宗族權力的崛起。在仲遂、叔弓與荀盈的例子當中，我們看到一個現象：君王對權臣的敬畏是表現在其家族喪事的體恤，凡樂事不作以示哀。於廟，撤樂示哀，如仲遂、叔弓例；於寢，爲歡取樂則投鼠忌器，如荀盈例。這說明了：「政在家門」的情況在魯在晉都是尾大不掉的沈痾，積重難返，一場諸侯與大夫霸權角力的最後，家門勢力狠狠地瓜分以致於蠶食鯨吞了整個國家，這是春秋中後期的寫照，都付《春秋》一部。在何休、杜預的注本中，悉以士大夫乃國之四體股肱爲說，目的在建立一個以儒士爲中心的政治共同體，冀此斯文能爲帝王所尊。又「卿喪例日」，這是孔子刻意的筆法，以見君王禮臣之心，藉此褒揚以垂後世，因此，三《傳》各自發揚孔聖對臣喪的重視。在宗廟時祭與卿喪之間，三家《注》各見主張，何休冀以「廢祭」示哀；〔註367〕杜預、范甯倡以「廢樂」示哀，以尊臣也。

3，「宗廟時祭」祭祀地位的上升。「杜預」以「宗廟」與「天地」、「社稷」並比爲三，不因細故而廢之。所謂細故，如御廩災，見乙亥嘗例（何休主張因災廢祭）；卿佐喪，如仲遂、叔弓例。事實上，杜氏的主張是承續「王莽」：

〔註366〕《左傳》，卷二十七，成公十三年，頁755。

〔註367〕另參《漢書》，卷八十六〈王嘉傳〉：「永信少府猛等十人以爲：『……聖王之於大臣，在輿爲下，御坐則起，疾病視之無數，死則臨弔之，廢宗廟之祭，進之以禮，退之以義，誅之以行。』案嘉本以相等爲罪，罪惡雖著，大臣括髮關械、裸躬就笞，非所以重國褒宗廟也。」頁3501。

「唯『宗廟』社稷，爲越紼而行事」（〈王制〉原文：「唯『天地』社稷，爲越紼而行事」）的歷史前提而來，這是深具意義的一個階段。「天地」、「社稷」、「宗廟」三大國家祭典在宗教信仰上的地位出現變動，這與成爲政權中心的都城建置有關（成帝從匡衡之見改遷至都城南北郊，大駕降等爲法駕；漢帝即位則謁廟，講孝則宗廟尊），從郊野的天權轉移到宗廟敬祖的君權，這是君權對天威不甘示弱的展現，天人交戰下，宗廟有形的神主比起無形摸見不著的天神似乎實際多了。漢季天災不斷，蒼天無情，耗盡犧牲，求不盡應，或許是對天心灰意冷轉而向更親近血緣的老祖宗求救。

4，杜預以（天子）諸侯既葬除服（既葬卒哭除服）同在一月，一從「士禮」，心喪以終。杜氏冀以《春秋》斷國事禮事，且御四夷，《左傳集解》的成書何嘗不是建構一套大晉執政的綱本，一如董仲舒《公羊》以學領政的宏圖。當然杜氏《左傳》學在喪禮方面影響最爲深遠的莫過於「諒闇心喪」之說。在漢文帝爲避免王權下流而簡化喪制，一同士葬期之後，「踰月而葬」、「既葬除服」，便一直是喪服學上的一大措辭與階段（詳第三章第二節）；但若不經考察，我們或許不知杜氏更將尊尊的體制界線悄悄地移除。依《禮記·雜記下》諸侯「五月葬，七月卒哭」，但杜氏依《左傳》主張將「葬虞卒哭」放在同一個月，事實上這是「士禮」——士三月葬（左傳，隱元年：士踰月而葬），是月卒哭。簡而言之，春秋諸公喪儀俱以「卒哭」爲節，並且「去五以三」（詳第三章第二節），遠遠的縮短了君王停殯下葬作主的日程，一同士禮。當然，漢自建國以來，葬日都非長日，多以踰月而葬，已不復春秋諸侯五月葬、天子七月葬之禮制，杜氏大抵總結漢魏短喪之風，而納之於傳注大倡此說。

5，廢樂：從廢祭樂——→廢燕樂的要求。仲遂卒，宣公廢籥樂；叔弓卒，昭公盡去祭樂的作法是對大臣的敬重，大抵上都符合孔子的期待，二公亦未因此致譏。但孔子或許有意藉此對比「因喪燕樂」一事的乖離，以譴責晉平公爲君父之喪、周景王爲后爲太子之喪的無情冷峻。當然，這些例子也爲我們清楚地解釋了「廢樂」的意義：「祭樂」（金石）和「燕樂」（絲竹），盡去不舉。

6，天子諸侯絕期（絕期→絕旁期→盡於緦麻）：在周制尊尊的體制下，天子諸侯對於國際地位與自己相當的「嫁女」不得絕服，依制服嫁服「大功」，如齊王姬、紀伯姬例，當然這並非特例而是慣例。突破傳統禮制的特例則是

昭公爲慈母服、哀公爲貴妾妻服，跨越尊尊的藩籬，純任私情，這是一種率真直性全憑一己感受的服喪模式。從《禮記·曾子問》的記錄看來孔子認爲慈母無服，慈母之所以有服，這種跨界於血緣之外的喪服制正是源自於昭公，因而漢行本《儀禮·喪服》便在「齊衰三年章」增加了「慈母服」的條例，這顯示：昭、哀二公任情逾禮的作法，影響既深且遠。另外在喪制上，孔子屢稱殷人亦多從殷制，如三年喪、哭兄弟於廟、哭師於寢、殯於兩楹之間；讚揚滕伯文爲叔姪齊衰之親的表現，意在凸顯「殷制」親親「諸侯不絕旁期」的事實，相較於「周制」尊尊而「絕期」的體制。殷道重鬼則重死，故情厚意篤，孔子之爲殷裔宣揚老祖宗的土風民俗，確實在東漢時期有一隨殷從聖的風氣再起（明帝上陵禮與凶事鹵簿的建制），而兩晉「同宮緦」的禮制便是在這樣的基底上改古制新——依情制禮，一同士禮（同宮緦，廢祭三月）。〔註368〕

第三節　《禮記·大傳》：「不王不禘」——終王吉禘，三年稱王

　　這是一個「國家神話理論」的建構時代，透過今古文經學家的注疏與交鋒辯論而完成，這套理論最終眞實展現在「郊天」與「禘祖」兩大祀權的確立與並立上。

　　魯因周公勛勞天下，受成王賜而享有天子郊、禘之禮，後魯公則僭禘於群公廟，一體適用，無有分際。此乃意謂：天子郊、禘之專權，已具有普遍性，這樣的普遍性正如同太古之初，民神雜糅，兆民皆可與神交通，自我作論；這也就是爲何顓頊必須絕地天通，收回百姓之祀權，集權於王的原因了（詳第一章）。

〔註368〕　《通典》，卷五十二〈禮十二·吉十一·公除祭議〉：「東晉成帝咸和七年，虞潭上表云：『今之諸侯服其親，皆與士同，無復降殺。大宗之家，喪服累仍，若皆不祭，是先人之享嘗，永爲有廢。臣謂三月之後，禮情漸殺，若非父母之喪，尚通內外，服逾月，既葬，可祭宗廟。』博士通議，宜如潭所上，會有軍事，未及施行。」頁751。《宋書》（北京：中華書局，1997），卷十五〈志五·禮二〉：「太學博士顧雅議：『今既成用士禮，便宜同齊衰削杖，布帶疏屨，暮，禮畢，心喪三年。』博士周野王議又云：『今諸王公主咸用士禮。譙王、衡陽王爲所生太妃皆居重服，則公主情禮，亦宜家中暮服爲允。』」頁399、同卷又載：「元嘉二十九年，南平王鑠所生母吳淑儀薨。依禮無服，麻衣練冠，既葬而除。有司奏：『古者與尊者爲體，不得服其私親。而彼世諸侯咸用士禮，五服之內，悉皆成服，於其所生，反不得遂。』於是皇子皆申母服。」頁401。

　　祀權之下流乃導致王權之衰敗，基於史鑑，祀權之歸屬與定位，誠乃大漢王朝之根基大業。但此一維繫天下秩序之大業，卻迄至董仲舒以《春秋》為治國綱本才有了根基，所謂：「《春秋》應天作新王之事」也。〔註369〕故董子為漢制法汲取《春秋》郊天大義塑造了天子神聖的威權，郊天大典自此成為天子即位正名之一大機制，並且自王莽易鼎行郊告代之後，郊天則成為新王受命「告代即位」之絕對性儀式，是為一代王朝至尊無上之祀權。

　　《公羊》家以《春秋》乃孔子為漢制法之書，因此托王於魯，就祀權的主張來說，魯國乃享有天子之二大祀權，除了正月郊天大權之外，於季夏六月亦享有禘祀周公之大儀，後僭用於群廟，成為魯禘之常態（時禘、吉禘）。但「禘權」在今文家董仲舒「唯郊為大」思想的影響之下，顯然是淹沒不彰的，這個議題，事實上是迄至哀帝時期再興迭毀禮議為「古文」大家——「劉歆」所提出來的，三年喪終新主入廟以審昭穆，然漢元以前廟主無有毀廟之審，因而違論禘禮的舉行。劉歆開啓了「終王大禘」（三年稱王，五服俱至）之朝位大典，當然也開啓了今古文經學家對「郊」、「禘」二祀祭法與定位的爭論。這是本文擬提出討論的議題，以見「禘權」之於「郊權」乃王者內外之兩大祀權，其形成之原因與理論建構誠乃本節研討之重點。

一、禘、郊今古文經學說之爭議

　　到底是「郊大」？還是「禘大」？又到底是「郊天」？還是「禘天」？這是紛擾於學界的一大難題，起因於「南郊」與「圜丘」二詞之釋義。古文家以圜丘為禘天之祭；今文家以南郊為郊天之祭，故有禘大、郊大之爭鋒。董仲舒以郊天作為即位正名之機制，故春秋以越喪行郊以示尊大；然古文家（禮家）從「不王不禘」的角度，修正了今文家之正名機制，認為魯乃侯國用郊、用禘（宗廟禘祭）誠乃僭祀之舉，非王者之正也。因而推翻了董子以來以《春秋》為本的「重郊」主張，而從《禮記》以「禘、郊、祖、宗」之祭法為序，〔註370〕主張「禘大於郊」，以其文在郊祭之上，而郊前之祭亦唯圜

〔註369〕《春秋繁露》，卷七〈三代改制質文〉：「《春秋》應天作新王之事，時正黑統。王魯，尚黑。蘇輿義證曰：「作新王事，即《春秋》為漢制作之說所由昉。魯為侯國，漢承帝統，嫌於不恭，故有托王之說。」頁187。

〔註370〕《禮記》，卷二十三〈祭法〉：「祭法：有虞氏禘黃帝而郊嚳，祖顓頊而宗堯。夏后氏亦禘黃帝而郊鯀，祖顓頊而宗禹。殷人禘嚳而郊冥，祖契而宗湯。周人禘嚳而郊稷，祖文王而宗武王。」鄭玄注曰：「禘、郊、祖、宗，謂祭祀以

丘而已，故以「禘祭」乃「圜丘祀天」之祭，這一理論的建構乃成就於——鄭玄。蘇輿《春秋繁露義證·郊語》是這麼說的：

> 古文說，禘爲祀天帝，郊爲祈農事〔註371〕（鄭康成用此說）。禘重於郊。《周禮》「圜丘之祭」，禘而非郊。西漢諸儒罕言圜丘，董（仲舒）據《春秋》爲說，以郊爲祭天專名，禘爲宗廟之祭。如閔公吉禘莊公，僖八年禘於太廟是已。此今文說也。〔註372〕

顯然，「郊」、「禘」二祀的爭論是今、古文經的爭論，說得更明白些就是：《公羊》學家與《禮》學家的爭論。《左傳》（古文學）以「郊祀后稷以祈農事」爲說，以此定位「魯郊」祭天之義——「祈農事」，以別於周；故《禮記·郊特牲》言：「郊之祭也，大報本反始也」誠乃「周郊」祭天之義——「報本反始」（此乃董仲舒引以爲說的春秋郊天大義，但禮家則以爲周郊多至圜丘之祭，鄭玄以爲禘祭也）。因此，周魯之郊，別之甚明：魯卜用辛日，周以多至日；魯以正月行南郊，周以多至祀圜丘；魯以祈農之事，周以報本反始；魯以始祖后稷配天，周以始祖之父帝嚳配天，唯天子之大德得以追遠至始祖之所出，諸侯止於太祖也。此乃四不同也。

因此，魯郊若以「古文」爲說，則郊祀之品位與祖格，誠然不如圜丘之至尊至大。鄭玄繼之以祈農事乃正月南郊之祭；報本反始乃多至圜丘之禘祭，故「禘大於郊」於是成立。又鄭玄亦以禘祭爲宗廟大祭，故「禘祖追遠」之意義則成爲王者慎終追遠、嚴父敬祖、教民爲孝之至大祀權；又所謂「慎終追遠」之意義更表現在「三年終王」（吉禘，《春秋》）與「追遠始祖」（禘天，《禮記》）之二重祀權上，〔註373〕這就是鄭玄折衝於今古文經所建構的思想理論，有其不刊之灼見。

配食也。此禘，謂祭昊天於圜丘。祭上帝於南郊，曰郊。祭五帝、五神於明堂，曰祖、宗。祖、宗通言爾。」頁1292。

〔註371〕秦蕙田：《五禮通考》，卷一〈吉禮一·圜丘祀天〉，氏案：「郊正祭之日，建於周禮者二，皆不用辛。用辛則魯之禮也。魯有祈穀郊，無圜丘正郊，凡《春秋》、戴《記》言魯郊處，皆入祈穀門。」頁135（冊）-143。

〔註372〕蘇輿：《春秋繁露義證》，卷十四〈郊語〉，頁394。

〔註373〕按：我的主張與黃彰健先生不同。氏著：〈釋《春秋》左氏經傳所記魯國禘禮並釋《公羊傳》「五年而再殷祭」〉《中央研究院歷史語言研究所集刊》第七十五本，第四分（2004.12）認爲「慎終追遠」之義是：「曾子所說：『慎終追遠，民德歸厚矣』。由當時的禮制看來，慎終指遵守〈士喪禮〉、〈既夕禮〉及〈士虞禮〉的規定，而追遠則指以死者神主與宗廟存廟主、毀廟主合祭（氏謂吉禘也）。」頁720。

二、劉歆：「大禘則終王」——終王吉禘，三年稱王

談論宗廟祭祀，無非是要涉及「禘」、「祫」這一問題，但這一問題可說是千年聚訟難解之題，本文無意蹚此渾水，僅就《春秋》「三年吉禘」之意義進行討論。

在經過哀帝迭毀禮議的決策之後，宗廟大禘——喪終吉禘，終王之祭——始由「劉歆」提出，成爲廟議禮論之要旨，這才有後來鄭玄的理論建構與思想集成。

《春秋》唯見禘文而無祫文，又「吉禘」事例則首見於閔公二年。經曰：「夏五月，乙酉，吉禘於莊公。」但本節重點並不在於春秋筆削之微言（詳第三章第一節），而是在其大義之發掘。

何謂「吉禘」？《左傳》曰：「凡君薨，卒哭而祔，祔而作主，特祀於主，烝、嘗、禘於廟。」杜預注曰：

> 言「凡君」者，謂諸侯以上，不通於卿大夫。冬祭曰烝，秋祭曰嘗。新主既立，特祀於寢，則宗廟四時常祀自如舊也。三年禮畢，又大禘，乃皆同於吉也。〔註374〕

杜預的解釋是值得注意與商榷。首先，杜氏認爲這是「天子諸侯之禮」，故言「凡君」自證；此謂：三年禮畢，大禘之祭乃天子諸侯一體適用之吉禮也。而後，杜氏特別對「烝嘗禘」作一個別釋義，他以冬烝、秋嘗爲宗廟時祭之名，依次序之，雖未言「夏祭曰禘」，但這是省文，以此類推的釋義法，故曰「宗廟四時常祀自如舊也」。顯見第一個禘字乃「時禘」之名，時祭乃吉祭也。氏以爲四時之祭不因喪廢祭，由於先君木主仍設奠在寢宮當中，與群廟之祖並無吉凶相干的問題，由於一在寢一在廟，在既葬除服從吉的主張下，天子應躬親時祭而不廢。最後一句他說：「三年禮畢，又大禘，乃皆同於吉也」這是顯而易見的，杜氏以禘祭還有第二義，故曰「又」，此義需待「三年喪畢」而舉祭，喪畢純吉，故曰此祭爲「大禘」。杜氏不言「大」義，我亦姑且闕論。

僅此回溯「三年喪」與「大禘禮」之關係。《左氏》曰：「古者先王，終禘及郊宗石室。」這是什麼意思呢？先從今本《竹書紀年》周康王：「三年，定樂歌。吉禘於先王。」〔註375〕的記載說起。很清楚地，「吉禘」和「三年（喪

〔註374〕《左傳》，卷十七，僖公三十三年，頁479。

〔註375〕方詩銘、王修齡撰：《古本竹書紀年輯證》，附王國維：《今本竹書紀年疏證》，卷下〈康王〉：「三年，定樂歌。吉禘於先王。」頁248。竹添光鴻：《左氏會

畢）」是有關的，主要禘祀的對象則是已故的先王，所以左氏以「終禘」為言。
然而何謂「終禘」？《國語・周語上》曰：

> 夫先王之制，邦內甸服，邦外侯服，侯衛賓服，夷蠻要服，戎狄荒
> 服。甸服者祭，侯服者祀，賓服者享，要服者貢，荒服者王。日祭、
> 月祀、時享、歲貢、終王，先王之訓也。……於是乎有刑不祭，伐
> 不祀，征不享，讓不貢，告不王。〔註376〕

此謂：先王之制，以建五服藩邦入祭之禮，若未依制入祭將出兵征討，以大
王威。日祭甸服者至、月祀侯服俱至、時享賓服俱至、歲貢要服俱至、終王
則五服俱至。所謂「終王」，服虔曰：「蠻夷，終王乃入助祭，各以其珍貢以
共大禘之祭也。」、顏師古曰：「每一王終，新王即位，乃來助祭。」〔註377〕
也就是說：春秋以嗣君三年而後稱王，所以終王之祭，乃先王三年喪畢，凡
邦內、邦外、侯衛、蠻夷、戎狄之五服者都必須遣使助祭並朝覲新君，示誠
新王，故此「終王之祭」謂之「大禘」，〔註378〕除了「送終易世」之義，更具
「三年稱王」之大義。

　　因此，左氏所說的「終禘」，就是「終王大禘」，經曰「吉禘」也。事實
上，此一言論是由哀帝時期再興宗廟迭毀禮議中之禮家，或言「古文家」所
提出的，為「劉歆」之所重，誠為揭示「大禘」禘權之要的一大儒士，爾後
才有鄭玄「禘大於郊」之思想建構與理論集成。《漢書・韋玄成傳》曰：

> 歆又以為：「禮，去事有殺，故《春秋外傳》（《國語・周語上》）曰：

箋》，第四，閏二曰：「古者天子三年喪畢，新主與群廟之主及毀廟之主，皆
合食於大祖之廟，謂之吉禘，即所謂終王之祭也。汲郡古文云：康王三年吉
禘於先王，其證也。」頁306。金鶚：《求古錄禮說》卷七〈禘祭考〉：「禘祫
之禘，其目有二：一曰宗廟吉禘，古者天子三年喪畢，新主與群廟之主及毀
廟之主，皆合食於太祖之廟，謂之吉禘，即所謂終王之祭也。汲郡古文云：
康王三年吉禘於先王，其證也。諸侯謂之大祫。」頁292。

〔註376〕《國語》，卷一〈周語上〉，頁2。
〔註377〕《漢書》，卷七十三〈韋玄成傳〉，頁3129。
〔註378〕秦蕙田：《五禮通考》，卷九十七〈吉禮九十七・禘祫〉，引王安石曰：「〈大傳〉
不王不禘，不王之王與王者之王，其義不同。不王之王，謂終王也；王者之
王，謂天子也。《國語》曰：服終王。韋昭曰：終，謂世終；劉歆曰：大禘則
終王；顏師古曰：每一王終，新王即位，乃來助祭。此不王不禘之旨也。」
又引吳仁傑曰：「說禮不王不禘，王如來王之王，四夷之君，世見中國，一世
王者立，則彼一番來朝，故王者行禘禮以接之，彼本國之君，一世繼立，則
亦一番來朝，故歸國亦行禘禮。」頁137（冊）-326。

『日祭，月祀，時享，歲貢，終王。』祖禰則日祭，曾高則月祀，

二祧則時享，壇墠則歲貢，**大祫則終王**。德盛而游廣，親親之殺也；

彌遠則彌尊，故禘爲重矣。」〔註379〕

這是禘祭在漢世第一次成爲議題而浮出檯面，不純爲迭毀禮議的宗教改革的論述而已，而是作爲一政治性的論述躍上舞台。劉歆以《國語・周語》爲引據，以宗廟祭祀之周期作爲木主迭毀之世別，而此一世別則是王化體制中的五等服別；透過這五等服別依制朝貢入祭——踐履「忠王孝臣」（祭以教孝，詳第一章）之義務，此乃天下之秩序也。

劉歆提出：「彌遠則彌尊，故禘爲重矣」，從《禮記》〈大傳〉中可知禘以太祖所出之父爲祀，例如周公乃魯之太祖（始封之祖），因功受賞故於太廟（周公廟）禘遠追尊所出之父，故魯之太廟乃以周公配祀文王。而在〈祭法〉一文中亦可知四代所禘之祖，非黃帝即帝嚳也，俱爲神話傳說時代之華胥遠祖。因此，儒者認爲唯天子德盛始得追尊遠祖，故「諸侯不禘」。《儀禮・喪服傳》曰：「都邑之士則尊禰矣；大夫及學士則知尊祖矣。諸侯及其大祖；天子及其祖之所自出。」、〔註380〕宋儒方慤則曰：「禮，不王不禘。蓋德愈廣而孝愈廣，位愈尊而祭愈遠故也。」〔註381〕這話從《禮記》的說法來看絕對是對的，其中有一大要點是絕對得看得明白的——大禘何以三年一祭，是因三年喪終而告祭，此一文告乃昭告天下終王易世，新主即位稱王，故五服俱至，朝覲天子，故此所謂「大禘」乃「一世一舉」也。

另外，再就證朱子之言必然更加明白，《朱子語類・小戴禮・大傳》曰：

吳斗南說：「『禮，不王不禘。』王，如『來王』之『王』。四夷之君，

世見中國。一世王者立，則彼一番來朝，故王者行禘禮以接之。彼

本國之君一世繼立，則亦一番來朝，故歸國則亦行禘禮。」此說亦

有理。所謂「吉禘於莊公」者，亦此類，非五年之禘也。〔註382〕

春秋何以「待三年而後稱王」？而非「即位稱王」抑或於「改元稱王」？其義俱此，揭之昭昭。誠乃終王大禘，五服俱至，先王之烈已然遠去，故曰「終王」。而受制三年子道之嗣王，今臨天下，萬邦朝覲，「主祀大禘」——透過

〔註379〕《漢書》，卷七十三〈韋玄成傳〉，頁3129。按：《春秋外傳》乃《國語》也，
　　　　見卷一〈周語上〉，頁2。
〔註380〕《儀禮》，卷三十〈喪服傳〉，頁668。
〔註381〕《五禮通考》，卷九十七，〈吉禮九十七・禘祫〉，頁137（冊）-319～320引。
〔註382〕《朱子語類》，卷八十七，〈禮四・小戴禮・大傳〉，頁2248。

祀權——大禘之權，宣威海內，率由「新」章，更始啓新，居元體正。也就是說：春秋「吉禘」乃「終王大禘」之祭，故禮曰「不王不禘」，誠非諸侯上達於天子之制也，杜預的解釋顯然有誤。〔註383〕故《公羊》稱「祫」未敢稱「禘」也，〔註384〕以示天子之大禮，此非大魯可僭，魯唯僭其禘祭之禮樂，卻無法在先君三年喪除後，威令海內，五服俱至，萬邦朝覲，此乃天子至上之禘權，如周公攝政稱王朝諸侯於明堂位是一樣的模式（周公非繼體之嫡，故攝政稱王於明堂不於太廟。漢王莽始建明堂，並於明堂舉行漢世以來的第一次禘禮亦不於太廟，宣示其終王易世，新主稱王之時代來臨，因此諸侯入位助祭，朝貢示誠），是一至尊至大之王權展演與世代宣示。

　　最後，我們回歸《左傳》：「古者先王，終禘及郊宗石室。」這句話的意思。這句話乃見於許慎《五經異義》引左氏說也，其文如下：

　　　古春秋左氏說：古者先王，日祭於祖考，月薦於曾高，時享及二祧，歲禱於壇，禘及郊宗石室。

　　　春秋左氏傳曰：歲祫及壇墠，終禘及郊宗石室。許慎舊說曰：終者，謂孝子三年喪終則禘於太廟，以致新死者也。〔註385〕

依《左氏》意：古代先王祭祀之禮，祖考每日祭；曾高二祖每月祭；文武二祧則四時祭；〔註386〕壇祖則歲祭；〔註387〕三年終王禘祭則「及郊宗石室」——意謂：除了親廟之考祖曾高四祖外，郊主、宗主、石室之毀廟群主（壇墠及鬼域之毀廟主）〔註388〕皆一併入祭。以周爲例，郊主乃太祖后稷、文武二

〔註383〕《左傳》，卷五十一，昭公二十五年，孔穎達正義引杜預《春秋釋例》曰：「三年喪畢，致新死之主以進於廟，於是乃大祭於大廟，以審定昭穆，謂之禘。此皆諸侯上達天子之制也。」頁1458。

〔註384〕《公羊》，卷十三，文公二年，經曰：「八月，丁卯，大事於大廟，躋僖公。」傳曰：「大事者何？大祫何？合祭也。其合祭奈何？毀廟之主，陳於大祖。未毀廟之主，皆升，合食於大祖，五年而再殷祭。」頁280。

〔註385〕清‧陳壽祺：《五經異義疏證》（《續修四庫全書》第一七一冊‧經部‧群經總義類，上海：上海古籍，1995）卷上，頁27。

〔註386〕《禮記》，卷四十六〈祭法〉：「遠廟爲祧，有二祧，享嘗乃止。」孔穎達正義：「遠廟爲祧者，遠廟謂文武廟也。文武廟在應遷之例，故云遠廟。特爲功德而留，故謂爲祧，祧之言超也，言其超然上去也。享嘗乃止者，享嘗，四時祭祀，文武特留，故不得月祭，但四時祭而已。」頁1301～1302。

〔註387〕《禮記》，卷四十六〈祭法〉：「去祧爲壇。」孔穎達正義：「去祧爲壇者，謂高祖之父也。若是昭行，寄藏武王祧。若是穆行，即寄藏文王祧，不得四時而祭之。若有四時之祈禱，則出就壇受祭也。」頁1302。

〔註388〕《禮記》，卷四十六〈祭法〉：「去壇爲墠，去墠爲鬼。」孔穎達正義：「去壇

宗、毀廟之群主與四親廟合祭乃謂之終祫，於先王三年喪畢舉行。其目的在於「致新死者」，由於新死者之神主必須安奉入廟，故群主集合於太祖廟，不論存主或毀主或永世不遷之太祖與二宗神主皆一併聚集太廟，與太祖合食共祭，以迎接新神主並審諦昭穆，原高祖因新主入廟，依五世親盡之禮則，遷毀入祧，去祧爲壇，去壇爲墠，去墠爲鬼，依序遞毀。禮畢，存主各自返廟安奉，毀主則藏於石室。

當然，這裡提到「歲祫及壇墠」，顯然《左氏》認爲祫祭乃一年一舉於太廟，所祭對象僅及於四親、二祧壇墠等四代存主與四代毀主共合食於太祖，而不及石室之已藏毀之群主。

另外，有個問題我們必須思考：許慎兩引《左氏》說，一曰「禘及郊宗石室」、一曰「終禘及郊宗石室」。所謂「終禘」乃「吉禘」也，故三年喪除則禘之，故曰一世一舉；但宗廟大禘依常理判斷絕不會一世一舉，對於「郊宗石室」等王朝先主來說等於是廢祀藏主的狀態，這是不合道理的。因此，我認爲《左氏》說「禘及郊宗石室」，並非故意省去「終」字，而是說：終禘之後，凡三年一禘，並禘及不在歲祫之列的石室遠主。

然而，鄭玄從《禮緯》駁正此說，主張：「三祫五禘」（三年一祫，五年一禘），並以「以祫爲禘」（鄭玄：「祫則合群毀廟之主於太廟合而祭之，禘則增及百官配食者，審諦而祭之」、「魯禮，三年喪畢而祫於大祖，明年春禘於群廟」，《左氏》以「歲祫終禘」爲說）。〔註389〕鄭氏以緯說經，不論其說法是

爲墠者，謂高祖之祖也，不得在壇。若有祈禱則出就墠受祭也。去墠爲鬼者，若又有從壇遷來墠者，則此前在墠者，遷入石函爲鬼。雖有祈禱，亦不得及，唯禘祫乃出也。」頁1302。按：鄭玄以「天子遷廟之主，以昭穆合藏於二祧之中。」（頁1301～1302），但《後漢書》，志第九〈祭祀下·宗廟〉注〔三〕引《決疑要注》則有不同說法，引爲參考。《決疑要注》曰：「毀廟主藏廟外戶之外，西牖之中。有石函，名曰宗祐。函中有笥，以盛主。親盡則廟毀，毀廟之主藏于始祖之廟。一世爲祧，祧猶四時祭之。二世爲壇，三世爲墠，四世爲鬼，祫乃祭之，有禱亦祭之。祫於始祖之廟，禱則迎主出，陳於壇墠而祭之，事訖還藏故室。迎送皆踊，禮也。」頁3197。

〔註389〕《禮記》，卷十二〈王制〉，鄭注曰：祫，合也。天子諸侯之喪畢，合先君之主於祖廟而祭之，謂之祫。後因以爲常。天子先祫而後時祭，諸侯先時祭而後祫。……魯禮，三年喪畢而祫於大祖，明年春禘於群廟。自爾之後，五年而再殷祭，一祫一禘。」頁388。陳壽祺：《五經異義疏證》，卷上：「《左氏》說言禘祫有二義：一說歲祫及壇墠，終禘及郊宗石室。通典載晉徐禪、虞喜、袁準引左氏說是也。一說祫即禘，通典載賈逵、劉歆曰禘祫一祭二名，禮無差降是也。然皆以禘爲三年一祭。……鄭玄解禘，天子祭圜丘曰禘，宗廟大

否符合古制，但其禘祫學說，卻是在今文家郊天理論一權獨尊的狀況下，成功地讓世人見到「禘權」的重要，並成爲後世王朝之一大宗廟威儀，以致大唐開元禮之修撰時，將宗廟改列爲「大祀」，一改漢世以來「中祀」的品階，〔註390〕而與「郊權」並立爲王朝之內外二大祀權。

三、鄭玄：「禘大於郊」理論的建立

　　先談鄭玄聖人既同祖又感生之折衷論述──各朝太祖悉由五方上帝感天而生，**轉相遞嬗各宗祖氏，但就其太祖之所出究其根底皆追源於黃帝這一共同始祖**（見《禮記・祭法》），可謂血脈相承，氏出同源──則必須從今文家「感天說」與古文家「同祖說」的論述談起。

　　今文家力主「聖人無父，感天而生」，主要型塑一個王朝始祖神聖不凡的血統與奉天承運的革命史觀；古文家則力主「聖人同祖」說，從一個世俗的帝王世系的實有性的權力傳承上，印證同祖同宗的歷史根源與血親根源。因此不和今文家正面交鋒談「有父無父」的問題而談「遠祖同根」的根源性問題，這是一招高妙的迴避策略，但也凸顯今文家「聖人感天而生」的學說是堅不可摧的國家神話理論。此一爭論見於《詩經・大雅・生民》孔穎達正義說：

　　　　《異義》：《詩》齊、魯、韓、《春秋公羊》說聖人皆無父，感天而生；
　　　　《左氏》說聖人皆有父。〔註391〕

祭亦曰禘。三年一祫，五年一禘。祫則合群毀廟之主於太祖廟合而祭之。禘則增及百官配食者，審諦而祭之。」頁28～29。按：《公羊》，卷十三，文公二年，何休注亦以：「三年祫，五年禘。禘所以異於祫者，功臣皆祭也。祫，猶合也。禘，猶諦也，審諦無所遺失。」（頁280）。關於功臣配享於祫或禘，唐制可爲參考。《舊唐書》，卷二十六〈志第六・禮儀六・祫禘〉：「貞觀禮，祫享，功臣配享於廟庭，禘享則不配。當時令文，祫禘之日，功臣並得配享。……至開元中改修禮，復令禘祫俱以功臣配饗焉。」頁996。

〔註390〕唐・中敕撰：《大唐開元禮》，卷一〈序例上・擇日〉：「凡國有大祀、中祀、小祀。昊天上帝、五方上帝、皇地祇、神州、宗廟，皆爲大祀。」頁12。《新唐書》，卷一百二十二〈韋安石附絢傳〉：「唐興，禮文雖具，然制度時時繆缺不倫。至顯慶中，許敬宗建言：『籩豆以多爲貴，宗廟乃瑜于天，請大祀十二、中祀十、小祀八。』詔可。二十三年，敕令以籩豆之薦，未能備物，宜詔禮官學士共議以聞。絢請『宗廟籩豆皆加十二』。」頁4355。按：唐改列「宗廟」爲「大祀」，其祀禮與天同尊，這恐怕都是受王莽以來尊宗廟越紼而祀，與古文家提出「聖人同祖」的思維影響所致。

〔註391〕《詩經》，卷十七〈大雅・生民〉，孔穎達正義引，頁1063。許慎：《五經異義》，見清・陳壽祺：《五經異義疏證》（《續修四庫全書》第一七一冊・經部・

顯然，主張「聖人無父，感天而生」的是占了絕大數，許慎《五經異義》亦同今文說，〔註392〕同時，這也是整個先秦諸子政論中早已建構的國家神話系統；唯《左傳》特立新意，為古文經一大風騷。

首先來談「聖人無父，感天而生」的論述，我們不難找出幾個耳熟能詳的例子，如「履大人之跡」者：華胥生庖犧、姜嫄生周棄；「吞薏苡」者：脩己生夏禹；「吞鳥卵」者：簡狄生殷契；「感赤龍」者：慶都生帝堯、劉媼生漢祖劉邦…等。〔註393〕這個論述說來是極其荒謬的，但何以立於不朽而成為史論呢？並且是中外都有的集體論述，如亨利‧富蘭克弗特《王權與神祇》所說：

> 新國王不是作為合法繼承人即他與奧西里斯（死去的先父）關係的
> 程式出現，而是作為一個兒子出現，這個兒子是一個遙遠的繼承者，
> 並且根據他的原型的統治塑造了自己的統治。〔註394〕

我們很清楚：權力的鞏固需要被儀式化，儀式化就意味著意義的轉化，例如：俗物聖化、凡身神化、文誥威化。這個儀式在中國絕對鮮明：郊天、告廟、明堂，這與西方國王的加冕典禮是一樣的，如何應證其權力的獲得與執行，必須要有儀式使之神聖化，神聖化的目的就是賦予其威權與獨斷，絕無其二。

中國帝王通過「祭天儀式」使之「神聖化」，如同受洗淨身拂除凡身俗物，

群經總義類，上海，上海古籍，1995），卷下，頁104。

〔註392〕《論衡》，卷三〈奇怪〉，黃暉校釋：「許慎於說文亦主感生說，曰：『古之神聖人母，感天而生子。』」頁156。

〔註393〕《禮記》，卷十四〈月令‧孟春〉（其帝太皞，其神句芒）孔穎達正義：「按帝王世紀云大皞帝，庖犧氏，風姓也。母曰華胥，遂人之世，有大人之迹出於雷澤之中，華胥履之，生庖犧於成紀，蛇身人首，有聖德，為百王先。」頁446。《詩經》，卷十七〈大雅‧生民〉：「厥初生民，時維姜嫄。生民如何？克禋克祀，以弗無子。履帝武敏歆，攸介攸止。載震載夙，載生載育，時維后稷。」頁1055～1056。《論衡》，卷三〈奇怪〉：「儒者稱聖人之生，不因人氣，更稟精餘天。禹母吞薏苡而生禹，故夏姓曰姒。禼母吞燕卵而生禼，故殷姓曰子。……讖言又曰：堯母慶都野出，赤龍感己，遂生堯。高祖本紀言：劉媼嘗息大澤陂，夢與神遇。是時雷電晦冥，太公往視，見蛟龍於上。遂生高祖。其言神驗，文又明著，世儒學者，莫謂不然。」頁156～159。

〔註394〕美‧亨利‧富蘭克弗特：《王權與神祇——作為自然與社會結合體的古代近東宗教研究》（KINGSHIP AND GODS，郭子林等譯，上海：上海三聯書店，2007），第九章〈加冕典禮〉，頁163。

通過儀式的這道天門，此人從裡到外再也不是原來凡人的質地，而是爲天所認證烙印的「眞子」，今後他將承天之命，奉天爲父，因爲他是繼承天父的血脈而來，乃其眞父，世俗的父親不過是個假名，純屬簿籍稱謂而已。正如亨利・富蘭克弗特所引述的模式，與《公羊》家以「聖人無父，感天而生」說都是一樣的，其目的無非就是要凸顯天子的絕對威權，型塑其神族帝系，這就是國家神話，一個王朝的興起，必然跟隨其神話的誕生而誕生，亨利・富蘭克弗特《王權與神祇》則做了很好的註腳：

> （加冕典禮）它的目的是把力量從某些神聖的物體轉變給國王。君主與物體之間的一種關係被建立起來，這種物體是王權力量的儲存物。重要的文獻呈現了一種符咒的特徵，反覆發生的頌歌似乎把一段咒語加在了執行者的身上，并可能作爲影響力量轉變的強制力而被經歷。〔註395〕

這段話作爲建構與形塑皇朝的誕生絕對是最恰當不過了，當然這也和董仲舒的思維不謀而合，以天作爲天子權力正名之機制，以父之名，感天而生的神話被複製，以歷史文獻——《春秋》作爲聖者的預言——托魯以待新王，承天受命，居元體正，新世紀元於爲更始。當然，我必須說：正因爲這一理論的建立，「南郊祭天」的地位才會被重重地突顯出來，這個問題不僅孔子深以爲君權正名之所依，更爲董仲舒精闢闡發，而將「郊天祀權」推向史無前例之地位——越喪行郊，喪者不避（詳第本章第一節）。

另外，談談《左傳》「聖人同祖」說的內容。這個論述的產生顯然和王莽、劉歆的執政派閥與政治綱本有關。事實上，《左傳》中我們找不到相關文獻可徵，王葆玹先生則說：「許慎聲稱『左氏說聖人皆有父』，其所謂的『左氏說』很可能就是劉歆《三統曆譜》之說」、又言：「劉歆《三統曆譜》所舉出的帝王系列，可說是一個龐大的族系，其主要的特點可用兩句話來概括：『聖人皆同祖』，『伏羲爲聖王始祖，爲百王先』」。〔註396〕而承繼今文經學而來的《史記》則更早提出這一說法，但以「黃帝」爲五帝之共祖。〔註397〕簡而言之，《史記》建構了「五帝同祖」的炎黃帝系，下逮劉歆立學，爲了服膺王莽的篡政，

〔註395〕美・亨利・富蘭克弗特：《王權與神祇——作爲自然與社會結合體的古代近東宗教研究》（KINGSHIP AND GODS），第九章〈加冕典禮〉，頁164。
〔註396〕王葆玹：《今古文經學新論》，頁429～430。
〔註397〕詳上注，或見《史記》，卷一〈五帝本紀〉：「自黃帝至舜禹皆同姓，而異其國號，以章明德。」頁34。

更建構了「聖人同祖」說，上溯人類之共祖爲伏羲。這從神話角度來說不無道理，伏羲、女媧執規矩雙尾交構而開天創世，這在出土的漢朝馬王堆帛畫中是看得很清楚地，這一思維也必然風衍當時。誠然，此一理論的建構，無非是要塑造「天下一家」的思想，凡新王朝之建國文誥必然推源其祖氏，藉以證明自己乃三皇（伏羲、神農、黃帝）五帝（少昊、顓頊、帝嚳、唐堯、虞舜）以來之某一支帝系（王莽自稱虞舜苗裔），〔註398〕是承繼了遙遠的先祖之功烈而來，故推以「陰陽五行」之說，以驗證朝代更迭之必然與新王之誕生，此由王莽重建明堂之圖式可見其原理（詳第二章第二節）。

王莽元始五年正月舉行禘祭（或說祫祭），這是一種告廟即眞的宣示手法，故於翌年居攝元年正月舉行南郊大典，此時正逢其母公顯君三年大喪，王莽「越喪行郊」，並謂「喪三年不祭，唯祭宗廟社稷，越紼而行事」，王莽並非口誤，而是有意將「天地社稷」改成「『宗廟』社稷」，這和董仲舒刻意改經「越紼而行事」而爲『越喪』而行事」的作法是一樣的（詳第本章第一節）。

因此，我們可以說：王莽將「郊天」獨立於無與倫比的大祭之位，他遵循董子的思維——「越喪行郊」，並將它徹底實踐於自己「告代祭天」的儀式當中；同時更將「宗廟」與「社稷」並列，若有喪則「越紼行事」，於居喪無事（既殯～待葬）若遇祭則祭，不因喪廢祭。這時期恐怕是兩漢宗廟祀位最爲崇高的一個階段，郭善兵《中國古代帝王宗廟禮制研究》說：

> 王莽執政時期，政治、學術領域發生諸多變動。學術的轉型是由側重郊祭的今文經學，轉而爲專重宗廟祖先祭祀的古文經學。依據許慎《五經異義》列舉有關材料，今文經學《詩經》魯、齊、韓三家以及《春秋》公羊家都主張，聖人皆無父，感天而生。這種眾口一致的情況，在《五經異義》佚文中很少見。《春秋》左氏家與此說針鋒相對，主張聖人皆有父，而且同祖。今文家極重視郊祭。西漢武、宣諸帝的郊祭天帝的儀式，都是盛大而輝煌。古文家由主張聖人同祖，故而提升了宗廟禘祫祭祀的地位。〔註399〕

〔註398〕《漢書》，卷九十九上，〈王莽傳上〉：「予以不德，託于皇初祖考黃帝之後，皇始祖考虞帝之苗裔。」頁4095。

〔註399〕郭善兵：《中國古代帝王宗廟禮制研究》，第二章〈西漢皇帝宗廟制度〉，頁155。

郭氏的這個說法不盡如是（標榜「宗廟大禘」，以「禘大於郊」者，乃禮家與古文家劉歆獨到之思維，元始五年王莽始行大禘，東漢光武帝曾就問張純禘祫之禮，但其執行狀況未明，〔註400〕唯待鄭玄禘天與禘祖理論的建構始與今文郊天理論匹敵而立），因爲東漢已見改制，《後漢書・禮儀上》說：

> 凡齋，天地七日；宗廟、山川五日；小祠三日。齋日内有汙染，解齋，副倅行禮。先齋一日，有汙穢災變，齋祀如儀。**大喪，唯天郊越紼而齋，地以下皆百日後乃齋，如故事。**〔註401〕

如文所述，東漢乃開啓重喪風氣之朝代，喪主權的主張，事實上連皇帝自身都有不忍奪情之大哀，因而在喪、祭吉凶衝突，不得兩權俱主的情況下，明帝的巧思與用心則爲喪主大開新局，以祭主之身分上陵謁廟（詳第六章第四節）。宗廟的中心已不在洛陽高廟而是原陵（光武帝墓），由宗廟祭祀而改爲墓祭謁陵，凡元會朝賀上陵、八月飲酎上陵，以陵爲廟的祭祀朝賀方式可謂空前，父母大喪對於明帝來說是何其哀慟（當然這是爲了標榜父親光武帝乃東漢開國始祖之地位所致），是首開中國凶事鹵簿與賞賜風氣的一位君主。「郊天」與「大喪」又回到天秤的兩端（北郊、社稷都已不在其列，三年喪乃重於北郊與社稷之祭），東漢以「大喪，唯天郊越紼而齋」，「北郊祭地」、「宗廟時祭」或其他祭祀都得等過「百日」（三月）之後始得齋祭。因此，宗廟祀位始終都還是處於中祀的品階，並且大大降級了北郊祭地的祀位，一改〈王制〉條例與經說，唯「南郊祭天」始終受到兩漢皇權的依賴與憑藉，承繼了春秋魯公「重郊」的思維與實踐，迄大清而不墜。

在此，我必須附論一大要點：兩晉以「總不祭」，若有同宮緦，則廢祭三月（祭主不祭，以申喪主）。很清楚地，這是「士喪服禮」的規範，而非一體適用的準則。東漢儀制所訂定的乃「三年大喪」唯南郊越紼而祭，北郊以下則廢祭三月；但兩晉不同：凡「同宮緦」（同居共爨之緦麻血親者），唯南郊越紼而祭，其餘祭事則廢祭三月，「一同士禮」，縱使有爭議，但祭主不得親

〔註400〕《通典》，卷四十九〈禮九・吉八・禘祫上〉：「後漢光武建安二十六年，詔問張純，禘祫之禮，不行幾年，……元始中始行禘禮（元始五年，王莽行祫祭，此言禘祭）。」頁718。按：禘祭在東漢尚未成爲大事，又東漢沿用王莽以來「宗有德」的思維，各先主皆謚以宗號，俱不毀廟，故無所謂「禘審昭穆」之宗廟大事，唯漢末始去宗號，重起昭穆之審諦，這和劉歆終王大禘之主張有關，而集成於鄭玄禘天與禘祖之理論。

〔註401〕《後漢書》，志第四〈禮儀上・上陵〉，頁3104。

事，唯使有司攝事（詳第六章第二節）。顯見，兩晉親喪之重，喪大於祭也，要求祭主服喪，奪其祭主權，以申哀情。

	三年大喪	期喪	大功	小功	（同宮）緦麻	備註
東漢南郊	越紼而祭	舉祭如常	舉祭如常	舉祭如常	舉祭如常	天子絕期
兩晉南郊	越紼而祭	廢祭三月	廢祭三月	廢祭三月	廢祭三月	一同士禮
東漢北郊	百日而祭 廢祭三月	舉祭如常	舉祭如常	舉祭如常	舉祭如常	
兩晉北郊	越紼而祭 西晉二郊合祀	廢祭三月	廢祭三月	廢祭三月	廢祭三月	東晉北郊 未定〔註402〕
東漢時祭	百日而祭 廢祭三月	舉祭如常	舉祭如常	舉祭如常	舉祭如常	
兩晉時祭	廢祭三月	廢祭三月	廢祭三月	廢祭三月	廢祭三月	卒哭成事 而祭

最後，我們來談鄭玄的思想理論，不論古文家之「同祖說」或今文家之「感生說」，漢季鄭玄提出了折衷之說——意謂：各朝太祖（唐堯、虞舜、夏、商、周）悉由五方上帝感天而生，轉相遞嬗各宗祖氏，但就其祖之所出究其根底皆源自黃帝這一共同始祖（見《禮記·祭法》），誠乃血脈相承，氏出同源。

鄭氏的折衷說，是從「二郊」的論述來表明的。所謂「二郊」說：一郊乃冬至圜丘祭昊天大帝，並「禘其祖之所自出」以本朝太祖之父配祀之，故謂之「禘」；〔註403〕一郊乃（夏正）正月「南郊」以「祭感生上帝」，並以本朝太祖配祀之，郊之以祈農事，故謂之「郊」。《禮記·祭法》說：

有虞氏禘黃帝而郊嚳，祖顓頊而宗堯。夏后氏亦禘黃帝而郊鯀，祖顓頊而宗禹。殷人禘嚳而郊冥，祖契而宗湯。周人禘嚳而郊稷，祖文王而宗武王。〔註404〕

鄭玄如是作解：

禘，謂祭昊天於圜丘也。祭上帝於南郊，曰郊。祭五帝、五神於明

〔註402〕《晉書》，卷十九〈志第九·禮上〉：「元帝渡江，太興二年始議立郊祀儀。……是時尚未立北壇，地祇眾神共在天郊。」、「明帝太寧三年七月，始詔立北郊，未及建而帝崩。」、「及成帝咸和八年正月，追述前旨，於覆舟山南立之。……是月辛未，祀北郊。」頁584～585。

〔註403〕《禮記》，卷二十六〈郊特牲〉，孔穎達正義，頁797。

〔註404〕《禮記》，卷四十六〈祭法〉，頁1292。

堂，曰祖、宗，祖、宗通言爾。〔註405〕

鄭氏認爲禘祭乃郊天之祭，於圜丘祭昊天上帝，且以太祖所出之父（禘天之祭乃追遠及其感生祖之父，如周祖后稷雖感天而生，然其人間之父帝嚳誠有教養之德，故應嚴之以尊，《孝經・聖治章》所謂：「孝莫大於嚴父，嚴父莫大於配天」〔註406〕故以帝嚳配祀昊天上帝，祭以教民，以孝爲教）配之；〔註407〕而正月南郊爲祈農事（《左傳》郊祀后稷以祈農事），〔註408〕故祭自家感生大帝，並以感生始祖配之，〔註409〕因而各朝都是五方天帝所感生，故隨其方位更迭而易鼎建新。故鄭氏曰：「小德配寡，大德配眾，亦禮之殺也。」〔註410〕此謂：南郊祈穀唯祭一帝，因小德配寡之故；而圜丘禘天五帝配之，乃大德配眾之謂也（顯然這是受王莽郊天禮制的影響，詳第五章第二節）。足見在鄭玄的思維中乃「禘大於郊」也，故《禮記・大傳》云：「禮，不王不禘。王者禘其祖之所自出，以其祖配之」，鄭注曰：

> 凡大祭曰禘；大祭其先祖所由生，謂郊祀天也。王者之先祖，皆感大微五帝之精以生，蒼則靈威仰，赤則赤熛怒，黃則含樞紐，白則白招拒，黑則汁光紀，皆用正歲之正月郊祭之，蓋特尊焉。《孝經》曰：「郊祀后稷以配天」，配靈威仰也。〔註411〕

〔註405〕同上注，頁 1292。秦蕙田：《五禮通考》，卷二，〈吉禮一・圜丘祀天〉引王肅曰：「郊即圜丘，圜丘即郊，所在言之則謂之郊，所祭言之則謂之圜丘，於郊築泰壇象圜丘之形，以丘言之，本諸天地之性，故〈祭法〉云：燔柴於泰壇則圜丘也、〈郊特牲〉云：周之始郊日以至、《周禮》云：冬至祭天於圜丘，知圜丘與郊是一也。」氏案：「〈大傳〉所云：禘也，宗廟之祭，非祭天也。乃鄭氏誤以禘爲郊天，于是遂有帝嚳配天之說，不知郊是祭天，配者稷也，非嚳也。」頁 135（冊）-153～154。

〔註406〕《孝經》，卷五〈聖治章〉，頁 28。

〔註407〕王葆玹：《西漢經學源流》則說：「本來是以祭天爲主的禘禮，由於『配享』，便逐漸演變成以『祭祖』爲主的典禮儀式，成爲宗廟禮中的最爲隆重的一種。春秋戰國以至秦漢的禘祀，不但以統治者的始祖與天相配，而且把歷代先君列入配祭的範圍。」頁 214。按：這大抵是對鄭玄思維的另一種解讀，提出參考。

〔註408〕《左傳》，卷三十，襄公七年，頁 850。

〔註409〕按：因是之故，鄭玄認爲夏后氏應郊顓頊、殷人宜郊契（《禮記》卷四十六〈祭法〉，頁 1292）。顓頊、商契都有感生神話傳世。

〔註410〕《禮記》卷四十六〈祭法〉，頁 1292。

〔註411〕《禮記》，卷三十四〈大傳〉，頁 997。秦蕙田：《五禮通考》，卷二，〈吉禮一・圜丘祀天〉，氏案：「（鄭玄）注〈大傳〉禘其祖之所自出，曰謂郊祀天也。《孝經》曰郊祀后稷以配天，配靈威仰也。是又以郊爲禘也。既分郊丘爲二祭，又合郊丘爲禘祭也，惑誤滋甚。」頁 135（冊）-161。

這裡說得更清楚了，〔註412〕依注引《孝經》，以周為例：「郊祀后稷以配天」，此天乃東方之天（蒼天），其帝曰靈威仰，周乃木精所感生，故以其感生祖后稷（姜嫄履大人之跡，大人乃青帝靈威仰）配祀蒼天青帝靈威仰，祈穀於郊。

這就是鄭玄對「南郊祭天」——祭自家感生大帝——的解讀，與今文家的解讀大相逕庭。顯然，鄭玄以「禘大於郊」，刻意壓抑了正月南郊的威權，並將「禘祖之祭」解讀為「圜丘祭天」之郊祭，形成「二郊」之說，當然也形成「二禘」之說（禘天、禘祖〔註413〕），這亦是集成並折衷於今古文經學說的一大理論。雖然引來諸多批評與駁正，〔註414〕但在短暫的魏世則舉行過此「圜丘禘天」之大祭。〔註415〕顯然，這是對鄭玄禘天理論的實踐，一如漢武對董子郊天的實踐。

綜上所述，董仲舒是第一位將南郊祭天的宗教禮典置入政治學說落實於政體之中，並且賦予天統帝系的名實關係，直接將「魯郊」與「周郊」作了明確的分別，斷言孔子作《春秋》意在推魯以待新王，因此不從「冬至圜丘」之郊（周郊，《禮記》），而從「正月上辛」之郊（魯郊，《春秋》），以諭宇宙更始重啟秩序之宗教秘思，並依準《春秋》以決諸禮義之惑，因此《春秋》並不僅僅是一部經書、史書、政書，更是一部「禮書」，乃國之大典，故推崇

〔註412〕按：鄭玄第一句話說的是圜丘禘天，因他以圜丘禘天為真正的郊天大典，但為了說明自周以來「郊祀后稷」的禮制，又為融通今文家感天而生以適其五行讖緯之論述，以致其說有二郊之義，易生混淆；但明白鄭玄的思維後，這就清楚易懂了。

〔註413〕朱熹：《四書章句集注·論語集注》，卷二〈八佾〉子曰：「禘自既灌而往者，吾不欲觀之矣。」注引趙伯循曰：「禘，王者之大祭也。王者既立始祖之廟，又推始祖所自出之帝，祀之於始祖之廟，而以始祖配之也。成王以周公有大勳勞，賜魯重祭。故得禘於之廟，以文王為所出之帝，而周公配之。」頁64。

〔註414〕秦蕙田：《五禮通考》，卷二，〈吉禮一·圜丘祀天〉，頁135（冊）-155～161。

〔註415〕《晉書》，卷十九，〈志第九·禮上〉：「（魏明帝）景初元年十月乙卯，始營洛陽南委粟山圜丘。詔曰：『昔漢氏之初，承秦滅學之後，採掘殘缺，以備郊祀。自甘泉后土、雍宮五時，神祇兆位，多不經見，並以興廢無常，一彼一此，四百餘年，廢無禘禮，古代之所更立者，遂有闕焉。曹氏世系，出自有虞氏。今祀圜丘以始祖帝舜配，號圜丘曰皇皇帝天。方丘所祭曰皇皇后地，以舜妃伊氏配。……（晉武帝）泰始二年十一月，有司又議奏，古者丘郊不異，宜并圜丘方丘於南北郊，……帝又從之，一如宣帝王肅議也。』」頁583。按：這是魏明帝實踐鄭玄「禘天」的思想，因而在間斷四百餘年後又復圜丘禘祖大祭，並以女祖配之。但晉武之世依準王肅「丘郊」不二之論述，圜丘禘天又廢。

《春秋》爲群經之首，〔註416〕而「魯郊」更是自此成爲後世郊天之準範。

要之，「郊」、「禘」二祭，乃魯國受自周天子的二大祀權，春秋魯公越喪即位行郊的動作，在兩漢《公羊》家推波助瀾下，「南郊」祀位達到無與倫比的第一大祭。《禮記・王制》條例中，曾經並列的「地祭」、「社稷」（都屬外祭），現在卻都遠遠比不上「南郊」在皇朝威權上的象徵意義，因此天子獨尊獨有的大典就只有「南郊祭天」（王莽更將北郊併入正月南郊同牢共食，詳第五章第四節）。

但在劉歆「三年喪畢，終王大禘」學說的提倡下，古文家（左氏家、禮家）「禘大於郊」的學說於焉成立。此一「禘權」的伸張，不是針對宗廟時禘或禘祫之年作一義理發揮，而是針對經說「待三年而後稱王」之子道教義進行政治性的論述。左氏一句「先王之制，終禘及郊宗石室」藉以復周王制，以宗廟迭毀與受享禮制定五服朝覲入祭之禮。因此，三年喪除，先王告終，新王統事，主祀大禘，故五服入祭，朝覲天子，君臨天下，宣統啓新，率由新章之歷史時刻，正如周公稱王朝諸侯於明堂位之模式，被古文家複製在「終王大禘」的祭禮當中，一世一舉，故禘大於郊也。

漢末鄭玄立說繼以「不王不禘」的「禮學」（《禮記》）爲說，重重標榜了古文家「禘大於郊」的意義。鄭氏藉由「二禘」（圓丘禘天、宗廟禘祖）與「二郊」（圓丘郊天、南郊祈穀）學說的建構，一方面將今文家托王於魯的魯郊定位於祈穀之祭（非即位之禮，乃爲民祈穀），而將一向被漠視闕論的冬至圓丘與宗廟禘祖作了一巧妙的理論結合，一舉將禘祖提升爲祭天之配祀祖，硬是在南郊太祖后稷的頂上加上一禘父追尊的孝道，孔子以祭爲教，教之本孝，《孝經・聖治章》乃其綱本。姑且撇開鄭玄禘郊學說的爭論，「禘祭」顯然又重新回到原來魯國受自天子獨尊的大祭，與「南郊」並列內外二大祭典。「郊、禘」自此取代了「郊、社」之名，〔註417〕外祭不再一權獨大，內權得到了提升，

〔註416〕《漢書》，卷六十二，〈司馬遷傳〉：「太史公曰：『余聞董生：……春秋上明三王之道，下辨人事之經紀，別嫌疑，明是非，定猶與，善善惡惡，賢賢賤不肖，存亡國，繼絕世，補弊起廢，王者之大者也。……撥亂世反之正，莫近於春秋。春秋文成數萬，其指數千。萬物之散聚皆在春秋。有國者不可以不知春秋，爲人臣者不可以不知春秋，……故春秋者，禮義之大宗也。』」頁2717～2718。

〔註417〕案：社稷地位在大一統的帝制主義下，已不再像先秦的分裂或三代部落聯邦的國土型態，因此至唐修訂開元禮時，社稷地位降至宗廟之下。鄭玄以「大祀又有宗廟」（《周禮》，卷十九〈春官・肆師〉頁589），顯然是受古文家的

從此內外兼備，一權不少。

上述意義表現了此一重大思維：天下——天子；中國——皇帝的「二權思維」，這是在董仲舒、劉歆、鄭玄等經學家的標榜之後，正式宣告二權（天權、帝權）時代的確立。當然，我們都知道：中國「政權」的宣示是透過「祀權」來展現的，前有董仲舒「郊權」的提倡，後有劉歆、鄭玄「禘權」的提倡，自此天、人之關係再也不是垂直之關係，而是「並列」之關係。

要之，我們若仔細研讀《春秋》，不難發現孔子以片言之史錄述其思想主張，其中一大主張誠乃藉由「喪之終始」以申其「祀權思想」。喪有始終，喪之始也，郊權以正其位，《公羊》家董仲舒主之，《禮記‧王制》條例是其證也，《春秋》是其驗也；喪之終也，禘權以令天下，《左傳》家劉歆主之，《禮記‧大傳》條例是其證也，《春秋》是其驗也。

影響所致，而這個說法又影響了魏晉以來對宗廟祀位的界定，大唐開元禮亦是在此思維下產生的。